新编21世纪高等职业教育精品教材 / 财务会计类 / 校企"双元"合作开发教材

Financial
Big Data Analysis

财务大数据分析

主　编　姚培荣　刘　晔

副主编　王　健　法　宁　付　勇
张昭君　王兴国　徐启超

主　审　陈强兵

中国人民大学出版社
·北京·

序　言

这是一个信息化、全球化深入世界每个角落、影响每个人的时代，这是一个技术改变世界的时代。

随着“大智移云”等新技术的快速发展，也得益于新基础设施的逐步完善，我国的数字经济无论是在体量上还是速度上都进入一个空前的发展新阶段。纵观整个人类文明发展史，其大致可以分为农业经济、工业经济、数字经济三个时代，每个时代都有其独特的生产要素：农业经济时代的核心生产要素是土地，工业经济时代的核心生产要素是技术和资本，数字经济时代的核心生产要素则是数据。

“大音希声，大象无形”，在数字经济时代，数据如同我们生活中习以为常的水和电一样，早已渗透到各行各业，渗透到经济社会的每个环节，它对于经济的影响和促进作用会不断释放。生产与消费之间、企业与用户之间没有明显的界限存在，消费者能深度地参与到生产过程中，生产者也能跟踪到消费的每个阶段。

作为经济活动中最为活跃的组成部分，各类企业以或引领或追随的方式深度地参与了这一历史性的变革过程，“数字化企业”已成为目前我国各类企业追求的核心目标。据笔者多年从事企业数字化建设的实践经验来看，我国绝大部分企业迈向数字化的起点是财务数字化，可以说没有财务数字化就没有企业数字化。企业财务数字化转型由内部管理需求驱动，以新一轮产业升级为前提，以政府政策为催化剂，以技术变革为实现基础。在实现财务数字化转型的具体路径上，总体来说有以下两方面：一是管理模式的变革，将分散在各个成员单位的高频率、低附加值的业务集中处理，通过精细化的分工提高单人工作效率；二是新技术的替代，利用流程自动化机器人（RPA）、OCR识别、人工智能（AI）等新技术代替人工进行业务处理。从实践经验来看，无论哪一条路径的实现都离不开财务共享服务中心这一新型组织业态，可以说企业财务数字化转型发轫于共享服务。

财务共享服务中心（Financial Shared Service Center，FSSC）作为集团公司的财务核算中心，是企业集中式管理模式在财务管理上的最新应用，其目的在于通过一种有效的运作模式来解决大型集团公司财务职能建设中的重复投入、效率低下、标准不统一等弊端，其主要优势和价值有以下方面：

（1）加强了集团管控，解决了过去分散化带来的机构和人员重复配置、业务流程标准不统一、管理规范不一致、数据混乱以及质量难以保证等问题，从而降低了成本，有利于加速集团公司整体的标准化进程。

（2）推动财务管理人员的角色转型。财务共享服务中心通过深化对财务基础工作的分工，重构了企业财务的分工关系，使财务管理人员从标准化、琐碎的事务性工作中剥离，能够投入更多精力到辅助决策等高价值的活动中，从而实现财务人员在企业管理中的角色转变，对公司整体战略发挥支持作用。

（3）在企业中形成数据中台，实现企业内外部经营数据物理集中，为大数据技术在财务管理中得以应用提供了数据基础，为实现管理会计职能落地做好了数据铺垫。

（4）为RPA财务机器人应用创造了平台基础。标准化、流程化、集中化的业务处理模式可以最大限度地展现RPA财务机器人的应用价值，提升财务管理的效率，降低财务管理成本。

大变革的时代对于每一个亲历者来说，既是机遇也是挑战。在财务共享服务中心迅速发展的过程中，创造出了FSSC稽核员、数据分析师、RPA测评工程师与设计师等一大批新兴岗位，同时也对财务从业人员的能力提出了更高的要求。传统财务人员对财务共享服务中心运营、财务大数据分析、RPA设计与应用的认识千差万别，从事企业财务管理工作人员的技能水平也是参差不齐。一面是产业发展对新型人才的强烈需求，一面是已有的从业人员能力存在短板，人才需求侧与供给侧存在着巨大差距。

令我们欣慰的是，我国的教育主管部门和众多高等院校已然意识到这个问题，纷纷开始了财会类专业的教学改革。提供符合财务数字化人员要求的技能培训，使财会类专业学生在毕业时能够胜任数字化财务工作要求，已然成为高等院校培养学生并使学生高效、尊严就业的一大方向。也是在这个共识的前提下，我们与数所院校合作编写了这本教材。该教材通过对企业财务共享服务中心案例的剖析、对财务共享服务中心各岗位的业务操作，系统讲解财务共享服务中心的建设要点和工作方法，让学生了解财务共享服务中心从无到有的全过程，掌握财务共享服务中心工作方法、财务会计、管理会计的数据分析、财务大数据应用、财务RPA设计与应用等内容，培养具备在财务共享、财务大数据应用、财务RPA设计与应用新财务管理模式下的技术技能。

科技使能教育，致敬时代。作为一家教育服务平台型企业，新道科技股份有限公司愿与各高校一起，探索产教融合、协同创新的新模式、新机制，共同为中国经济数字化转型把薪助火、踵事增华！

新道科技股份有限公司总裁 陈强兵

2021年10月

于北京用友产业园

前 言

大数据时代下，数据信息生成的量和速度十分惊人，尤其是随着企业管理信息系统部署在云端的情况越来越普遍，可谓是近年来数据生成技术的颠覆性变革。

财务分析是与企业运行发展及经济效益息息相关的核心工作。传统意义上的财务分析即指企业通过会计凭证及总账等相关信息对财务报表进行分析，为内部管理决策提供相关的决策指标信息。但随着企业管理水平的不断提升，传统的财务分析手段已经落后，所揭示的企业管理问题非常有限，无法为企业中高层提供及时、准确、有效的决策信息。大数据技术的发展与成熟，能有效规避传统财务分析存在的问题，尤其是财政部的政策引导企业向业财融合转型，使得业务发生过程中产生的大数据为财务精细化管理以及财务管理水平的提高打下了良好的基础。

本书面向高职院校财经类专科学生，主要讲授财务大数据的概念、方法和运用方面的知识，从管理、技术和实践应用三个角度，培养学生利用大规模数据进行信息分析、获取知识、支持管理决策的能力。

本书基于DBE财务大数据实践教学平台，从企业中高层的经营管理者角度，以及财务经理、财务总监的角度出发，提供了企业经营管理的案例背景，让学生从企业经营者角度和企业投资者角度进行资金、销售、费用等财务分析，从而发现企业经营中存在的问题、潜在的风险，并提出改善的措施。全书共分七个项目：项目一“大数据基础”，项目二“数据获取”，项目三“数据处理”，项目四“大数据＋财报分析”，项目五“大数据＋资金分析”，项目六“大数据＋销售分析”，项目七“大数据＋费用分析”。

“财务大数据分析”课程是财经类专业的一门实践课程，是在“互联网＋教育”的大趋势下，结合大数据、云计算、业财融合等新技术与管理理念，帮助学生进一步认识和解读企业的经营数据，学会从业务的角度来理解财务，让学生不仅能通过企业的三大报表来分析企业的财务状况，更能通过销售、采购、库存、生产等环节来透视企业的经营状况，掌握业务环节的经营管控能力。同时，该课程通过经营分析所发现的异常，让学生学会诊断企业经营管理的问题，并提出管理优化改善的方法，培养“互联网＋”时代下高端财务管理人才。该课程以“大数据基础”“会计基础”“初级会计实务”等课程为前导课程。

本书由山东经贸职业学院姚培荣提出创意、思路及提纲，并与新道科技股份有限公司法宁、张昭君充分论证而定。各项目执笔撰写人如下：项目一、项目二、项目三为姚培荣（山东经贸职业学院），项目四、项目五、项目六、项目七为刘晔（山东经贸职业学院）、王健（山东水利职业学院）、张昭君（新道科技股份有限公司）、王兴国（新道科技股份有限公司）共同撰写。

特别感谢新道科技股份有限公司编写团队法宁、付勇、张昭君、王兴国、徐启超对本书的编辑和出版给予的辛苦付出和大力支持。感谢新道科技股份有限公司陈强兵总裁对全书做了审阅并为本书做序。由于编者水平有限，加之时间仓促，书中难免有不足之处，敬请各位前辈、同人、读者批评指正。

本书配套实训平台 DBE 财务大数据实践教学平台由新道科技股份有限公司提供。

本书系山东省 2021 年职业教育教学改革研究项目《1＋X 证书制度下高职会计专业群“书证融通、能力本位、职业导向”课程体系构建与实践》（编号：2021178）的阶段性研究成果。

本书系山东省 2021 年职业教育教学改革研究项目《“三教”改革视域下打造优质“双课”，助力职业教育提质培优》（编号：2021413）的阶段性研究成果。

本书为山东省职业教育技艺技能传承创新平台——智能会计技术技能创新平台建设成果。

编者

2022 年 1 月

目 录

项目一
大数据基础

【知识目标】

1. 了解大数据基础知识，包括大数据、大数据技术及大数据思维等相关知识。

2. 掌握数据库相关概念及知识、相关理论。

3. 了解财务大数据分析常用工具（DBE财务大数据实践教学平台）。

【技能目标】

1. 能清晰指出数据与大数据的区别，了解大数据相关技术。

2. 能深刻理解并表述数据库的基本概念及基本原理。

3. 会利用一般财务大数据分析工具进行数据可视化呈现的基本步骤。

【素质目标】

1. 培养学生大数据思维，能够利用整体与部分、个体与全体的辩证思维思考问题和分析问题。

2. 引导学生紧跟时代发展趋势，利用数字化思维看待和处理身边事物。

3. 提高学生学习“大智移云物区”等新一代信息技术的能力，培养学生勇于接受新事物、学习新事物的能力。

【知识图谱】

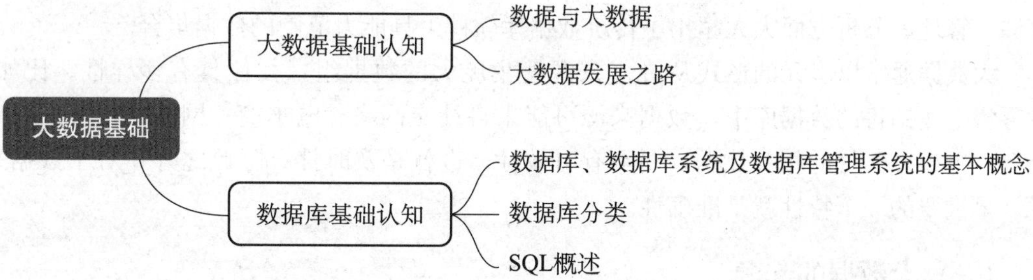

任务一 大数据基础认知

任务导入

对数据、大数据、大数据时代有准确的理解，掌握大数据的特征，熟悉 DBE 财务大数据实践教学平台数据分析工具的操作流程。

知识精讲

一、数据与大数据

在目前高速发展的时代，科技发达、信息流通，大数据就是这个时代的产物。所谓数据，就是用来描述事物的符号或代码。在计算机系统中，各种数字、文字、字母、符号、图形、图像、音频等都被统称为数据，而数据通过一定的手段加工就得到了我们平时所说的信息。在现实生活中，数据无处不在，例如，学生的学号、成绩、身份证号、快递单号等都包含了大量的数据。将数据整理成信息，可以分析运输、销售、生产等情况，从而达到最优组合。以天气为例，通过风速、湿度、云层的移动轨迹等数据进行分析，最终可以获得区域天气的相关信息，同时也可以较为精准地预测未来一定时间内的天气情况，这就是大数据时代最初的展现。所以，人们是通过数据来得到信息，从而认识世界的。

大数据（big data 或 mega data），或称为巨量资料，指的是需要新处理模式才能具有更强的决策力、洞察力和流程优化能力的海量、高增长率和多样化的信息资产，是大的数据量与现代信息技术环境相结合涌现的结果。换而言之，它是一种规模大到在获取、存储、管理、分析方面大大超出了传统数据库软件工具能力范围的数据集合。

大数据通常以多元的形式从许多来源搜集庞大的数据组，往往具有多样性。比如，在零售企业销售的数据库中，数据来源可能来自社交网络、电子商务网站、顾客来访记录等。再如，天气的相关数据，要具有时效性，也就是及时性。除此之外，对于数据来说，最重要的一个特性就是准确性。

（一）大数据的起源

大数据源于互联网的发展。互联网运行产生了海量的信息数据，互联网的快速发展创造了大数据应用的规模化环境，互联网企业也开发了处理软件，相对应地，大数据计算技术完美地解决了海量数据的收集、存储、计算和分析的问题。

大数据以多元形式产生。数据并非单纯地指人们在互联网中发布的信息。比如，全世界的工业设备、汽车、电表上有着无数的数码传感器，随时测量和传递着有关位置、运动、震动、湿度、温度乃至空气中化学物质的变化，同时也产生了海量的数据信息。

简单来说，当数据累积到一定数量时，通过数学模型进行建模分析，就是大数据分析的雏形。例如，在数学中，我们学到的方程就是线性回归模型的基础表现。以学生的学习成绩来说，假设影响成绩的因素有且只有学习的时长，那么可以将学习时长设为自变量 x，成绩设为因变量 y。这样我们可以通过长期收集的数据推算出自变量的系数，得到一个线性方程，如图 1-1 所示。

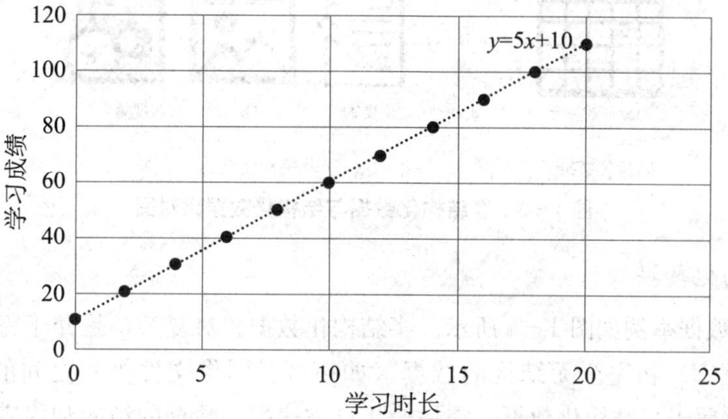

图 1-1　学习成绩与学习时长分析图

如图中所展示的公式，代入不同的学习时长，就可以得到一个对应的学习成绩。通过这个简单的模型我们可以知道，如果希望考试及格，需要分配多少时间来学习；如果希望成绩优秀（80 分以上），需要多少时间来学习。大数据时代，让我们可以更加合理地分配资源，获得更优的结果，最终推动时代的发展。所以，未来将不再是 IT 时代，而是 DT（Data Technology）的时代，也就是数据科技所带来的新的发展。

（二）大数据的分类

数据根据其内容不同，一般分为结构化数据、非结构化数据和半结构化数据三类。

1. 结构化数据

能够用数据或统一的结构加以表示的信息，称为结构化数据，如数字、符号等。传统的关系数据模型——行数据，存储于数据库，可用二维表结构表示，如图 1-2 所示。简单来说，结构化数据就是数据库，如企业 ERP、财务系统等。

2. 非结构化数据

非结构化数据与结构化数据比对如图 1-3 所示。非结构化数据是指其字段长度可

员工ID	姓名	性别	部门	薪水
2365	李云	女	金融	6500
3398	王力	男	管理员	7800
7465	张红	女	管理员	7800
7500	马腾	男	金融	7000
7699	谭克	男	市场	8000

图 1－2　结构化数据

变，并且每个字段的记录又可以由可重复或不可重复的子字段构成的数据库，用它不仅可以处理结构化数据（如数字、符号等信息），而且更适合处理非结构化数据（如全文文本、图像、声音、网页、影视、超媒体等信息）。

图 1－3　非结构化数据与结构化数据比对图

3. 半结构化数据

半结构化数据举例如图 1－4 所示。半结构化数据相对复杂，是介于完全结构化数据（如关系型数据库）和完全无结构的数据（如声音、图像文件等）之间的数据，XML、HTML 文档就属于半结构化数据。它一般是自描述的，数据的结构和内容混在一起，没有明显的区分。

XML 文档示例：

```
<person>
    <name>A</name>
    <age>13</age>
    <gender>female</gender>
</person>

<person>
    <name>B</name>
    <gender>male</gender>
</person>
```

图 1－4　半结构化数据举例

上面的 XML 例子属性的顺序可以调整，不同的半结构化数据的属性的个数是可以不一样。

大数据的核心价值是预测，即在对海量数据进行存储和分析，运用数学算法预测事情发生的可能性。大数据已经渗透到了每一个行业和业务职能领域，逐渐成为重要的生产因素，而人们对于海量数据的运用将预示着新一波生产率增长和消费者盈余浪潮的到来。大数据是继云计算、物联网之后 IT 产业又一次颠覆性的技术变革。云计算为数据资产提供了技术支持手段，但数据才是真正有价值的资产。大数据技术的战略意义在于对数据进行专业化处理。没有互联网、云计算、物联网、移动终端与人工智能组合的环境，大数据毫无价值。

二、大数据发展之路

最早提出“大数据”时代已经到来的机构是全球知名咨询公司麦肯锡。

1980 年，著名未来学家阿尔文·托夫勒（Alvin Toffler）便在《第三次浪潮》一书中，将大数据热情地称颂为“第三次浪潮的华彩乐章”。

（一）进入 21 世纪，大数据飞速发展

2005 年，Hadoop 项目诞生，后因技术高效性，被 Apache Software Foundation 公司引入成为开元应用。

2008 年年末，“大数据”得到部分美国知名计算机科学研究人员认可，《自然》杂志专刊提出 Big Data 概念。

2009 年，印度、联合国、美国和欧洲一些领先研究机构进一步研究“大数据”，引起高潮。

2010 年，肯尼斯·库克尔发表大数据专题报告，“大数据”词汇诞生。

2011 年，大数据力量显现，内容得到丰富，得到进一步发展。

2012 年，美国第一家大数据软件公司上市，联合国出台大数据白皮书，阿里巴巴全面推进“数据分享平台”战略，大数据价值得到进一步挖掘。

2015 年，国务院正式印发《促进大数据发展行动纲要》，标志着大数据正式上升为国家战略。

2016 年，我国大数据“十三五”规划出台，推动大数据在工业研发、制造、产业链全流程及服务业的发展。

2017 年 1 月，工信部发布了《大数据产业发展规划（2016—2020 年）》，进一步明确了促进我国大数据产业发展的主要任务、重大工程和保障措施。

2017 年 10 月，中共十九大报告指出：加快建设制造强国，加快发展先进制造业，推动互联网、大数据、人工智能和实体经济深度融合。

（二）大数据与信息技术深度融合

大数据离不开云处理，云处理为大数据提供了可扩展的基础设备，是产生大数据的平台之一。自 2013 年开始，大数据技术已经和云计算技术深度融合。

物联网、云计算、移动互联网、车联网、手机、平板电脑、PC 以及遍布地球各个角

落的各种各样的传感器，无一不是数据来源或者承载的方式，包括网络日志、射频识别(RFID)、传感器网络、社会网络、社会数据、互联网文本和文件、互联网搜索索引、天文学、大气科学、生物地球学、军事侦察、医疗记录、大规模的电子商务等。

(三) 大数据发展趋势：大数据自助服务

大数据的服务优势如图 1-5 所示。大数据为使用各类报表的部门提供自助式的报表服务，在基于大数据存储的基础上，提供大数据的统一查询服务平台。该平台具有良好的可扩展性，可以快速满足不同数据查询、展现需求。

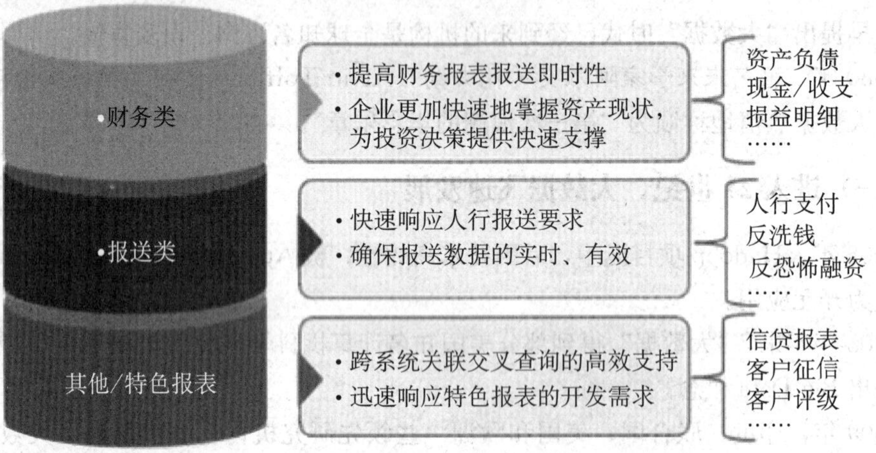

图 1-5 大数据的服务优势

(四) 十大数据挖掘领域的经典算法

(1) C4.5 算法：是机器学习算法中的一种分类决策树算法。

(2) K-Means 算法：是一个聚类算法。

(3) Support Vector Machine（支持向量机）：是一种监督式学习的方法。

(4) Apriori 算法：是一种最有影响的挖掘布尔关联规则频繁项集的算法。

(5) 最大期望（EM）算法：是在概率模型中寻找参数最大似然估计的算法。

(6) PageRank 算法：根据网站的外部链接和内部连接的数量和质量来衡量网站的价值。

(7) Adaboost 算法：是一种迭代算法，其核心思想是针对同一个训练集训练不同的分类器（弱分类器），然后把这些弱分类器集合起来，构成一个更强的最终分类器（强分类器）。

(8) K 最近邻（KNN）分类算法：如果一个样本在特征空间中，假定 K 个最相似（即特征空间中最近邻）的样本区间内，大多数属于某一类别，则该样本也属于这个类别。

(9) 朴素贝叶斯模型：该模型发源于古典数学理论，有着坚实的数学基础，以及稳定的分类效率。

（10）分类与回归树（Classification and Regression Tree，CART）：在分类树下面有两个关键的思想，一是关于递归地划分自变量空间的想法，二是用验证数据进行剪枝。

（五）常用的大数据分析工具

（1）DBE 财务大数据实践教学平台。DBE 财务大数据实践教学平台是结合 Python 数据获取、数据清洗、MySQL 数据存储、商业可视化分析软件、数据挖掘等多类大数据工具的综合软件，采用案例化教学模式呈现企业财务内部经营分析、外部投资决策实战应用场景等，是目前最为全面的分析软件之一。

（2）RapidMiner。RapidMiner 通过可视化程序进行操作，能够手动运作、分析和建模。它通过开源平台、机器学习和模型部署来提高数据工作效率。统一的数据科学平台可加速从数据准备到实现的分析工作流程，极大地提高技术人员的效率，是最易于使用的预测分析软件之一。

（3）Power BI。Microsoft Power BI 同时提供本地和云服务。它最初是作为 Excel 插件引入的，不久凭借其强大的功能开始普及。目前，它被视为商业分析领域的软件领导者。它提供了数据可视化和 BI 功能，使用户可以轻松地以更低的成本实现快速、明智的决策，用户可协作并共享自定义的仪表板和交互式报告。

任务要求

（1）将从网站上采集的资产负债表、利润表和现金流量表上传至分析云，为下一步进行数据分析做准备。数据处理的流程如图 1－6 所示。

图 1－6 数据处理的流程

（2）建立关联数据集。

（3）进行可视化图表设计与呈现。

（4）构建数据管理驾驶舱。

任务实施

一、上传数据

将转换成为标准格式的表格上传至 DBE 财务大数据实践教学平台。

（1）数据准备—上传，如图 1－7 所示。

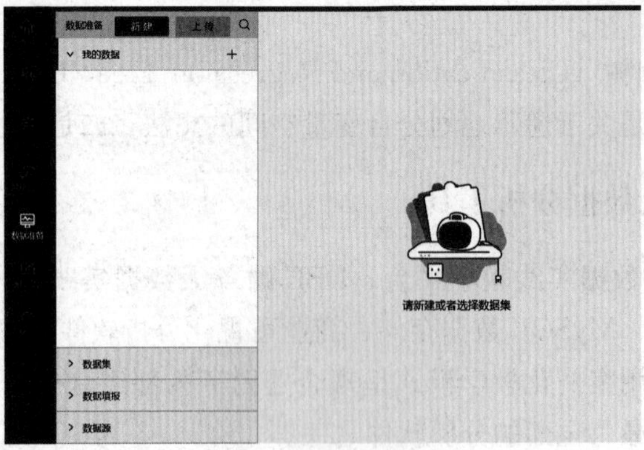

图 1-7　数据上传

（2）选择需要上传的文件及文件的工作表，如图 1-8 所示。

图 1-8　选择文件

（3）选择要保存的数据集文件夹，如图 1-9 所示。

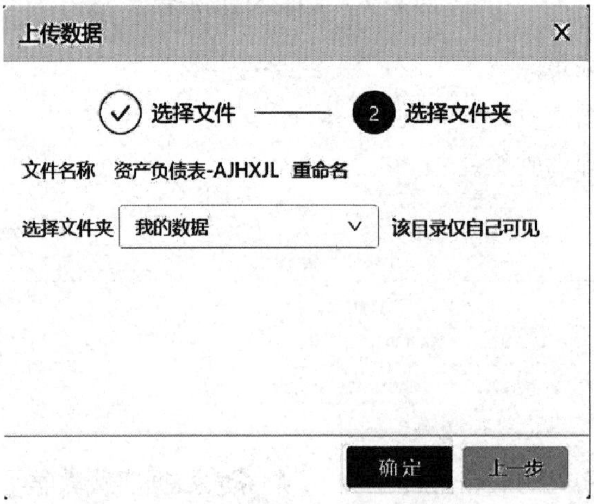

图 1-9　选择保存的文件夹

（4）全部上传成功后的效果如图 1－10 所示。

图 1－10　表格上传成功的效果图

二、建立关联数据集

（1）数据准备—新建，如图 1－11 所示。

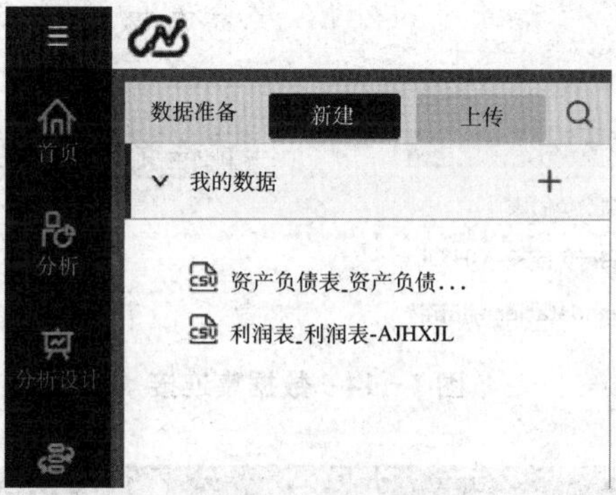

图 1－11　新建数据集

（2）选择数据集类型及基本信息，如图 1－12 所示。

图 1－12　选择数据集类型

（3）拖拽想要操作的数据集到数据预览区域，如图 1－13 所示。

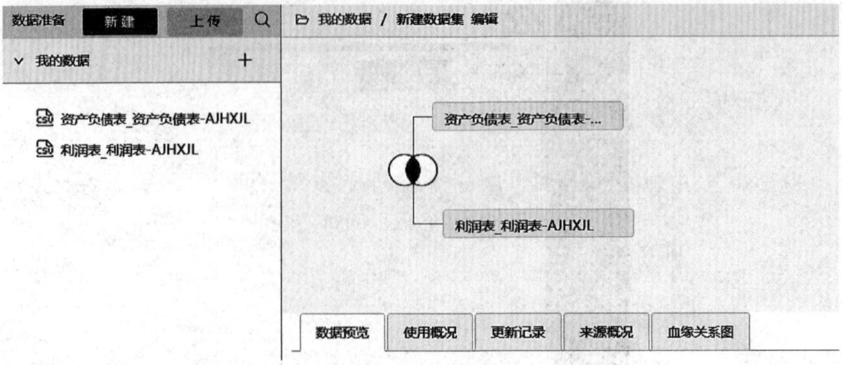

图 1－13　将数据集放到数据预览区域

（4）分别点击两个需要关联的数据集进行连接，如图 1－14 和图 1－15 所示。

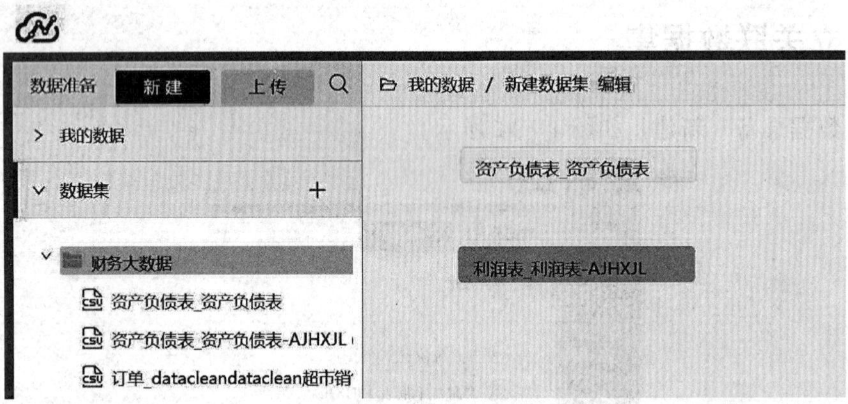

图 1－14　数据集连接

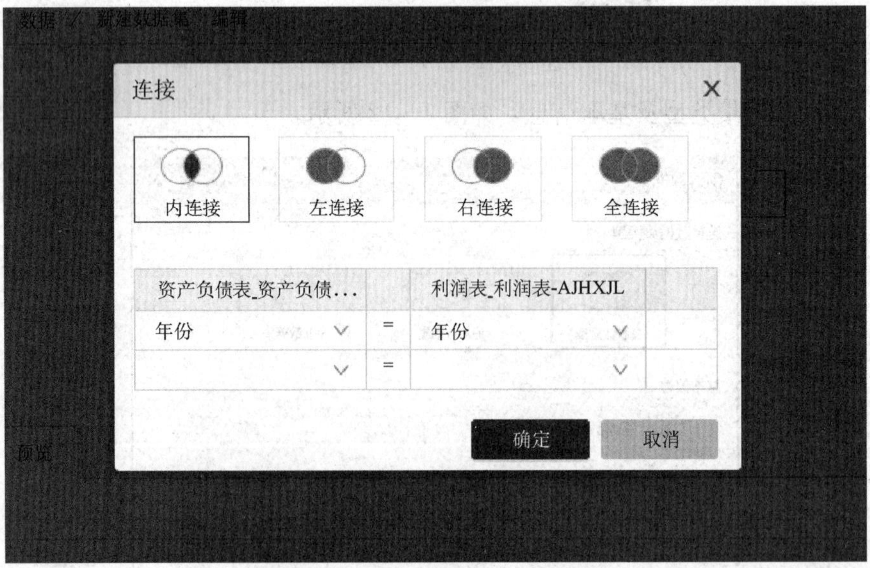

图 1－15　选择连接类型

内连接：只返回两个表中连接字段相等的行。

左连接：返回包括左表中的所有记录和右表中连接字段相等的记录。

右连接：返回包括右表中的所有记录和左表中连接字段相等的记录。

全连接：返回左右表中所有的记录和左右表中连接字段相等的记录。

图 1－16 为将资产负债表和利润表建立内连接后的界面图。

图 1－16　资产负债表与利润表内连接图

三、可视化图表设计与呈现

利用分析云中的数据进行可视化图表设计与分析，流程如图 1－17 所示。

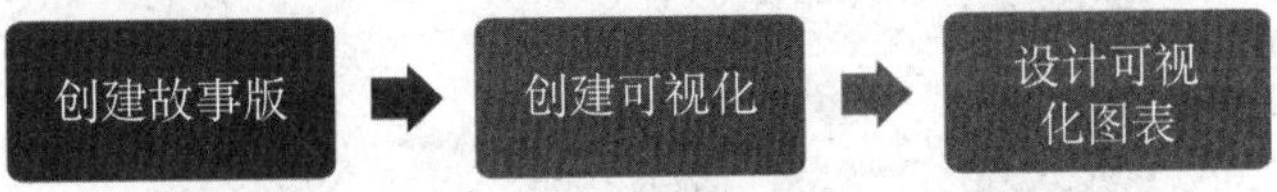

图 1－17　可视化操作流程

1. 创建故事板

（1）新建故事板，如图 1－18 所示。

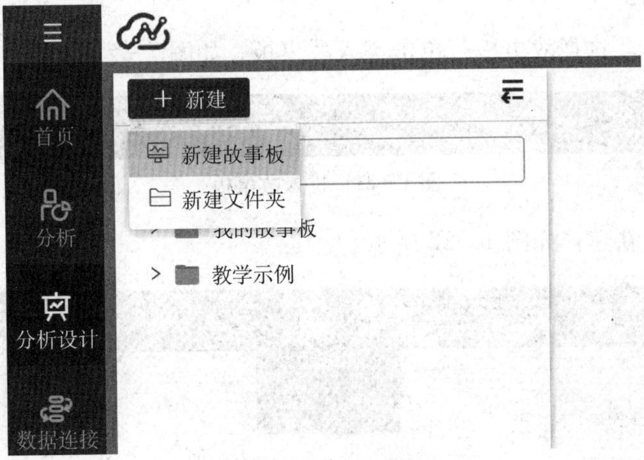

图 1－18　新建故事板

（2）修改故事板名称为“我的故事板”，如图 1-19 所示。

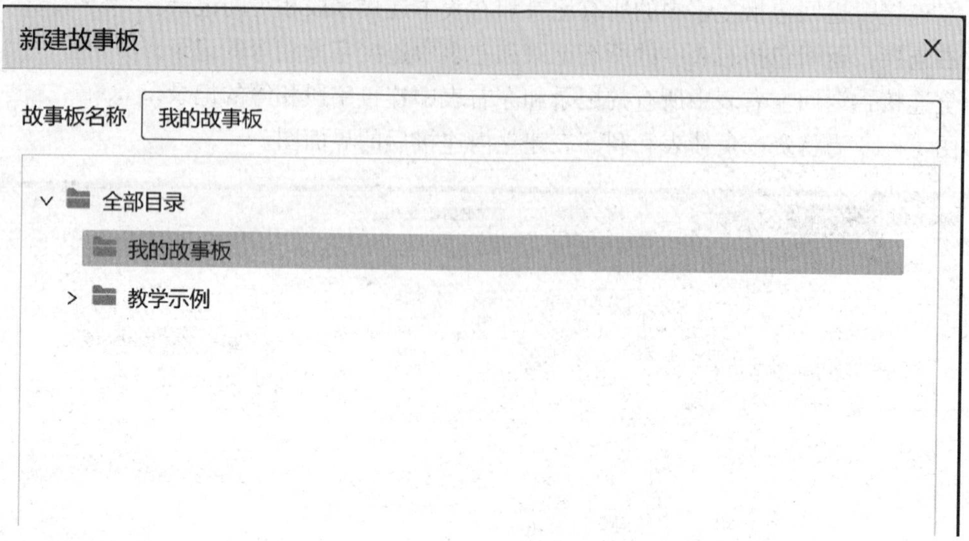

图 1-19　新建故事板

图 1-20 为在“我的故事板”下创建的名为“我的故事板”的图示：

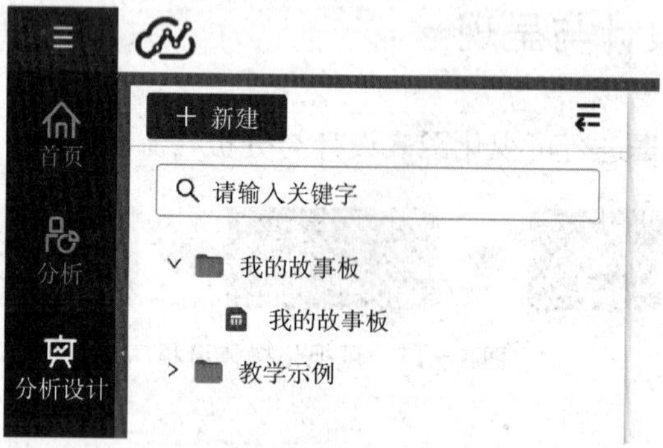

图 1-20　创建完毕后的图示

2. 创建可视化

（1）分析设计—选择故事板—单击进入故事板，如图 1-21 所示。

图 1-21　进入故事板

（2）可视化—新建，如图 1-22 所示。

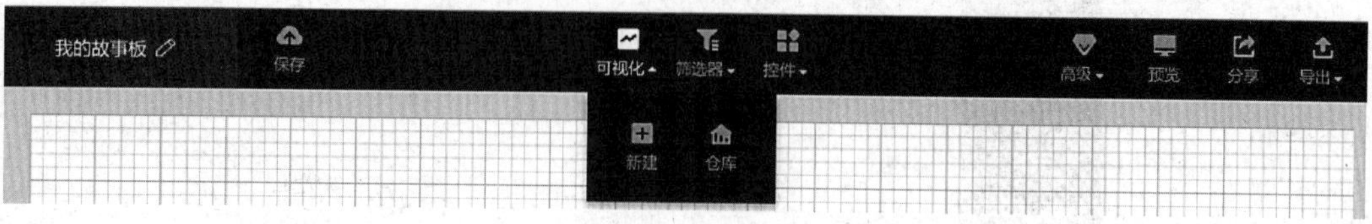

图 1-22　新建可视化

（3）选择想要分析的数据，如图 1－23 所示。

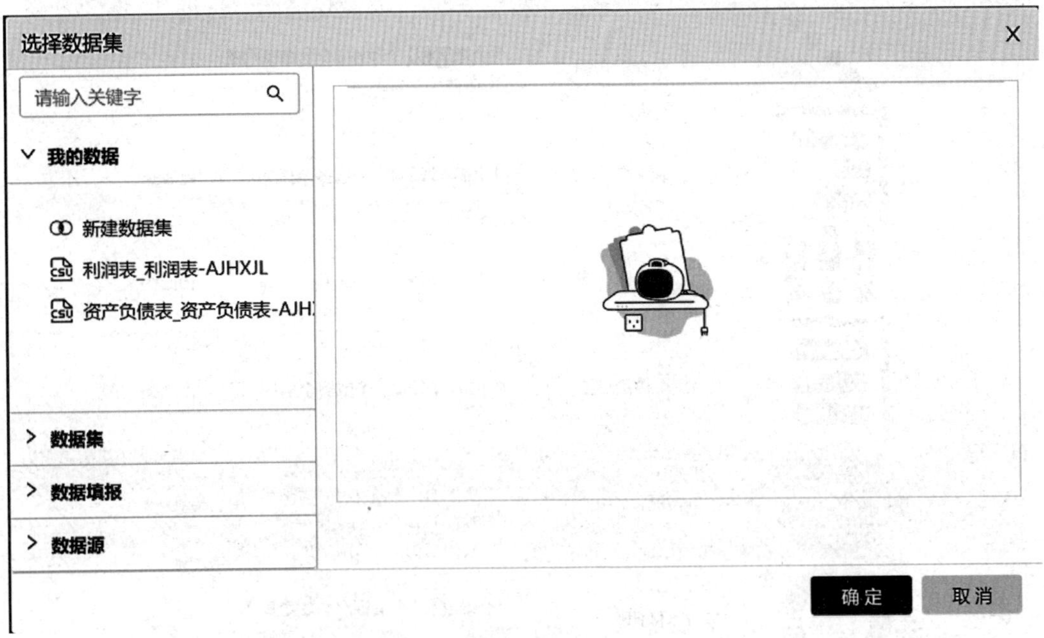

图 1－23　选择可视化数据

（4）将想要进行分析的维度和指标拖拽到相应位置，如图 1－24 所示。

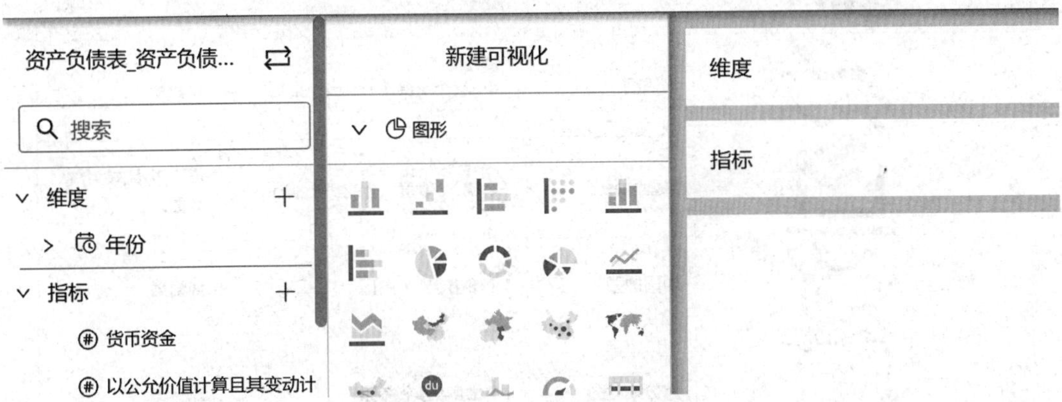

图 1－24　输入可视化数据

维度：是事物或现象的某种特征，可以分为定性维度和定量维度，也就是根据数据类型来划分：数据类型为字符型（文本型）数据，就是定性维度，如地区、性别；数据类型为数值型数据的，就是定量维度，如收入、年龄、消费等。

指标：用于衡量事物发展程度的单位或方法。指标可以分为绝对数指标和相对数指标：绝对数指标反映的是规模大小的指标，如人口数、GDP、收入、用户数，而相对数指标主要用来反映质量好坏的指标，如利润率、留存率、覆盖率等。

3. 设计可视化图表

分析云所携带的最常用的 10 种可视化图表如图 1－25 所示。

序号	图形标志	图形名称	使用条件	使用种类
1		阶梯瀑布图	1个维度和1个指标，0个维度和多个指标	
2	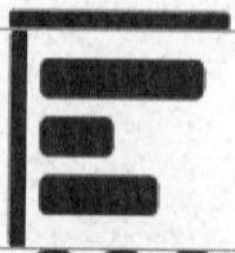	条形图	1个或2个维度,1个或多个指标	比较类
3		堆叠柱状图	1个或2个维度,2个或多个指标	占比类
4	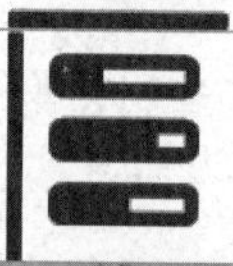	堆叠条形图	1个或2个维度,2个或多个指标	占比类
5		饼图	1个维度和1个指标,0个维度多个指标	占比类
6		环形图	1个维度和1个指标,0个维度多个指标	占比类
7		玫瑰图	1个维度和1个指标,0个维度多个指标	比较类
8		折线图	1个或2个维度,1个或多个指标	趋势图
9		堆叠区域图	1个或2个维度,1个或多个指标	占比类/比较类/趋势图
10		中国地图	1个维度和1个指标	地图类
11		省份矢量图	1个维度和1个指标	地图类

图 1-25　10 种常用的可视化图表

（1）条形图。条形图是用宽度相同的条形的高度或长短来表示数据多少的图形。条形图可以横置或纵置，纵置时也称为柱形图。条形图的特点在于能够使人们一眼看出各个数据的大小，易于比较数据之间的差别。

例如，在分析比较各年营业总收入的变化趋势时，条形图可以直观地反映出各年营业总收入的差距。

步骤 1：在可视化操作界面将维度中的年份和指标中的营业总收入拖拽到相应的维度与指标区，如图 1-26 所示。

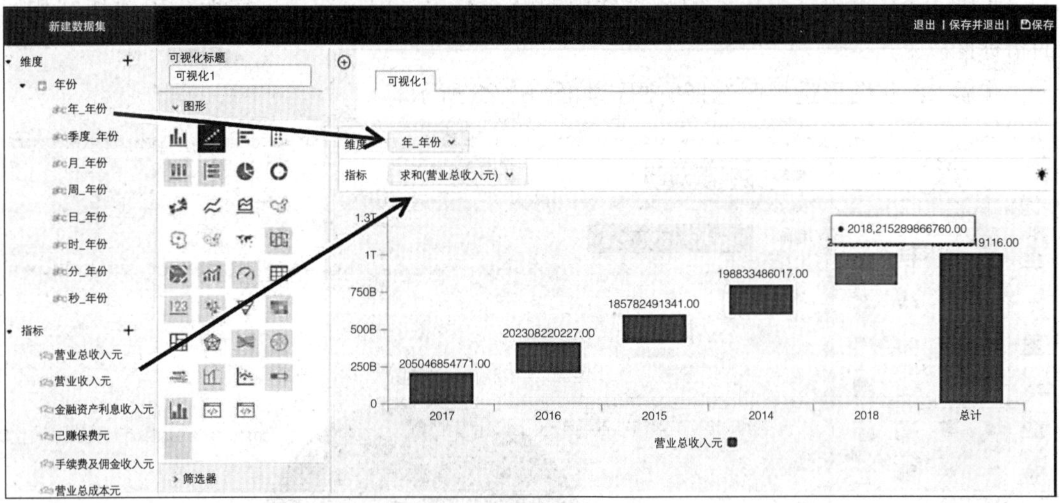

图 1－26　营业总收入条形图

步骤 2：在图形选择区选择柱状图，如图 1－27 所示。

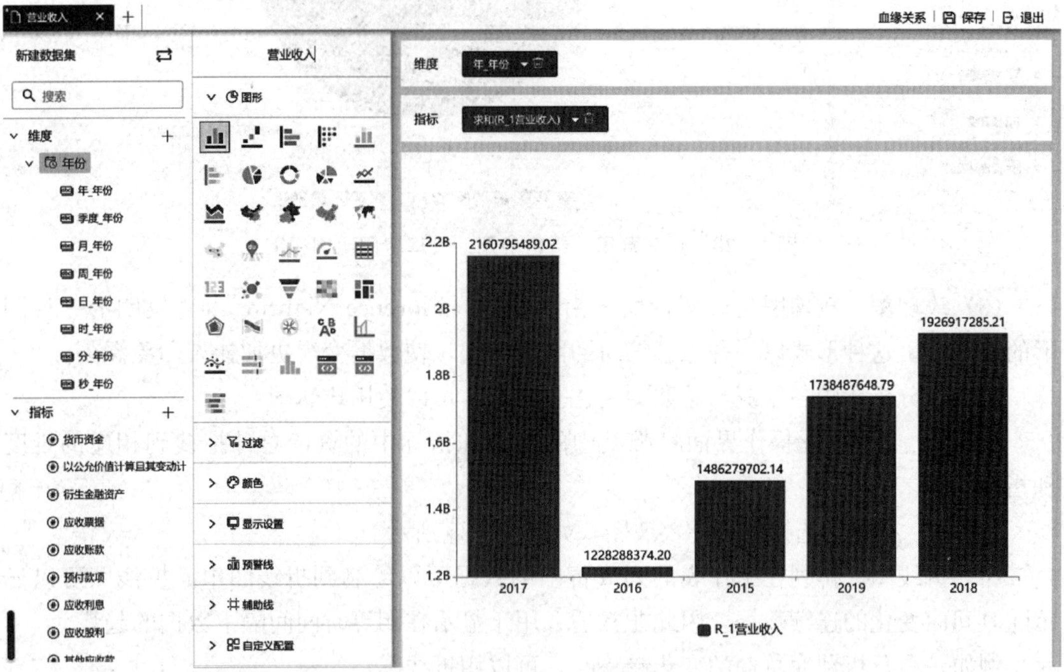

图 1－27　营业总收入柱状图

(2) 饼图。饼图显示一个数据系列中各项的大小与各项总和的比例。数据系列是指在图表中绘制的相关数据点，这些数据源自数据表的行或列。饼图只有一个数据系列，饼图中的数据点（在图表中绘制的单个值）显示为整个饼图的百分比，能够以图形的方式直接显示各个组成部分所占比例，如图 1－28 所示。

例如，在分析三大费用即财务费用、销售费用、管理费用的比例构成时，可以选择饼图：

步骤 1：在可视化操作界面将指标中的财务费用、销售费用、管理费用拖拽到相应的指标区。

步骤 2：在图形选择区选择饼图，如图 1－28 所示。

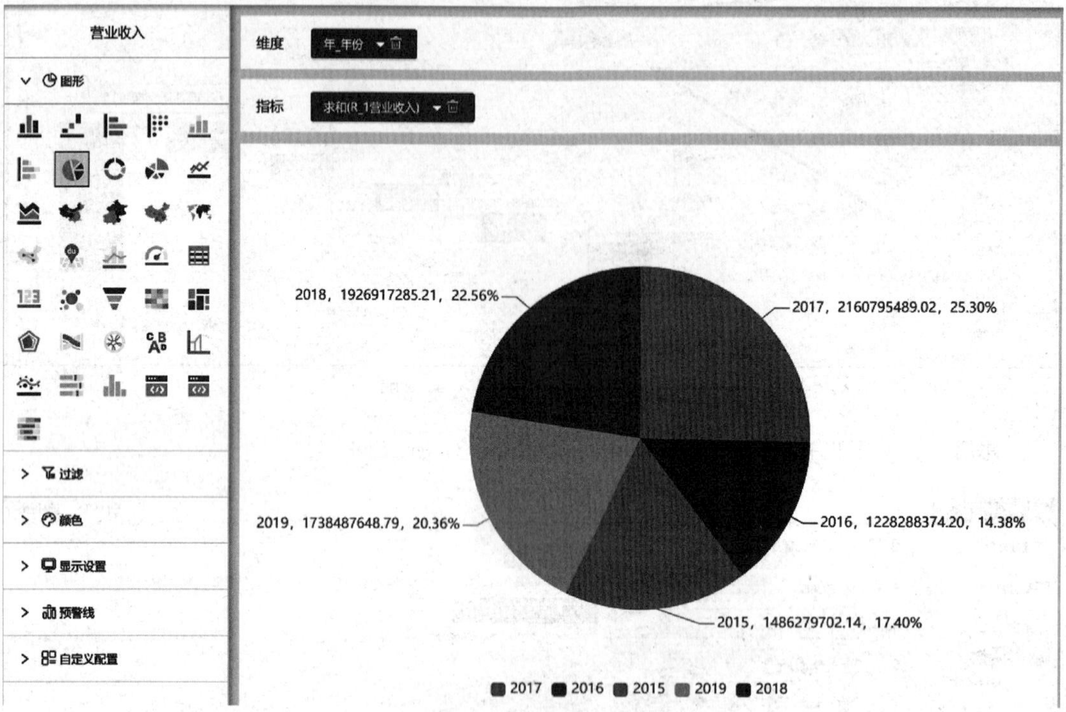

图 1－28　财务费用、销售费用、管理费用比例饼图

（3）玫瑰图。玫瑰图是弗罗伦斯·南丁格尔（Florence Nightingale）发明的一种圆形的直方图。这种形式以一种色彩缤纷的图表形式，使数据变得更加让人印象深刻。

例如，分析比较各年资产总数的变化差异时，可以使用玫瑰图：

步骤 1：在可视化操作界面将维度中的年份和指标中的资产总计拖拽到相应的维度和指标区。

步骤 2：在图形选择区选择玫瑰图，如图 1－29 所示。

（4）折线图。排列在工作表的列或行中的数据可以绘制到折线图中。折线图可以显示随时间而变化的连续数据，因此非常适合用于显示在相等时间间隔下数据的趋势。

例如，在分析利润总额的变化趋势时，可以用折线图：

步骤 1：在可视化操作界面将维度中的年份和指标中的资产总计拖拽到相应的维度和指标区。

步骤 2：在图形选择区选择折线图，如图 1－30 所示。

（5）表格。表格是指按所需的内容项目画成格子，分别填写文字或数字的书面材料，便于统计查看。表格由一行或多行单元格组成，用于显示数字和其他项，以便快速引用和分析。表格中的项被组织为行和列。

例如，在分析资产负债表时用表格分析：

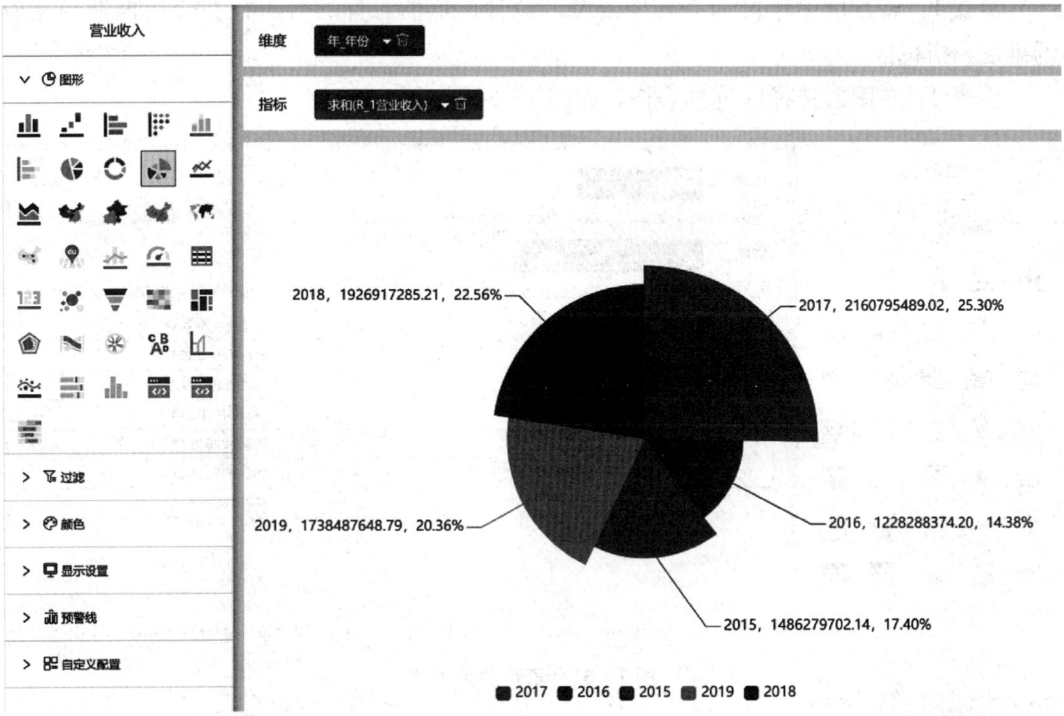

图 1－29　总资产玫瑰图

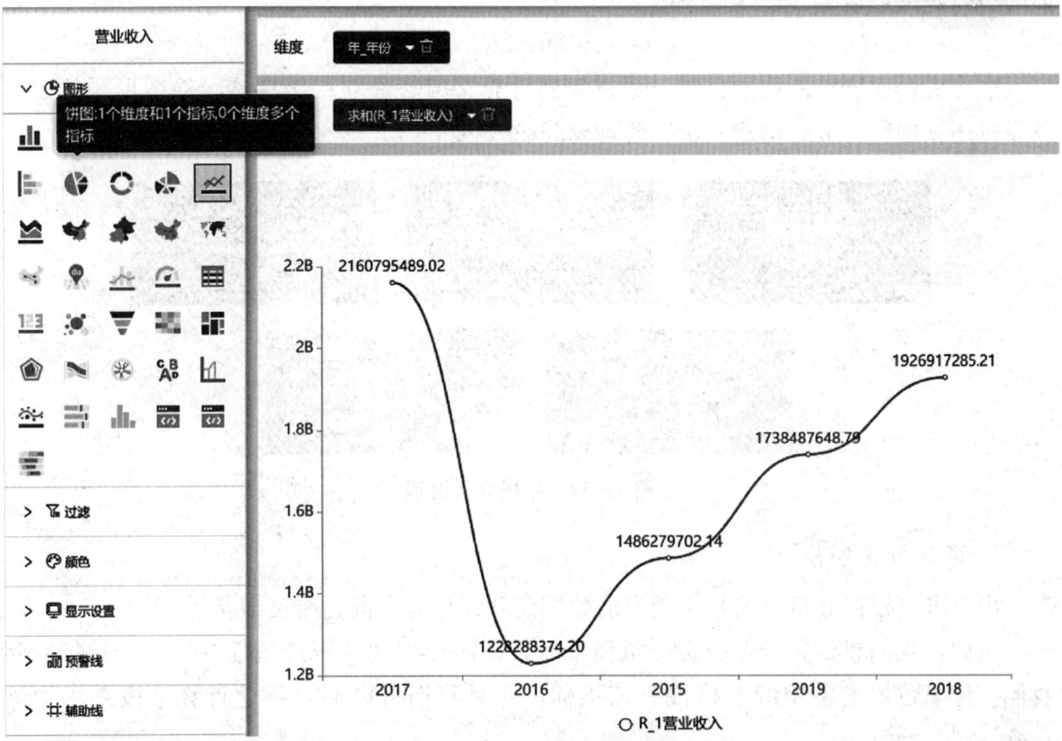

图 1－30　总利润折线图

步骤 1：将维度中年份和指标中的资产总计、负债总计、股东权益合计拖拽到相应的维度和指标区。

步骤 2：在图形选择区选择表格，如图 1－31 所示。

图 1－31　资产负债表格

四、构建数据管理驾驶舱

在分析企业贷款还款情况时，通过新建计算字段、建立层级穿透、给图形添加过滤及设置还款预警，最终构建一个“管理驾驶舱”，如图 1－32 和图 1－33 所示。

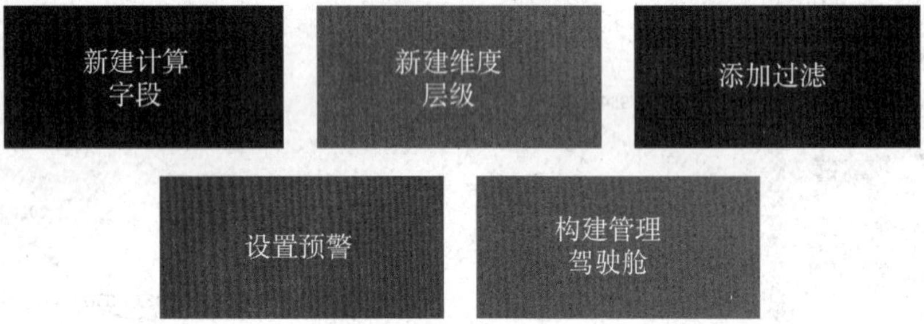

图 1－32　数据分析流程

1. 新建计算字段

用户可以根据分析要求基于现有的数据集新建计算字段为维度或指标。

例如，我们想要分析企业资产负债率时，就需要用到“资产负债率”这个指标，而我们上传至数据准备中的表格没有该指标，此时我们可以通过新建计算字段来添加该指标。

（1）点击指标右侧的“＋”号，选择“设计字段”，如图 1－34 所示。

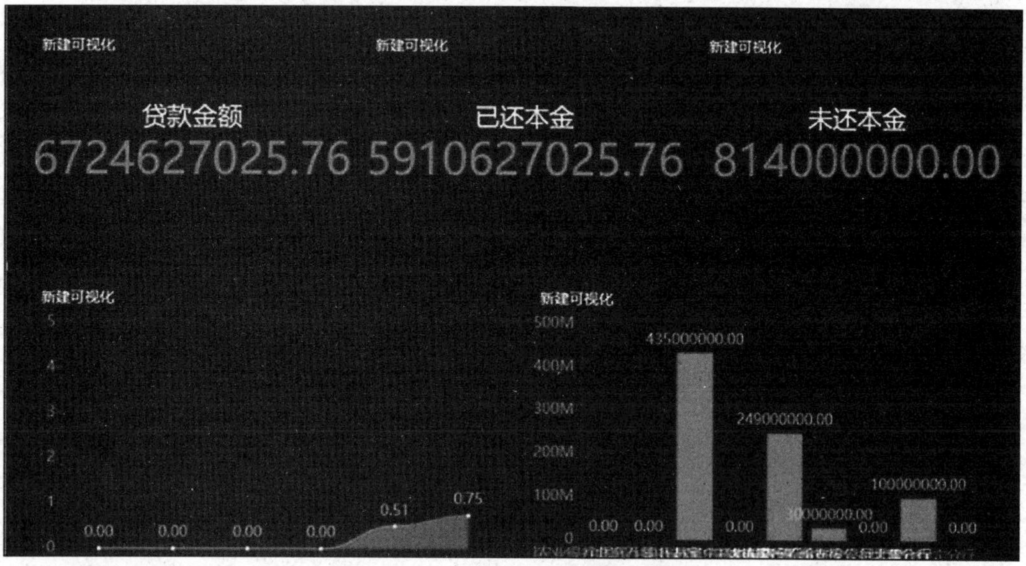

图 1－33　数据分析“管理驾驶舱”

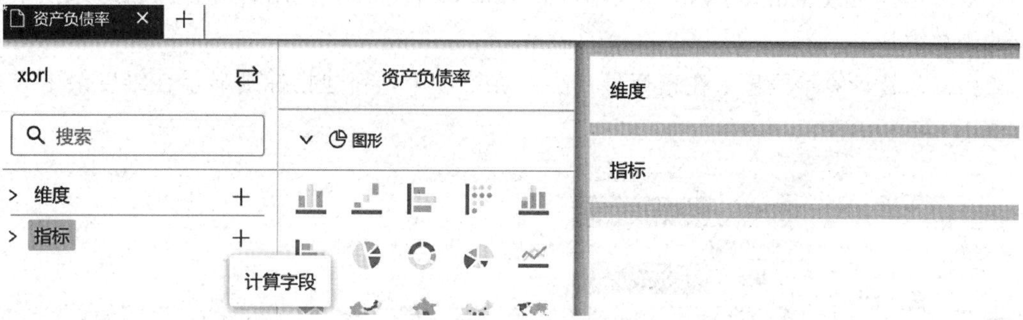

图 1－34　新建字段

若需要在维度中添加计算字段，则点击维度右侧的“＋”号，在下拉箭头中选择新建字段。

（2）添加字段名称，选择字段类型，如图 1－35 所示。

图 1－35　添加新字段

（3）添加函数构成表达式，在可选择字段中双击选择需要的字段，点击“确认”按钮，如图 1－36 所示。

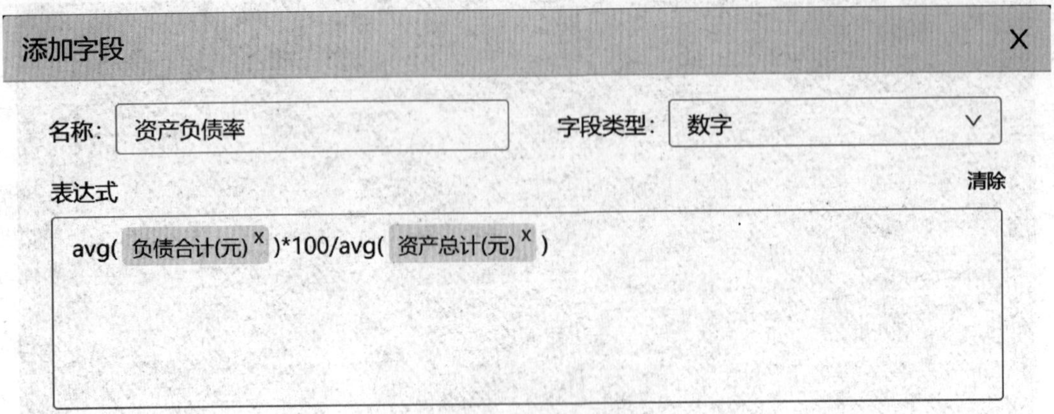

图 1-36 构成新字段

未还比率＝未还本金总额/贷款金额总额（结果保留两位小数）

分析云表达式为：

avg（负债合计（元））^{x} ∗ 100/avg（资产总计（元））^{x}

双击选择函数和相关字段，函数应用和 Excel 中一样，使用时可参照右边边框中相应的函数解释。

（4）新建计算字段显示在指标最下方（在维度中，新建指标则显示在维度最下方），如图 1-37 所示。

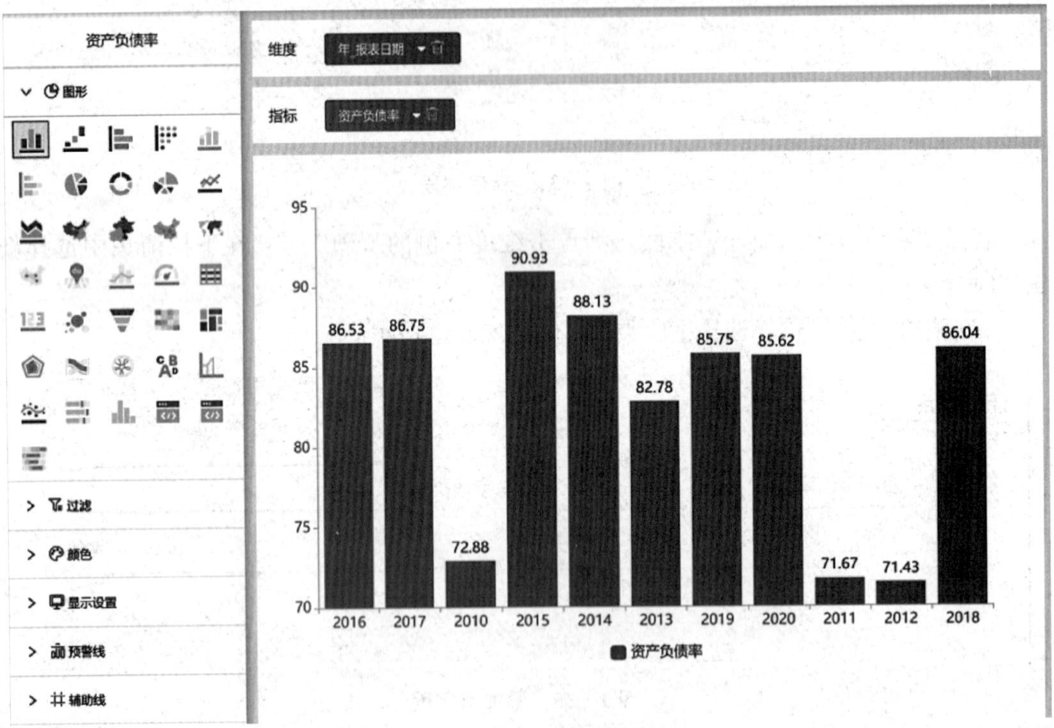

图 1-37 资产负债率柱状图

2. 新建维度层级

维度中的字段可以通过创建自定义维度层级进行下钻分析。

（1）点击维度右侧的“＋”号创建层级，如图 1－38 所示。

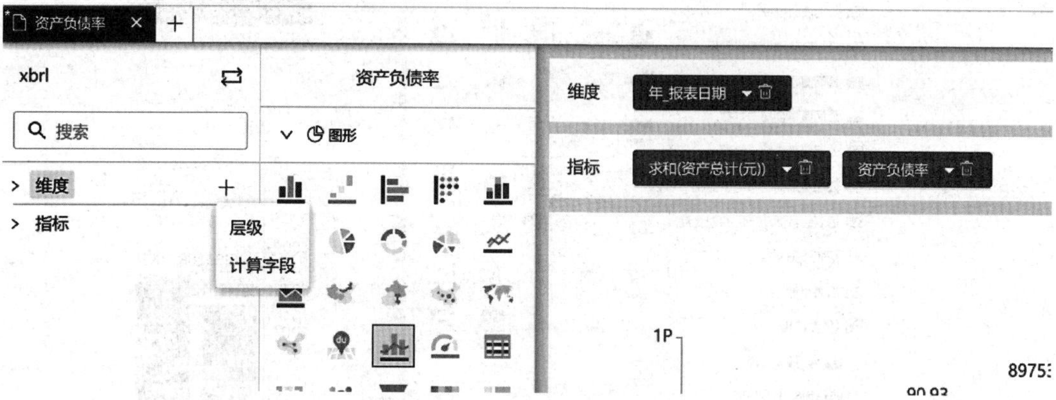

图 1－38　创建层级

（2）设置该钻取层级的名称，在左侧框内选取层级路径（系统会根据选取顺序设置层级路径），选取后点击“＞”进入右侧框内，点击“确定”按钮，如图 1－39 所示。

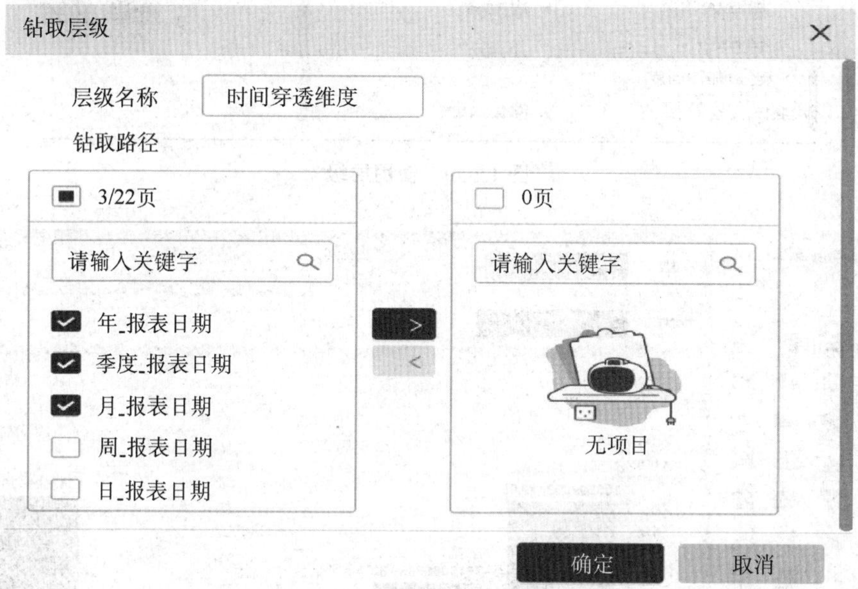

图 1－39　钻取层级

（3）使用层级，具体操作过程如下：

步骤 1：层级创建好之后，会出现在维度的最下方，如图 1－40 所示。

步骤 2：将新建层级拖拽至相应维度区，框中所示为层级钻取路径，点击图中柱状即可进入下一层级，两个层级可根据不同需求选择不同图形级，点击图中柱状即可进入下一层级，两个层级可根据不同需求选择不同图形，如图 1－41 和图 1－42 所示。

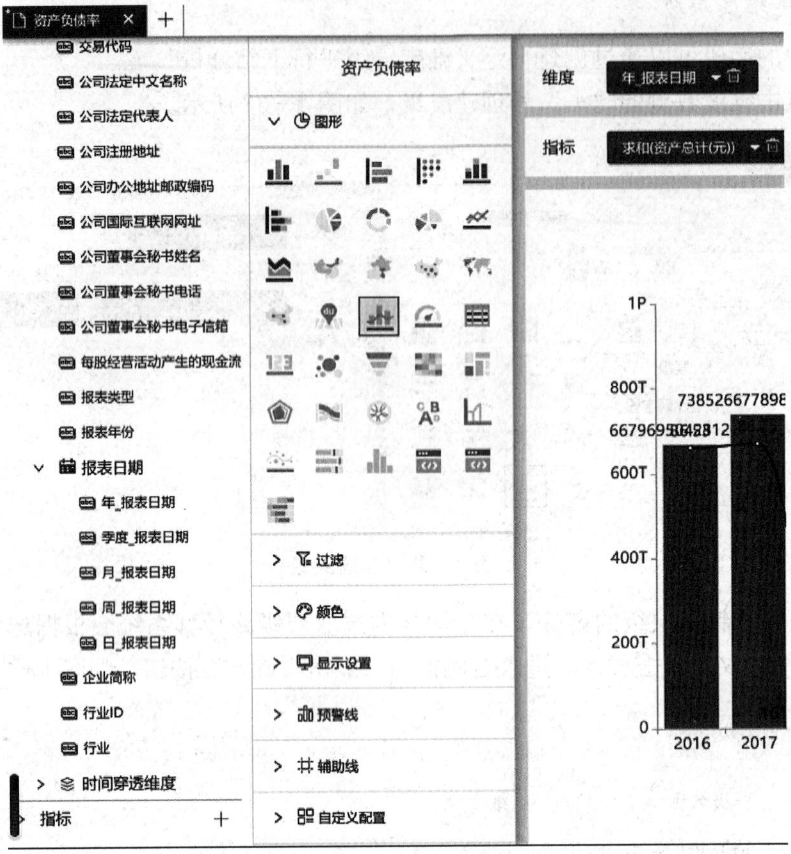

图 1－40　使用层级

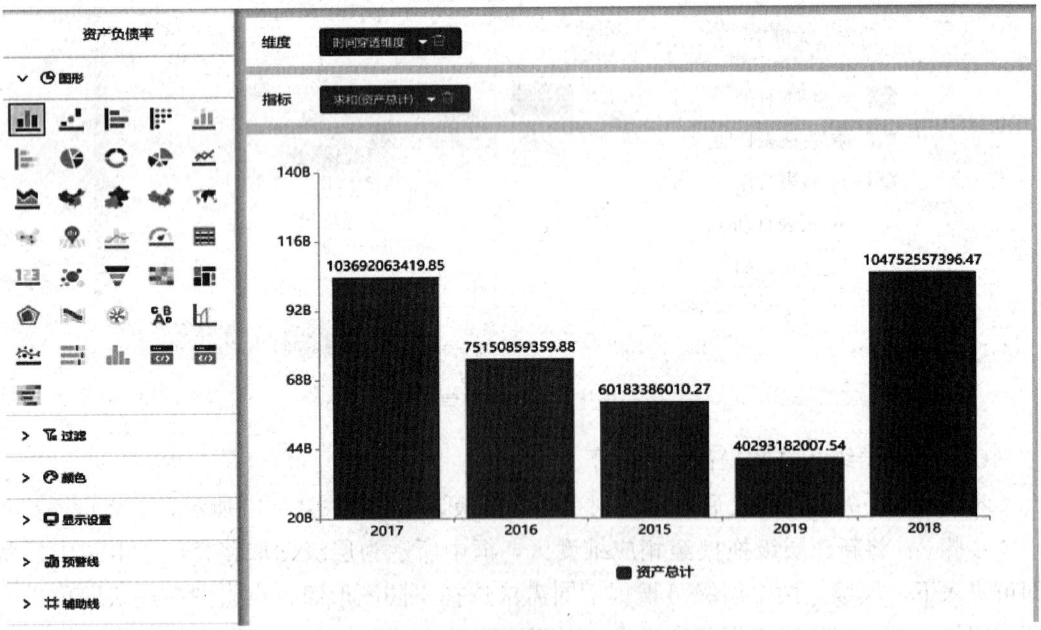

图 1－41　第一层级图

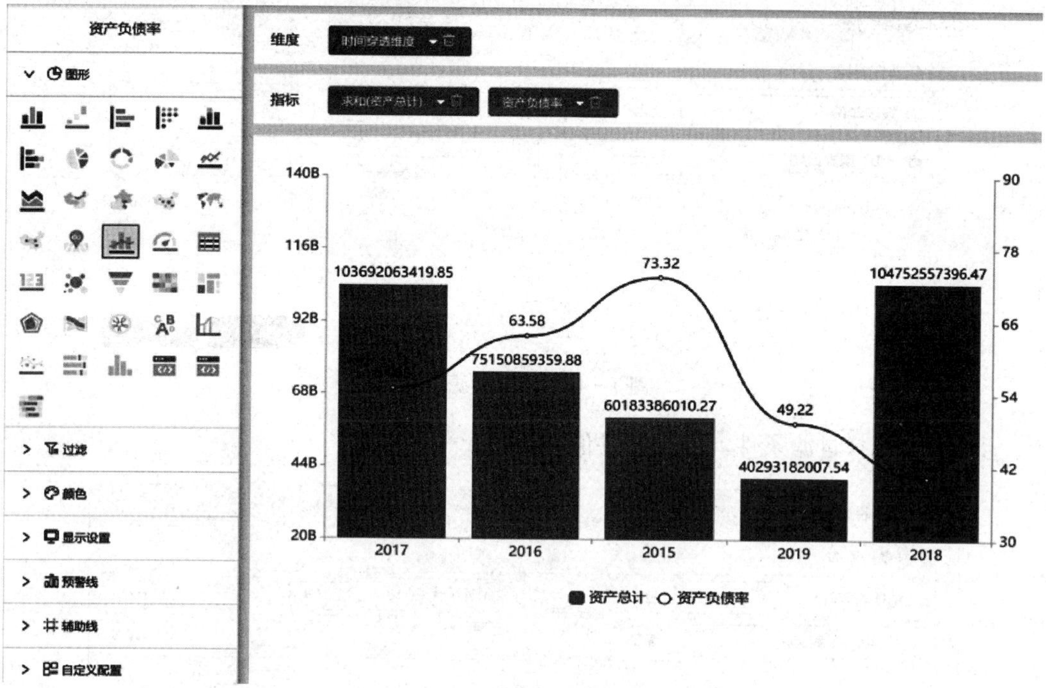

图 1-42　第二层级图

3. 添加过滤

用户能够对可视化设置筛选，支持过滤工作表数据和显示为图内筛选器给浏览用户使用。

（1）点击筛选下的设置，如图 1-43 所示。

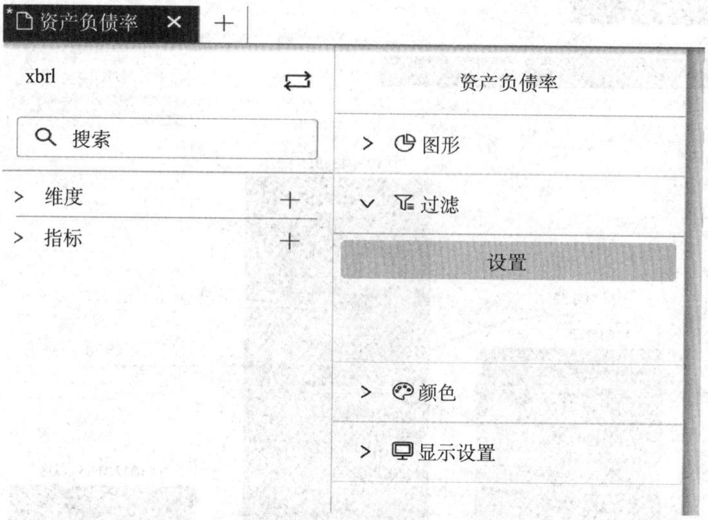

图 1-43　添加过滤

（2）设置过滤条件，具体操作过程如下：

步骤 1：选择过滤字段，如图 1-44 所示。

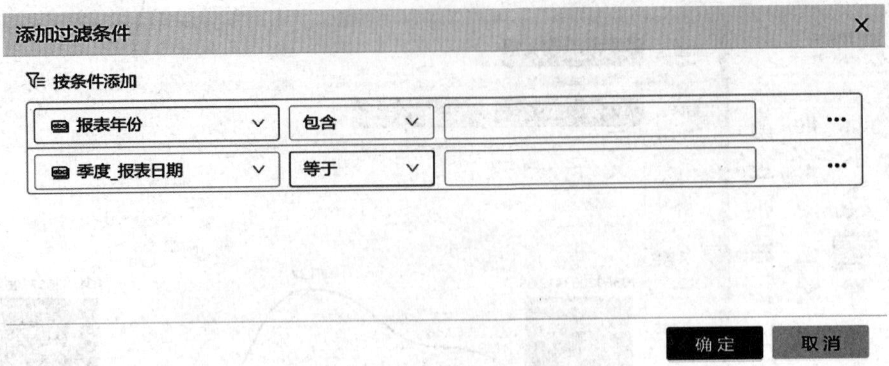

图 1-44　设置过滤条件

步骤 2：选择过滤条件，输入条件值，如图 1-45 所示。

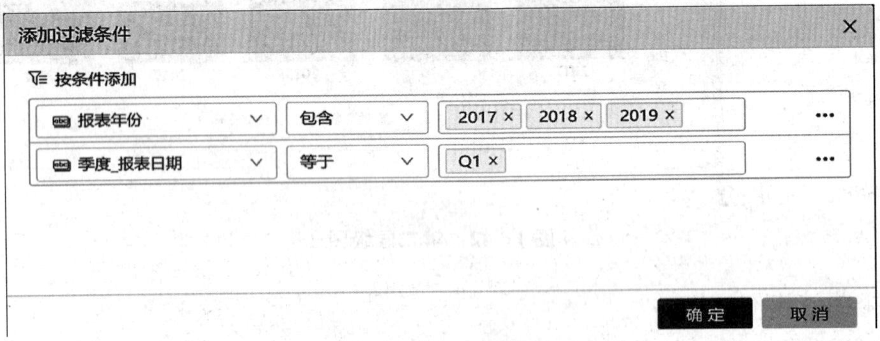

图 1-45　输入条件值

步骤 3：设置完成后自动显示出过滤后的图形，如图 1-46 和图 1-47 所示。

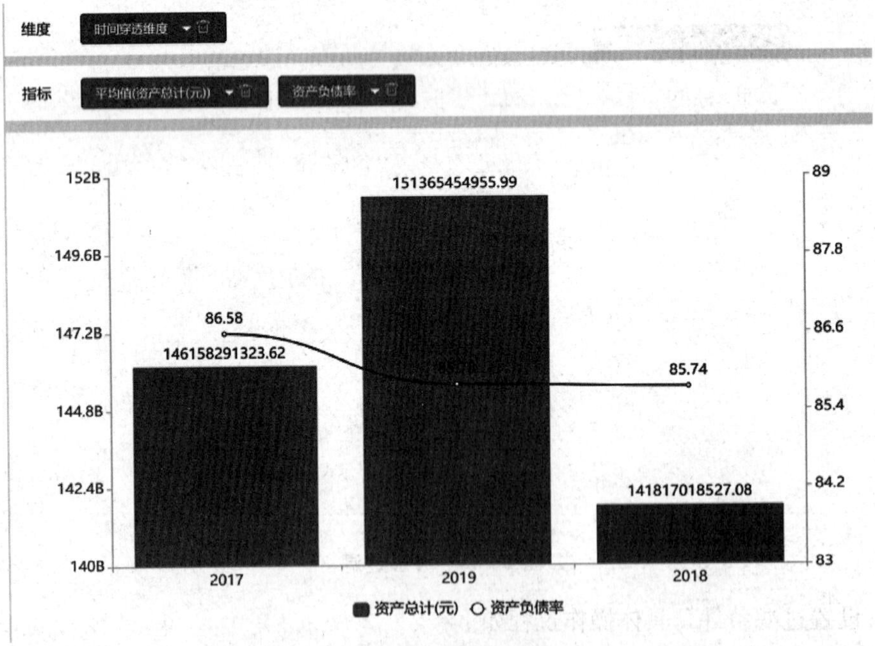

图 1-46　过滤后图形

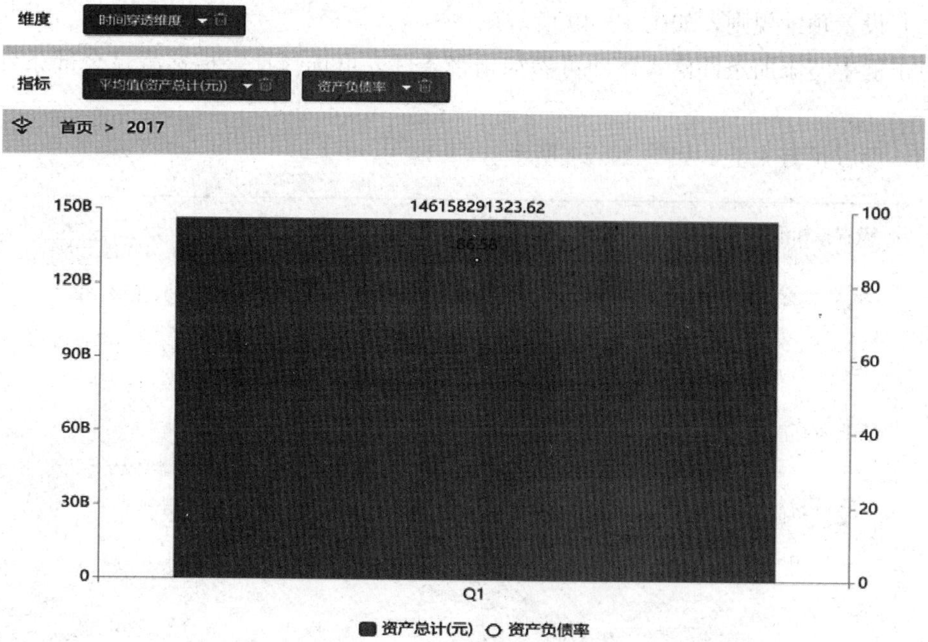

图 1－47　过滤后穿透图形

4. 设置预警

图表数据刷新时，用户监控的指标若发生异常，超出预先设定的预警线，系统则会给指定用户推送预警信息。

例如，我们想要防止企业忘记还款，就可以通过设置预警来提醒企业相关人员在某年某月还存在未还款项，这样企业就能按时还款，维持自己的信用。

(1) 拖拽已选指标到预警区域，分析云自动弹出设置指标预警框，如图 1－48 所示。

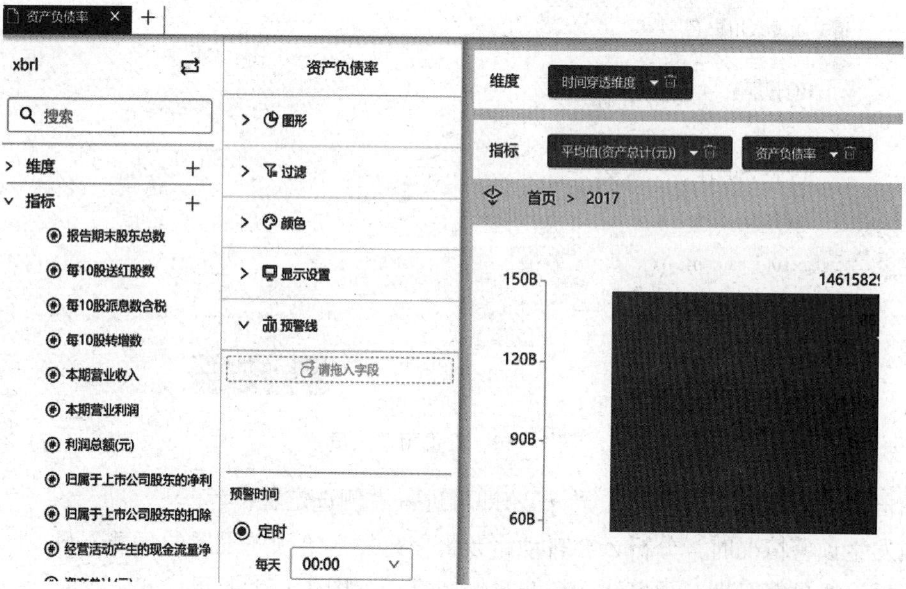

图 1－48　设置预警线

（2）设置预警规则，如图 1－49 所示。

点击框中“添加条件格式”即可添加预警条件，可选择预警指标满足全部条件或任一条件。

（3）设置预警人员，如图 1－50 所示。

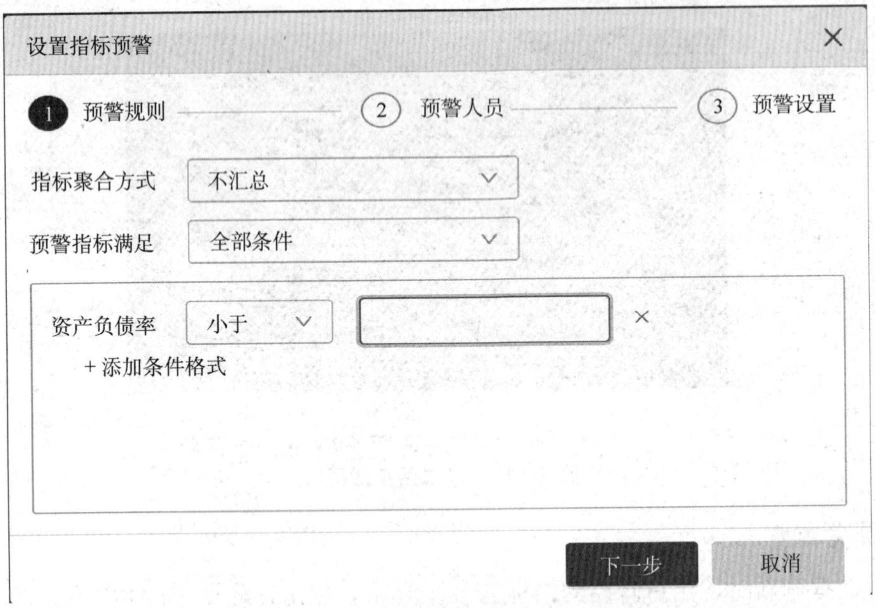

图 1－49　设置预警规则

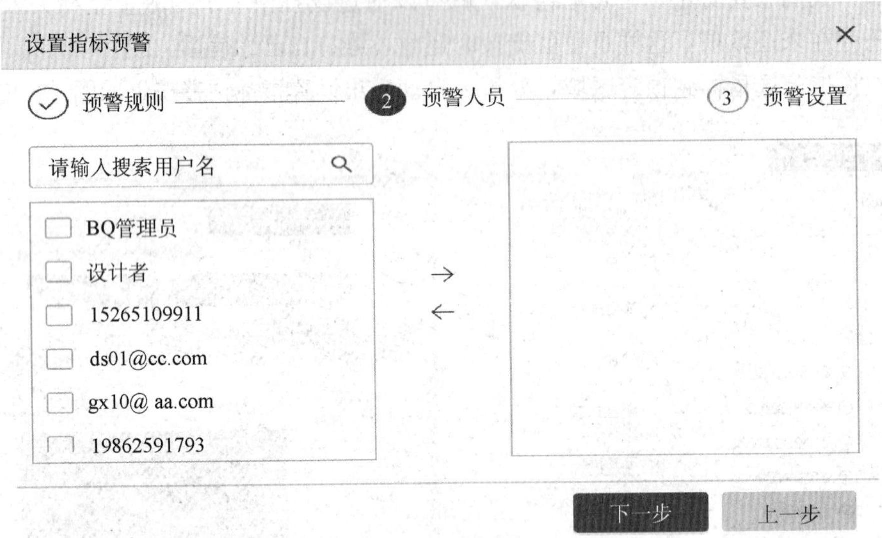

图 1－50　设置预警人员

在框中选择预警人员，点击“→”，即可进入右侧选定框。

当发生预警情况时，分析云会自动将预警信息发送给预先设置的预警人员。

然后设置预警级别、预警线颜色与预警内容，如图 1－51 所示。

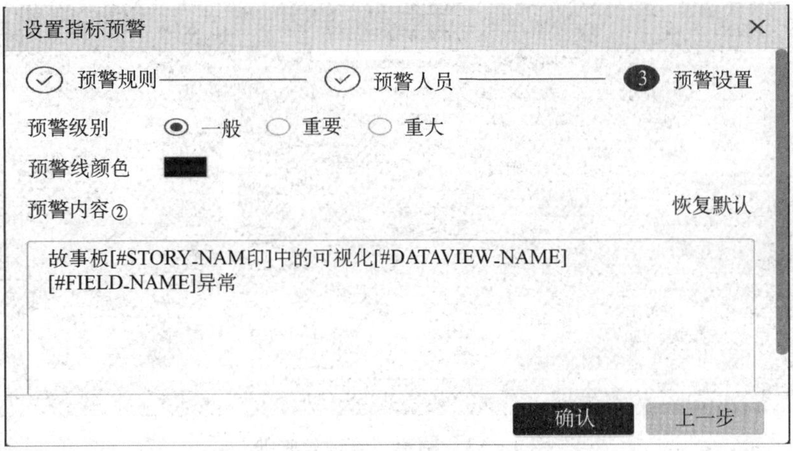

图 1-51　设置预警内容

本次任务中设置的预警线即图 1-51 中与横轴重合的线。图 1-52 为资产总计预警设置。

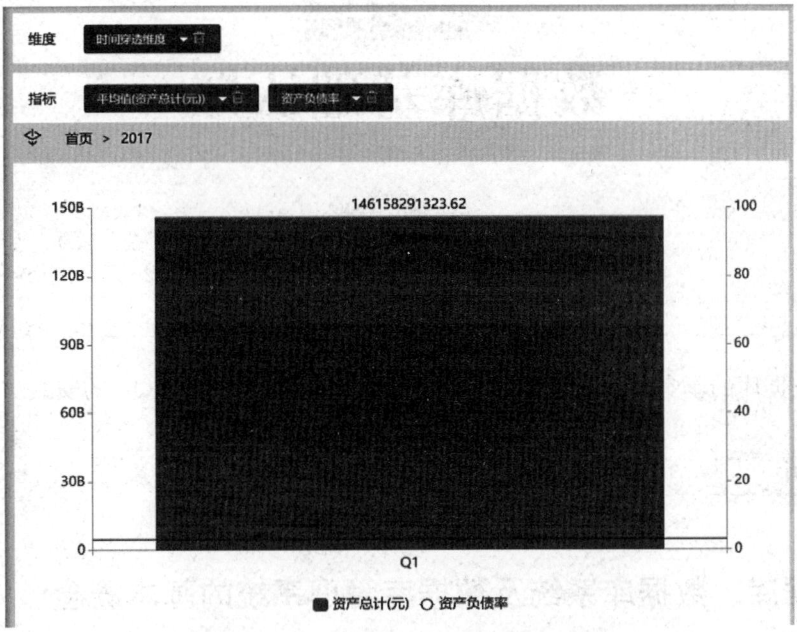

图 1-52　资产总计预警设置

5. 构建“管理驾驶舱”

用户根据分析要求设计好可视化图形后，在故事板上构建“管理驾驶舱”。可视化图形设置好后会自动出现在当前选择的故事板中，可以根据需要自己调整位置和大小，如图 1-53 所示。

在本次任务中，我们主要分析企业的贷款还款情况，根据分析要求共设计了五个可视化指标卡，其中有三个指标卡直观地反映出该企业的贷款及还款情况，一个未还比率堆叠区域图反映出该企业未还本金集中在 2019 年和 2020 年，一个贷款单位还款结束时间层级图，通过层级钻取可以看出该企业在各个贷款单位的具体还款时间及还款金额。

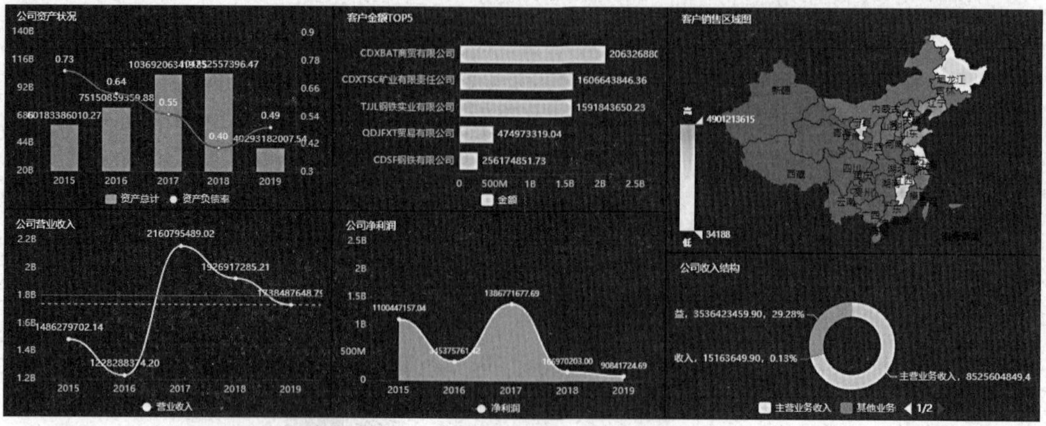

图 1－53　构建“管理驾驶舱”

任务二

数据库基础认知

任务导入

掌握数据库的基本概念及理论，掌握典型关系型数据库 MySQL 的安装。

知识精讲

一、数据库、数据库系统及数据库管理系统的基本概念

数据库（DataBase，DB）：就是数据的仓库，是长期储存在计算机内的、有组织的、可共享的数据集合。数据库中的数据按一定的数据模型组织、描述和储存，具有较小的冗余度、较高的数据独立性和易扩展性，并可被各种用户共享。

数据库系统（DataBase System，DBS）：是指在计算机系统中引入数据库后的系统，一般由数据库、数据库管理系统（及其开发工具）、应用系统、数据库管理员构成。解析数据库系统和数据库是两个概念。数据库系统是一个人—机系统，数据库是数据库系统的一个组成部分，但是在日常工作中人们常常把数据库系统简称为数据库。

数据库管理系统（DataBase Management System，DBMS）：是位于用户与操作系统之间的一层数据管理软件，用于科学地组织和存储数据、高效地获取和维护数据。数据

库管理系统是用来对数据进行存储、管理等操作的软件。

数据库管理系统的主要功能包括数据定义、数据操纵、数据库的运行管理、数据库的建立和维护。

二、数据库分类

数据库通常分为层次式数据库、网络式数据库和关系式数据库三种，而不同的数据库是按不同的数据结构来联系和组织的。在当今的互联网中，最常见的数据库模型主要是两种，即关系型数据库（SQL）和非关系型数据库（NoSQL，Not Only SQL）。

（一）关系型数据库

1. 关系型数据库的基本概念

关系型数据库（SQL）是指采用了关系模型来组织数据的数据库，其以行和列的形式存储数据，以便用户理解。关系型数据库这一系列的行和列被称为表，一组表组成了数据库。关系模型可以简单理解为二维表格模型，而一个关系型数据库就是由二维表及其之间的关系组成的一个数据组织。二维表格模型见表 1-1。

表 1-1 二维表格模型

编号	姓名	年龄
1	张三	19
2	李四	20
3	王五	18

关系型数据库的最大特点就是事务的一致性。传统的关系型数据库读写操作都是事务的，具有 ACID，即 Atomic（原子性）、Consistency（一致性）、Isolation（隔离性）和 Durability（持久性）的特点，这个特性使得关系型数据库可以用于几乎所有对一致性有要求的系统中，如典型的银行系统。常见的关系型数据库有以下几种，见表 1-2。

表 1-2 关系型数据库类型

类型	特征
SQL Server	微软提供（收费，Java 中使用不多）
Oracle	甲骨文公司（收费，功能强大，性能优异，Java 中使用者很多）
DB2	IBM（收费，中型/大型，银行/电信等企业使用）
MySQL	瑞典 MySQL AB（免费，小型，性能较优异，适用于中小型项目，可集群）
SQLite	迷你数据库

2. 关系型数据库的特性

关系型数据库以其强大的功能备受业界青睐，并应用广泛。其具有以下特性：

（1）关系型数据库采用关系模型来组织数据。

（2）关系型数据库的最大特点就是事务的一致性。

(3) 关系模型指的就是二维表格模型，而一个关系型数据库就是由二维表及其之间的联系所组成的一个数据组织。

关系型数据库有以下优点：

(1) 容易理解：二维表结构是非常贴近逻辑世界的一个概念，关系模型相对网状、层次等其他模型来说更容易理解。

(2) 使用方便：通用的 SQL 语言使得操作关系型数据库非常方便。

(3) 易于维护：丰富的完整性（实体完整性、参照完整性和用户定义的完整性）大大降低了数据冗余和数据不一致的概率。

关系型数据库有以下缺点：

(1) 数据读写必须经过 SQL 解析，大量数据、高并发下读写性能不足。对于传统关系型数据库来说，硬盘 I/O 是一个很大的瓶颈。

(2) 具有固定的表结构，因此扩展困难。

(3) 多表的关联查询导致性能欠佳。

3. MySQL 概述

MySQL 本质上是一个数据库管理系统，最初是由 MySQL AB 公司开发的一套关系型数据库管理系统（Relation DataBase Management System，RDBMS）。MySQL 不仅是最流行的开源数据库，而且是业界成长最快的数据库，每天有超过 7 万次的下载量，其应用范围从大型企业到专有的嵌入应用系统。在 MySQL 服务器中，可以创建很多数据库。

MySQL AB 是由两个瑞典人——大卫·艾克马克（David Axmark）、阿兰·拉尔森（Allan Larsson）和一个荷兰人——迈克尔·蒙蒂·维德纽斯（Michael Monty Widenius）在瑞典创办的。2008 年年初，Sun Microsystems 公司收购了 MySQL AB 公司。2009 年，Oracle 公司收购了 Sun 公司，使 MySQL 并入 Oracle 公司的数据库产品线。MySQL 是开放源码的小型关系型数据库管理系统，广泛应用在中小型网站中，总体拥有成本低，规模较 Oracle 和 DB2 小。其具有以下优点：

(1) 体积小、速度快、总体拥有成本低，开源，提供的接口支持多种语言连接操作，支持多种操作系统。

(2) MySQL 的核心程序采用完全的多线程编程。线程是轻量级的进程，它可以灵活地为用户提供服务，而不会过多占用系统资源。用多线程和 C 语言实现的 MySQL 能很容易充分利用 CPU。

(3) MySQL 有一个非常灵活且安全的权限和口令系统。当客户与 MySQL 服务器连接时，它们之间所有的口令传送被加密，而且 MySQL 支持主机认证。

(4) MySQL 能够提供很多不同的使用者界面，包括命令行客户端操作、网页浏览器，以及各式各样的程序语言界面，如 C++、Perl、Java、PHP，以及 Python。用户可以使用事先包装好的客户端，或者干脆自己写一个合适的应用程序。MySQL 可用于 Unix、Windows，以及 OS/2 等平台，因此它可以用在个人电脑或者服务器上。

在使用过程中，MySQL 的某些特性也限制了其进一步发展，其缺点如下：

（1）MySQL 不支持热备份。

（2）MySQL 不支持自定义数据类型。

（3）MySQL 最大的缺点是其安全系统，主要是复杂而非标准，另外只有到调用 mysqladmin 来重读用户权限时才发生改变。

（4）MySQL 对存储过程和触发器支持不够良好。

（5）尽管 MySQL 理论上仍是开源产品，也有人抱怨它诞生之后更新缓慢，但是应该注意到有一些基于 MySQL 并完整集成的数据库（如 MariaDB）在标准的 MySQL 基础上带来了额外价值。

（6）MySQL 对 XML 支持不够良好。

（二）非关系型数据库

1. 非关系型数据库的基本概念

非关系型数据库（NoSQL）提出另一种理念，例如，以键值对存储，且结构不固定，每一个元组可以有不一样的字段，每个元组可以根据需要增加一些自己的键值对，这样就不会局限于固定的结构，可以减少一些时间和空间的开销。使用这种方式，用户可以根据需要去添加自己需要的字段，这样，为了获取用户的不同信息，不需要像关系型数据库中要对多表进行关联查询，仅需要根据 id 取出相应的 value 就可以完成查询。

NoSQL 数据存储不需要固定的表结构，通常也不存在连接操作，就是表与表之间没有直接关系，创建的话也不用遵循三大范式，并且是以键值对存储。它的结构不固定，每一个元组可以有不一样的字段，每个元组可以根据需要增加一些自己的键值对，这样就不会局限于固定的结构，可以减少一些时间和空间的开销，可以处理超大量的数据，运行在便宜的 PC 服务器集群上，能很大程度上节省开销。

首先，NoSQL 的数据主要存储在内存中（部分可以持久化到磁盘），而且数据结构比较简单，虽然能处理很多问题，但是其功能毕竟是有限的，不如数据库的 SQL 语句强大，支持更为复杂的计算。其次，NoSQL 并不完全安全稳定，由于它基于内存，一旦停电或者机器故障，数据就很容易丢失，其持久化能力也是有限的，而基于磁盘的数据库则不会出现这样的问题。最后，其数据完整性、事务能力、安全性、可靠性及可扩展性都远不及数据库。

NoSQL 没有行、列的概念，用 Key-Value 的形式来存储数据，集合就相当于“表”，文档就相当于“行”。一般而言，NoSQL 型数据库的数据模型比较简单，需要灵活性更强的 IT 系统且对数据库性能要求较高，不需要高度的数据一致性，对于给定的 key，比较容易映射复杂值的环境，因此被广泛应用于大数据分析等方面。NoSQL 在大数据存取上具备关系型数据库无法比拟的性能优势，这种数据库通常用来应对分布式存储海量数据。

常见的非关系型数据库有：MongoDB、NoSQL、Redis、Memcached、HBase 等。

2. 非关系型数据库的特性

非关系型数据库主要是为了解决复杂、海量数据的存储问题，具有较高的横向拓展水平。其有以下特性：

（1）模式自由：不需要定义表结构，数据表中的每条记录都可能有不同的属性和格式。

（2）逆规范化：不遵循范式要求，去掉完整性约束，减少表之间的依赖。

（3）弹性可扩展：可在系统运行的过程中动态地删除和增加节点。

（4）多副本异步复制：数据快速写入一个节点，其余节点通过读取写入的日志来实现异步复制。

（5）弱事务：不能完全满足事务的 ACID 特性，但是可以保证事务的最终一致性。

非关系型数据库为非结构化的存储方式，基于多维关系模型，而且具有特有的使用场景。

其优点有：

（1）大量数据、高并发下读写能力较强。

（2）基于键值对，数据之间没有耦合性，可以想象成表中的主键和值的对应关系，而且不需要经过 SQL 层的解析，所以读写性能非常高。

（3）基本支持分布式，易于扩展，可伸缩。

（4）简单，弱结构化存储。

其缺点有：

（1）不提供 SQL 支持，学习和使用成本较高。

（2）无事务处理，附加功能 BI 和报表等支持也不好。

三、SQL 概述

SQL（Structured Query Language）全称为结构化查询语言，也是一种特殊目的的编程语言，也是一种数据库查询和程序设计语言，用于存取数据以及查询、更新和管理关系数据库系统。通俗来讲，SQL 就是用来和数据库打交道，用 SQL 完成和数据库的通信，SQL 也是一套标准。

结构化查询语言是高级的非过程化编程语言，允许用户在高层数据结构上工作。它不要求用户指定对数据的存放方法，也不需要用户了解具体的数据存放方式，所以具有完全不同底层结构的数据库系统可以使用相同的结构化查询语言作为数据输入与管理的接口。结构化查询语言语句可以嵌套，这使它具有极大的灵活性和强大的功能。

1. SQL 的特点

（1）综合统一。SQL 集数据定义语言（DDL）、数据操纵语言（DML）、数据控制语言（DCL）功能于一体，可以独立完成数据库生命周期中的全部活动。

（2）高度非过程化。非关系型数据模型的数据操纵语言“面向过程”，必须指定存取路径，而 SQL 只要提出“做什么”，无须了解存取路径。存取路径的选择以及 SQL 的操作过程由系统自动完成。

(3) 面向集合的操作方式。SQL采用集合操作方式，操作对象、查找结果可以是元组的集合，一次插入、删除、更新操作的对象也可以是元组的集合。

(4) 以同一种语法结构提供多种使用方式。SQL是独立的语言，能够独立地用于联机交互的使用方式。SQL又是嵌入式语言，能够嵌入高级语言（如C、C++、Java）程序中，供程序员设计程序时使用。

(5) 语言简单，易学易用。尽管SQL的功能很强，但语言十分简洁，核心功能只用了9个动词。SQL的语法接近英语口语，所以用户很容易学习和使用。

2. SQL包含的6个部分

(1) 数据查询语言（Data Query Language，DQL）：也称为“数据检索语句”，用以从表中获得数据，确定数据怎样在应用程序给出。保留字SELECT是DQL（也是所有SQL）用得最多的动词，其他DQL常用的保留字有WHERE、ORDER BY、GROUP BY和HAVING。这些DQL保留字常与其他类型的SQL语句一起使用。

(2) 数据操纵语言（Data Manipulation Language，DML）：其语句包括动词INSERT、UPDATE和DELETE，它们分别用于添加、修改和删除。

(3) 事务控制语言（TCL）：其语句能确保被DML语句影响的表的所有行及时得以更新，包括COMMIT（提交）命令、SAVEPOINT（保存点）命令、ROLLBACK（回滚）命令。

(4) 数据控制语言（DCL）：其语句通过GRANT或REVOKE实现权限控制，确定单个用户和用户组对数据库对象的访问。某些RDBMS可用GRANT或REVOKE控制对表单个列的访问。

(5) 数据定义语言（DDL）：其语句包括动词CREATE、ALTER和DROP。在数据库中创建新表或修改、删除表（CREAT TABLE或DROP TABLE），为表加入索引等。

(6) 指针控制语言（CCL）：其语句像DECLARE CURSOR、FETCH INTO和UPDATE WHERE CURRENT用于对一个或多个表单独行的操作。

任务要求

(1) 财务大数据分析师进行关系型数据库管理系统MySQL的安装及登录。

(2) 关系型数据库管理系统MySQL的启动。

任务实施

一、关系型数据库管理系统MySQL的安装

步骤1：打开下载的MySQL安装文件mysql-5.5.36-win32.msi，双击运行，如图1-54所示。

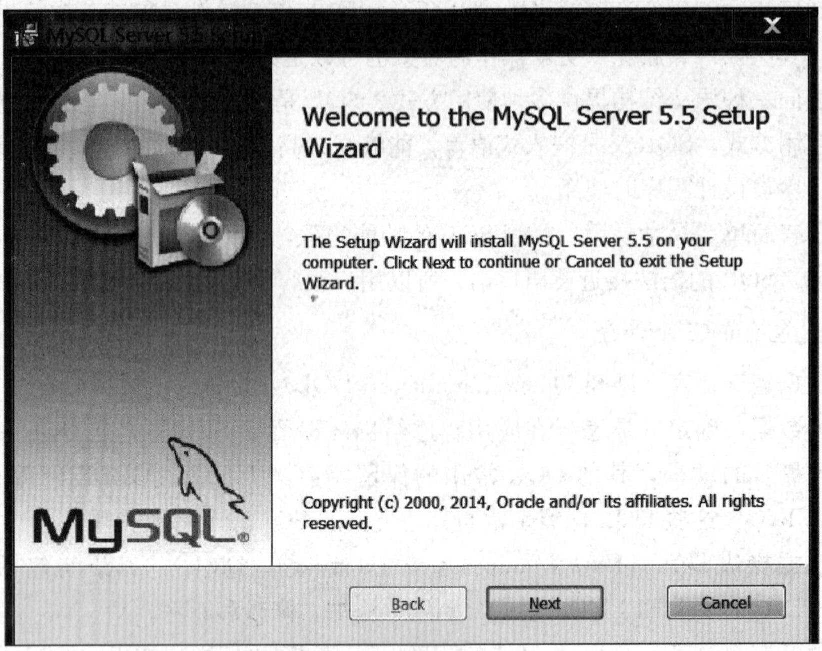

图 1-54 安装欢迎界面

步骤 2：点击上图中“Next”按钮继续，出现如图 1-55 所示界面。

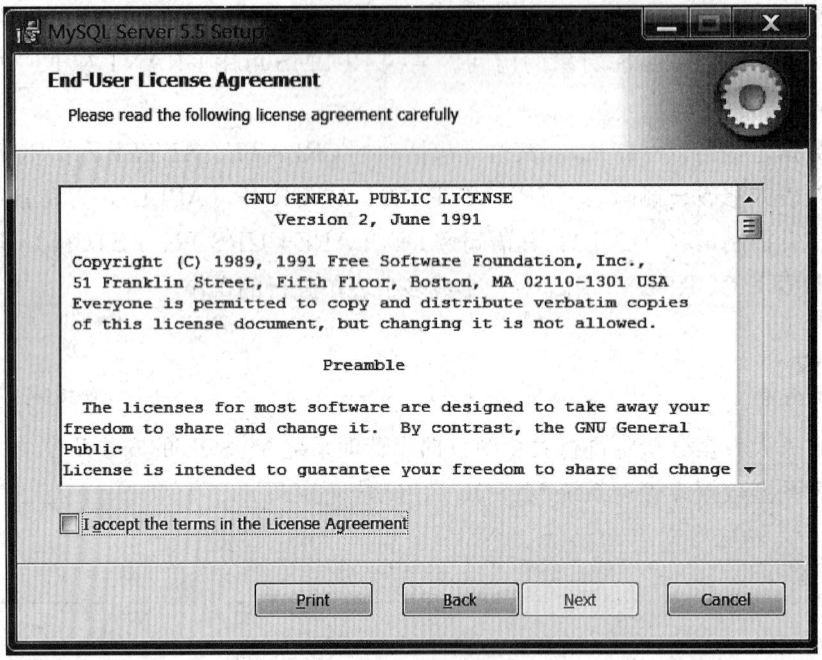

图 1-55 协议界面

步骤 3：勾选上图中的“I accept the terms in the License Agreement”，点击“Next”按钮继续，出现如图 1-56 所示界面。

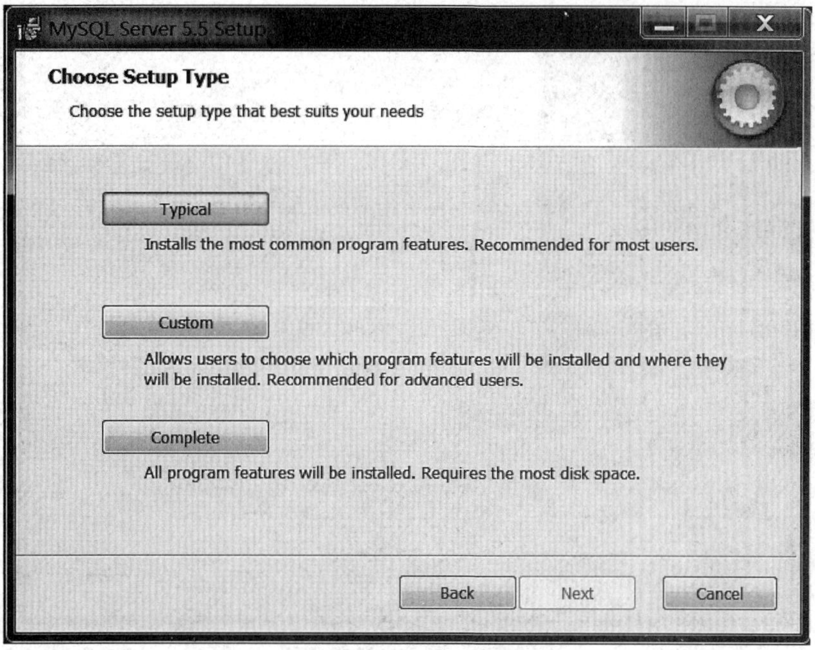

图 1－56　安装类型

步骤 4：选择安装类型，包含：Typical（默认）、Custom（用户自定义）、Complete（完全）三个选项，我们选择“Custom”类型，出现如图 1－57 所示界面。

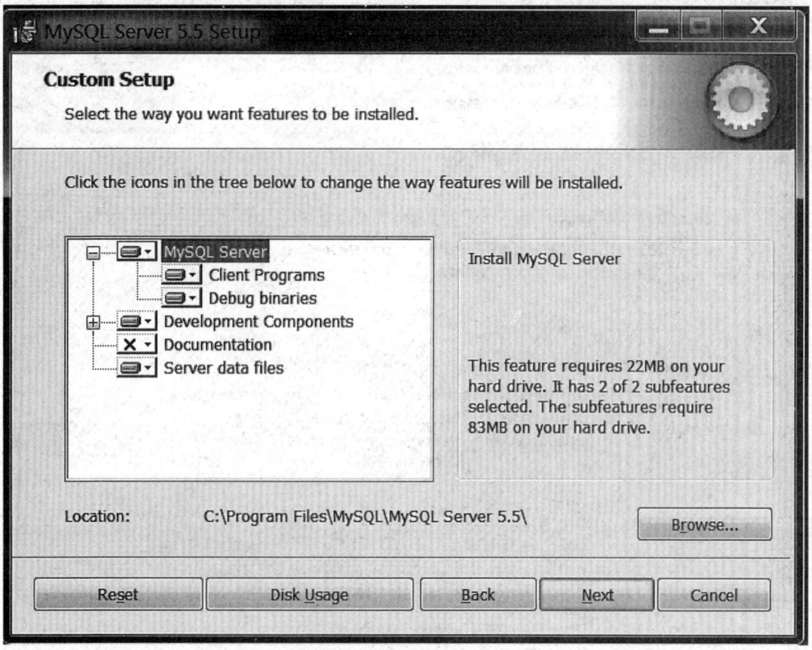

图 1－57　组建包和路径

步骤 5：上一步选择了 Custom 安装，这里将设定 MySQL 的组件包和安装路径，设定好之后，单击“Next”按钮继续安装，出现如图 1－58 所示界面。

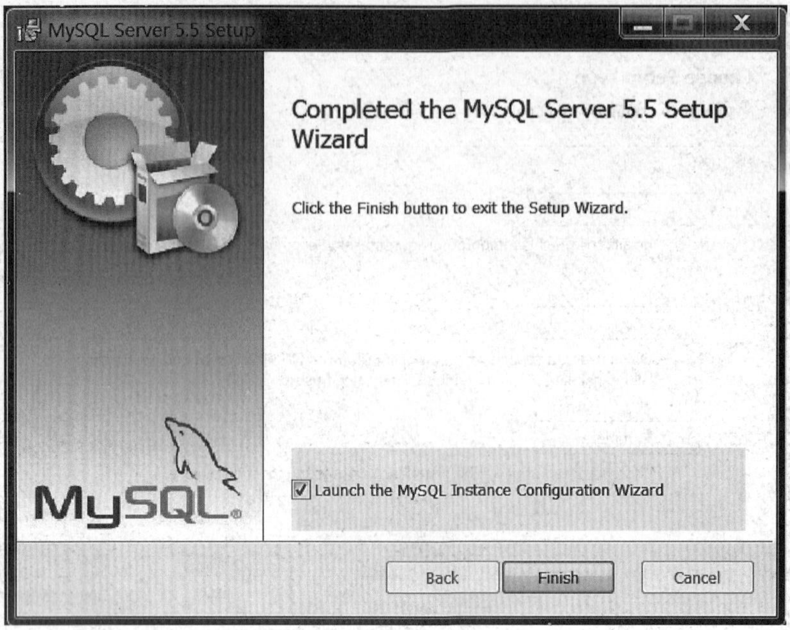

图 1-58 安装完成

步骤 6：单击“Finish”结束软件安装并且启动 MySQL 配置向导，出现如图 1-59 所示界面。

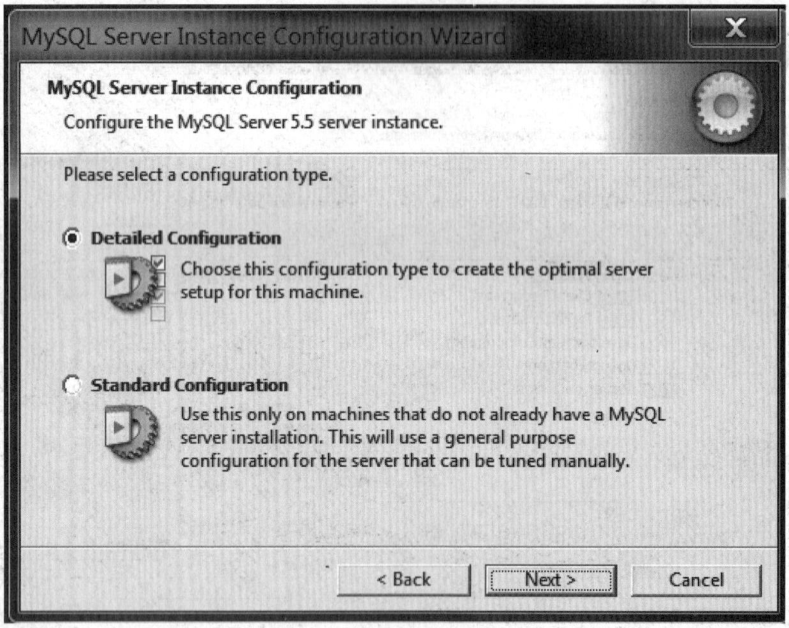

图 1-59 配置界面

步骤 7：选择配置方式：“Detailed Configuration”（手动精确配置）、“Standard Configuration”（标准配置），我们选择“Detailed Configuration”，方便熟悉配置过程，单击“Next”按钮，出现如图 1-60 所示界面。

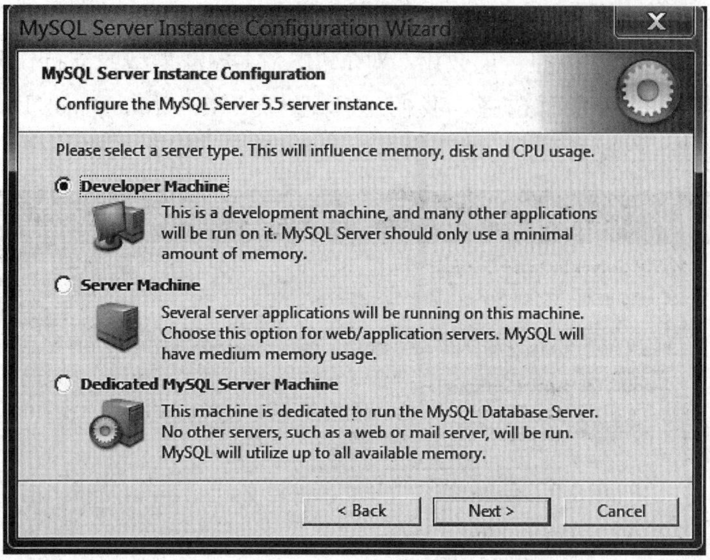

图 1-60　配置类型

步骤 8：选择服务器类型："Developer Machine"（开发测试类，MySQL 占用很少资源）、"Server Machine"（服务器类型，MySQL 占用较多资源）、"Dedicated MySQL Server Machine"（专门的数据库服务器，MySQL 占用所有可用资源），大家根据自己的类型选择，一般选"Server Machine"，不会太少，也不会占满。我们在这里选择"Developer Machine"（开发测试类，MySQL 占用很少资源），单击"Next"按钮继续，出现如图 1-61 所示界面。

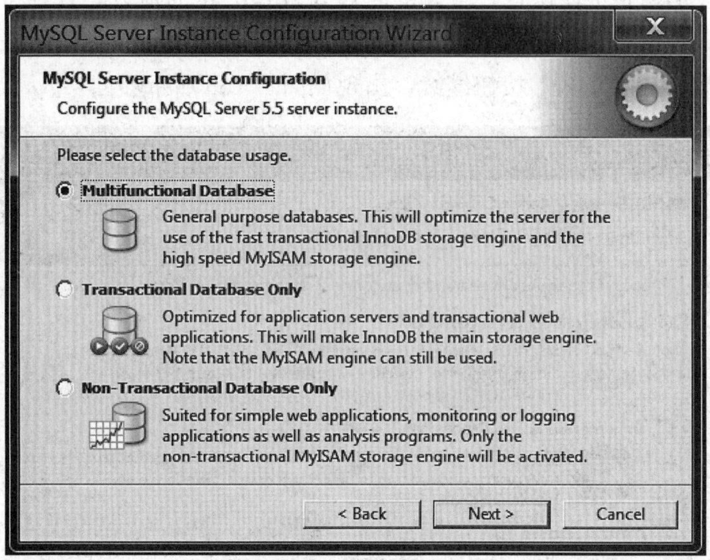

图 1-61　用途选择

步骤 9：选择 MySQL 数据库的大致用途："Multifunctional Database"（通用多功能型，能很好地支持 InnoDB 与 MyISAM 存储引擎）、"Transactional Database Only"（服

务器类型，专注于事务处理，一般）、“Non-Transactional Database Only”（非事务处理型，较简单，主要做一些监控、记数用，对 MyISAM 数据类型的支持仅限于 non-transactional）。随自己的用途而选择，我们这里选择“Multifunctional Database”，单击“Next”按钮继续，出现如图 1－62 所示界面。

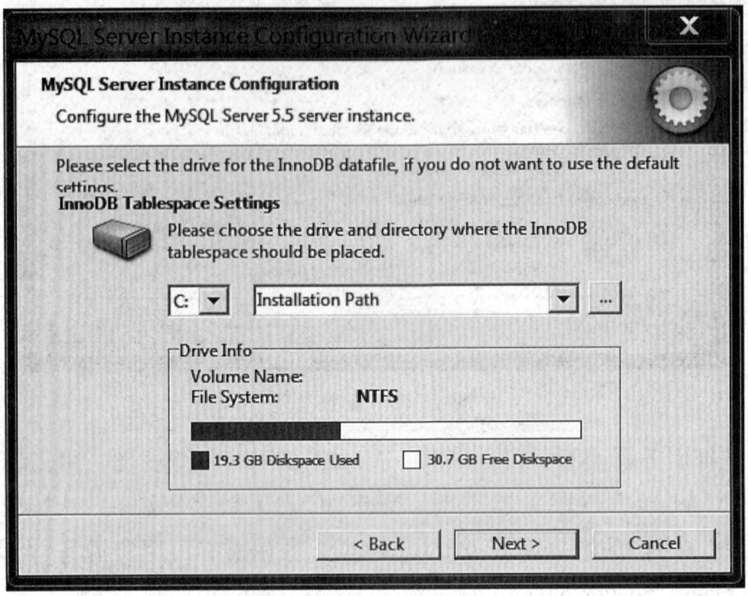

图 1－62　安装路径选择

步骤 10：对 InnoDB Tablespace 进行配置，就是为 InnoDB 数据库文件选择一个存储空间，如果修改了，要记住位置，重装的时候要选择一样的地方，否则可能会造成数据库损坏，当然，对数据库做个备份就没问题了，这里不详述。我们这里没有修改，使用默认位置，直接单击“Next”按钮继续，出现如图 1－63 所示界面。

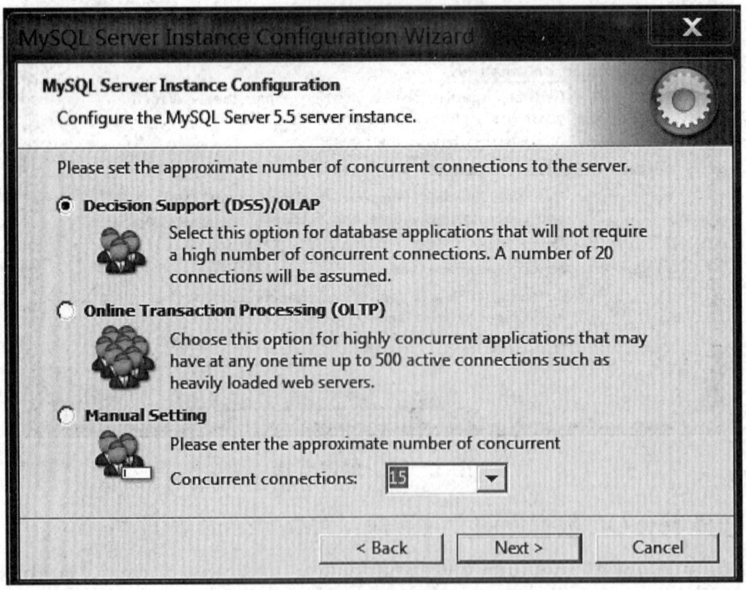

图 1－63　配置默认

步骤 11：选择您的网站的一般 MySQL 访问量和同时连接的数目：“Decision Support（DSS）/OLAP”（20 个左右）、“Online Transaction Processing（OLTP）”（500 个左右）、“Manual Setting”（手动设置，自己输一个数）。我们这里选“Decision Support（DSS）/OLAP”，单击“Next”按钮继续，出现如图 1－64 所示界面。

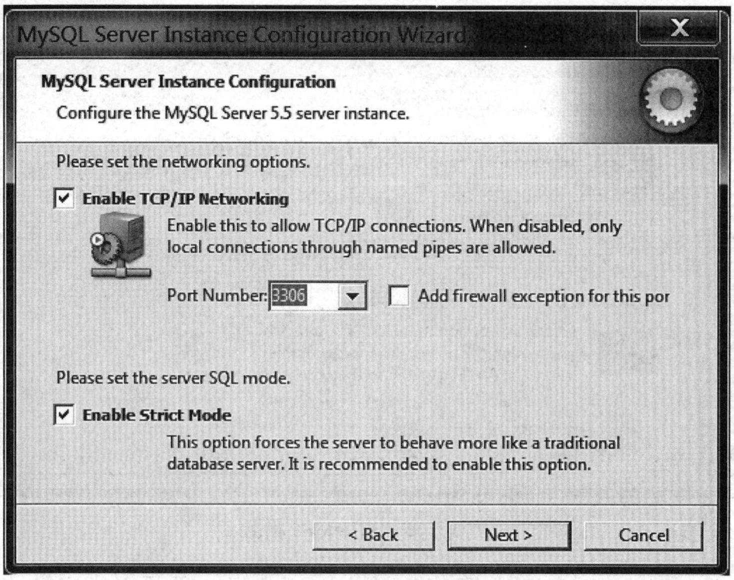

图 1－64　标准模式

步骤 12：是否启用 TCP/IP 连接，设定端口，如果不启用，就只能在自己的机器上访问 MySQL 数据库。这里启用，把前面的钩打上，Port Number：3306，在这个页面上，还可以选择“启用标准模式”（Enable Strict Mode），单击“Next”按钮继续，出现如图 1－65 所示界面。

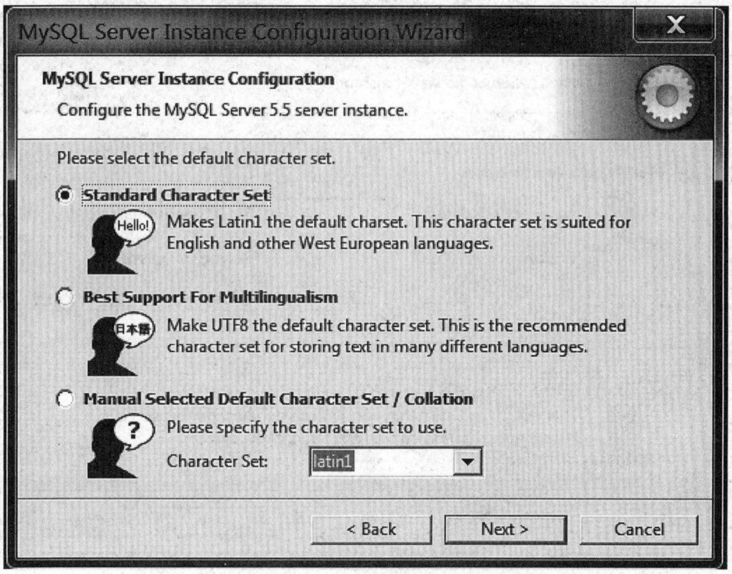

图 1－65　语言编码选择

步骤 13：这一步比较重要，就是对 MySQL 默认数据库语言编码进行设置，第一个是西文编码，我们要设置的是 UTF-8 编码，单击“Next”按钮继续，出现如图 1－66 所示界面。

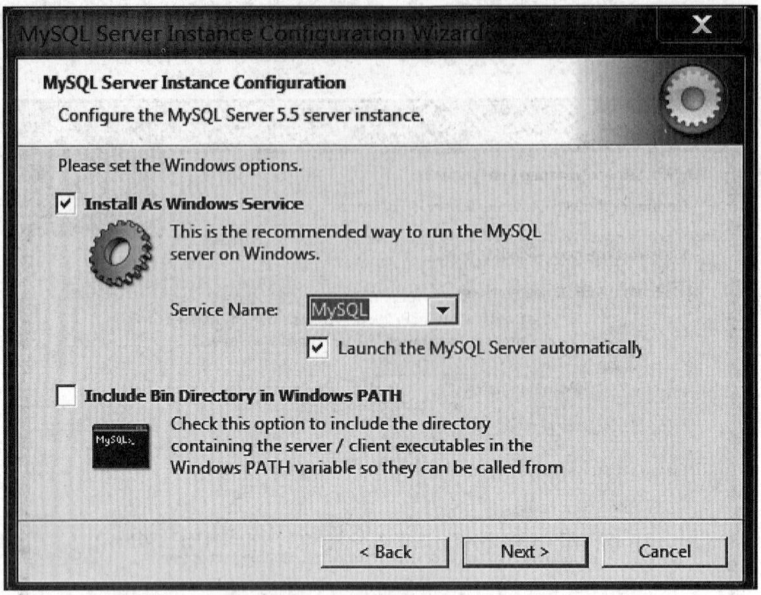

图 1－66　Windows 服务

步骤 14：选择是否将 MySQL 安装为 Windows 服务，还可以指定 Service Name（服务标识名称），是否将 MySQL 的 bin 目录加入 Windows PATH（加入后，就可以直接使用 bin 下的文件，而不用指出目录名，比如连接“mysql. exe-username-password；”就可以了，不用指出 mysql. exe 的完整地址，很方便）。Service Name 不变。单击“Next”按钮继续，出现如图 1－67 所示界面。

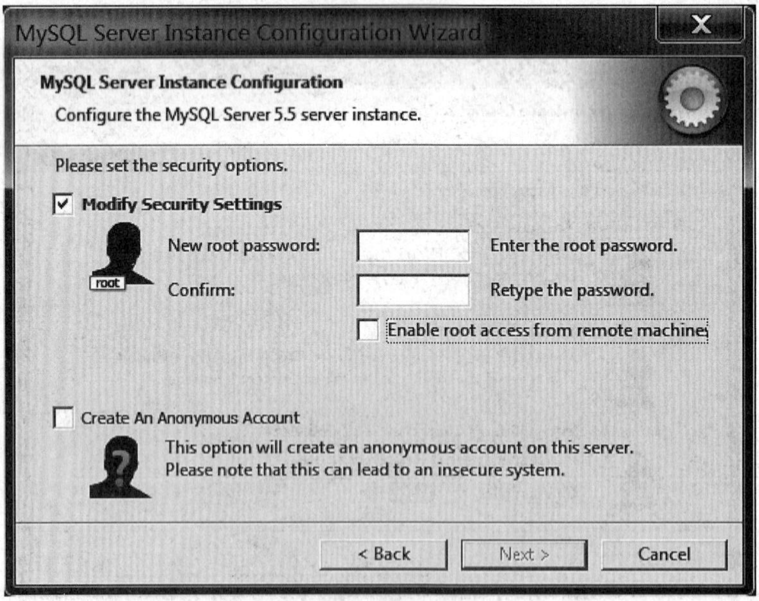

图 1－67　安全设置

步骤 15：安全设置中，选择“Modify Security Settings”，设置完毕，单击“Next”按钮继续，出现如图 1－68 所示界面。

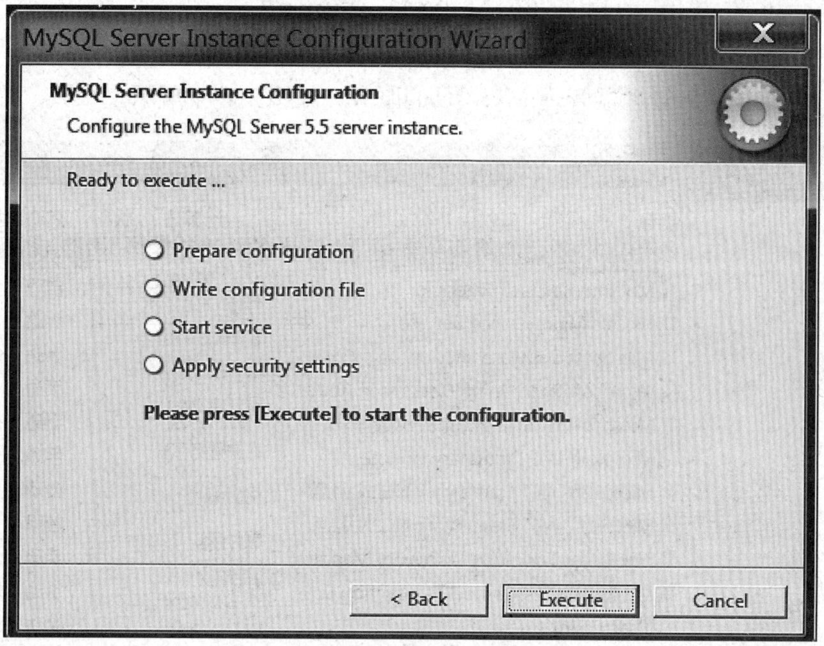

图 1－68　确认界面

步骤 16：确认设置无误，如果有误，按“Back”返回检查。按“Execute”使设置生效，出现如图 1－69 所示界面。

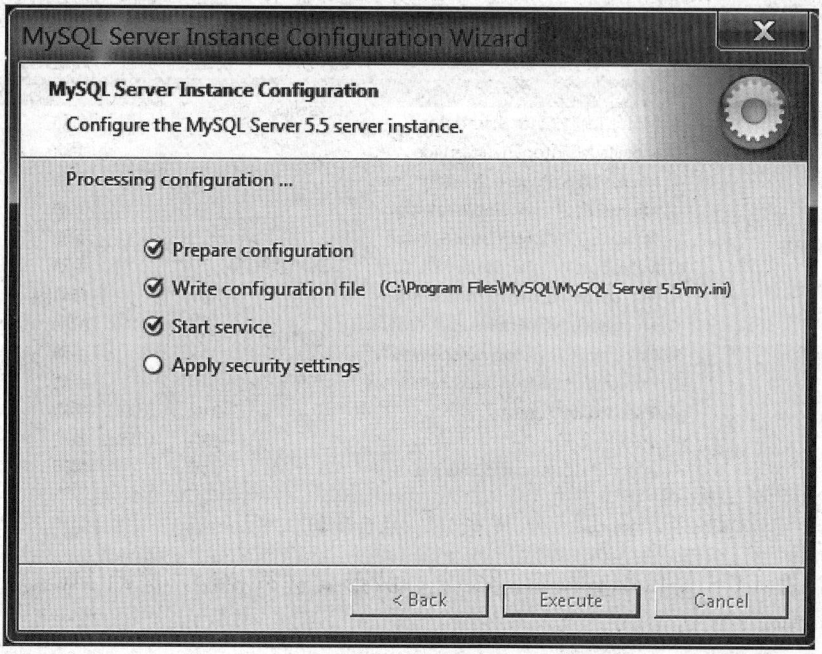

图 1－69　安装完成

步骤 17：设置完毕，按“Finish”结束 MySQL 的安装与配置。

二、关系型数据库管理系统 MySQL 的启动

步骤 1：通过服务管理器管理 MySQL 的服务，如图 1－70 所示。

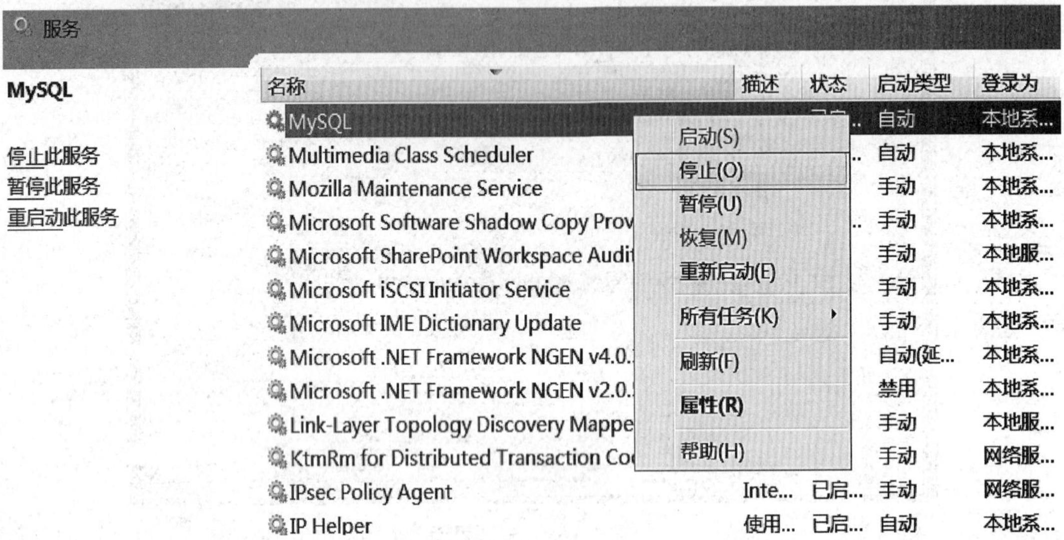

图 1－70　打开服务界面

步骤 2：启动 MySQL 服务，如图 1－71 所示。

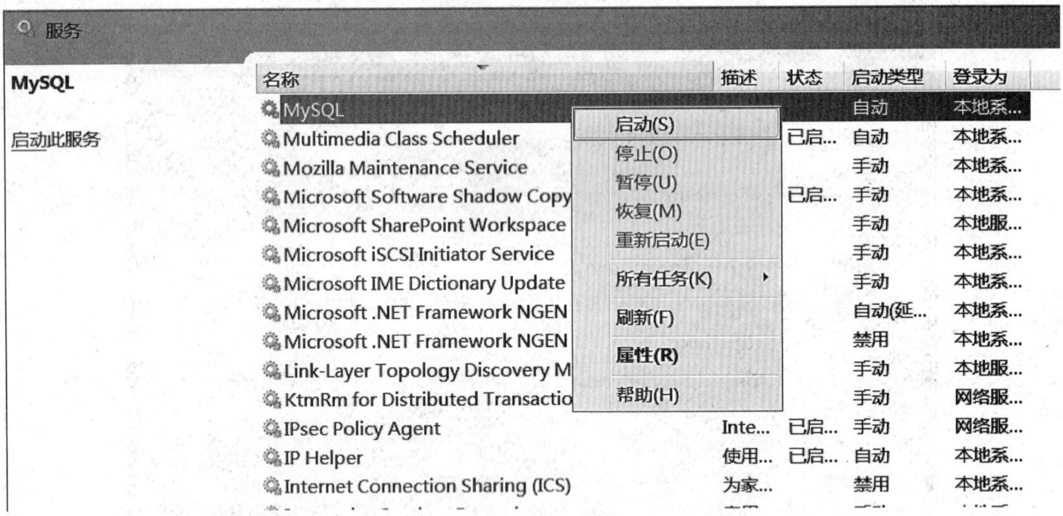

图 1－71　点击启动

也可以在 DOS 窗口中直接通过命令行的形式进行控制，启动 MySQL 服务，如图 1－72、图 1－73 所示。

图 1－72　打开 DOS 窗口

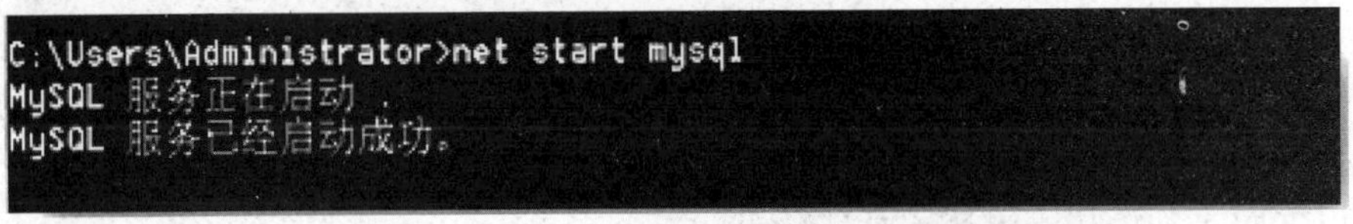

图 1－73　MySQL 服务启动成功界面

项目小结

本项目为学生引入大数据的相关概念及基础知识，让学生掌握大数据时代背景下大数据的特征；掌握数据库的相关概念及类型，通过比较关系型数据库和非关系型数据库深刻把握其内涵；掌握新道云大数据分析平台的基础操作步骤，掌握 MySQL 的下载安装流程。通过学习大数据、数据库及相关知识，学生进一步明确单纯的大数据并不能产生较大的价值，而是通过数据的整合、过滤清洗、数据建模等一系列操作，得到有价值的信息，从而合理地分配资源，并对未来企业的发展进行模拟和预测，以应对未来发展的变化。

课证融通

大数据财务分析 1＋X 证书等级评价标准明确：掌握大数据技术的发展及应用趋势，并熟悉进行大数据分析的常用工具或平台；构建数据思维体系框架，掌握关系型数据库及 NoSQL 的基本特征及工作原理。通过本项目的学习，学生基于定量思维，完成数据的描述性统计；基于相关性思维，分析与建立数据间的内在联系；基于分类思维，识别和聚焦问题，实现数据的精细化管理；了解统计数据的关联分析方法；掌握可视化仪表板设计布局操作，能够将可视化图形进行整体布局排列；能够利用描述性统计方法分析财务及业务数据。

同步练习

一、单项选择题

1. 在我国，大数据正式上升为国家战略是在（　　）年。

A. 2014　　B. 2015　　C. 2016　　D. 2017

2. 最早提出"大数据"时代已经到来的机构是（　　）。

A. IBM　　B. 中兴新云　　C. 麦肯锡　　D. 联想集团

二、多项选择题

1. 大数据包含如下几个类别：（　　）。

A. 结构化数据　　B. 非结构化数据　　C. 半结构化数据　　D. 类结构化数据

2. 京东在哪些方面应用了大数据技术？（　　）

A. 用户画像　　B. JIMI 智能机器人

C. 智慧卖场　　D. 京东白条

3. 非关系型数据库的特性有（　　）。

A. 模式自由　　B. 逆规范化　　C. 弹性可扩展　　D. 强事务

4. 以下属于结构化查询语言功能的是：（　　）。

A. 数据查询　　B. 数据操作　　C. 事务控制　　D. 数据控制

5. MySQL 作为一种关系型数据库管理系统，具有的优点有（　　）。

A. 体积小、速度快　　B. 多线程编程

C. 灵活且安全　　D. 提供很多不同的使用者界面

技能训练

1. 利用新道分析云平台内置数据可视化展示超市销售情况。
2. 下载并安装 MySQL。

项目二

数据获取

【知识目标】

1. 了解 Python 的基础知识，熟练运用常用库、函数等。
2. 熟练掌握 Python 的安装方法及基础代码、基本操作。
3. 掌握如何使用 Python 获取数据，并应用到上市公司财报采集实战。

【技能目标】

1. 掌握 Python 的安装方法。
2. 掌握 Python 的基本操作。
3. 利用 Python 获取数据，进行上市公司财报采集实战。

【素质目标】

1. 培养学生计算机知识的基本素质，能够利用 Python 语言进行简单的编辑，初步引入数据分析的基本知识。

2. 提高学生学习“大智移云物区”等新一代信息技术的能力，培养学生勇于接受新事物、学习新事物的能力，努力拓宽知识面，应对当前环境下的专业转型。

3. 通过实战，初步掌握数据分析的流程及重要性，为下一步细致的分析打下基础。

【知识图谱】

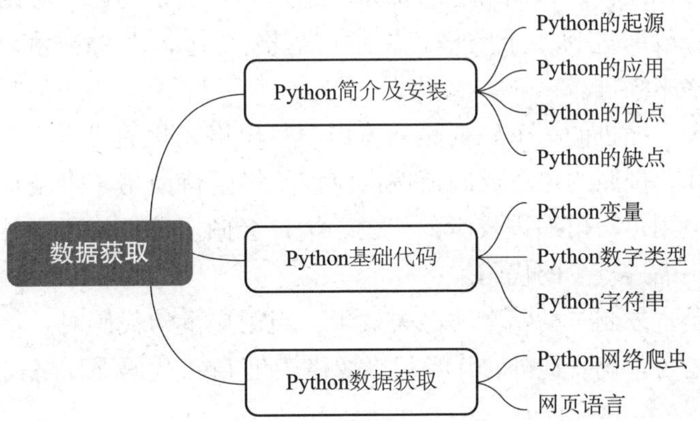

任务一
Python 简介及安装

任务导入

对 Python 的基础知识及其函数、语法、基本操作有初步掌握；下载并成功安装 Python。

知识精讲

Python 是一种计算机编程语言。计算机编程语言和我们日常使用的自然语言有所不同，最大的区别就是，自然语言在不同的语境下有不同的理解，而计算机要根据编程语言执行任务，就必须保证编程语言写出的程序绝不能有歧义，所以任何一种编程语言都有自己的一套语法，编译器或者解释器就是负责把符合语法的程序代码转换成 CPU 能够执行的机器码，然后执行，Python 也不例外。

Python 的语法比较简单，采用缩进方式，写出来的代码如图 2－1 所示。

```
# print absolute value of an integer.
a = 100
if a >= 0:
        print(a)
else:
        print(-a)
```

图 2－1　Python 代码示例

如图 2－1 所示，以“#”开头的语句是注释，注释是给开发者看的，可以是任意内容，解释器会忽略掉注释。其他每一行都是一个语句，当语句以冒号结尾时，缩进的语句视为代码块。一般缩进为 4 个空格。注意：空格（Apace）缩进和 Tab 缩进有区别，最好全部使用空格来缩进。

缩进有利有弊。缩进的一个好处是强迫用户写出格式化的代码，但没有规定缩进是几个空格还是 Tab。按照约定俗成的惯例，应该始终坚持使用 4 个空格的缩进。缩进的另一个好处是强迫用户写出缩进较少的代码，用户会倾向于把一段很长的代码拆分成若干函数，从而得到缩进较少的代码。

缩进的缺点是“复制—粘贴”功能失效了。当用户重构代码时，粘贴过去的代码必须重新检查缩进是否正确。此外，IDE 很难像格式化 Java 代码那样格式化 Python 代码。

另外，需要注意，Python 程序是大小写敏感的，如果写错了大小写，程序会报错。

一、Python 的起源

Python 诞生于 20 世纪 90 年代初，是一种跨平台的计算机程序设计语言，是一种解释型、面向对象、动态数据类型的高级程序设计语言，是最受欢迎的程序设计语言之一。

Python 的创始人为荷兰人吉多·范·罗苏姆（Guido van Rossum）。1989 年圣诞节期间，在阿姆斯特丹，罗苏姆为了打发圣诞节的无趣，决心开发一个新的脚本解释程序，作为 ABC 语言的一种继承。之所以选中 Python（大蟒蛇的意思）作为该编程语言的名字，是取自英国 20 世纪 70 年代首播的电视喜剧《蒙提·派森的飞行马戏团》（Monty Python's Flying Circus）。

全世界差不多有 600 多种编程语言，图 2－2 为最近 10 年最常用的 10 种编程语言的变化图。

Mar 2022	Mar 2021	Change	Programming Language	Ratings	Change
1	3	∧	Python	14.26%	+3.95%
2	1	∨	C	13.06%	-2.27%
3	2	∨	Java	11.19%	+0.74%
4	4		C++	8.66%	+2.14%
5	5		C#	5.92%	+0.95%
6	6		Visual Basic	5.77%	+0.91%
7	7		JavaScript	2.09%	-0.03%
8	8		PHP	1.92%	-0.15%
9	9		Assembly language	1.90%	-0.07%
10	10		SQL	1.85%	-0.02%

图 2－2　2022 年 3 月编程语言前十名排行榜

资料来源：全球知名 TIOBE 编程语言社区。

二、Python 的应用

图 2－3　Python 图示

Python 提供了非常完善的基础代码库，覆盖网络、文件、GUI、数据库、文本等大量内容，被形象地称作“内置电池”(Batteries Included)。Python 图示如图 2－3 所示。

Python 还有大量的第三方数据库，也就是别人开发的，可供你直接使用。当然，如果你开发的代码有很好的封装，也可以作为第三方数据库供别人使用。

Python 适合开发哪些类型的应用呢？

首选是网络应用，包括网站、后台服务等。

其次是许多日常需要的小工具，包括系统管理员需要的脚本任务等。

最后是把其他语言开发的程序再包装起来，方便使用。

三、Python 的优点

Python 的优点包括以下几点：

（1）简单易学，语法优美：注重的是如何解决问题而不是编程语言的语法和结构，适合作为编程入门语言。

（2）丰富、强大的库：开源社区活跃，开发者编写并开发功能强大的 Python 库。

（3）开发效率高：因为有了丰富、强大的库，所以在可移植性、可扩展性方面都非常出众。

（4）应用领域广泛：Python 可应用在 Web 开发、网络编程、自动化运维、Linux 系统管理、数据分析科学计算、人工智能、机器学习等。

四、Python 的缺点

第一个缺点是运行速度慢，和 C 程序相比非常慢。这是因为 Python 是解释型语言，代码在执行时会一行一行地翻译成 CPU 能理解的机器码，这个翻译过程非常耗时，所以很慢；而 C 程序是运行前直接编译成 CPU 能执行的机器码，所以非常快。

第二个缺点是 Python 的 GIL 锁限制并发 Python，对多处理器支持不好。GIL 是指 Python 全局解释器锁（Global Interpreter Lock），当 Python 的默认解释器要执行字节码时，都需要先申请这个锁。这意味着如果试图通过多线程扩展应用程序，将总是被这个全局解释器锁限制。当然，我们可以使用多进程的架构来提高程序的并发，也可以选择不同的 Python 实现来运行我们的程序。

第三个缺点是 Python2. X 和 Python3. X 不能完全兼容。

任务要求

Python 的下载与安装。

任务实施

一、浏览器打开网址

网站（www. python. org）如图 2－4 所示。

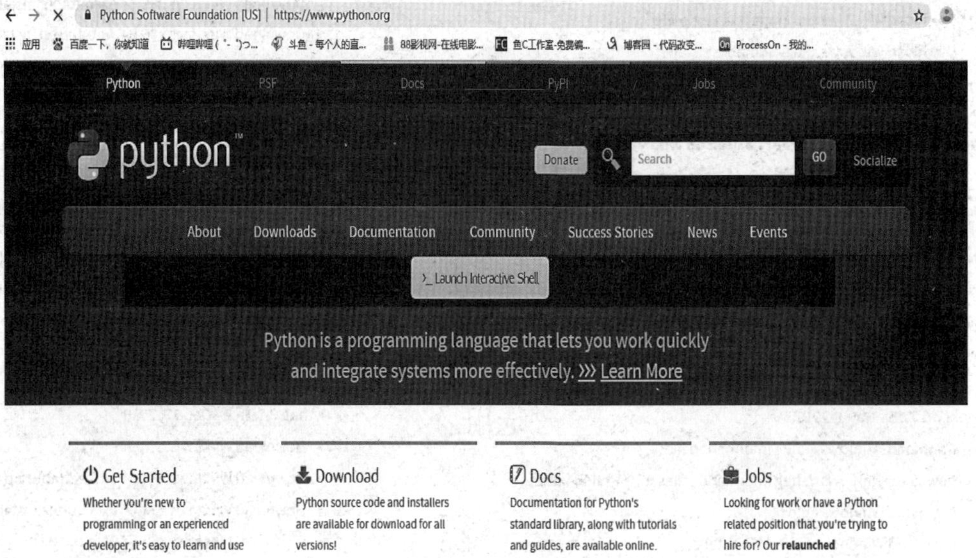

图 2-4 打开网站

二、根据电脑系统选择下载

系统选择列示如图 2-5 所示。

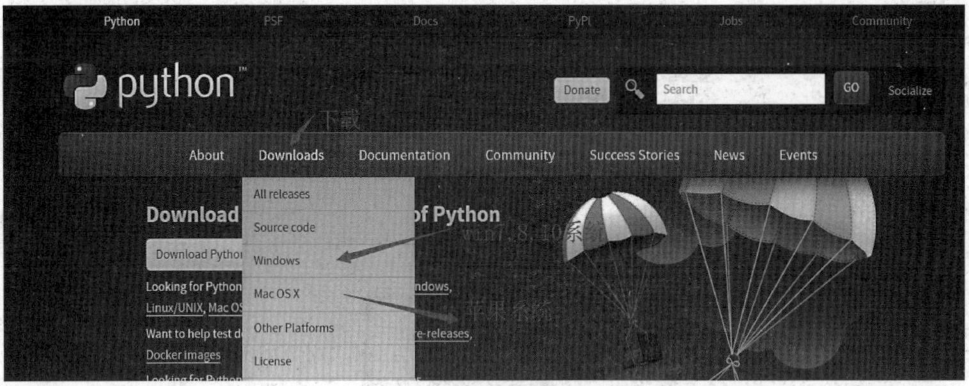

图 2-5 系统选择列示

三、确定电脑系统属性

此处我们以 Windows 10 的 64 位操作系统为例，详见图 2-6。

四、安装 Python 3.6.3

双击下载的安装包 Python-3.6.3.exe，注意要勾选：Add Python 3.6 to PATH。

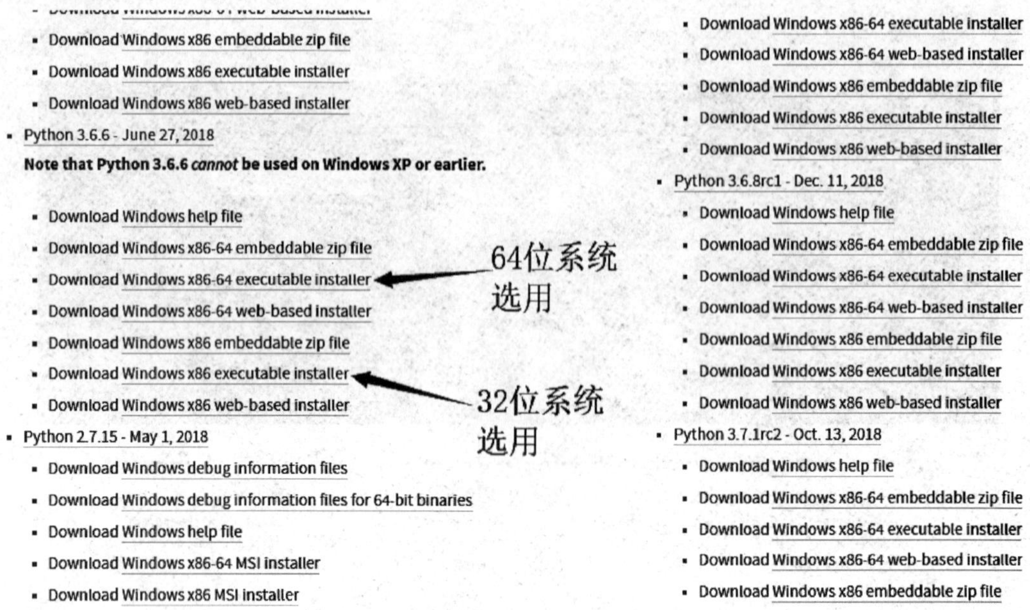

图 2 - 6　系统选择

点击“Customize installation”进入下一步（方便我们自定义安装路径），如图 2 - 7 所示。

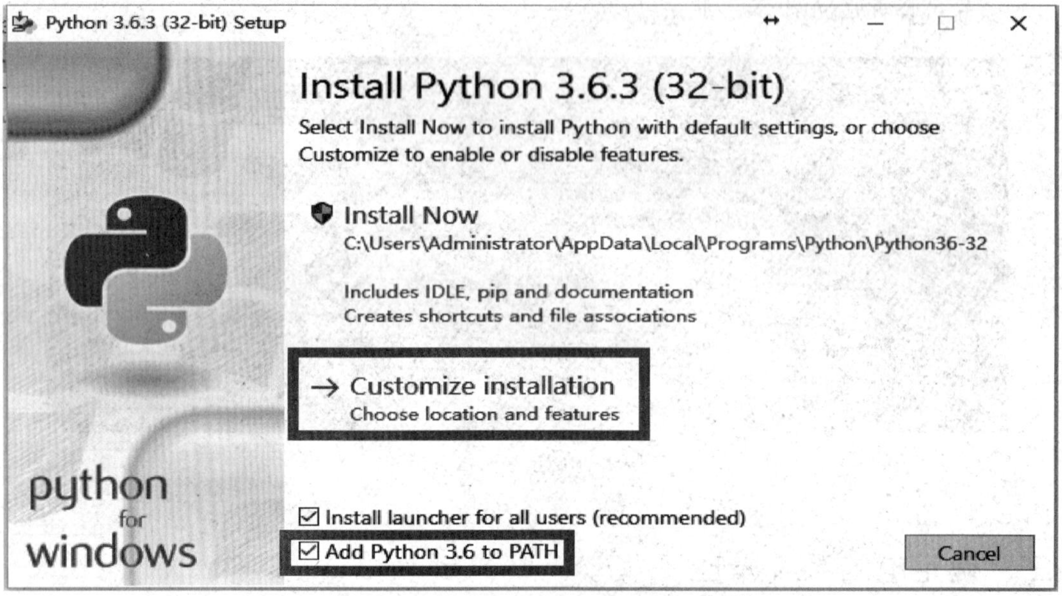

图 2 - 7　安装准备

五、可选功能对话框，点击 Next

默认选项如图 2 - 8 所示。

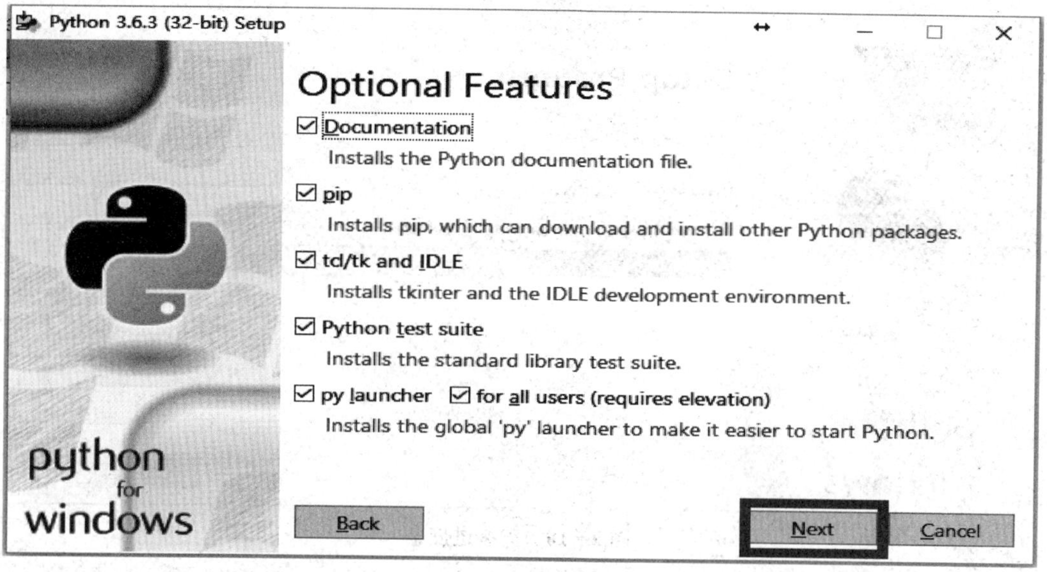

图 2-8 默认选项

六、选择自己想要存储的文件夹，点击 Install

安装路径如图 2-9 所示。

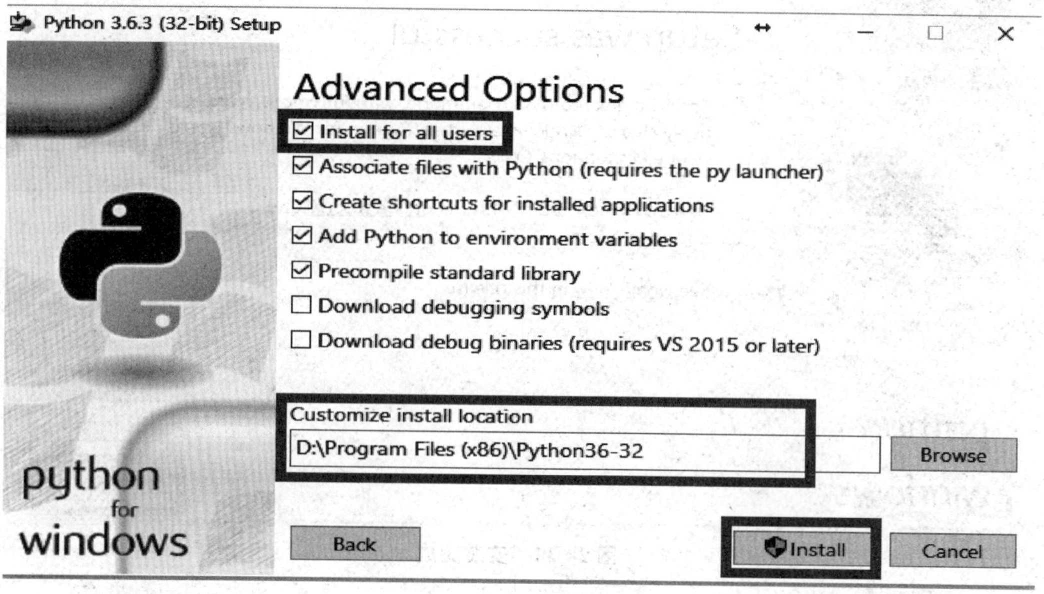

图 2-9 安装路径

七、开始安装

详见图 2-10。

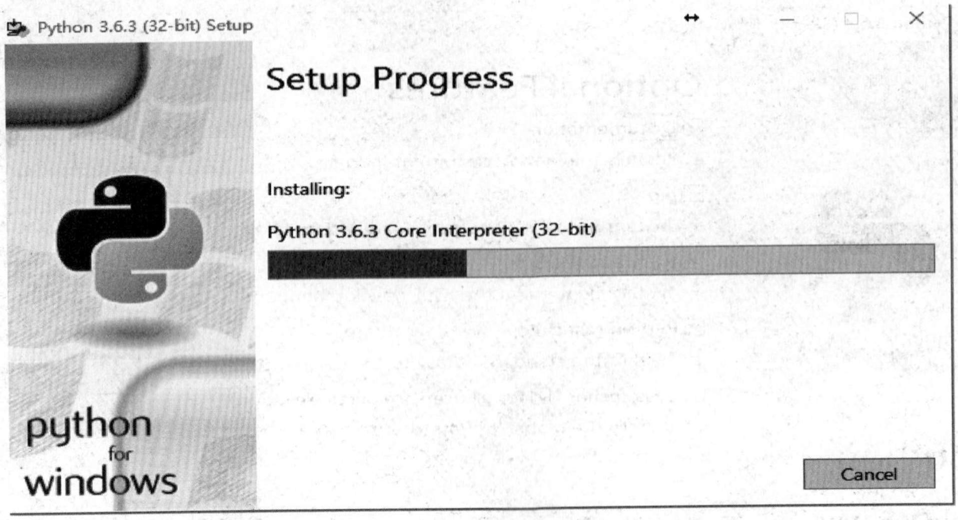

图 2-10 安装进度条

八、点击 Close 结束安装

详见图 2-11。

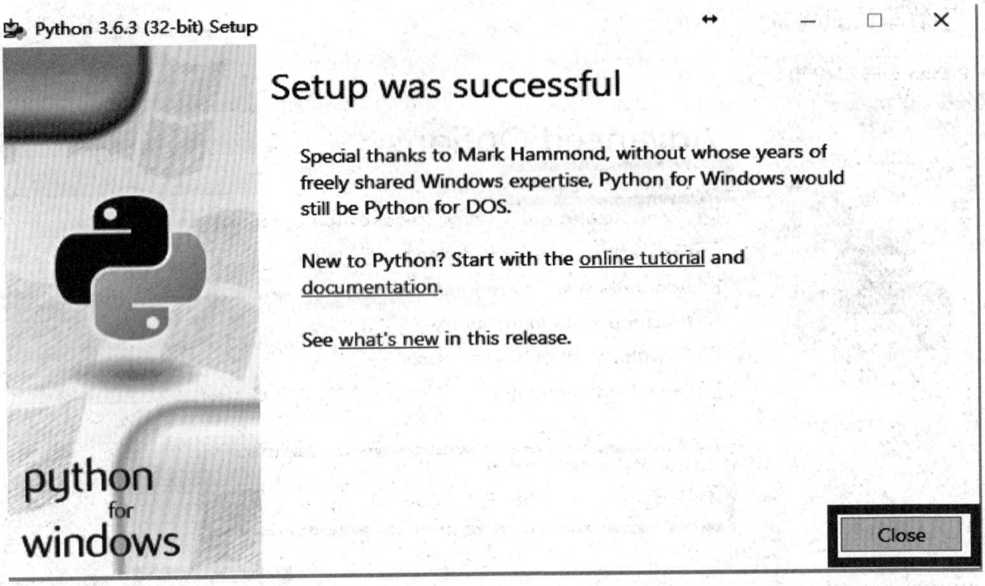

图 2-11 安装完成

九、输入命令

开始—搜索框中输入“cmd”—回车，启动命令提示符—输入 Python。输入命令如图 2-12 所示。

图 2-12　输入命令

这样就代表安装成功了。

任务二

Python 基础代码

任务导入

对 Python 的变量、函数、语法以及基本操作有初步掌握，并编写简单的基础代码。

知识精讲

一、Python 变量

(一) 变量的定义

变量（Variable）是计算机语言中能储存计算结果或能表示值的抽象概念。

简单地说，变量可以看作用来表示值的盒子，不同的变量代表存储在计算机内存中不同的信息。

变量命名规则如图 2-13 所示。

图 2-13　变量命名规则

（二）变量的赋值

Python 的变量通过等号（=）来赋值。例如：country="China"，等号的左边 country 是变量名，等号的右边是该变量所赋的值 China。

数字赋值：Python 定义数字不需要引号，直接赋值即可。

字符串赋值：需要加上英文引号（通常使用英文双引号）。

Python 赋值如图 2-14 所示。

```
year = 2020
temperature = 36.5
url = "https://cloud.seentao.com/"
con =" 人生苦短，我用Python "
```

图 2-14　Python 赋值

（三）变量的命名

Python 变量的命名规则为：

（1）变量名通常由字母、数字、下划线组成；

（2）数字不能作为变量名开头；

（3）不能以 Python 中的关键字命名；

（4）变量名要有意义；

（5）不要用汉字和拼音去命名；

（6）变量名要区分大小写；

（7）推荐使用驼峰型（如 GuessAge 或 guessAge）和下划线（如 guess _ age）来命名；

（8）常量通常使用大写来定义。

注意事项：

（1）变量名区分大小写。例如，下面三个不同大小写的英文单词代表三个不同的变量：

total=10 Total=20 TOTAL=30

（2）如果同一变量名重复赋值，则最后一个有效。例如：

total=10 total=20 total=30

（3）自定义变量名，尽量做到见名知意，可适当简写。例如：Total 是见名知意，content 可简写为 con。

Python 允许使用汉字作为变量名，但是我们应尽量避免使用汉字作为变量名，以免程序运行时可能发生异常。

Python 命名时，应避免使用关键字。关键字在 Jupyter Notebook 中如图 2-15 所示：

```
In  [1]: help('keywords')

        Here is a list of the Python keywords.  Enter any keyword to get more help.

        False               class               from                or
        None                continue            global              pass
        True                def                 if                  raise
        and                 del                 import              return
        as                  elif                in                  try
        assert              else                is                  while
        async               except              lambda              with
        await               finally             nonlocal            yield
        break               for                 not
```

图 2－15　Python 中的关键字

（四）变量的类型

如图 2－16 所示，Python 的标准数据类型有以下 6 种：

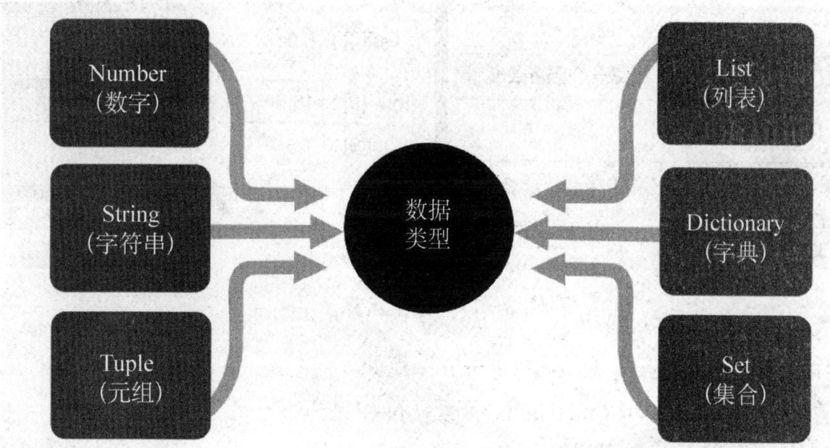

图 2－16　Python 的标准数据类型

二、Python 数字

（一）Python 数字的类型

Python 数字类型用于存储数值，支持三种不同类型的数值：整型、浮点型、复数。常用的是整型和浮点型（见表 2－1）。

整型（Int）：也被称为整数，包括正数、负数和 0，不带小数点。

浮点型（Float）：由整数部分和小数部分组成。

表 2-1 Python 数字类型

整型（Int）	浮点型（Float）
12	12.30
0	0.1
−56	33.33

(二) 数字类型的运算

数字类型可以用运算符进行计算，在 Jupyter 中计算结果如图 2-17 所示。

```
In  [1]: 2 + 3   # 加法
Out[1]: 5

In  [2]: 93 - 30  # 减法
Out[2]: 63

In  [3]: 77 - 7 *  11
Out[3]: 0

In  [4]: 10 / 5   # 除法 总是返回一个浮点数
Out[4]: 2.0

In  [5]: # 除法在不同情形下，返回结果可能不同
         10 / 3
Out[5]: 3.3333333333333335

In  [6]: 16 // 3     # 整数取商
Out[6]: 5

In  [7]: 16 % 3  # 整数取余
Out[7]: 1

In  [8]: 16.0  // 3   # 浮点数取商
Out[8]: 5.0

In  [9]: 16.5 % 3   # 浮点数取余
Out[9]: 1.5

In [10]: 2 ** 3    # 幂运算
Out[10]: 8
```

图 2-17 数字运算

在整数除法中，使用“/”总是返回一个浮点数。

上述运算中，使用了 Python 中的数字运算符，见表 2-2。

运算过程中，会涉及运算优先级，如先乘除后加减。

不确定运算顺序时，可像数学中一样，使用英文括号。

表 2-2 数字运算符

运算名称	运算符
加法	+
减法	−
乘法	*
除法	/
除法取商（向下取整数）	//
除法取余数	%
幂运算	**

（三）数字类型的转换

常用的数字类型包括：整型（Int）、浮点型（Float）。这两种类型可以相互转换，如图 2－18 所示。

```
◆ Int转 Float， float( )

float(1024)
结果为：1024. 0

a = 33
float (a)
结果为：33. 0

◆ Float转 Int，int( )

int(36.5 )
结果为：36

c = 66.6
int(c)
结果为：66
```

图 2－18　数字类型转换

float（）和 int（）是 Python 的内置函数，括号内可写入数字类型或变量名称。

浮点型（Float）数字，可使用 Python 中的 round 函数按需保留小数位。使用方法为：round(浮点数字，保留位数)。注意：并非严格的四舍五入。

例如，使用 round 函数，将圆周率保留 3 位小数，如图 2－19 所示。

```
round(3.1415926，3)
结果为：3. 142
```

图 2－19　使用 round 函数

三、Python 字符串

（一）Python 字符串的类型

1. 什么是字符串

字符串（String）是由 Unicode 码点组成的不可变序列（Strings are immutable sequences of Unicode code points），是 Python 中最常用的数据类型。字符串可以简单理解

为是由零个或多个字符组成的有限序列。

2. 字符串如何定义

(1) 使用英文引号('或")来创建字符串。引号内为字符串内容。

(2) 不包含任何字符内容的字符串,如''(一对英文单引号)、""(一对英文双引号),称为空字符串。

字符串定义举例如下:

lan='Python'#使用单引号

lan_1="Python" #使用双引号

lan_2=""" Python""" #使用三引号(三引号中单引号和双引号均可)

lan3="" #使用双号,定义空字符串

3. 单引号、双引号、三引号有什么区别

(1) 单引号、双引号作用相同,可避免字符串内出现相同的引号。

sen="Hey,you're gorgeous."

sen2=she said,"oh,thank you!"

(2) 三引号可以定义多行字符串,还可以定义包含单引号、双引号的字符串。

con=""" 比较分析法,是通过对比两期或连续数期财务报告中的相同指标确定其增减变动的方向、数额和幅度,来说明企业财务状况或经营成果变动趋势的一种方法。"""

con2="""" I'm very happy." he says."""

4. 如何打印 Python 字符串

(1) 使用 print() 函数,直接打印出字符串的内容。

print("人生苦短,我用 Python!")

结果为:人生苦短,我用 Python!

(2) 字符串赋值给一个变量,然后打印该变量。

name="Tom"

con="Hello,World!"

print(name,con)

结果为:Tom,Hello,World!

注:print() 函数的括号中,可使用英文逗号来分隔打印的内容。

(二) 字符串的拼接

字符串拼接有以下 4 种情况:字符串与字符串拼接、字符串与变量拼接、字符串与数字拼接、字符串类型的变量进行拼接。

(三) 字符串的格式化

什么是字符串的格式化?通俗地说,就是定制输出模板,模板中预留有需要转换参数的位置和格式,传入的参数据此来实现转换,其余的内容保持原样。在预留的位置上的是占位符。格式化输出类型如图 2-20 所示。

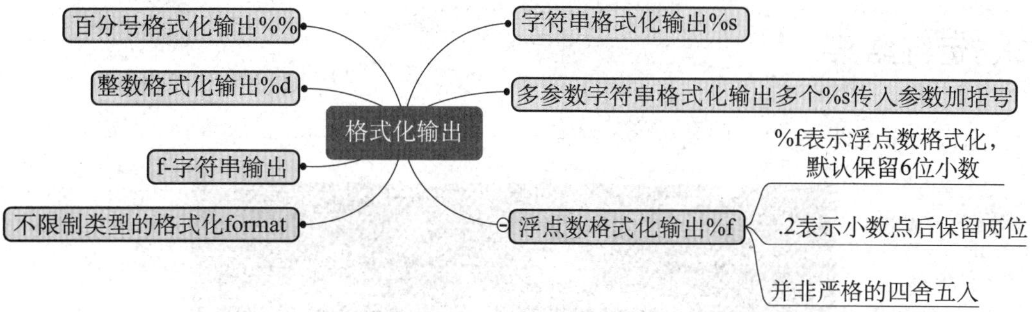

图 2－20　格式化输出类型

Python 中内置的%操作符可用于格式化字符串操作，控制字符串的呈现格式。格式符可以包含有一个类型码，用以控制显示的类型，如：%d（表示十进制整数），%f（表示浮点数），%s（表示字符串），%%（表示输出%）。

任务要求

有四个数字：1、2、3、4。请问：能组成多少个互不相同且无重复数字的三位数？各是多少？

任务实施

一、代码行

通过三层循环，将个、十、百位上的数分别循环一次，当其中任意两位相同时，则跳过；当各位上的数都不同时，输出。代码如图 2－21 所示。

```python
count = 0
for i in range(1, 5):
    for j in range(1, 5):
        for k in range(1, 5):
            if i != j and i != k and k != j:
                print(i, j, k)
                count += 1

print("组成的数共有：%d 个" % count)
```

图 2－21　代码行

二、运行结果

运行结果如图 2-22 所示。

图 2-22　运行结果

任务三
Python 数据获取

任务导入

财务大数据分析师利用网络爬虫技术获取指定网页数据。

知识精讲

一、Python 网络爬虫

（一）什么是网络爬虫

网络爬虫（又称为网页蜘蛛、网络机器人，在 FOAF 社区中，更经常地被称为网页追逐者），是一种按照一定的规则，自动地抓取万维网信息的程序或者脚本。另外，一些不常使用的名字还有蚂蚁、自动索引、模拟程序或者蠕虫。

（二）网络爬虫的核心工作

（1）通过网络向指定的 URL 发送请求，获取服务器响应内容。

（2）使用某种技术（如正则表达式、XPath 等）获取页面中我们感兴趣的信息。

（3）高效地识别响应页面中的链接信息，顺着这些链接递归执行此处介绍的第 1、2、3 步。

（4）使用多线程有效地管理网络通信交互。

（三）网络爬虫的核心工作分析

（1）向 URL 发送请求，获取服务器响应内容。这个核心工作其实是所有网络爬虫都需要做的通用工作。一般来说，通用工作应该由爬虫框架来实现，这样可以提供更稳定的性能，开发效率更高。

（2）提取页面中我们感兴趣的信息。这个核心工作不是通用的。每个项目感兴趣的信息都可能有所不同，但使用正则表达式提取信息是非常低效的，原因是正则表达式的设计初衷主要是处理文本信息，而 HTML 文档不仅是文本文档，而且是结构化文档，因此使用正则表达式来处理 HTML 文档并不合适。使用 XPath 提取信息的效率要高得多。

（3）识别响应页面中的链接信息。使用正则表达式可以实现这个核心工作，但是效率太低，使用 XPath 会更高效。

（4）多线程管理：这个核心工作是通用的，应该由框架来完成。

二、网页语言

（一）URL

统一资源定位系统 URL（Uniform Resource Locator）是互联网的万维网（WWW）服务程序上用于指定信息位置的表示方法，可指定文件资源所在地址，即网址。它最初是由蒂姆·伯纳斯-李（Tim Berners-Lee）发明用来作为万维网的地址，现在已经被万维网联盟编制为互联网标准 RFC1738。

（二）客户端

客户端（Client）或称为用户端，是指与服务器相对应，为客户提供本地服务的程序。除了一些只在本地运行的应用程序之外，客户端一般安装在普通的客户机上，需要与服务端互相配合运行。互联网发展以后，较常用的用户端包括如万维网使用的网页浏览器、收寄电子邮件时的电子邮件客户端，以及即时通信的客户端软件等。对于这一类应用程序，需要网络中有相应的服务器和服务程序来提供相应的服务，如数据库服务、电子邮件服务等，这样在客户机和服务器端需要建立特定的通信连接，来保证应用程序的正常运行。

主要功能：请求访问文本或图像等资源。

行为过程：根据目标 URL，编制请求报文并发送，获取资源。

（三）Web 服务器

Web 服务器（Web server）一般指网站服务器，是指驻留于互联网上某种类型计算机的程序，可以向浏览器等 Web 客户端提供文档，也可以放置网站文件，让全世界浏览；可以放置数据文件，让全世界下载。

Web 服务器也称为 WWW（World Wide Web）服务器，主要功能是提供网上信息浏览服务。Web 服务器是可以向发出请求的浏览器提供文档的程序：

（1）服务器是一种被动程序：只有当 Internet 上运行其他计算机中的浏览器发出的请求时，服务器才会响应。

（2）最常用的 Web 服务器是 Apache 和 Microsoft 的 Internet 信息服务器（Internet Information Services，IIS）。

（3）Internet 上的服务器也称为 Web 服务器，是一台在 Internet 上具有独立 IP 地址的计算机，可以向 Internet 上的客户机提供 WW、Email 和 FTP 等各种 Internet 服务。

（4）Web 服务器是指驻留于互联网上某种类型计算机的程序。当 Web 浏览器（客户端）连到服务器上并请求文件时，服务器将处理该请求并将文件反馈到该浏览器上，附带的信息会告诉浏览器如何查看该文件（即文件类型）。服务器使用 HTTP（超文本传输协议）与客户机浏览器进行信息交流，这就是人们常把它们称为 HTTP 服务器的原因。Web 服务器不仅能够存储信息，还能在用户通过 Web 浏览器提供的信息的基础上运行脚本和程序。

主要功能：提供资源响应。

行为过程：接收请求，按照既定规则返回相应文件资源。

任务要求

利用网络爬虫技术对上市公司财报进行采集：

（1）单企业财报数据采集。

（2）单企业数据采集。

（3）多企业财报数据采集。

（4）多企业多表数据采集。

任务实施

一、单企业财报数据采集

（1）点击企业财报数据采集—任务，在上海证券交易所网站查看，如图 2-23 所示。

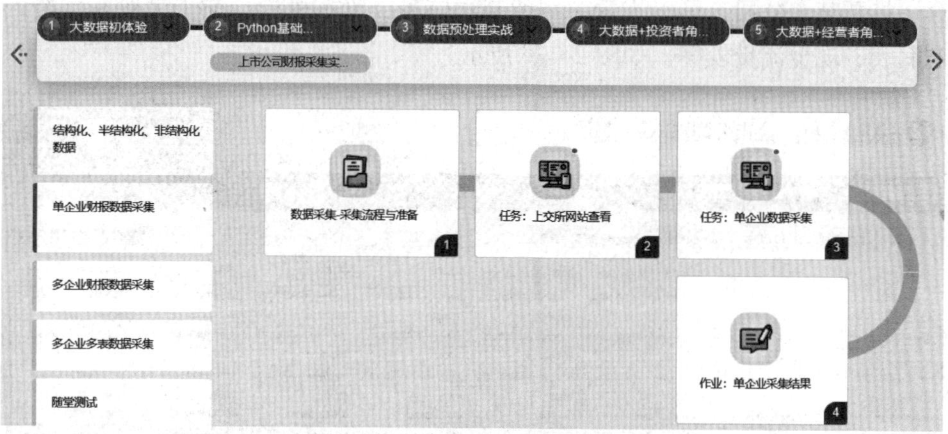

图 2-23 上海证券交易所网站

（2）点击“开始任务”，如图 2-24 所示。

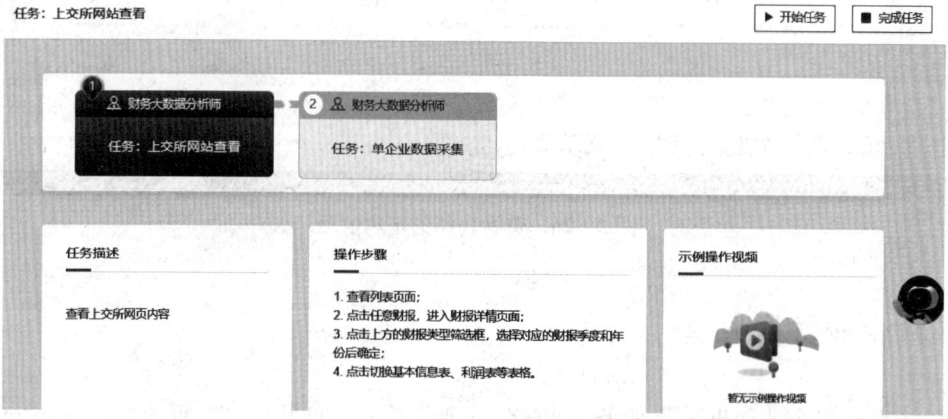

图 2-24 开始任务

（3）打开新道财务大数据仿真上海证券交易所网站，如图 2-25 所示。

图 2-25 打开仿真上海证券交易所网站

(4) 打开某个公司，可以查看公司的基本信息、股本机构、前十大股东、资产负债表、利润表、现金流量表等，如图 2-26 所示。

指标/年份	2020	2019	2018	2017	2016	2015	2014
公司法定中文名称	用友网络科技股份有限公司	用友网络科技股份有限公司	用友网络科技股份有限公司	用友网络科技股份有限公司	用友网络科技股份有限公司	用友网络科技股份有限公司	用友网络科技股份有限公司
公司法定代表人	王文京	王文京	王文京	王文京	王文京	王文京	王文京
公司注册地址	北京市海淀区北清路68号	北京市海淀区北清路68号	北京市海淀区北清路68号	北京市海淀区北清路68号	北京市海淀区北清路68号	北京市海淀区北清路68号	北京市海淀区北清路68号
公司办公地址邮政编码	100094	100094	100094	100094	100094	100094	100094
公司国际互联网网址	http://www.yonyou.com	http://www.yonyou.com	http://www.yonyou.com	http://www.yonyou.com	http://www.yonyou.com	http://www.yonyou.com	http://www.yonyou.com
公司董事会秘书姓名	欧阳青	欧阳青	欧阳青	欧阳青	欧阳青	欧阳青	欧阳青
公司董事会秘书电话	010-62436838	010-62436838	010-62436838	010-62436838	010-62436838	010-62436838	010-62436838
公司董事会秘书电子信箱	ir@yonyou.com	ir@yonyou.com	ir@yonyou.com	ir@yonyou.com	ir@yonyou.com	ir@yonyou.com	ir@yonyou.com
报告期末股东总数	89,146	100,144	81,816	67,410	79,851	95,408	42,003
每10股送红股数	0	0	0	0	0	0	0
每10股派息数（含税）	2	2.6	2.5	1.5	1.3	1.5	0
每10股转增数	0	3	3	3	0	0	0
本期营业收入(元)	8,524,588,604	8,509,659,748	7,703,495,046	6,343,658,549	5,113,348,861	4,451,272,019	4,374,241,957
本期营业利润(元)	0	0	0	0	0	0	0
利润总额(元)	1,126,174,500	1,403,849,188	950,334,087	685,810,775	295,489,206	362,389,873	611,823,146
归属于上市公司股东的净利润(元)	988,601,470	1,182,989,733	612,130,382	389,080,894	197,391,725	323,745,309	550,250,599
归属于上市公司股东的扣除非经常性损益的净利润(元)	904,408,788	677,451,238	532,161,942	293,075,149	137,278,023	105,980,940	518,093,082
经营活动产生的现金流量净额(元)	1,613,019,564	1,533,042,056	2,042,653,091	1,430,325,852	887,081,189	549,715,458	804,302,209

注意：
1、本系统展示数据来自于上市公司提交的XBRL格式报告，信息仅供参考，请以对应报告的PDF版本为准
2、为对比方便，数值型字段的单位统一转换为基本单位（如百万元转换为元），实际披露的数值及单位请以对应报告的PDF版本为
©上海证券交易所版权所有 2016 沪ICP备05004045号 建议使用IE7+浏览器

图 2-26 查看公司的基本信息

二、单企业数据采集

(1) 点击单企业数据采集任务，点击"开始任务"，如图 2-27 所示。

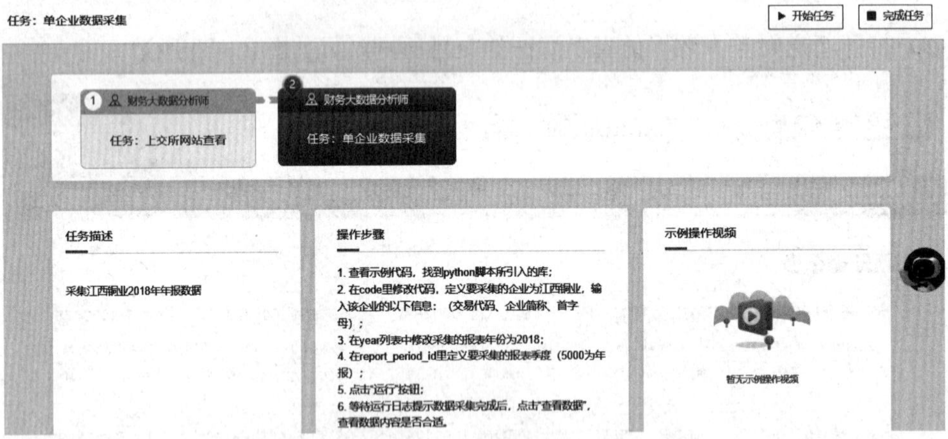

图 2-27 开始任务

(2) 系统会打开 Python 代码编译界面，查看单企业数据采集示例代码，如图 2-28 所示。

(3) 采集江西铜业 2018 年数据，在 code 里修改代码，定义要采集的企业为江西铜业，输入该企业的以下信息：交易代码、企业简称、首字母。

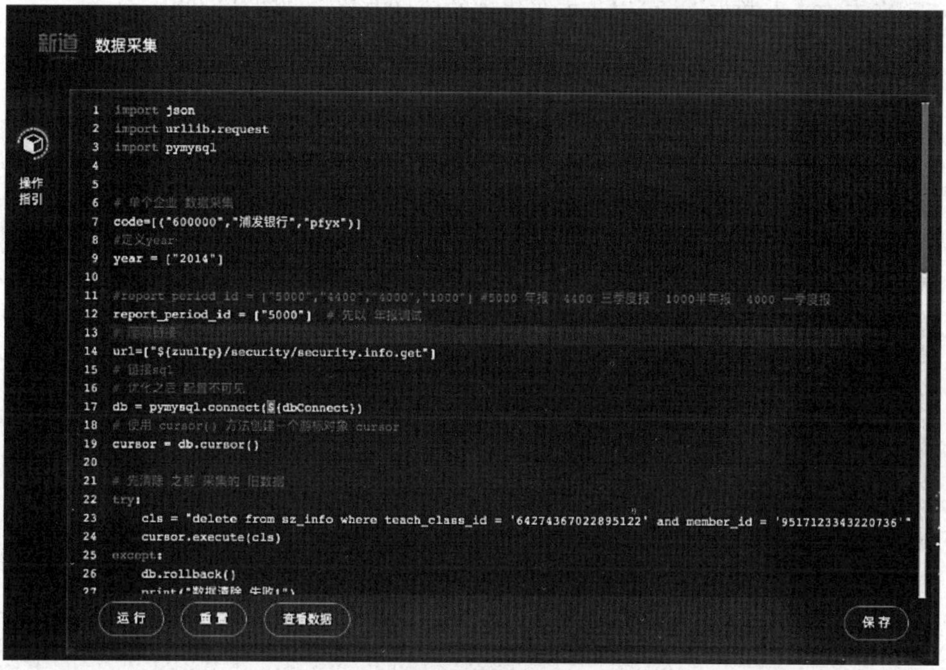

图 2-28　查看单企业数据采集示例代码

修改 code 里内容为：("600362","江西铜业","jxty")

修改 year=["2018"]。

注意：括号、双引号、逗号都需要在英文状态下输入。

（4）点击“运行”按钮，执行采集代码，右侧监视器提示采集成功，如图 2-29 所示。

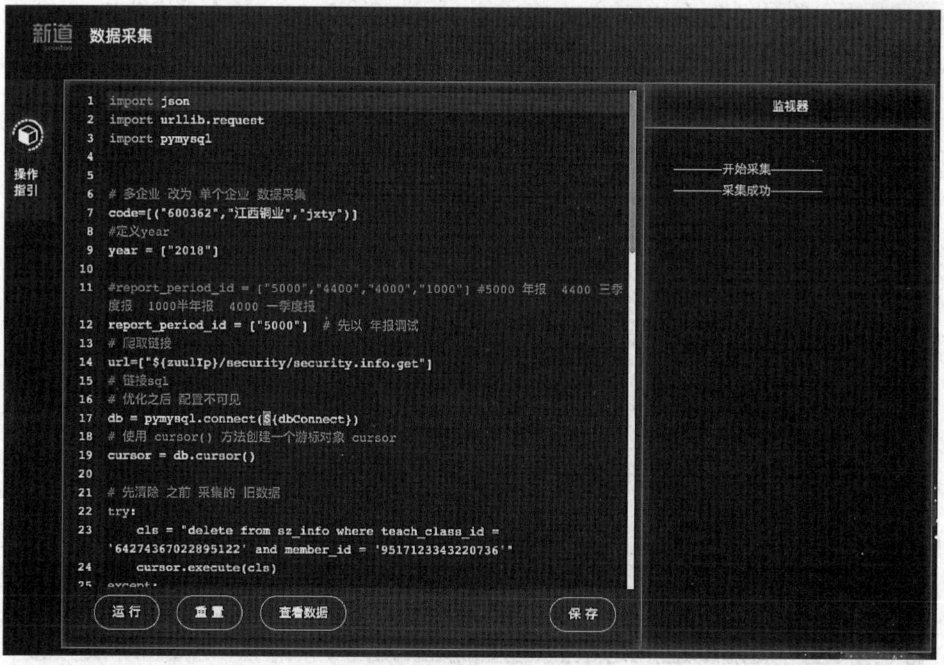

图 2-29　执行采集代码

（5）点击“查看数据”，可以查看采集到的信息内容，如图 2－30 所示。

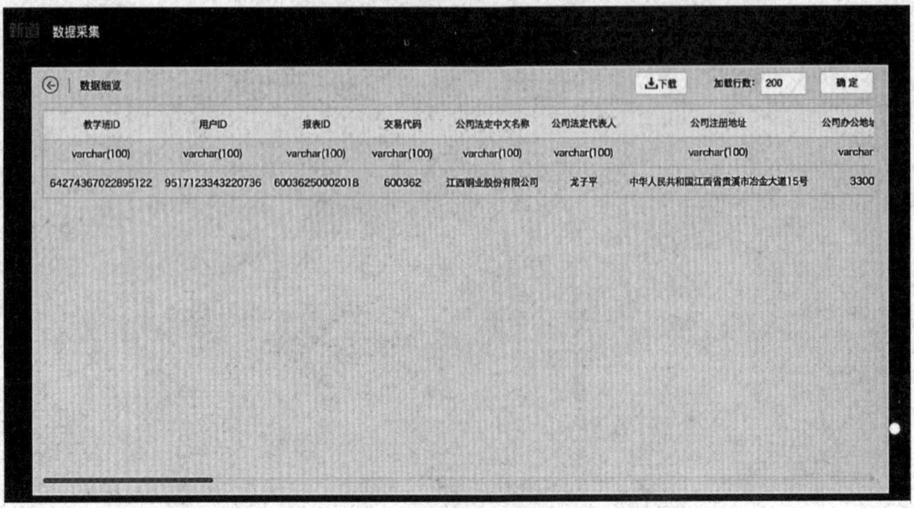

图 2－30　查看采集到的信息内容

（6）点击“下载”按钮，可以将采集到的信息下载为 Excel 表格，如图 2－31 所示。

D	E	F	G	H	I
交易代码	公司法定中文名称	公司法定代表人	公司注册地址	公司办公地址邮政编码	公司国际互联网网址
varchar(100)	varchar(100)	varchar(100)	varchar(100)	varchar(100)	varchar(100)
600362	江西铜业股份有限公司	龙子平	中华人民共和国江西省贵溪市冶金大道15号	330096	http://www.jxcc.com

图 2－31　下载采集到的信息

注意事项：练习过程中代码修改错误，可点击“重置”按钮，将代码重置为初始代码。

点击界面左侧“操作指引”按钮，可以查看任务操作步骤，方便操作，如图 2－32 所示。

图 2－32　查看任务操作步骤

三、多企业财报数据采集

（1）点击多企业财报数据采集任务，如图 2－33 所示。

图 2－33　多企业财报数据采集任务

（2）查看交易代码，选取 4 家公司数据采集 2014—2018 年数据，例如采集如下 4 家公司，如图 2－34 所示。

code 里内容为：("600004","白云机场","byjc")，("600006","东风汽车","dfqc")，("600007","中国国贸","zggm")，("600008","首创股份","scgf")。

修改 year=["2014","2015","2016","2017","2018"]。

图 2－34　选取 4 家公司采集 2014—2018 年数据

（3）点击“运行”按钮，开始采集。

（4）点击“查看数据”，查看采集到的数据，如图 2－35 所示。

教学班ID	用户ID	报表ID	交易代码	公司法定中文名称	公司法定代表人	公司注册地址
varchar(100)	varchar(100)	varchar(100)	varchar(100)	varchar(100)	varchar(100)	varchar(100)
64274367022895122	9517123343220736	60000450002018	600004	广州白云国际机场股份有限公司	邱嘉臣	广州市白云国际机场南工作区自编一号
64274367022895122	9517123343220736	60000450002017	600004	广州白云国际机场股份有限公司	邱嘉臣	广州市白云国际机场南工作区自编一号
64274367022895122	9517123343220736	60000450002016	600004	广州白云国际机场股份有限公司	邱嘉臣	广州市白云国际机场南工作区自编一号
64274367022895122	9517123343220736	60000450002015	600004	广州白云国际机场股份有限公司	刘建强	广州市白云国际机场南工作区自编一号
64274367022895122	9517123343220736	60000450002014	600004	广州白云国际机场股份有限公司	刘建强	广州市白云国际机场南工作区自编一号
64274367022895122	9517123343220736	60000650002018	600006	东风汽车股份有限公司	丁绍斌	湖北省襄阳市高新区东风大道劲风路3幢
64274367022895122	9517123343220736	60000650002017	600006	东风汽车股份有限公司	雷平	湖北省襄阳市高新区东风大道劲风路3幢
64274367022895122	9517123343220736	60000650002016	600006	东风汽车股份有限公司	雷平	湖北省襄阳市高新区东风大道劲风路3幢
64274367022895122	9517123343220736	60000650002015	600006	东风汽车股份有限公司	欧阳洁	湖北省襄阳市高新区东风大道劲风路3幢
64274367022895122	9517123343220736	60000650002014	600006	东风汽车股份有限公司	朱福寿	湖北省襄阳市高新区东风汽车大道劲风路3幢
64274367022895122	9517123343220736	60000750002018	600007	中国国际贸易中心股份有限公司	林明志	北京市建国门外大街1号
64274367022895122	9517123343220736	60000750002017	600007	中国国际贸易中心股份有限公司	洪敬南	北京市建国门外大街1号

图 2－35　查看采集到的数据

（5）点击“下载”，可以将采集到的信息下载为 Excel 表格，如图 2－36 所示。

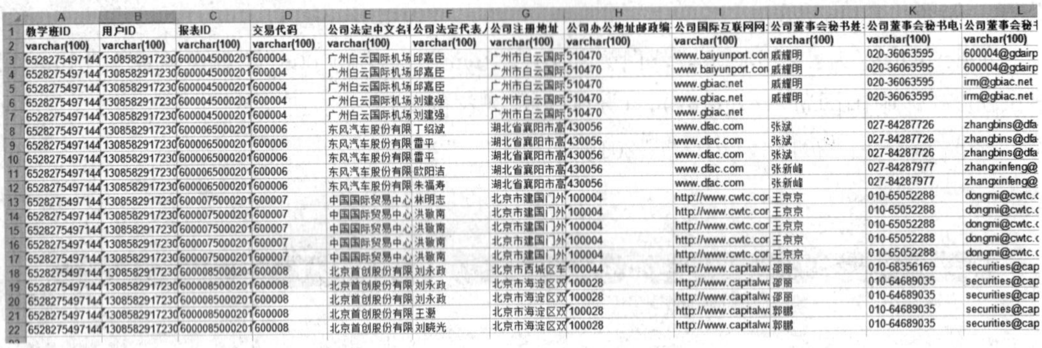

	A	B	C	D	E	F	G	H	I	J	K	L
1	教学班ID	用户ID	报表ID	交易代码	公司法定中文名	公司法定代表人	公司注册地址	公司办公地址邮政编	公司国际互联网网	公司董事会秘书姓	公司董事会秘书电	公司董事会秘书
2	varchar(100)	varchar(100)	varchar(100)	varchar(100)	varchar(100)	varchar(100)	varchar(100)	varchar(100)	varchar(100)	varchar(100)	varchar(100)	varchar(100)
3	6528275497144	130858291723	600004500020	600004	广州白云国际机场	邱嘉臣	广州市白云国际	510470	www.baiyunport.con	戚耀明	020-36063595	600004@gdairp
4	6528275497144	130858291723	600004500020	600004	广州白云国际机场	邱嘉臣	广州市白云国际	510470	www.baiyunport.con	戚耀明	020-36063595	600004@gdairp
5	6528275497144	130858291723	600004500020	600004	广州白云国际机场	邱嘉臣	广州市白云国际	510470	www.gbiac.net	戚耀明	020-36063595	irm@gbiac.net
6	6528275497144	130858291723	600004500020	600004	广州白云国际机场	刘建强	广州市白云国际	510470	www.gbiac.net	戚耀明	020-36063595	irm@gbiac.net
7	6528275497144	130858291723	600004500020	600004	广州白云国际机场	刘建强	广州市白云国际	510470	www.gbiac.net			
8	6528275497144	130858291723	600006500020	600006	东风汽车股份有限	丁绍斌	湖北省襄阳市高	430056	www.dfac.com	张斌	027-84287726	zhangbins@dfa
9	6528275497144	130858291723	600006500020	600006	东风汽车股份有限	雷平	湖北省襄阳市高	430056	www.dfac.com	张斌	027-84287726	zhangbins@dfa
10	6528275497144	130858291723	600006500020	600006	东风汽车股份有限	雷平	湖北省襄阳市高	430056	www.dfac.com	张斌	027-84287726	zhangbins@dfa
11	6528275497144	130858291723	600006500020	600006	东风汽车股份有限	欧阳洁	湖北省襄阳市高	430056	www.dfac.com	张新峰	027-84287977	zhangxinfeng@
12	6528275497144	130858291723	600006500020	600006	东风汽车股份有限	朱福寿	湖北省襄阳市高	430056	www.dfac.com	张新峰	027-84287977	zhangxinfeng@
13	6528275497144	130858291723	600007500020	600007	中国国际贸易中心	林明志	北京市建国门外	100004	http://www.cwtc.cor	王京京	010-65052288	dongmi@cwtc.c
14	6528275497144	130858291723	600007500020	600007	中国国际贸易中心	洪敬南	北京市建国门外	100004	http://www.cwtc.cor	王京京	010-65052288	dongmi@cwtc.c
15	6528275497144	130858291723	600007500020	600007	中国国际贸易中心	洪敬南	北京市建国门外	100004	http://www.cwtc.cor	王京京	010-65052288	dongmi@cwtc.c
16	6528275497144	130858291723	600007500020	600007	中国国际贸易中心	洪敬南	北京市建国门外	100004	http://www.cwtc.cor	王京京	010-65052288	dongmi@cwtc.c
17	6528275497144	130858291723	600007500020	600007	中国国际贸易中心	洪敬南	北京市建国门外	100004	http://www.cwtc.cor	王京京	010-65052288	dongmi@cwtc.c
18	6528275497144	130858291723	600008500020	600008	北京首创股份有限	刘永政	北京市西城区车	100044	http://www.capitalwa	邵丽	010-68356169	securities@cap
19	6528275497144	130858291723	600008500020	600008	北京首创股份有限	刘永政	北京市海淀区双	100028	http://www.capitalwa	邵丽	010-64689035	securities@cap
20	6528275497144	130858291723	600008500020	600008	北京首创股份有限	刘永政	北京市海淀区双	100028	http://www.capitalwa	邵丽	010-64689035	securities@cap
21	6528275497144	130858291723	600008500020	600008	北京首创股份有限	王灏	北京市海淀区双	100028	http://www.capitalwa	郭鹏	010-64689035	securities@cap
22	6528275497144	130858291723	600008500020	600008	北京首创股份有限	刘晓光	北京市海淀区双	100028	http://www.capitalwa	郭鹏	010-64689035	securities@cap

图 2－36　下载采集到的数据

（6）将采集的结果数据 Excel 表下载后上传提交到作业。

四、多企业多表数据采集

（一）采集基本信息表

（1）点击多企业多表数据采集—采集基本信息表，点击“开始任务”，如图 2－37 所示。

（2）采集 4 家公司 2014—2018 年的基本信息表，例如采集如下 4 家公司，如图 2－38 所示。

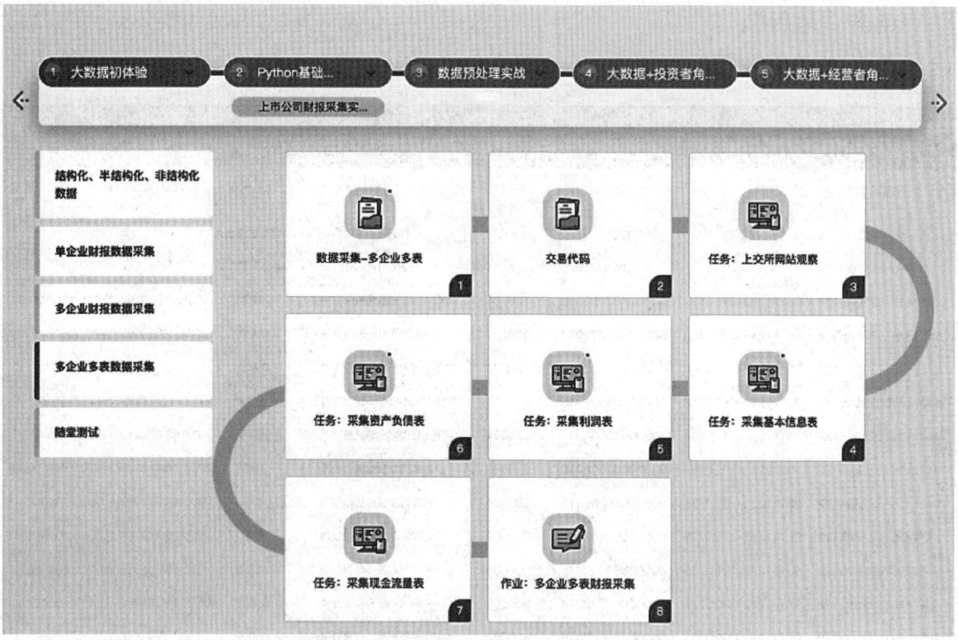

图 2-37　多企业多表数据采集

code 里内容为：("600004","白云机场","byjc")，("600006","东风汽车","dfqc")，("600007","中国国贸","zggm")，("600008","首创股份","scgf")。

修改 year=["2014","2015","2016","2017","2018"]。

url 内的内容为 info. get。

图 2-38　采集 4 家公司 2014—2018 年的基本信息表

（3）点击“运行”。

（4）点击“查看数据”，如图 2-39 所示。

教学班ID	用户ID	报表ID	交易代码	公司法定中文名称	公司法定代表人	公司注册地址
varchar(100)	varchar(100)	varchar(100)	varchar(100)	varchar(100)	varchar(100)	varchar(100)
64274367022895122	9517123343220736	60000450002018	600004	广州白云国际机场股份有限公司	邱嘉臣	广州市白云国际机场南工作区自编一号
64274367022895122	9517123343220736	60000450002017	600004	广州白云国际机场股份有限公司	邱嘉臣	广州市白云国际机场南工作区自编一号
64274367022895122	9517123343220736	60000450002016	600004	广州白云国际机场股份有限公司	邱嘉臣	广州市白云国际机场南工作区自编一号
64274367022895122	9517123343220736	60000450002015	600004	广州白云国际机场股份有限公司	刘建强	广州市白云国际机场南工作区自编一号
64274367022895122	9517123343220736	60000450002014	600004	广州白云国际机场股份有限公司	刘建强	广州市白云国际机场南工作区自编一号
64274367022895122	9517123343220736	60000650002018	600006	东风汽车股份有限公司	丁绍斌	湖北省襄阳市高新区东风大道劲风路3幢
64274367022895122	9517123343220736	60000650002017	600006	东风汽车股份有限公司	雷平	湖北省襄阳市高新区东风大道劲风路3幢
64274367022895122	9517123343220736	60000650002016	600006	东风汽车股份有限公司	雷平	湖北省襄阳市高新区东风大道劲风路3幢
64274367022895122	9517123343220736	60000650002015	600006	东风汽车股份有限公司	欧阳洁	湖北省襄阳市高新区东风大道劲风路3幢
64274367022895122	9517123343220736	60000650002014	600006	东风汽车股份有限公司	朱福寿	湖北省襄阳市高新区东风汽车大道劲风路3幢
64274367022895122	9517123343220736	60000750002018	600007	中国国际贸易中心股份有限公司	林明志	北京市建国门外大街1号
64274367022895122	9517123343220736	60000750002017	600007	中国国际贸易中心股份有限公司	洪敬南	北京市建国门外大街1号

图 2-39　查看采集到的数据

（5）点击“下载”按钮，可以将采集到的信息下载为 Excel 表格，如图 2-40 所示。

	A	B	C	D	E	F	G	H	I	J	K	
1	教学班ID	用户ID	报表ID	交易代码	公司法定中文名	公司法定代表人	公司注册地址	公司办公地址邮政编	公司国际互联网网	公司董事会秘书姓	公司董事会秘书电	公司董事
2	varchar(100)	varchar(100)	varchar(100)	varchar(100)	varchar(100)	varchar(100)	varchar(100)	varchar(100)	varchar(100)	varchar(100)	varchar(100)	varchar(
3	6528275497144	1308582917230	600004500020	600004	广州白云国际机场	邱嘉臣	广州市白云国际	510470	www.baiyunport.com	戚耀明	020-36063595	600004@
4	6528275497144	1308582917230	600004500020	600004	广州白云国际机场	邱嘉臣	广州市白云国际	510470	www.baiyunport.com	戚耀明	020-36063595	600004@
5	6528275497144	1308582917230	600004500020	600004	广州白云国际机场	邱嘉臣	广州市白云国际	510470	www.gbiac.net	戚耀明	020-36063595	irm@gbia
6	6528275497144	1308582917230	600004500020	600004	广州白云国际机场	刘建强	广州市白云国际	510470	www.gbiac.net	戚耀明	020-36063595	irm@gbia
7	6528275497144	1308582917230	600004500020	600004	广州白云国际机场	刘建强	广州市白云国际	510470	www.gbiac.net			
8	6528275497144	1308582917230	600006500020	600006	东风汽车股份有限	丁绍斌	湖北省襄阳市高	430056	www.dfac.com	张斌	027-84287726	zhangbin
9	6528275497144	1308582917230	600006500020	600006	东风汽车股份有限	雷平	湖北省襄阳市高	430056	www.dfac.com	张斌	027-84287726	zhangbin
10	6528275497144	1308582917230	600006500020	600006	东风汽车股份有限	雷平	湖北省襄阳市高	430056	www.dfac.com	张斌	027-84287726	zhangbin
11	6528275497144	1308582917230	600006500020	600006	东风汽车股份有限	欧阳洁	湖北省襄阳市高	430056	www.dfac.com	张新峰	027-84287977	zhangxin
12	6528275497144	1308582917230	600006500020	600006	东风汽车股份有限	朱福寿	湖北省襄阳市高	430056	www.dfac.com	张新峰	027-84287977	zhangxin
13	6528275497144	1308582917230	600007500020	600007	中国国际贸易中心	林明志	北京市建国门外	100004	http://www.cwtc.con	王京京	010-65052288	dongmi@
14	6528275497144	1308582917230	600007500020	600007	中国国际贸易中心	洪敬南	北京市建国门外	100004	http://www.cwtc.con	王京京	010-65052288	dongmi@
15	6528275497144	1308582917230	600007500020	600007	中国国际贸易中心	洪敬南	北京市建国门外	100004	http://www.cwtc.con	王京京	010-65052288	dongmi@
16	6528275497144	1308582917230	600007500020	600007	中国国际贸易中心	洪敬南	北京市建国门外	100004	http://www.cwtc.con	王京京	010-65052288	dongmi@
17	6528275497144	1308582917230	600007500020	600007	中国国际贸易中心	洪敬南	北京市建国门外	100004	http://www.cwtc.con	王京京	010-65052288	dongmi@
18	6528275497144	1308582917230	600008500020	600008	北京首创股份有限	刘永政	北京市西城区车	100044	http://www.capitalwa	邵丽	010-68356169	securities
19	6528275497144	1308582917230	600008500020	600008	北京首创股份有限	刘永政	北京市海淀区双	100028	http://www.capitalwa	邵丽	010-64689035	securities
20	6528275497144	1308582917230	600008500020	600008	北京首创股份有限	刘永政	北京市海淀区双	100028	http://www.capitalwa	邵丽	010-64689035	securities
21	6528275497144	1308582917230	600008500020	600008	北京首创股份有限	王灏	北京市海淀区双	100028	http://www.capitalwa	郭鹏	010-64689035	securities
22	6528275497144	1308582917230	600008500020	600008	北京首创股份有限	刘晓光	北京市海淀区双	100028	http://www.capitalwa	郭鹏	010-64689035	securities

图 2-40　下载采集到的数据

（二）采集利润表

（1）点击多企业多表数据采集—采集利润表，点击“开始任务”，如图 2-41 所示。

（2）采集 4 家公司 2014—2018 年的利润表，例如采集如下 4 家公司，如图 2-42 所示。

code 里内容为：("600004","白云机场","byjc")，("600006","东风汽车","dfqc")，("600007","中国国贸","zggm")，("600008","首创股份","scgf")。

修改 year=["2014","2015","2016","2017","2018"]。

url 内的内容为 incomestatement.get。

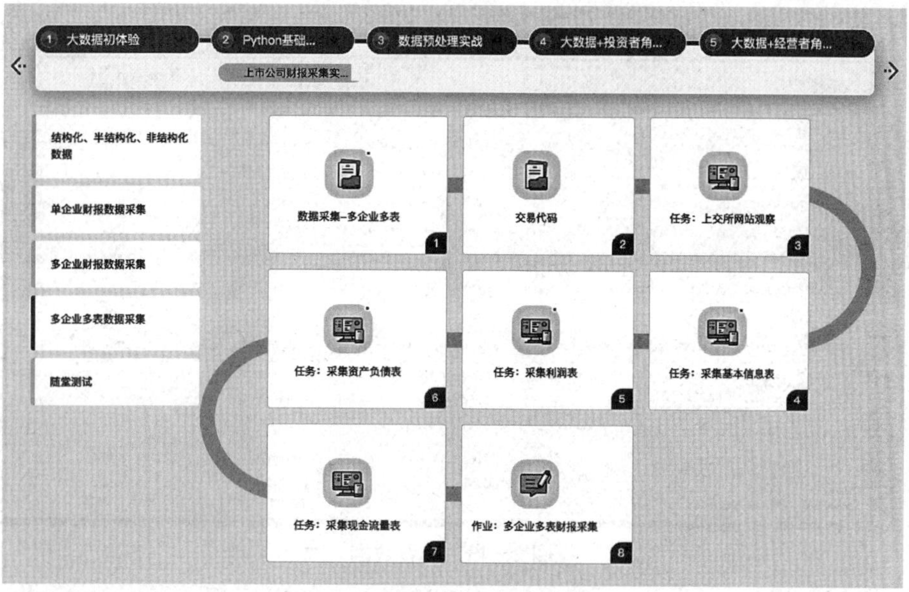

图 2-41　采集利润表

```
import json
import urllib.request
import pymysql


# 多企业 改为 单个企业 数据采集
code=[("600004","白云机场","byjc"),("600006","东风汽车","dfqc"),
("600007","中国国贸","zggm"),("600008","首创股份","scgf")]
#定义year
year = ["2014","2015","2016","2017","2018"]

#report_period_id = ["5000","4400","4000","1000"] #5000 年报  4400 三季度报  1000半年报  40000 一季度报
report_period_id = ["5000"]  # 先以 年报调试
# 爬取链接
url=["${zuulIp}/security/security.incomestatement.get"]
# 链接sql
# 优化之后 配置不可见
db = pymysql.connect(${dbConnect})
# 使用 cursor() 方法创建一个游标对象 cursor
cursor = db.cursor()

# 先清除 之前 采集的 旧数据
try:
    cls = 'delete from sz_incomestatement where teach_class_id =
'642743670228951 22' and member_id = '9517123343220736'"
```

图 2-42　采集 4 家公司 2014—2018 年的利润表

(3) 点击“运行”。

(4) 点击“查看数据”，如图 2-43 所示。

(5) 点击“下载”按钮，可以将采集到的信息下载为 Excel 表格。

(三) 采集资产负债表

(1) 点击多企业多表数据采集—采集资产负债表，点击“开始任务”。

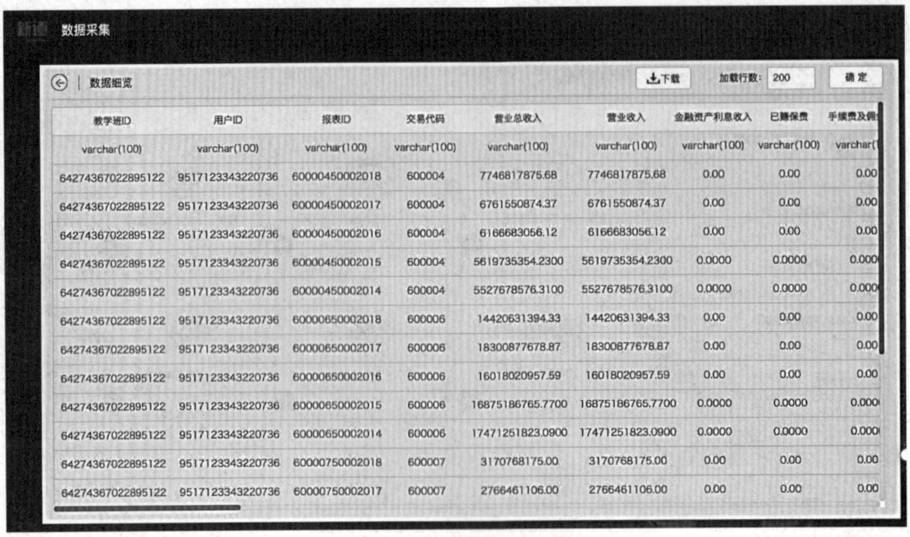

教学班ID	用户ID	报表ID	交易代码	营业总收入	营业收入	金融资产利息收入	已赚保费	手续费及佣…
varchar(100)	varchar(100)	varchar(100)	varchar(100)	varchar(100)	varchar(100)	varchar(100)	varchar(100)	varchar(1…
64274367022895122	9517123343220736	60000450002018	600004	7746817875.68	7746817875.68	0.00	0.00	0.00
64274367022895122	9517123343220736	60000450002017	600004	6761550874.37	6761550874.37	0.00	0.00	0.00
64274367022895122	9517123343220736	60000450002016	600004	6166683056.12	6166683056.12	0.00	0.00	0.00
64274367022895122	9517123343220736	60000450002015	600004	5619735354.2300	5619735354.2300	0.0000	0.0000	0.000
64274367022895122	9517123343220736	60000450002014	600004	5527678576.3100	5527678576.3100	0.0000	0.0000	0.000
64274367022895122	9517123343220736	60000650002018	600006	14420631394.33	14420631394.33	0.00	0.00	0.00
64274367022895122	9517123343220736	60000650002017	600006	18300877678.87	18300877678.87	0.00	0.00	0.00
64274367022895122	9517123343220736	60000650002016	600006	16018020957.59	16018020957.59	0.00	0.00	0.00
64274367022895122	9517123343220736	60000650002015	600006	16875186765.7700	16875186765.7700	0.0000	0.0000	0.000
64274367022895122	9517123343220736	60000650002014	600006	17471251823.0900	17471251823.0900	0.0000	0.0000	0.000
64274367022895122	9517123343220736	60000750002018	600007	3170768175.00	3170768175.00	0.00	0.00	0.00
64274367022895122	9517123343220736	60000750002017	600007	2766461106.00	2766461106.00	0.00	0.00	0.00

图 2-43　查看数据

（2）采集 4 家公司 2014—2018 年的利润表，例如采集如下 4 家公司，如图 2-44 所示。

code 里内容为：("600004","白云机场","byjc")，("600006","东风汽车","dfqc")，("600007","中国国贸","zggm")，("600008","首创股份","scgf")。

修改 year=［"2014","2015","2016","2017","2018"］。

url 内的内容为 balancesheet. get。

图 2-44　采集资产负债表

（3）点击“运行”。

（4）点击“查看数据”，如图 2-45 所示。

数据采集

数据细览　　下载　　加载行数：200　　确 定

教学班ID	用户ID	报表ID	交易代码	货币资金	结算备付金	拆出资金	交易性金融资产	应收票据
varchar(100)	varchar(100)	varchar(100)	varchar(100)	varchar(100)	varchar(100)	varchar(100)	varchar(100)	varchar(100)
64274367022895122	9517123343220736	60000450002018	600004	2283559599.88	0.00	0.00	0.00	25659595.31
64274367022895122	9517123343220736	60000450002017	600004	2836957414.70	0.00	0.00	0.00	60478799.73
64274367022895122	9517123343220736	60000450002016	600004	990161741.46	0.00	0.00	0.00	0.00
64274367022895122	9517123343220736	60000450002015	600004	1335887391.150	0.000	0.000	0.000	0.000
64274367022895122	9517123343220736	60000450002014	600004	3132739399.920	0.000	0.000	0.000	9462869.700
64274367022895122	9517123343220736	60000650002018	600006	2554708134.82	0.00	0.00	0.00	3540237365.22
64274367022895122	9517123343220736	60000650002017	600006	3391710095.77	0.00	0.00	0.00	4096995313.43
64274367022895122	9517123343220736	60000650002016	600006	3384681627.38	0.00	0.00	0.00	4547312915.98
64274367022895122	9517123343220736	60000650002015	600006	3824422545.140	0.000	0.000	0.000	5042647377.870
64274367022895122	9517123343220736	60000650002014	600006	4012885169.270	0.000	0.000	103240422.650	5464130472.660
64274367022895122	9517123343220736	60000750002018	600007	542748293.00	0.00	0.00	0.00	0.00
64274367022895122	9517123343220736	60000750002017	600007	941445953.00	0.00	0.00	0.00	0.00

图 2-45　查看数据

（5）点击“下载”按钮，可以将采集到的信息下载为 Excel 表格。

（四）采集现金流量表

（1）点击多企业多表数据采集—采集现金流量表，点击“开始任务”。

（2）采集 4 家公司 2014—2018 年的利润表，例如采集如下 4 家公司，如图 2-46 所示。

图 2-46　采集现金流量表

code 里内容为：("600004","白云机场","byjc")，("600006","东风汽车","dfqc")，("600007","中国国贸","zggm")，("600008","首创股份","scgf")。

修改 year= ["2014","2015","2016","2017","2018"]。

url 内的内容为 cashflow. get。

(3) 点击“运行”。

(4) 点击“查看数据”，如图 2-47 所示。

教学班ID	用户ID	报表ID	交易代码	销售商品提供劳务收到的现金	客户存款和同业存放款项净增加额	向中央银行借款净增加额	向其
varchar(100)	varchar(100)	varchar(100)	varchar(100)	varchar(100)	varchar(100)	varchar(100)	
64274367022895122	9517123343220736	60000450002018	600004	8108974687.71	0.00	0.00	
64274367022895122	9517123343220736	60000450002017	600004	7029230708.58	0.00	0.00	
64274367022895122	9517123343220736	60000450002016	600004	6260336625.11	0.00	0.00	
64274367022895122	9517123343220736	60000450002015	600004	5880646332.350	0.000	0.000	
64274367022895122	9517123343220736	60000450002014	600004	5804854455.440	0.000	0.000	
64274367022895122	9517123343220736	6000[illegible]50002018	600006	15261260392.86	0.00	0.00	
64274367022895122	9517123343220736	60000650002017	600006	16887313247.19	0.00	0.00	
64274367022895122	9517123343220736	60000650002016	600006	17817147774.91	0.00	0.00	
64274367022895122	9517123343220736	60000650002015	600006	17353193335.670	0.000	0.000	
64274367022895122	9517123343220736	60000650002014	600006	18805331234.400	0.000	0.000	
64274367022895122	9517123343220736	60000750002018	600007	3359094999.00	0.00	0.00	
64274367022895122	9517123343220736	60000750002017	600007	2825820325.00	0.00	0.00	

图 2-47 查看数据

(5) 点击“下载”按钮，可以将采集到的信息下载为 Excel 表格。

项目小结

本项目重点讲述了数据获取的相关知识，主要涉及 Python 简介及安装、Python 基础代码和 Python 数据获取三个任务。学生通过本项目的学习，了解 Python 的相关知识以及相关基础代码的编写，了解库、函数、方法的运用，理解 Python 程序的处理过程，为后续利用 Python 进行数据分析打下基础。通过利用 Python 技术获取上市公司相关数据，了解网络爬虫的相关知识，并深刻理解数据获取的相关步骤和现实意义，达到知行合一的目的。

课证融通

大数据财务分析 1+X 证书等级评价标准明确：掌握大数据技术工具的业务流程和基本逻辑；能够依据业务需求，对目标数据进行采集，并保证采集数据的准确性、完整性和真实性；能够依据业务需求，对数据进行分析与处理，并保证分析的合理性与逻辑性等；能基于信息收集目标，从特定信息渠道，利用大数据采集技术工具完成宏观环境相关信息的采集；能够在大数据财务分析平台上完成宏观环境信息、行业环境信息和企业内部信息收集的分类整理及汇总。

同步练习

一、单项选择题

1. 下列关于 Python 字符串格式化的描述中，错误的是（　　）。

A. 字符串是字符的序列，可以按照单个字符或者字符片段进行索引

B. 字符串包括两种序号体系：正向递增和反向递减

C. Python 字符串提供区间访问方式，采用［N：M］格式，表示字符串中从 N 到 M 的索引子字符串（包含 N 和 M）

D. 字符串是用一对双引号"" 或者单引号' '括起来的零个或者多个字符

2. 如果在一个看板上同时显示资产总额和资产负债率，设置为哪种图形比较合适？（　　）

A. 和弦图　　B. 双轴图　　C. 柱状图　　D. 饼图

3. Python 可以使用什么符号给变量进行赋值？（　　）

A. "=="　　B. "="　　C. ">"　　D. "is"

二、多项选择题

1. Python 数字类型的值可以是（　　）。

A. 整型　　B. 浮点型　　C. double　　D. 复数

2. 常见的 Python 数据类型包括但不限于（　　）。

A. 数字　　B. 字符串　　C. 列表　　D. 字典

E. 元组

3. 分析云支持的图形有（　　）。

A. 玫瑰图　　B. 和弦图　　C. 中国地图　　D. 世界地图

技能训练

1. 输出 9＊9 乘法口诀表。

```
# -*- coding: UTF-8 -*-
for i in range(1,10):
 for j in range(1,10):
  x = i * j
  print "%d * %d = %d" % (i,j,x)
```

2. 输入三个整数 x，y，z，请把这三个数由小到大输出。

```
# -*- coding: UTF-8 -*-
l = []
for i in range(3):
 x = int(raw_input('integer:\n'))
 l.append(x) #这里用append()函数，意思是追加元素
 l.sort()
print l
```

项目三

数据处理

【知识目标】

1. 了解数据清洗的流程设计。
2. 了解数据预处理的基本步骤。
3. 理解数据清洗、数据集成的概念。

【能力目标】

1. 能够掌握进行数据预处理的前期准备工作。
2. 能够掌握数据清洗的基本规则。
3. 能够结合实际案例进行数据清洗、数据集成。

【素质目标】

1. 通过本项目的学习，学生可以借助数据分析平台进行操作，培养全局思维能力。
2. 通过数据清洗和数据集成操作，最终获得有价值的数据集，培养数据挖掘思维。

【知识图谱】

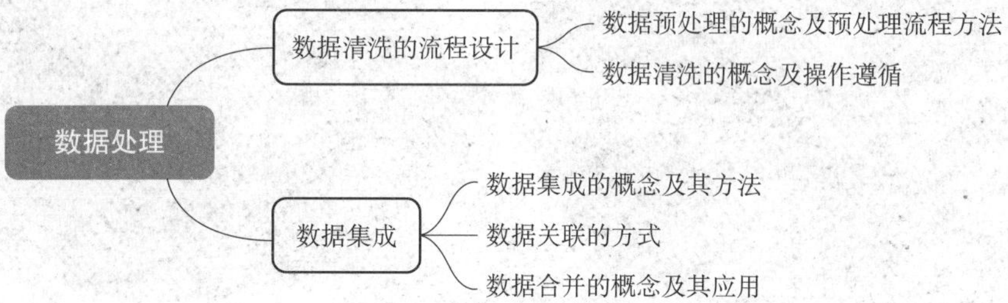

任务一
数据清洗的流程设计

任务导入

财务大数据分析师利用平台内置数据库设计数据清洗流程。

知识精讲

一、数据预处理的概念及预处理流程方法

（一）数据预处理的概念

数据预处理（Data Preprocessing）是指在主要的处理以前对数据进行的一些处理。

数据预处理包含数据清洗、数据集成、数据转换、数据归约等方法。这些数据处理技术在数据挖掘和数据分析之前使用，大大提高了数据挖掘模型的质量，减少了实际挖掘和分析所需要的时间。从数据准备到数据分析会经过一系列的过程，如图 3-1 所示。

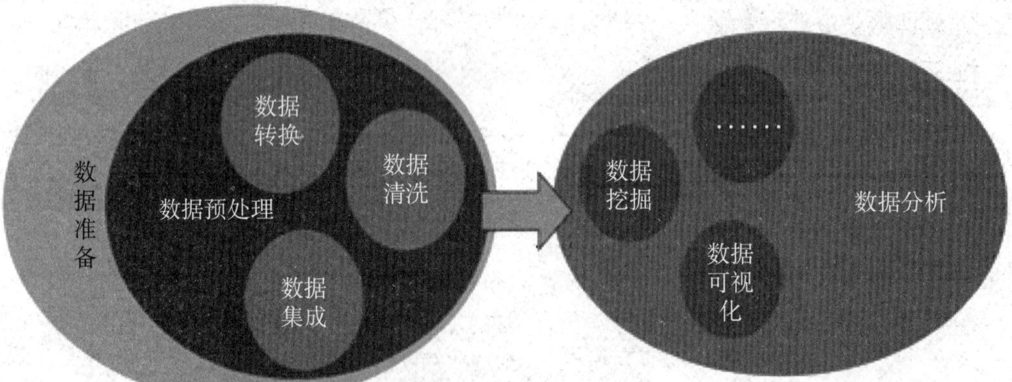

图 3-1　数据准备至数据分析过程图

（二）常见的数据预处理工具

（1）专业图形化工具：如 Pentaho Data Integration-Kettle，IBM DataStage，Informatica 等。

Pentaho Data Integration-Kettle（PDI）是一款开源的 ETL 工具，可以用它来对数据进行抽取、清洗和转换操作，从而获得我们想要的数据。

IBM DataStage：一个数据集成软件平台，能够帮助企业从散布在各个系统中的复杂异构信息中获得更多价值。InfoSphere Information Server 提供了一个统一的平台，使公司能够了解、清理、变换和交付值得信赖且上下文丰富的信息。

Informatica：Informatica 平台是一套完善的技术，可支持多项复杂的企业级数据集成计划，包括：企业数据集成、大数据管理、数据质量、数据治理、主数据管理、数据安全和云数据集成等。借助 Informatica 全面、统一、开放且经济的数据管理平台，组织可以在改进数据质量的同时，访问、发现、清洗、集成并交付数据，以提高运营效率并降低运营成本。

（2）专业非图形化工具：Python、SQL、R。

（3）简单图形化工具：Tableau Prep、Alteryx、Right Data、OpenRefine（前身为 Google Refine）、Data Wrangler、Trifacta Wrangler。Trifacta Wrangler 和 Excel、OpenRefine 不同，是一种对多种数据类型进行清洗的半自动化工具，数据类型包括文本和数值数据、二进制数据等。

二、数据清洗的概念及操作遵循

数据清洗（Data Cleaning）是指发现并纠正数据文件中可识别的错误的最后一道程序，包括检查数据一致性、处理无效值和缺失值等。

数据清洗是对数据进行重新审查和校验的过程，目的在于删除重复信息、纠正存在的错误，并提供数据一致性，如图 3-2 所示。

图 3-2　数据清洗

数据清洗从名字上也看得出来就是把“脏”的“洗掉”，指发现并纠正数据文件中可识别的错误的最后一道程序，包括检查数据一致性、处理无效值和缺失值等。因为数据仓库中的数据是面向某一主题的数据的集合，这些数据从多个业务系统中抽取而来而且包含历史数据，因此就避免不了有的数据是错误数据，有的数据相互之间有冲突，这些错误的或有冲突的数据显然是我们不想要的，称为“脏数据"。我们要按照一定的规则把“脏数据”“洗掉”，这就是数据清洗。清洗与问卷审核不同，录入后的数据清洗一般是由计算机而不是人工完成的。

（一）数据清洗的重要性及原因

数据清洗占了数据分析师 80%的工作时间。“脏数据”的成因多种多样，首先最根本的原因就是数据的来源多样，使得数据的标准、格式、统计方法不一样。其次就是录入和计算数据的代码有错误，这也是不可避免的。例如：录入错误、数据源多样性、不同人员录入、技术原因瑕疵、来源数据标准不一致、计算代码错误等。

（二）数据清洗的常见问题与处理顺序

数据清洗的常见问题与处理顺序如图 3－3 所示。

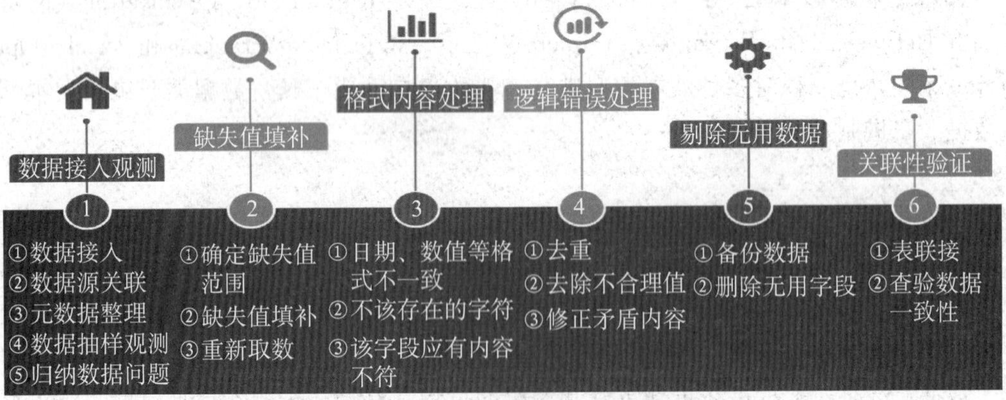

图 3－3　数据清洗的常见问题与处理顺序

（三）数据清洗设计 IPO 模型

数据清洗不是一次性工作，需要多次、多环节进行。因此，要做好数据清洗、保证数据质量，首先需要对整个数据处理的流程进行设计或了解，在了解了数据流程后再在相应的环节设计数据清洗的流程，如图 3－4 所示。

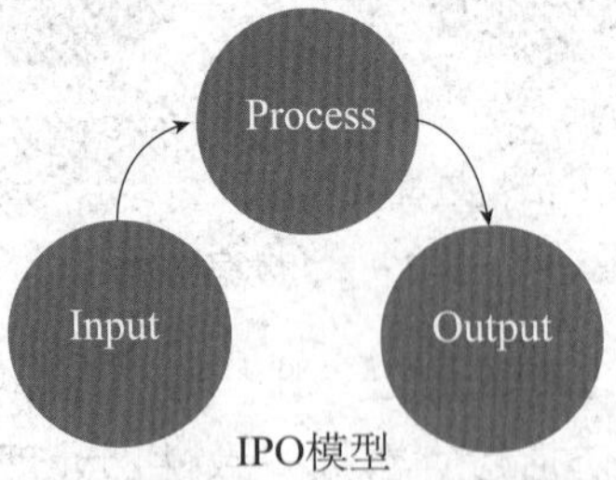

注：IPO 模型是信息系统论的重要模型，软件开发和数据处理基本都遵照此模型进行开发设计。

图 3－4　数据清洗设计 IPO 模型

(四) 数据清洗设计

1. 何时何地做清洗

大致可以遵守以下法则:

(1) 少量数据:先合并、联接再清洗。

(2) 大数据源接入:先按照统一标准清洗,再接入。

(3) 每个数据计算层:先清洗再计算。

(4) 分析结果发现数据问题:向前溯源,新增、修订清洗规则。

以上为大致规则,具体数据还要具体对待。数据清洗时的数据流程如图 3-5 所示。

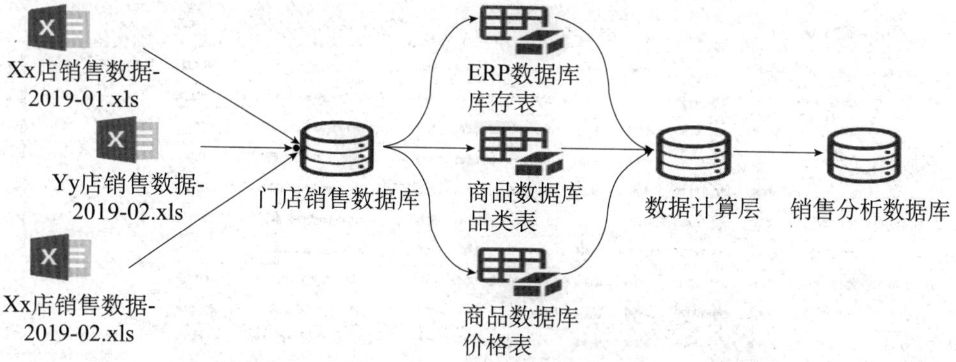

图 3-5 数据流程示意图

2. 如何做清洗

清洗流程如图 3-6 所示。

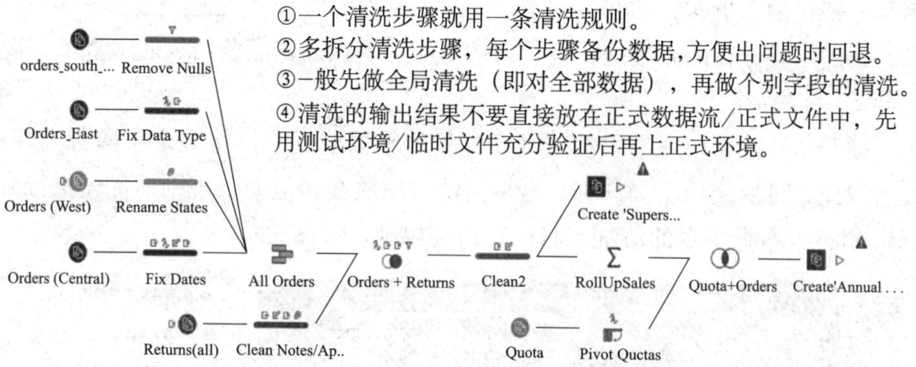

图 3-6 清洗流程示意图

任务要求

(1) 针对一家全国连锁的零售超市企业,我们拟进行客户分布分析主题的数据分析,并在分析前对这些数据进行预处理清洗。为进行客户分布分析,将客户 ID 字段进行切分,切分出分析该主题所需要的客户名称和客户编号数据。

（2）针对一家全国连锁的零售超市企业，我们拟进行受欢迎商品主题的数据分析，并在分析前对这些数据进行预处理清洗。

任务实施

一、客户分布分析主题的数据分析

超市销售数据的数据预处理，采用平台内置数据源。

步骤1：观察数据源，如图3－7所示。

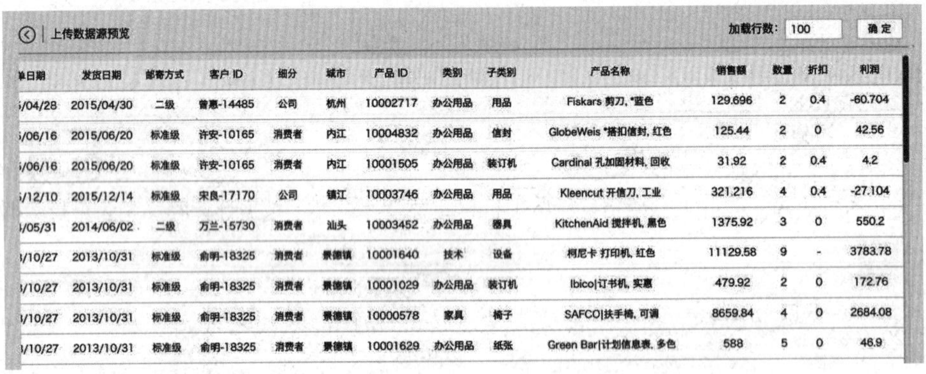

单日期	发货日期	邮寄方式	客户 ID	细分	城市	产品 ID	类别	子类别	产品名称	销售额	数量	折扣	利润
/04/28	2015/04/30	二级	曾惠-14485	公司	杭州	10002717	办公用品	用品	Fiskars 剪刀, *蓝色	129.696	2	0.4	-60.704
/06/16	2015/06/20	标准级	许安-10165	消费者	内江	10004832	办公用品	信封	GlobeWeis *搭扣信封, 红色	125.44	2	0	42.56
/06/16	2015/06/20	标准级	许安-10165	消费者	内江	10001505	办公用品	装订机	Cardinal 孔加固材料, 回收	31.92	2	0.4	4.2
/12/10	2015/12/14	标准级	宋良-17170	公司	镇江	10003746	办公用品	用品	Kleencut 开信刀, 工业	321.216	4	0.4	-27.104
/05/31	2014/06/02	二级	万兰-15730	消费者	汕头	10003452	办公用品	器具	KitchenAid 搅拌机, 黑色	1375.92	3	0	550.2
/10/27	2013/10/31	标准级	俞明-18325	消费者	景德镇	10001640	技术	设备	柯尼卡 打印机, 红色	11129.58	9	-	3783.78
/10/27	2013/10/31	标准级	俞明-18325	消费者	景德镇	10001029	办公用品	装订机	Ibico|订书机, 实惠	479.92	2	0	172.76
/10/27	2013/10/31	标准级	俞明-18325	消费者	景德镇	10000578	家具	椅子	SAFCO|扶手椅, 可调	8659.84	4	0	2684.08
/10/27	2013/10/31	标准级	俞明-18325	消费者	景德镇	10001629	办公用品	纸张	Green Bar|计划信息表, 多色	588	5	0	46.9

图3－7 数据源

（1）这是一份连锁超市的销售数据表。

（2）表中主要信息包括：订单日期、客户信息、客户类型、所在地区、商品品类、产品名称、销售额、折扣、利润。

（3）我们主要分析的问题是：客户群体分布、受欢迎商品分析、收入利润情况。

步骤2：全局清洗的规则配置。

为了提升清洗效率，在不影响正常要分析的数据前提下，将多个字段都存在的问题一次性清洗掉，可以使用全局规则。全局清洗一般放在其他清洗规则前优先执行。

DBE财务大数据平台的清洗工具内置清洗规则，如图3－8所示。

全局规则	规则描述
非法字符清理	对表中所有记录中含有以下字符的内容进行删除 非法字符包括：\/*?:"<>|
空格清理	对表中所有记录中的空格都进行统一删除
-（仅有）替换为Null	将字段记录值仅含有`-`的内容进行删除，存为空记录
-（仅有）替换为0	将字段记录值仅含有`-`的内容进行替换，存为`0`
空格（仅有）替换为Null	将字段记录值仅含有空格的内容进行删除，存为空记录
空格（仅有）替换为0	将字段记录值仅含有空格的内容进行替换，存为`0`

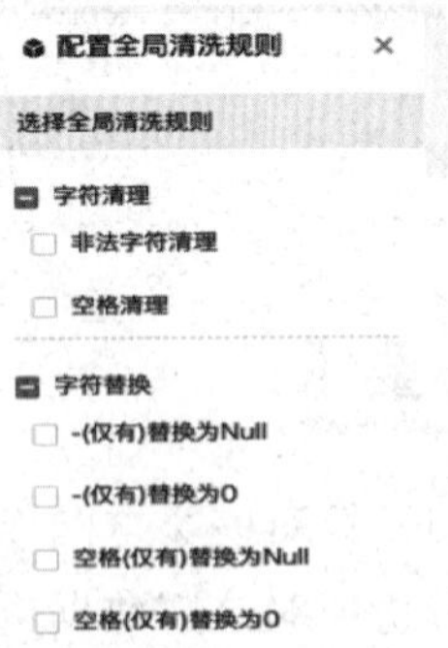

图3－8 DBE财务大数据平台数据清洗规则配置

步骤 3：思考我们可以使用哪些清洗规则并展开团队讨论。

步骤 4：客户分布分析。

之前我们观察了数据源，在进行客户分布分析的时候，可以发现数据存在以下问题：

（1）数据中没有客户名称的列字段。

（2）客户 ID 数据由客户名称＋客户编号构成。

（3）在分析分布时，只有城市数据，没有更高维度的省区/地区/国家信息。

问题：我们如何提取客户名称数据呢？

步骤 5：提取客户名称。

为了解决这个问题，我们可以使用 DBE 财务大数据清洗工具的按字段清洗规则中的字段切分规则，通过客户 ID 里的“-”拆分出客户名称字段，如图 3－9 所示。

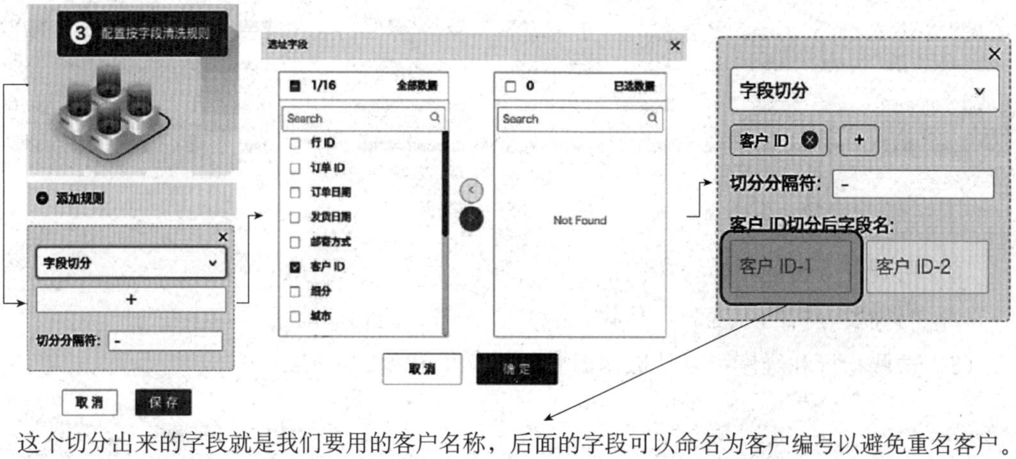

图 3－9　客户名称提取

步骤 6：查看清洗结果，如图 3－10 所示。

发货日期	邮寄方式	客户名称	细分	城市	产品 ID	类别	子类别	产品名称	销售额	数量	折扣	利润	客户编码
2015/04/30	二级	曾惠	公司	杭州	10002717	办公用品	用品	Fiskars 剪刀, "蓝色	129.696	2	0.4	-60.704	14485
2015/06/20	标准级	许安	消费者	内江	10004832	办公用品	信封	GlobeWeis "搭扣信封, 红色	125.44	2	0	42.56	10165
2015/06/20	标准级	许安	消费者	内江	10001505	办公用品	装订机	Cardinal 孔加固材料, 回收	31.92	2	0.4	4.2	10165

图 3－10　清洗结果

查看以上清洗结果，若有问题，请再次检查一下清洗规则里选择的字段以及分隔符是否填写正确。客户分布数据清洗操作步骤：

第一步，选择数据源，在下拉列表中找到预置的超市数据；

第二步，配置按字段清洗规则，单击添加规则，选择按字段切分规则；

第三步，点击规则下方的“＋”号按钮，在弹出的窗口中选择客户 ID，并点击右移

（添加）按钮，点击“确定”；

第四步，配置切分分隔符为“一”，修改切分后的字段名称；

第五步，等待清洗结束后，点击查看清洗结果数据。

二、受欢迎商品主题的数据分析

超市销售数据的数据预处理，采用平台内置数据源。操作步骤如下：

步骤 1：受欢迎商品分析。当分析受欢迎的商品时，明确分析的指标和维度。

步骤 2：受欢迎商品分析：维度和指标。观察以下数据源表，如图 3－11 所示。

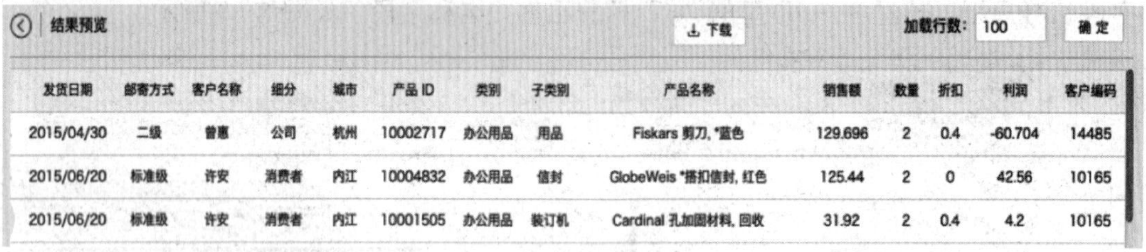

发货日期	邮寄方式	客户名称	细分	城市	产品 ID	类别	子类别	产品名称	销售额	数量	折扣	利润	客户编码
2015/04/30	二级	曾惠	公司	杭州	10002717	办公用品	用品	Fiskars 剪刀, *蓝色	129.696	2	0.4	-60.704	14485
2015/06/20	标准级	许安	消费者	内江	10004832	办公用品	信封	GlobeWeis *搭扣信封, 红色	125.44	2	0	42.56	10165
2015/06/20	标准级	许安	消费者	内江	10001505	办公用品	装订机	Cardinal 孔加固材料, 回收	31.92	2	0.4	4.2	10165

图 3－11　数据源

（1）明确要分析的指标为：销量、销售额。

（2）明确要分析的维度为：品牌、品名、规格、类别、地区。

（3）这些指标和维度可以从数据源图 3－12 中获得。

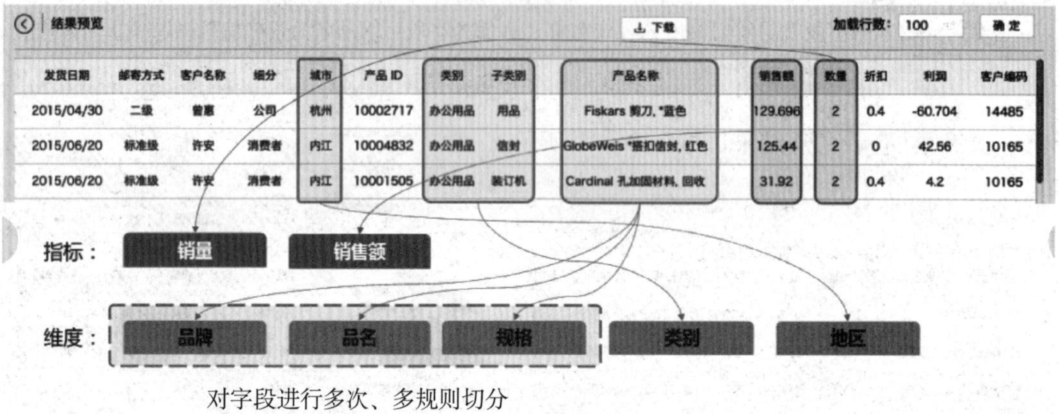

图 3－12　数据源

步骤 3：类别连接之字段合并。通过字段合并规则将“类”与“子类别”字段连接起来，形成一个新的“类别明细”字段。

步骤 4：团队讨论。针对产品名称这个字段，我们要切分出所需要的分析维度，清洗的流程和规则应该怎么设计？

步骤 5：产品名称切分之规则设计，如图 3－13 所示。

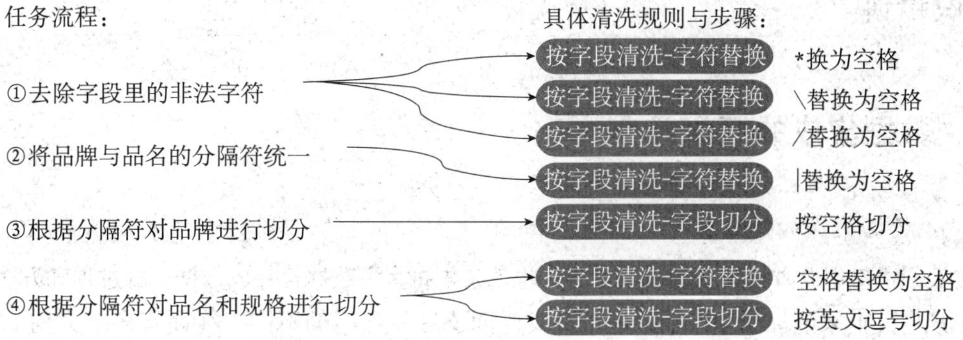

图 3-13　规则设计

三、受欢迎商品数据清洗规则配置

为分析受欢迎商品，需要提取产品的品牌、产品名称、产品规格数据，尝试对源字段进行按字段的清洗规则，并进行第一次切分，切分出品牌信息，即进行产品名称切分。操作步骤如下：

第一步，选择数据源，在下拉列表中找到预置的超市数据；

第二步，配置按字段清洗规则，添加规则，字段清洗-字符替换，将“*”替换为空格。

第三步，添加规则，按字段清洗-字符替换，选择产品名称字段，将“\”替换为空格。

第四步，添加规则，按字段清洗-字符替换，选择产品名称字段，将“/”替换为空格。

第五步，添加规则，按字段清洗-字符替换，选择产品名称字段，将“|”替换为空格。

第六步，添加规则，按字段清洗-字段切分，选择产品名称字段，将切分分隔符设为空格。

最后，提交以上两个任务完成后的清洗结果，要求：请将以上两个任务的清洗结果数据 Excel 表下载到本地，之后做成压缩包上传到平台。

任务二

数据集成

任务导入

财务大数据分析师利用平台内置数据库进行数据集成流程设计。

知识精讲

一、数据集成的概念及其方法

1. 数据集成的概念

我们这里主要讲解狭义的数据集成，也就是指将多份数据合并成数据集的过程和方法。

从广义上来说，在企业中，由于开发时间或开发部门的不同，往往有多个异构的、运行在不同的软硬件平台上的信息系统同时运行，这些系统的数据源彼此独立、相互封闭，使得数据难以在系统之间交流、共享和融合，从而形成了“信息孤岛”。随着信息化应用的不断深入，企业内部、企业与外部信息交互的需求日益强烈，急切需要对已有的信息进行整合，联通“信息孤岛”，共享信息，这些信息数据整合的一系列方案被称为数据集成。

2. 数据集成的方法

数据集成最常见的两种方法是：数据关联与数据合并。前者代表两份数据表做左右连接，后者代表两份数据表做上下连接。如图 3－14 所示。

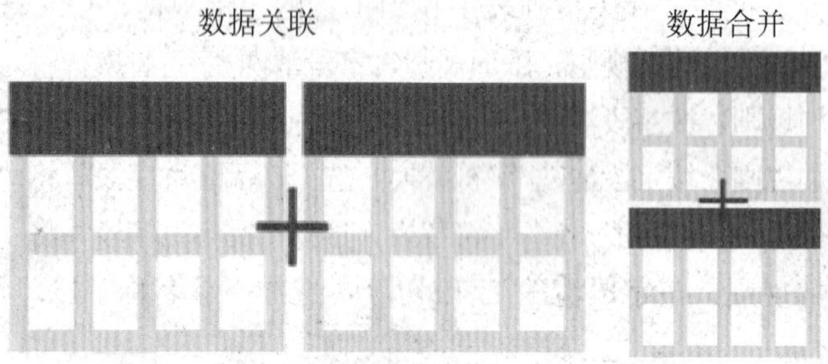

图 3－14　数据关联与数据合并

数据集成的主要应用场景如图 3－15 所示。

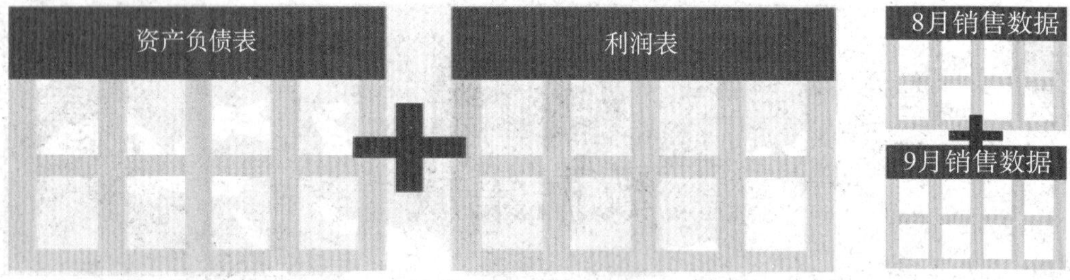

图 3－15　应用场景

二、数据关联的方式

数据关联是指将不同数据内容的表格根据条件来连接。数据关联有四种形式，如图

3－16 所示。数据关联必须有关联条件，一般是指左表的主键或其他唯一约束字段（即没有重复值）与右表的主键或其他唯一约束字段相等（相同）。

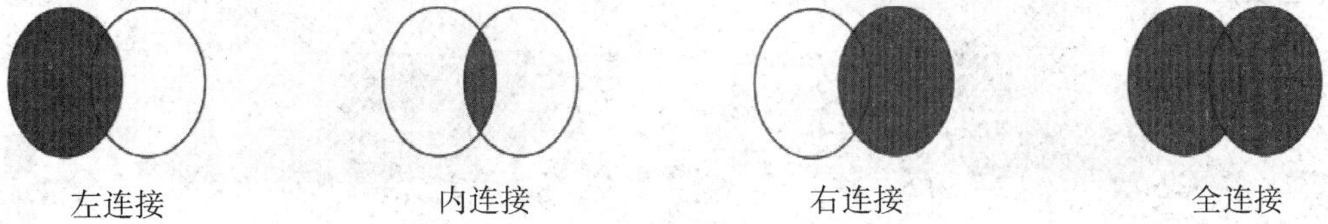

图 3－16 数据关联的形式

左连接：是以左表为基础，根据两表的关联条件将两表连接起来。结果会将左表所有的数据条目列出，而右表只列出与左表关联条件满足的部分。左连接全称为左外连接，是外连接的一种，如图 3－17 所示。

ID	A	B	C
1	11	21	31
2	12	22	32
3	13	23	32

＋

ID	D	E	F
2	42	52	62
3	43	53	63
4	44	54	64

ID	A	B	C	D	E	F
1	11	21	31			
2	12	22	32	42	52	62
3	13	23	33	43	53	63

图 3－17 左连接

内连接：只显示满足关联条件的左右两表的数据记录，不符合条件的数据不使用，如图 3－18 所示。

ID	A	B	C
1	11	21	31
2	12	22	32
3	13	23	32

＋

ID	D	E	F
2	42	52	62
3	43	53	63
4	44	54	64

ID	A	B	C	D	E	F
2	12	22	32	42	52	62
3	13	23	33	43	53	63

图 3－18 内连接

右连接：是以右表为基础，根据两表的关联条件将两表连接起来。结果会将右表所有的数据条目列出，而左表只列出与右表关联条件满足的部分。右连接全称为右外连接，是外连接的一种，如图 3－19 所示。

ID	A	B	C
1	11	21	31
2	12	22	32
3	13	23	32

ID	D	E	F
2	42	52	62
3	43	53	63
4	44	54	64

ID	A	B	C	D	E	F
2	12	22	32	42	52	62
3	13	23	33	43	53	63
4				44	54	64

图 3－19　右连接

全连接：满足关联条件的左右表数据相连。不满足条件的各表数据均保留，无对应数据的表内容为空，如图 3－20 所示。

ID	A	B	C
1	11	21	31
2	12	22	32
3	13	23	32

ID	D	E	F
2	42	52	62
3	43	53	63
4	44	54	64

ID	A	B	C	D	E	F
1	11	21	31			
2	12	22	32	42	52	62
3	13	23	33	43	53	63
4				44	54	64

图 3－20　全连接

三、数据合并的概念及其应用

数据合并也称为数据追加，是指对多份数据字段基本完全相同的数据进行上下连接。

如同数据关联，数据合并也需要指定连接条件，不同的是，数据关联一般指定一个字段作为连接条件就可以了，而数据合并则涉及多列字段合并，需要指定一张表的每列字段对应另一张表的哪些字段，也就是需要将多个字段作为连接条件，如图 3－21 所示。

ID	A	B	C
1	11	21	31
2	12	22	32
3	13	23	33

+

ID	D	E	F
2	42	52	62
3	43	53	63
4	44	54	64

图 3－21　数据合并

需要注意的是，数据合并中如果有唯一性数值的列，那么合并后的数据该列字段将不具有数值唯一性，也就是数据可能存在重复，也不会自动更新不一致的数据。

任务要求

1. 超市数据与地区数据关联

在之前的数据清洗任务中，我们需要分析客户分布，数据表中只有城市数据，无法从省区、大区的维度进行数据分析，那么这个任务目标我们可以通过将清洗后的数据表与地理区域信息表进行关联，从而得到一份带有更高行政区划维度的数据表来实现。之后我们再进行超市数据与地区数据关联，即在数据清洗任务中进行客户分布的数据清洗工作，但还欠缺更多行政区划维度数据，使用分析云进行清洗结果数据与行政区域数据表的数据关联。

2. 利润表合并

先进行背景分析。现在有两份数据表，分别是一家母公司 AJHXL 的财务利润表，还有行业标杆企业金岭矿业的利润表，两家公司的利润表内的数据指标字段基本类似，但不完全相同，现在需要对两份数据进行合并后再进行分析。为了区分不同企业的数据，两张利润表必须增加一列企业名称字段。

任务实施

一、超市数据与地区数据关联

步骤 1：上传清洗结果数据表，如图 3－22 所示。

（1）在分析云的“数据准备”菜单下找到“上传”按钮。

（2）点击“上传”按钮。

（3）在弹出窗口中选择已经清洗好的数据结果表。

图 3-22　上传清洗结果数据表

（4）选择数据表中的工作表。

（5）点击“下一步”。

（6）可以选择重命名上传的数据文件名。

（7）选择上传后的数据位置。

（8）点击“确定”按钮后完成上传。

步骤 2：创建数据集，如图 3-23 所示。

（1）在分析云的“数据准备”菜单下找到“新建”按钮。

（2）点击“新建”按钮。

（3）在弹出窗口中选择“关联数据集”。

（4）填写关联后的数据集名称。

（5）选择数据集所在的文件夹位置。

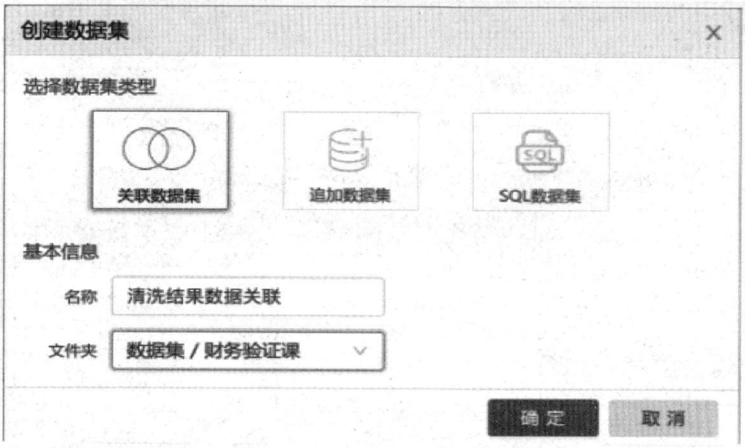

图 3-23　创建数据集

(6) 点击“确定”按钮。

步骤 3：添加关联数据表，如图 3-24 所示。

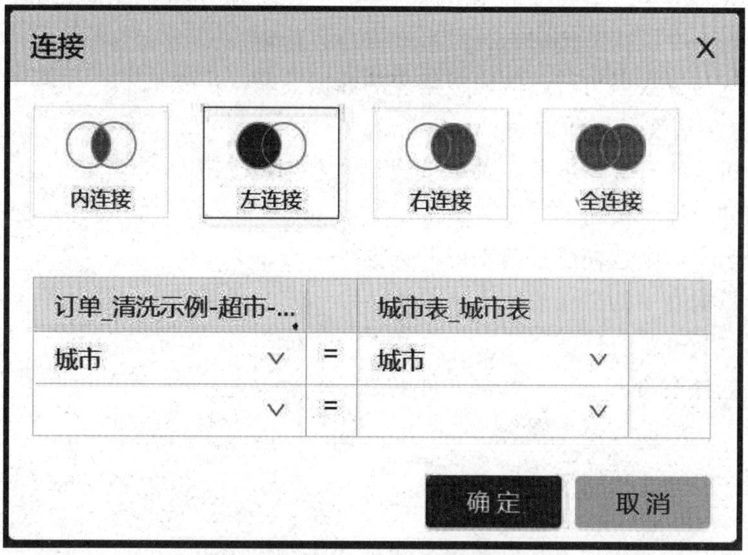

图 3-24　添加关联数据表

(1) 上传清洗好的超市销售数据表。

(2) 在数据集中找到上传的数据以及省区表和城市表，拖动放置到关联面板内。

(3) 点击省区表后再点击城市表，在连接条件里设置连接方式为全连接，关联字段为：省自治区=省自治区。

(4) 点击超市销售数据表后再点击城市表，在连接条件里设置连接方式为左连接，关联字段为：城市=城市。

步骤 4：保存数据集，如图 3-25 所示。

(1) 点击右上角的“执行”按钮。

(2) 查看数据结果预览，检查数据是否正确。

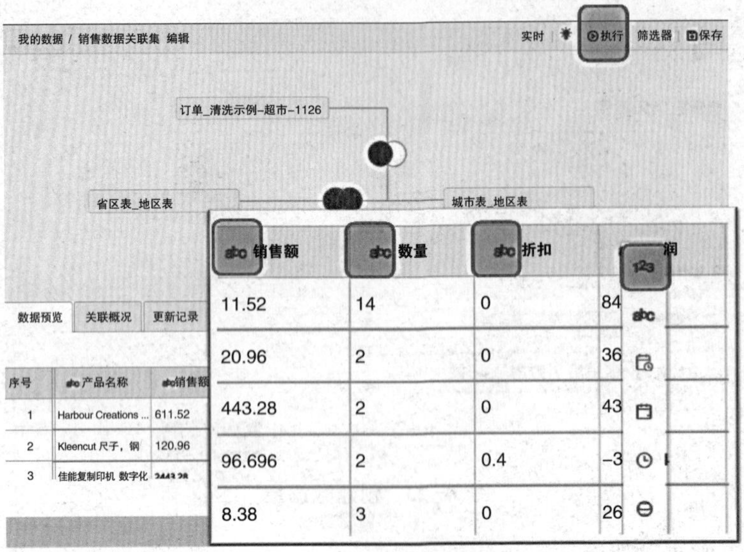

图 3 - 25　保存数据集

(3) 点击数值型字段名称前的小图标切换成“123”类型，代表数值型。

(4) 再次点击“执行”按钮后，点击“保存数据集”。

再进行清洗结果数据与行政区域数据表的数据关联，步骤如下：

步骤 1：上传清洗结果数据表。

(1) 在分析云的“数据准备”菜单下找到“上传”按钮。

(2) 点击“上传”按钮。

(3) 在弹出窗口中选择已经清洗好的数据结果表。

(4) 选择数据表中的工作表。

(5) 点击“下一步”。

(6) 可以选择重命名上传的数据文件名。

(7) 选择上传后的数据位置。

(8) 点击“确定”按钮后完成上传。

步骤 2：创建数据集。

(1) 在分析云的“数据准备”菜单下找到“新建”按钮。

(2) 点击“新建”按钮。

(3) 在弹出窗口中选择“关联数据集”。

(4) 填写关联后的数据集名称。

(5) 选择数据集所在的文件夹位置。

(6) 点击“确定”按钮。

步骤 3：添加关联数据表。

(1) 上传清洗好的超市销售数据表。

(2) 在数据集中找到上传的数据以及省区表和城市表，拖动放置到关联面板内。

(3) 点击超市销售数据表后再点击城市表，在连接条件里设置连接方式为左连接，关联字段为：城市＝城市。

（4）点击城市表后再点击省区表，在连接条件里设置连接方式为左连接，关联字段为：省自治区＝省自治区。

步骤 4：保存数据集。

（1）点击右上角的“执行”按钮。

（2）查看数据结果预览，检查数据是否正确。

（3）点击数值型字段名称前的小图标，切换成“123”类型，代表数值型。

（4）再次点击“执行”按钮后，点击“保存数据集”。

二、利润表合并

步骤 1：新建数据集并关联数据集。

（1）在分析云数据准备中新建数据集，选择关联数据集。

（2）在数据集中找到 sheet1 -利润表- AJHXJL、sheet1 -利润表-金岭矿业两个数据表。

（3）预览任意一张表的数据并拖放到数据关联面板。

（4）新建计算字段，命名为企业名称，表达式为两张表，分别填写这两张表对应的企业名称 AJHXJL'或金岭矿业'（注意使用英文单引号）。如图 3 - 26 所示。

（5）执行并保存数据集。

（6）再次新建数据集，按照刚才的做法再做另外一张表的数据集。

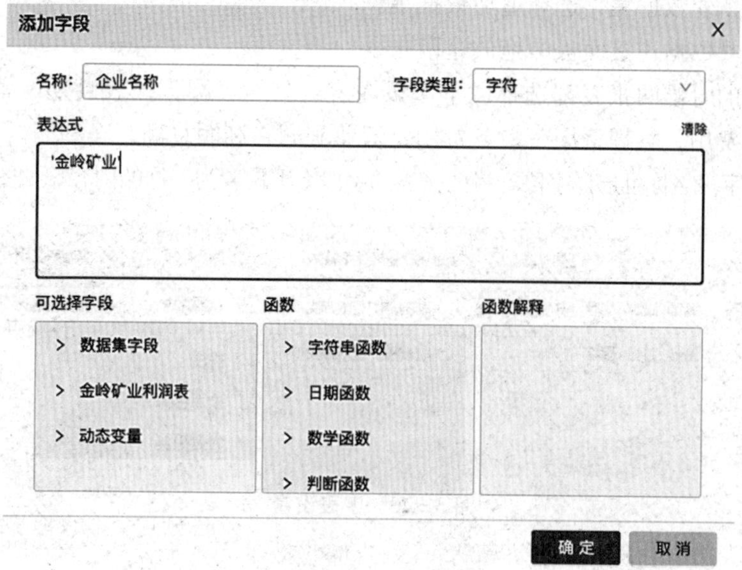

图 3 - 26　新建计算字段

步骤 2：合并数据集—物化数据集。

合并数据集需要数据集物化（也就是数据静态化，不再会根据数据源变化而变化），需要做以下操作：

（1）在两个利润表数据集中进入编辑状态，点击右上角的“实时”按钮，选择数据物化，点击“保存”按钮。

（2）点击“执行”按钮后再点击“保存数据集”。

（3）两个数据集均做此操作。

（4）完成物化的数据集图表会由绿色变为黑色，如图 3－27 所示。

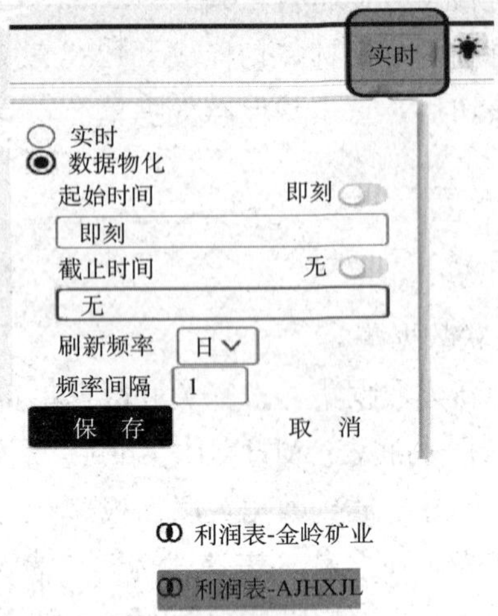

图 3－27 数据集物化

步骤 3：合并数据集—连接规则。

（1）再次新建数据集，选择追加数据集。

（2）在右侧数据连接面板中拖放这两张表。

（3）拖放的时候两张表都选择以下字段内容：公司名称、报表日期、营业收入、营业成本、销售费用、管理费用、财务费用、营业利润、利润总额、净利润。

（4）点击字段名称可选择字段，将两张表的字段上下设置为一样的内容，如图 3－28 所示。

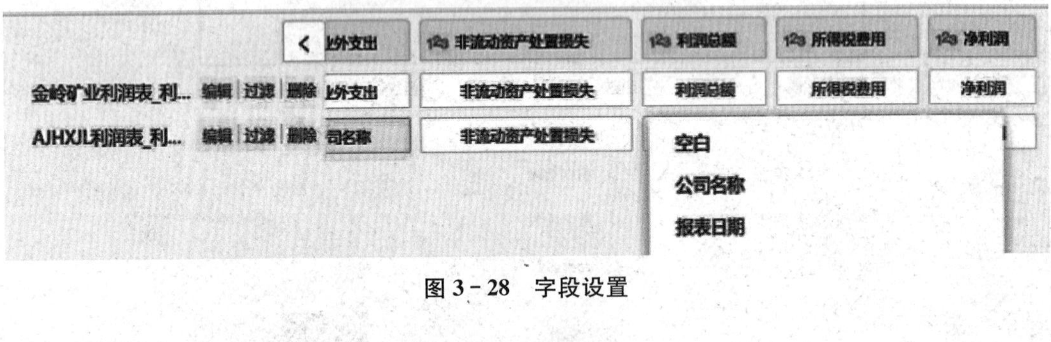

图 3－28 字段设置

项目小结

本项目主要在明确数据清洗、数据集成的意义的基础上，能够运用数据分析工具进行数据清洗和集成。基于准确的数据（高质量）进行分析，才有可能获得可信的分析结果，基于这些分析结果，才有可能作出正确的决策。本项目采用案例实战及实训任务等方式，详细讲述了数据清洗及数据集成的操作步骤。

课证融通

大数据财务分析1+X证书等级评价标准明确：具备数据清洗理论基础，理解数据清洗的目的；掌握基本数据类型及特征；掌握数据格式转换工作流程和技能；能够发现并识别需要进行格式转换的财务及业务数据，并将数据准确转换成目标格式；掌握数据加工的操作方法；能在大数据财务分析平台上，对财务及业务数据基于不同维度进行分类整理；能够使用数据可视化技术工具完成简单财务分析报告的制作；具备在工作中发现财务与业务数据需求，并运用相关专业工具进行数据准备与清理、建模与分析、可视化呈现的能力。

同步练习

一、单项选择题

1. 公司现有两张财务报表，一份是当月的利润明细表，一份是公司在售产品清单表。现在公司想分析各产品的利润情况，需要对这两个表做哪种数据集成？（　　）

A. 数据关联　　B. 数据合并　　C. 数据追加　　D. 数据联动

2. 在大数据分析时，例如资产负债表、利润表这样的财报数据表属于（　　）。

A. 维度表　　B. 事实表

3. 只显示满足关联条件的左右两表的数据记录，不符合条件的数据不使用。这种连接方式为（　　）。

A. 内连接　　B. 全连接　　C. 左连接　　D. 右连接

二、多项选择题

1. 以下哪些内容是常见的数据清洗问题？（　　）

A. 数值为空，有缺失

B. 有影响指标计算的非法字符，如英文逗号、空格等

C. 重复数据

D. 日期、时间格式不一致

2. 数据清洗一般遵循以下哪些原则？（　　）

A. 每份数据连入时都针对这份数据清洗，清洗干净后再做数据合并、连接

B. 数据量小的数据连入时，先合并、连接数据后再清洗

C. 在大规模数据计算前，先执行数据清洗

D. 数据清洗结果有问题时，从数据源头开始检查数据质量问题

技能训练

1. 请将以上任务一超市数据与地区数据关联后的数据截图后上传提交到平台。

2. 将AJHXJL与金岭矿业的资产负债表的合并结果截图，上传至新道云平台。

3. 将合并后的利润表和资产负债表截图，在个人作业处将截图上传提交到平台。

4. 动手实操练习数据关联任务：试试使用这份数据集在分析设计里添加一个可视化图表，维度字段选择城市、省区、地区，来看下哪里的客户群体多、销售额高。

要求：关联上海证券交易所数据表。为了分析上海证券交易所所有已采集的财报数据，请对利润表、资产负债表、现金流量表和行业分类表进行数据关联，注意根据表的不同设置不同的关联条件。

项目四

大数据+财报分析

【知识目标】

1. 了解投资者角度和经营者角度财报分析的主要内容。
2. 掌握盈利能力、偿债能力、营运能力和发展能力分析的含义及重要作用。
3. 掌握盈利能力、偿债能力、营运能力和发展能力的相关分析指标及其运用。

【技能目标】

1. 能熟练运用相关指标反映企业的某种能力。
2. 能通过操作获取相关指标并进行可视化呈现。
3. 会利用可视化呈现进行相关财务分析。

【素质目标】

1. 培养学生大数据思维，能够利用所得数据分析问题。
2. 引导学生利用数字化思维看待和处理身边事物。
3. 提高学生自主学习的能力，培养学生敢于挑战困难并勇于创新的精神。

【知识图谱】

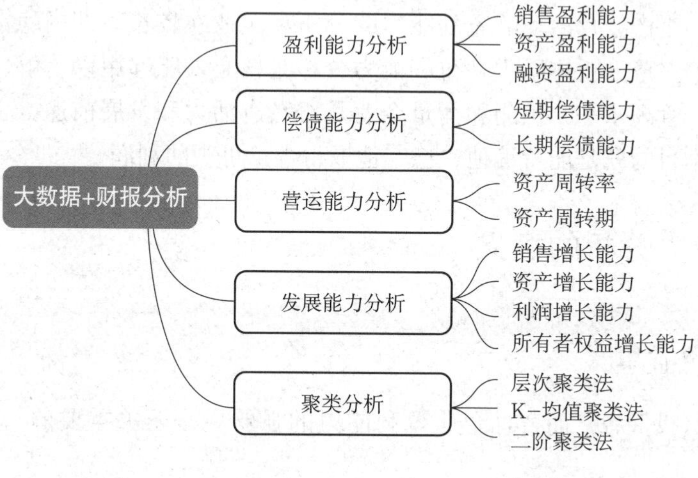

任务一 盈利能力分析

任务导入

根据公司要求，从给定的上市公司数据源中提取最新数据，对有色金属冶炼及压延加工业进行盈利能力分析。

知识精讲

一、盈利能力分析的含义

（一）盈利能力

企业盈利能力通常是指企业在一定时期内赚取利润的能力。盈利能力的大小是一个相对的概念，是利润相对于一定的资源投入、一定的收入而言的。利润率越高，盈利能力越强；利润率越低，盈利能力越弱。企业经营业绩的好坏最终可通过企业的盈利能力来反映。无论是企业的经理人员、债权人，还是股东（投资者），都非常关心企业的盈利能力，并重视对利润率及其变动趋势的分析与预测。

（二）盈利能力分析

盈利能力分析是指通过一定的分析方法，判断企业获取利润的能力，包括企业在一定会计期间从事生产经营活动的盈利能力的分析和企业在较长时期内稳定地获取利润的能力。在企业的财务分析体系中，盈利能力分析是核心，能够用以了解、认识和评价企业的经营业绩、管理水平，预测和衡量企业是否具有活力和发展前途。企业从事生产经营活动，其根本目的就是能持续地、稳定地取得数量可观的利润。

二、盈利能力分析的意义

（一）投资者角度

对于股东（投资者）而言，企业盈利能力的强弱更是至关重要的。在市场经济下，股东往往会认为企业的盈利能力比财务状况、营运能力更重要。股东们的直接目的就是获得更多的利润，因为对于信用相同或相近的几个企业，人们总是将资金投向盈利能力较强的企业。股东们关心企业赚取利润的多少，并重视对利润率的分析，这是因为他们的股息与企业的盈利能力是紧密相关的。此外，企业盈利能力增加还会使股票价格上升，从而使股东们获得资本收益。

（二）经营者角度

对企业经营管理人员来说，企业进行盈利能力分析的目的主要表现在以下两个方面：

1. 利用盈利能力的有关指标反映和衡量企业经营业绩

企业经营管理人员的根本任务，就是通过自身的努力使企业赚取更多的利润。各项收益数据反映了企业的盈利能力，也反映了经营管理人员工作业绩的大小。用已达到的盈利能力指标与标准、基期、同行业平均水平或其他企业相对比，则可以衡量经营管理人员工作业绩的优劣。

2. 通过盈利能力分析发现经营管理中存在的问题

盈利能力是企业各环节经营活动的具体表现，企业经营的好坏，都会通过盈利能力表现出来。通过对盈利能力的深入分析，可以发现经营管理中的重大问题，进而采取措施解决问题，提高企业收益水平。

三、盈利能力分析的内容及指标

企业的盈利能力不是用单一的指标可以概括的，不同的角度有不同的财务比率来反映。评价企业的盈利能力，可以从销售盈利能力、资产盈利能力和融资盈利能力三个方面进行。

（一）销售盈利能力

企业销售盈利能力主要指企业实现一定销售额时所取得的利润。将利润指标与销售收入进行对比，可以获得不同的反映销售盈利能力的指标。财务报告使用者通过销售盈利能力指标，衡量企业的投资报酬率、资源利用率等。反映企业盈利能力的指标有多种，其中应用比较广泛的主要有销售毛利率、营业利润率（销售利润率）和销售净利率等。

1. 销售毛利率

销售毛利率的计算公式为：

销售毛利率＝销售毛利额÷主营业务收入×100％

所谓销售毛利，是指主营业务收入与主营业务成本之差。销售毛利率是指销售毛利额占主营业务收入的比率，它表示每100元主营业务收入中获取的毛利额。销售毛利率是企业盈利的基础，单位收入的毛利越高，抵补各项期间费用的能力越强，企业的盈利能力也就越高。管理者除了可根据毛利率水平来预测盈利能力外，还可以利用毛利率进行成本水平的判断和控制，这是因为销售成本率＝1－销售毛利率。

2. 营业利润率

营业利润率又称销售利润率，是指企业营业利润与营业收入的比率。该指标用于衡量企业营业收入的净盈利能力。

营业利润率的计算公式为：

营业利润率＝营业利润÷营业收入×100％

营业利润率指标反映了每100元营业收入中所赚取的营业利润数额。营业利润是企业利润总额中最基本、最经常、最稳定的组成部分，营业利润占利润总额的比重是体现企业盈利能力质量的重要依据。同时，营业利润作为一种净盈利额，比销售毛利更好地说明了企业销售收入的净盈利情况，从而能更全面地、更完整地体现收入的盈利能力。显然，营业利润率越高，企业主营业务的盈利能力越强；反之，则盈利能力越弱。

3. 销售净利率

销售净利率是指企业净利润占营业收入的百分比，它反映每100元营业收入中所赚取净利润的数额。

销售净利率的计算公式为：

销售净利率＝净利润÷营业收入×100％

该指标表示企业营业收入的收益水平。从销售净利率的公式可以看出，销售净利率的影响因素主要包括两个方面，即净利润和营业收入。其中，企业的净利润与销售净利率成正比，即净利润越高，销售净利率越高。而营业收入与销售净利率成反比，即当净利润一定时，营业收入越大，则销售净利率越低，说明企业营业盈利水平越弱；反之，营业收入越小，则销售净利率越高，说明企业营业盈利水平越高。因此，影响销售净利率高低的关键因素是净利润的大小。可见，在增加销售收入额的同时，必须相应地获得更多的净利润，才能使销售净利率保持不变或有所提高。通过分析销售净利率的变动，可以促使企业在扩大销售的同时，改进经营管理，提高盈利水平。

（二）资产盈利能力

企业的生产经营活动必须以拥有一定的资产为前提，资产的结构需要合理地配置并有效地运用。企业在一定的会计期间内占用和消耗一定的资源，获取一定的利润。利润作为资产运用的成果是由全部资产带来的，企业获取的利润越大，资产的盈利能力越强，经济效益越好。通过资产盈利能力分析可以衡量资产的运用效益，从总体上反映投资效果，这对财务会计报告使用者是非常重要的会计信息。如果某一个企业的盈利能力长期低于社会平均盈利能力，那么它不但无法继续吸引投资者，有可能原有的投资者也会将投资转到盈利水平高的其他企业或其他行业。所以，企业要吸收更多的投资，就必须使企业的资产盈利能力高于同行业或社会平均水平。反映企业资产获利能力的指标主要包括总资产利润率、总资产报酬率、净资产利润率、总资产营业利润率。

1. 总资产利润率

总资产利润率也称总资产收益率或投资报酬率，是企业一定期间内实现的净利润与该时期企业总资产平均余额的比率，反映了企业总资产的综合管理效果。

总资产利润率的计算公式为：

总资产利润率＝净利润÷总资产平均余额×100%

总资产平均余额＝（期初总资产余额＋期末总资产余额）÷2

该指标表示企业每100元资产创造净利润的效率，它是反映企业资产综合利用效果的指标。一般情况下，该指标越大，管理效果越好。该指标反映了企业资金运动与资金利用效果的关系，资金运动速度较快，表现为较少的投资能够获得较多的利润。企业要创造高额利润，必须合理使用资金，降低消耗，避免资产闲置、资金沉淀、资产浪费或其他不合理的费用开支。

2. 总资产报酬率

总资产报酬率，也称总资产息税前利润率，是企业一定时期内获得的报酬总额与企业平均资产总额的比率。它是反映企业资产综合利用效果的指标，也是企业衡量债权人和所有者权益总额所取得盈利的重要指标。

总资产报酬率的计算公式为：

总资产报酬率＝（利润总额＋利息支出）÷总资产平均余额×100%

上述总资产利润率的分子是净利润，净利润应属于所有者；分母是平均总资产，总资产由所有者和债权人共同所有。而企业所得税也是企业资产运营产生的效益。可见，总资产利润率存在一定的缺陷。为了避免这一影响，应将企业所得税和利息支出一并考虑。

3. 净资产利润率

净资产利润率也称净资产收益率或所有者权益净利率，是指企业一定时期内的净利润与平均净资产的比率。它可以反映投资者投入企业自有资本获取净收益的能力，即反映投资与报酬的关系，是评价企业资本经营效益的核心指标。

净资产利润率的计算公式为：

净资产利润率＝净利润÷平均净资产×100%

平均净资产＝（所有者权益年初数＋所有者权益年末数）÷2

净利润是企业的税后利润，是企业利润未作任何分配前的数额，受各种政策等其他人为因素影响较少，能够比较客观地、综合地反映企业的经济效益，准确地体现投资者投入资本的盈利能力。净资产利润率是评价企业自有资本及其积累获取报酬水平的最具综合性与代表性的指标，反映企业资本运营的综合效益。该指标值越高，企业自有资金获取收益的能力越强，运营效益越好，对企业投资人、债权人的保证程度越高。在我国国有资本金绩效评价体系中，净资产利润率处于核心位置。

4. 总资产营业利润率

总资产营业利润率是企业一定时期内营业利润与企业总资产平均余额的比率。它反映企业每百元资产所获得的营业利润。

总资产营业利润率的计算公式为：

总资产营业利润率=营业利润÷总资产平均余额×100%

总资产营业利润率越高，说明企业盈利能力越强，运营效益越好，对企业投资人和债权人的保障程度越高。

（三）融资盈利能力

企业融入的各种资金，分为流动负债、长期负债和所有者权益。融资盈利能力分析也是企业投资回报能力分析。与融资相关的盈利能力分析，是以流动负债、长期负债和所有者权益为基础进行的分析，其主要指标包括资本金利润率、长期资本报酬率和资本保值增值率。

1. 资本金利润率

资本金利润率是指企业净利润与所有者投入资本的对比关系，用以表明企业所有者投入资本赚取利润的能力。

资本金利润率=净利润÷资本金总额×100%

资本金总额是指企业的注册资本总额。一般来说，资本金总额就是资产负债表中的实收资本或股本项目。在计算期实收资本发生较大变化的情况下，应用期初余额加期末余额的和除以2的方法计算其平均余额。该指标值越高，说明投资者投入企业资金的回报越高，盈利能力越强。

资本金利润率反映的是企业所有者或股东投入资本的盈利能力。它从所有者的角度来衡量企业盈利能力。所有者投资企业的最终目的是获取利润，资本金利润率直接关系到投资者权益的实现程度，这是投资者最关心的问题。资本金利润率体现了企业管理水平的高低。

2. 长期资本报酬率

长期资本是指企业长期负债与所有者权益之和，是企业的长期融资。长期资本报酬率又称永久性融资收益率，是息税前利润与长期融资的比率。

长期资本报酬率的计算公式为：

$$长期资本报酬率=\frac{利润总额+利息费用}{长期负债平均余额+所有者权益平均余额}\times100\%$$

该比率表明企业运用1元长期资金可以赚取的利润。公式中扣除了短期负债，以强调长期性融资的盈利能力。一般来说，较高的长期资本报酬率表明其盈利能力较强，也表明企业具有较强的吸引未来资金的能力。

3. 资本保值增值率

资本保值增值率是指企业本年末所有者权益扣除客观增减因素后的差与年初所有者权益的比率。资本保值增值率表示企业当年资本在企业自身努力下的实际增值情况，是评价企业财务效益状况的辅助指标。

资本保值增值率的计算公式为：

资本保值增值率=扣除客观因素后的年末所有者权益÷年初所有者权益×100%

资本保值增值率是根据资本保全原则设计的指标，它充分体现了对所有者权益的保护，能够及时地、有效地发现侵蚀所有者权益的现象。该指标反映了投资者投入企业资本的保全性和增长性。该指标越高，表明企业的资本保全状况越好，所有者权益增长越快，债权人权益越有保障。该指标若为负数，则表明企业资本受到侵蚀，没有实现资本保全，损害了所有者权益，企业进一步发展壮大也受到妨碍。该指标等于1，意味着资本保值；该指标大于1，意味着资本增值；该指标小于1，意味着资本减值。

任务要求

（1）分析营业收入。
（2）分析净利润。
（3）分析毛利率。
（4）分析净资产收益率。
（5）分析营业利润率。
（6）分析总资产报酬率。

任务实施

一、营业收入分析

1. 新建故事板

（1）点击“开始任务”，进入用友分析云，选择左侧“分析设计”，点击“新建”下方的“新建故事板”，如图4-1所示。

图4-1　新建故事板

（2）故事板名称输入“盈利能力分析”，存放在“我的故事板”下方，点击“确认”按钮，进入盈利能力分析故事板，如图 4-2 所示。

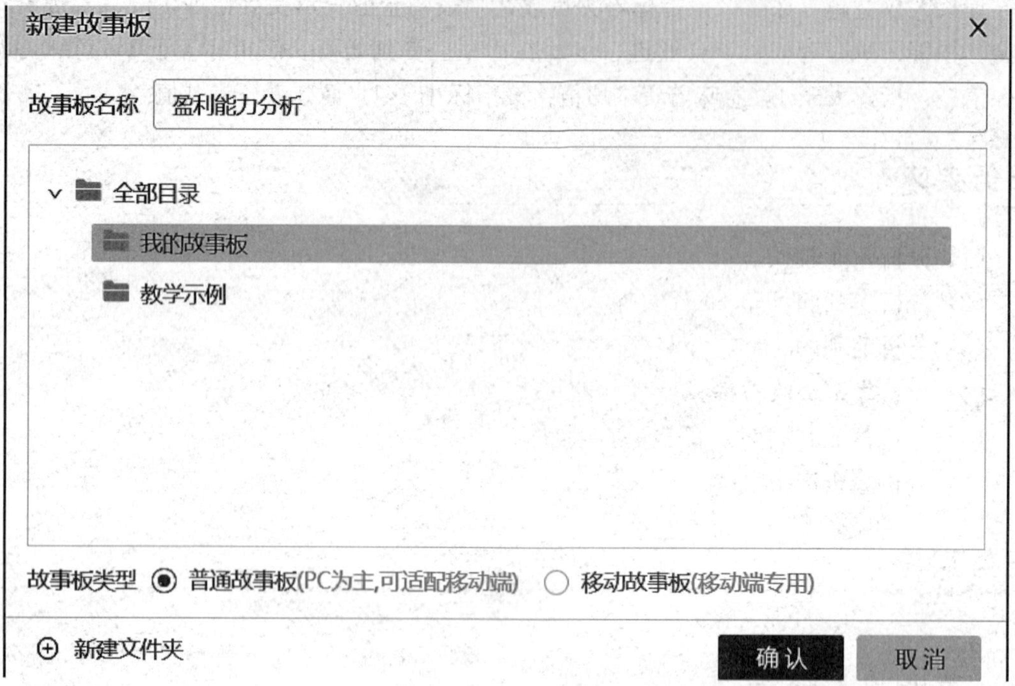

图 4-2　盈利能力分析故事板

2. 营业收入可视化

（1）进入图 4-2 盈利能力分析故事板以后，需要新建可视化视图，点击“可视化—新建”，如图 4-3 所示。

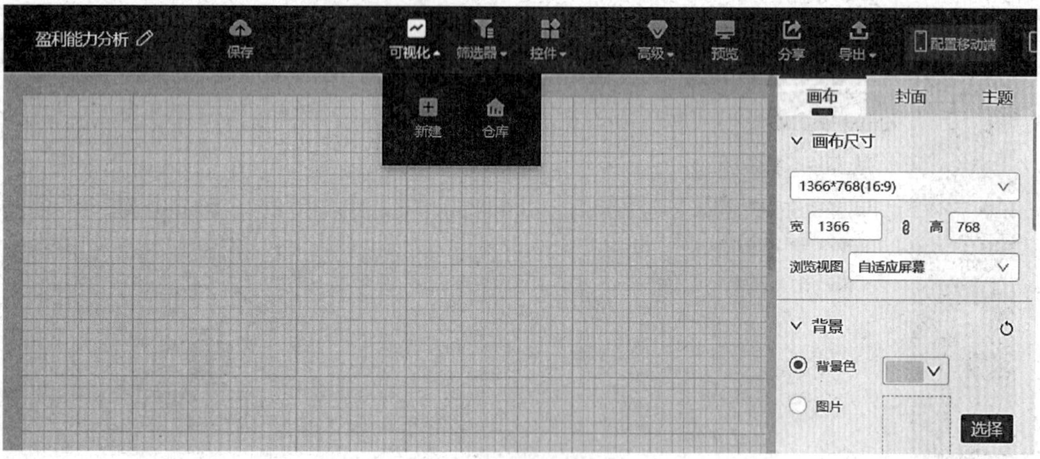

图 4-3　新建可视化

（2）选择数据集，点击“数据集—财务大数据—财报分析”，选择 xbrl，点击“确定”按钮，如图 4-4 所示。

图 4-4　选择数据集

(3) 将左侧“新建可视化”名称修改为“营业收入”，将左侧“指标”下的“营业收入”选中以后拖拽到右上方的指标行，将左侧“维度”下的“企业简称”选中以后拖拽到右上方维度行，如图 4-5 所示。

图 4-5　营业收入可视化

(4) 点击“过滤—设置”，系统弹出过滤条件对话框，点击“按条件添加”。点击第一行过滤条件下拉三角箭头，过滤框依次选择“报表类型”“等于”“5000”，点击“按条件添加”；点击第二行过滤条件下拉三角箭头，过滤框依次选择“报表年份”“等于”“2018”，点击“按条件添加”；点击第三行过滤条件下拉三角箭头，过滤框依次选择“行业”“等于”“有色金属冶炼及压延加工业”。点击“确定”按钮，如图 4-6 所示。

(5) 图形选择条形图，展示具体的金额，点击营业收入下方的下拉三角箭头，选择“升序”，点击左侧“显示设置”，勾选“显示后”，录入“20”，点击右上方“保存”按钮，如图 4-7 所示。

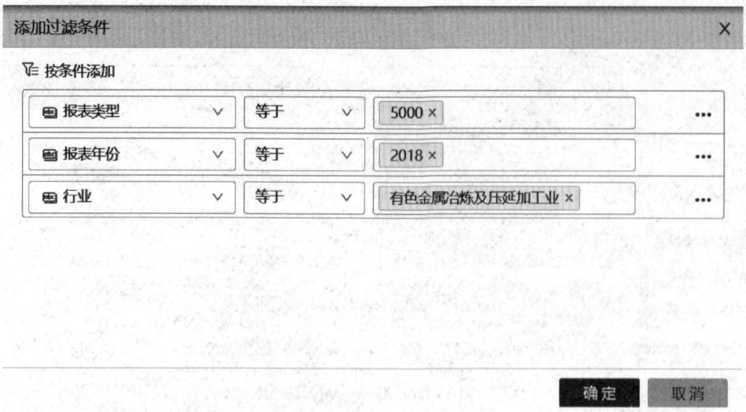

图 4-6 添加过滤条件

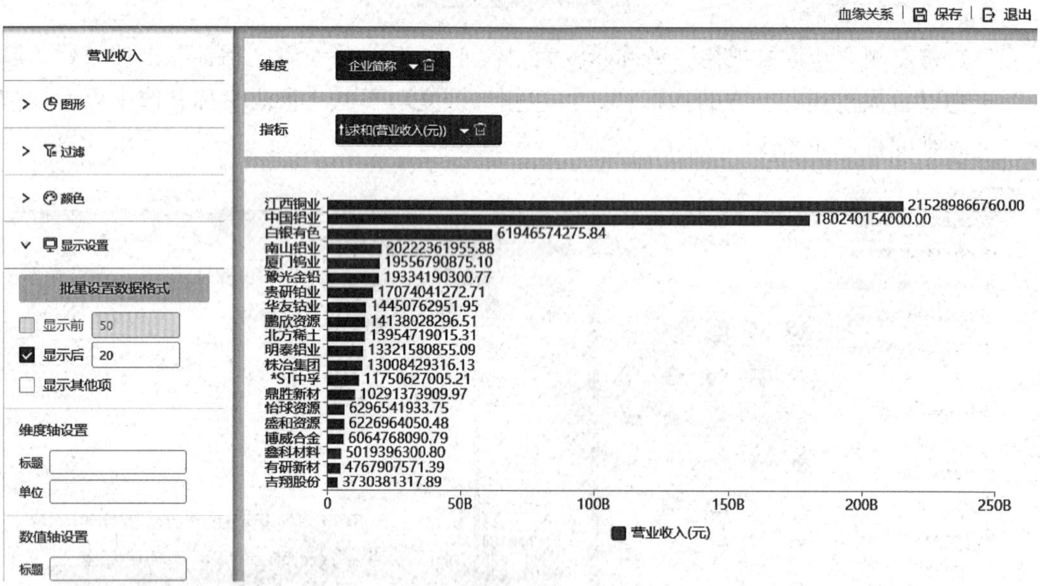

图 4-7 营业收入可视化

（6）点击“退出”按钮。系统返回到故事板界面。

通过可视化图表可以看出，在有色金属冶炼及压延加工业中，江西铜业的营业收入最高，其次是中国铝业，再次是白银有色。

二、净利润分析

1. 打开故事板

点击“分析设计—我的故事板—盈利能力分析故事板”。

2. 净利润可视化

（1）进入图 4-2 盈利能力分析故事板以后，点击“可视化—新建”，新建“净利润”可视化视图。

（2）选择数据集，点击“数据集—财务大数据—财报分析”，选择 xbrl，点击“确定”按钮。

（3）将左侧“新建可视化”名称修改为“净利润”，将左侧“指标”下的“净利润”选中以后拖拽到右上方的指标行，将左侧“维度”下的“企业简称”选中以后拖拽到右上方维度行，如图 4-8 所示。

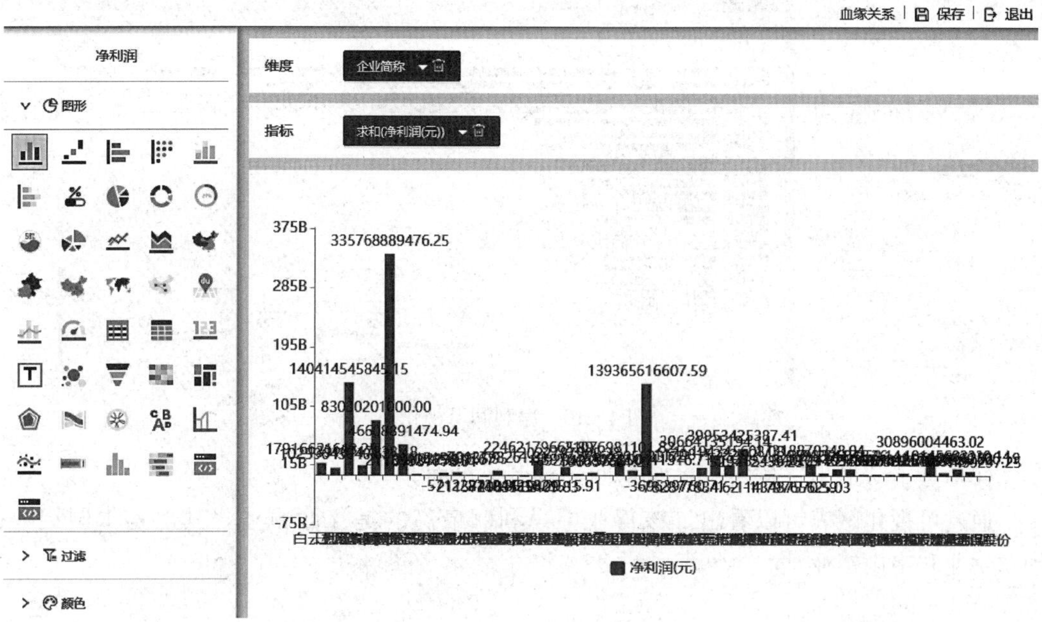

图 4-8　净利润可视化

（4）点击“过滤—设置”，系统弹出过滤条件对话框，点击“按条件添加”。点击第一行过滤条件下拉三角箭头，过滤框依次选择“报表类型”“等于”“5000”；点击第二行过滤条件下拉三角箭头，过滤框依次选择“报表年份”“等于”“2018”；点击第三行过滤条件下拉三角箭头，过滤框依次选择“行业”“等于”“有色金属冶炼及压延加工业”。点击“确定”按钮，如图 4-9 所示。

图 4-9　添加过滤条件

（5）图形选择条形图，能够展示具体的数值，将净利润指标按升序排序，点击左侧“显示设置”，勾选“显示后”，录入“20”，点击右上方“保存”按钮，如图 4－10 所示。

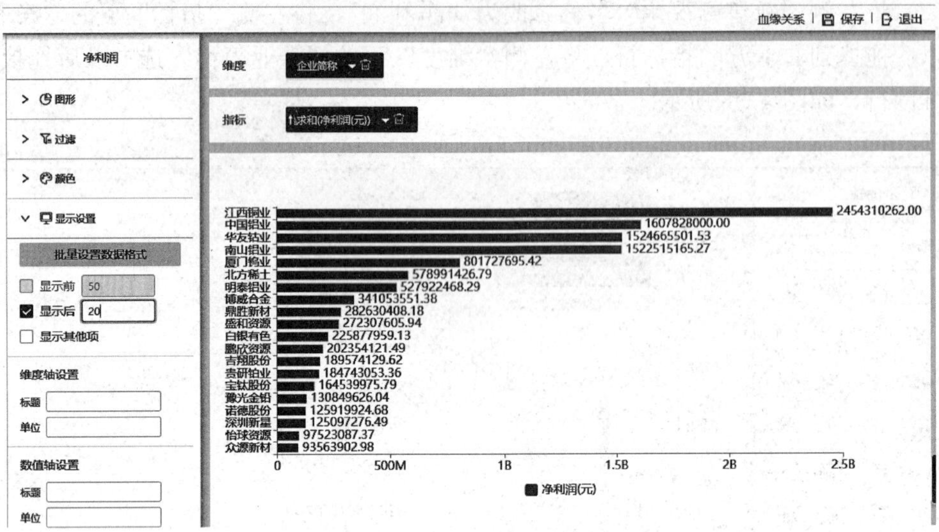

图 4－10　净利润可视化

（6）点击“退出”按钮。系统返回到故事板界面。

通过可视化图表可以看出，该行业中净利润最高的是江西铜业，其次是中国铝业、华友钴业和南山铝业。

三、毛利率分析

1. 打开故事板

点击“分析设计—我的故事板—盈利能力分析故事板”。

2. 毛利率可视化

（1）进入图 4－2 盈利能力分析故事板以后，点击“可视化—新建”，新建“毛利率”可视化视图。

（2）选择数据集，点击“数据集—财务大数据—财报分析”，选择 xbrl，点击“确定”按钮。

（3）将左侧“新建可视化”名称修改为“毛利率”，需要新建“毛利率”字段，单击左侧“指标”的“＋”号，单击“计算字段”，打开“添加字段”对话框，名称输入“毛利率”，字段类型选择“数字”，表达式中双击选择数学函数下的 sum，光标定位到括号内，双击选择下方的 xbrl 表中的“营业收入”，将表达式用英文状态下的括号括起来，再输入“—”号，双击选择数学函数下的 sum，将光标定位到括号内，然后双击选择下方的 xbrl 表中的“营业成本”，在括号后输入“ * 100 ”“/”，然后双击选择数学函数下的 sum，将光标定位到括号内，然后双击选择下方 xbrl 表中的“营业收入”，点击“确定”按钮，如图 4－11 所示。

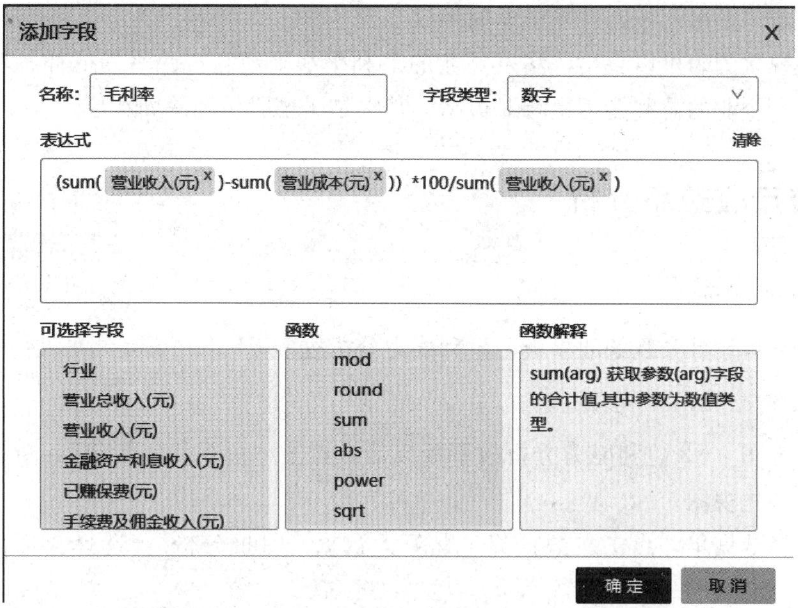

图 4-11　添加字段

（4）将新增的毛利率指标选中以后拖拽到右上方的指标行，将“企业简称”维度选中以后拖拽到维度行，点击“毛利率”指标下拉三角箭头，排列顺序选择升序。

（5）点击“过滤—设置”，按条件添加，条件选择：“报表类型”“等于”“5000”，“报表年份”“等于”“2018”，“行业”“等于”“有色金属冶炼及压延加工业”，点击“确定”按钮。

（6）图形选择条形图的类型，展示具体的数值。“显示设置”选择显示后 20，点击“保存”按钮，如图 4-12 所示。

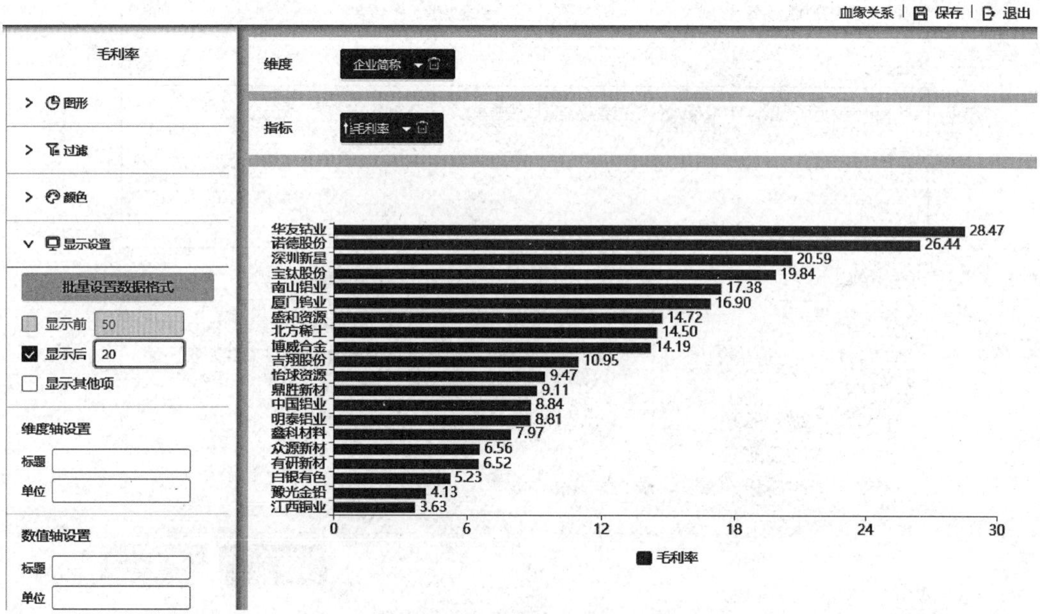

图 4-12　毛利率可视化

（7）点击“退出”按钮。系统返回到故事板界面。

通过可视化图表可以看出，华友钴业的毛利率水平最高，说明其抵补各项期间费用的能力最强，企业的盈利能力也相对最高。其次是诺德股份和深圳新星。

四、净资产收益率分析

1. 打开故事板

点击“分析设计—我的故事板—盈利能力分析故事板”。

2. 净资产收益率可视化

（1）进入图 4－2 盈利能力分析故事板以后，点击“可视化—新建”，新建“净资产收益率”可视化视图。

（2）选择数据集，点击“数据集—财务大数据—财报分析”，选择 xbrl，点击“确定”按钮。

（3）修改可视化名称为“净资产收益率”，需要新建“净资产收益率”字段，字段类型为“数字”，净资产收益率表达式为“sum（净利润（元）^{x}）＊100/avg（所有者权益（元）^{x}）”。点击指标右侧的“＋”号，系统弹出“添加字段”对话框，名称输入“净资产收益率”，字段类型为“数字”，表达式选择数学函数下的 sum，光标定位到括号内，然后选择下方的 xbrl 表中的“净利润”，输入“＊100”“/”，选择数学函数下的 avg，光标定位到括号内，然后选择下方的 xbrl 表中的“所有者权益”，如图 4－13 所示。

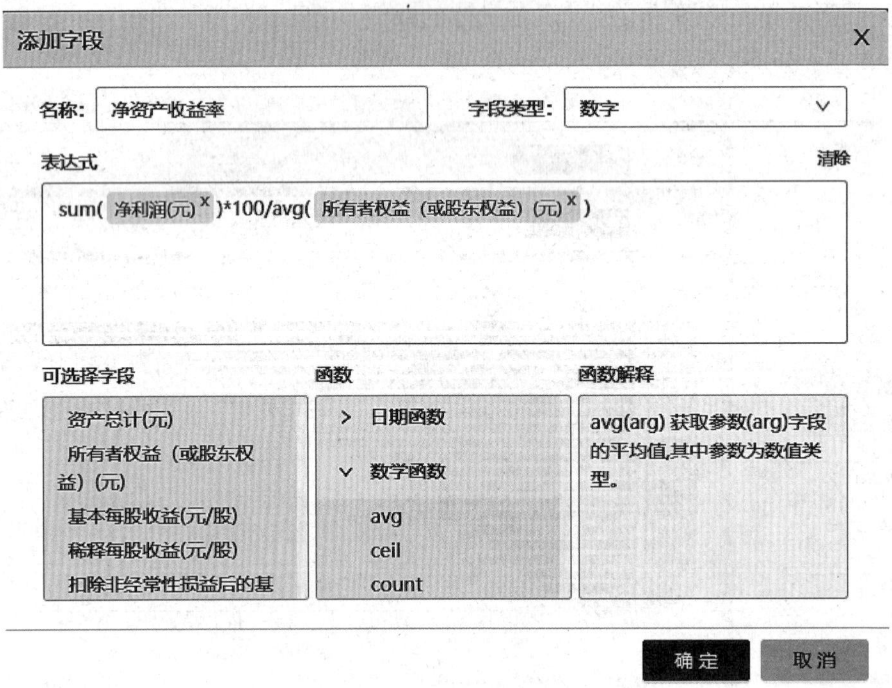

图 4－13　净资产收益率字段

(4) 将新增的净资产收益率指标选中以后拖拽到右上方的指标行，将“企业简称”维度选中以后拖拽到维度行，点击“净资产收益率”指标下拉三角箭头，排列顺序选择升序。

(5) 点击“过滤—设置”，按条件添加，条件选择：“报表类型”“等于”“5000”，“报表年份”“等于”“2018”，“行业”“等于”“有色金属冶炼及压延加工业”。点击“确定”按钮，如图 4-14 所示。

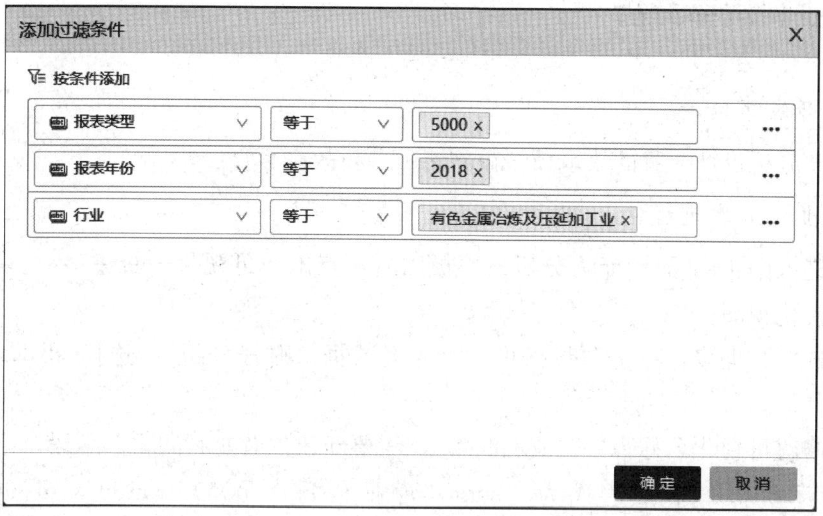

图 4-14 过滤条件对话框

(6) 图形选择条形图的类型，展示具体的数值。“显示设置”选择显示后 20，点击“保存”按钮，如图 4-15 所示。

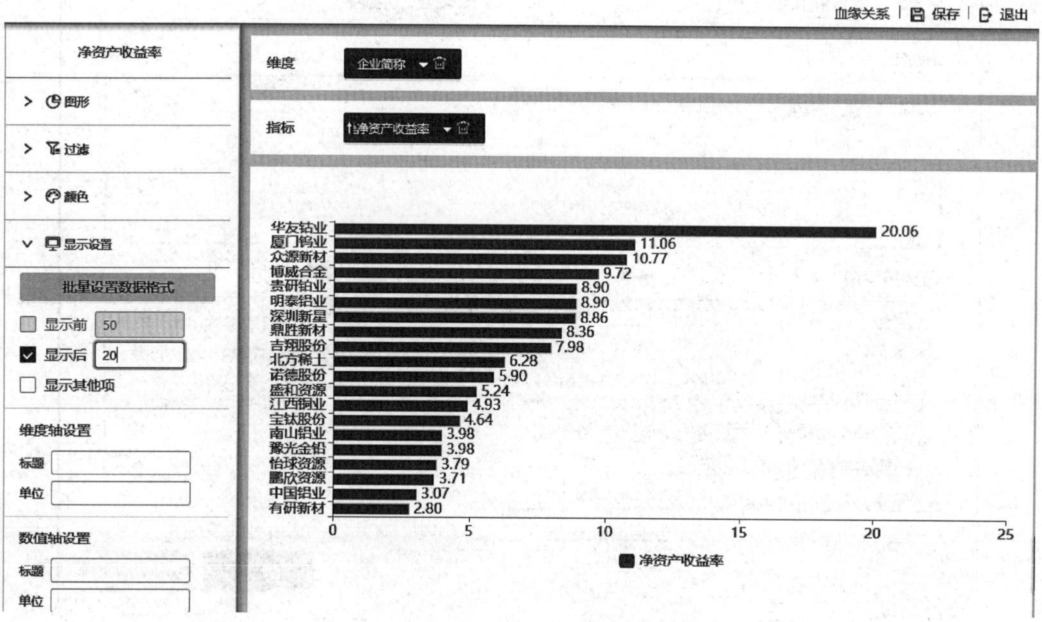

图 4-15 净资产收益率可视化

（7）点击“退出”按钮，系统返回到故事板界面。

通过可视化图表可以看出，华友钴业的净资产收益率在行业中排名第一，说明其对股东投入资本的利用效率相对于其他企业处于领先水平。企业利用自有资金获取收益的能力最强，运营效益最好，对企业投资人、债权人的保证程度也最高。其次是厦门钨业和众源新材。

五、营业利润率分析

1. 打开故事板

点击“分析设计—我的故事板—盈利能力分析故事板”。

2. 营业利润率可视化

（1）进入图 4-2 盈利能力分析故事板以后，点击“可视化—新建”，新建“营业利润率”可视化视图。

（2）选择数据集，点击“数据集—财务大数据—财报分析”，选择 xbrl，点击“确定”按钮。

（3）修改可视化名称为“营业利润率”，需要新建“营业利润率”字段，字段类型为“数字”，营业利润率表达式为“sum（营业利润（元）ˣ） * 100/sum（营业收入（元）ˣ）”。如图 4-16 所示。

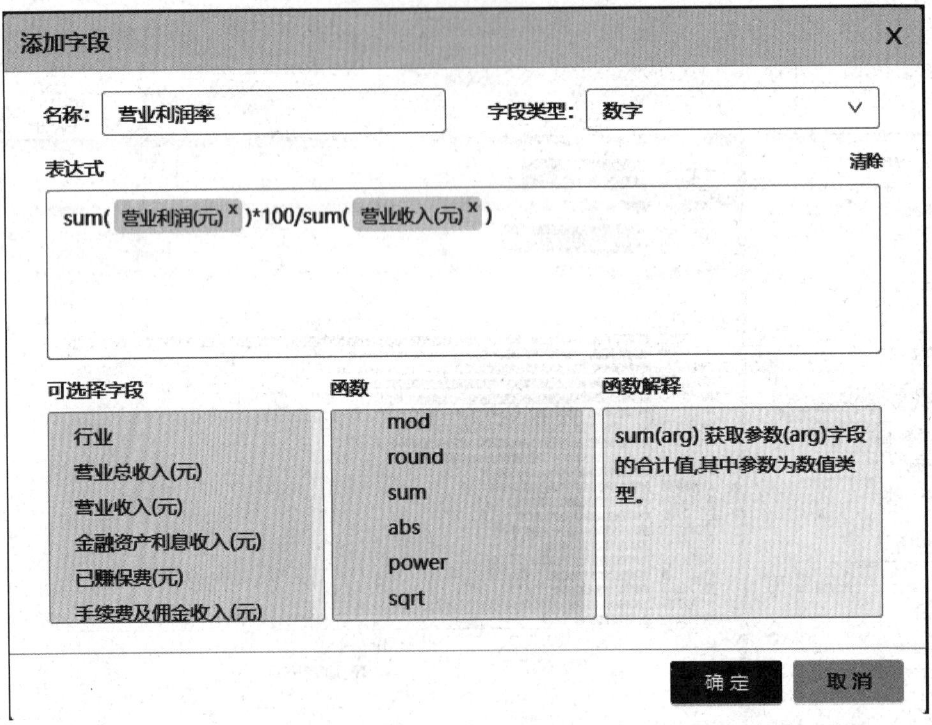

图 4-16　营业利润率字段

（4）将新增的营业利润率指标选中以后拖拽到右上方的指标行，将“企业简称”维度选中以后拖拽到维度行，点击“营业利润率”指标下拉三角箭头，排列顺序选择升序。

（5）点击“过滤—设置”，按条件添加，条件选择：“报表类型”“等于”“5000”，“报表年份”“等于”“2018”，“行业”“等于”“有色金属冶炼及压延加工业”。点击“确定”按钮，如图 4－17 所示。

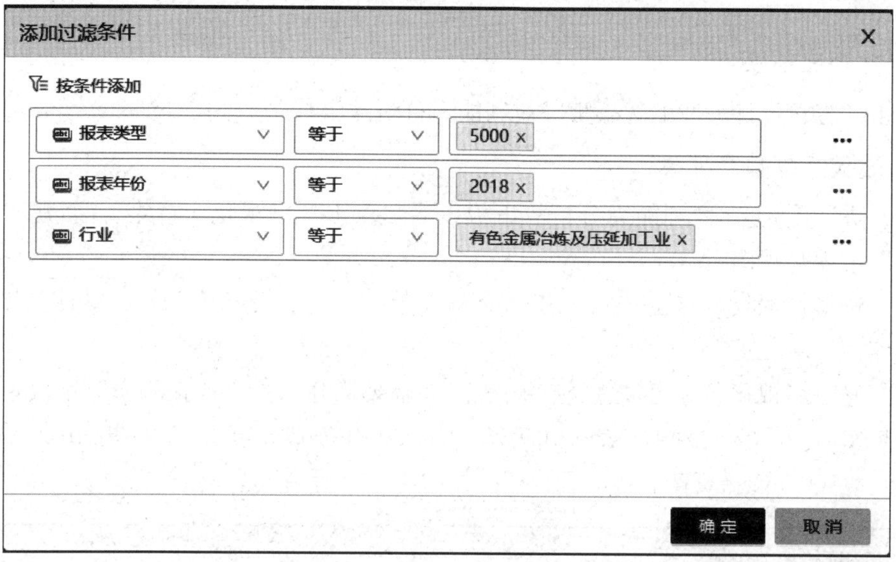

图 4－17　过滤条件

（6）图形选择条形图的类型，展示具体的数值。“显示设置”选择显示后 20，点击“保存”按钮，如图 4－18 所示。

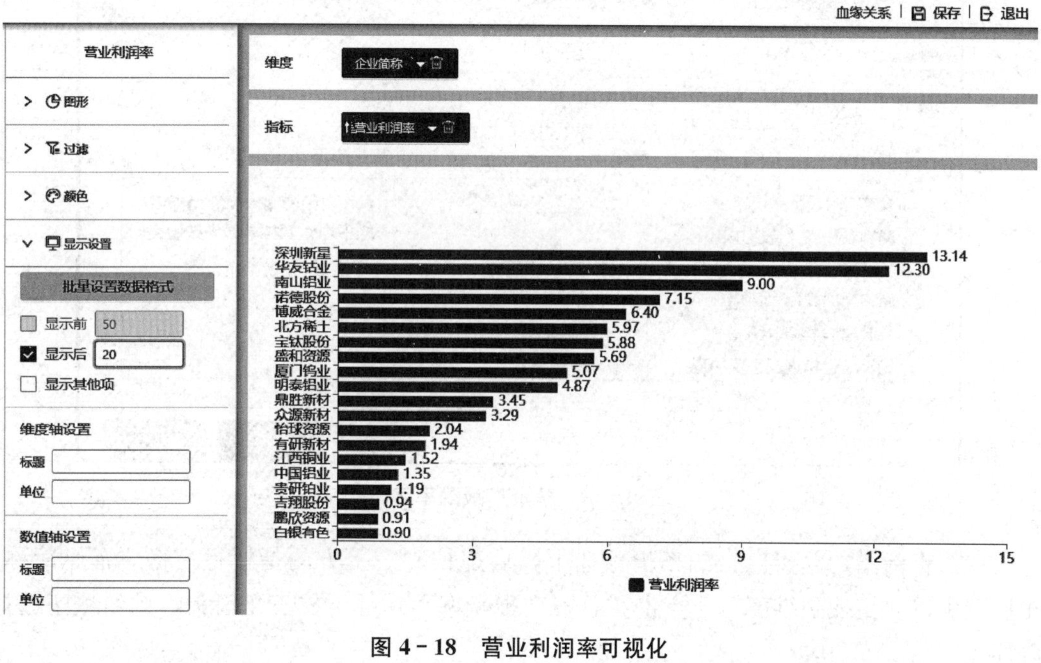

图 4－18　营业利润率可视化

（7）点击“退出”按钮，系统返回到故事板界面。

通过可视化图表可以看出，深圳新星的营业利润率最高，说明其主营业务的盈利能力最强。其次是华友钴业和南山铝业。

六、总资产报酬率分析

1. 打开故事板

点击“分析设计—我的故事板—盈利能力分析故事板”。

2. 总资产报酬率可视化

（1）进入图 4－2 盈利能力分析故事板以后，点击“可视化—新建”，新建“总资产报酬率”可视化视图。

（2）选择数据集，点击“数据集—财务大数据—财报分析”，选择 xbrl，点击“确定”按钮。

（3）修改可视化名称为“总资产报酬率”，需要新建“总资产报酬率”字段，字段类型为“数字”，总资产报酬率表达式为“（sum（财务费用（元）^{x}）＋sum（利润总额（元）^{x}））＊100/avg（资产总计（元）^{x}）”。如图 4－19 所示。

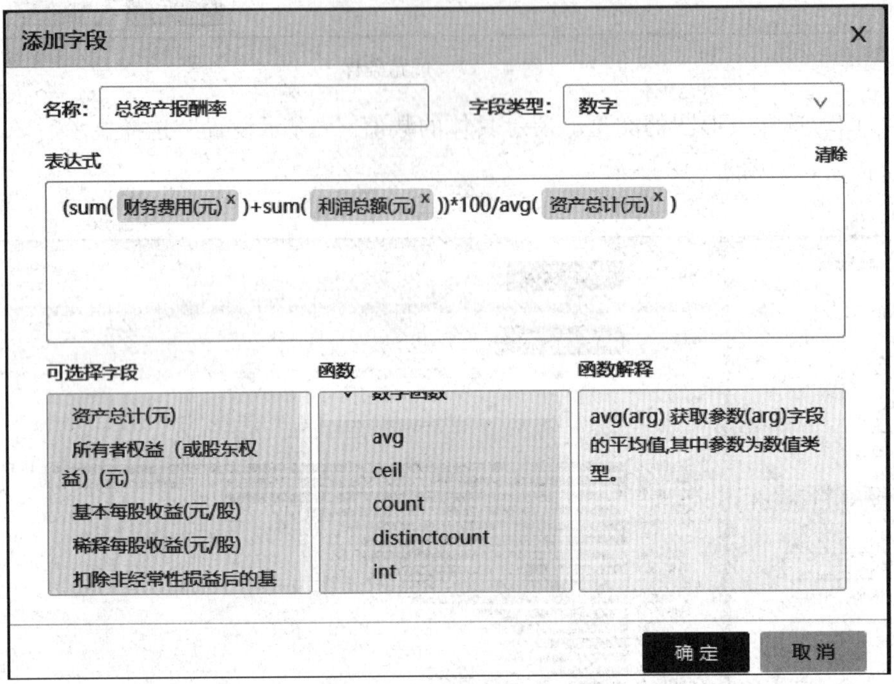

图 4－19　总资产报酬率字段

（4）将新增的总资产报酬率指标选中以后拖拽到右上方的指标行，将“企业简称”维度选中以后拖拽到维度行，点击“总资产报酬率”指标下拉三角箭头，排列顺序选择降序。

（5）点击“过滤—设置”，按条件添加，条件选择：“报表类型”“等于”“5000”，“报表年份”“等于”“2018”，“行业”“等于”“有色金属冶炼及压延加工业”。点击“确定”按钮，如图 4－20 所示。

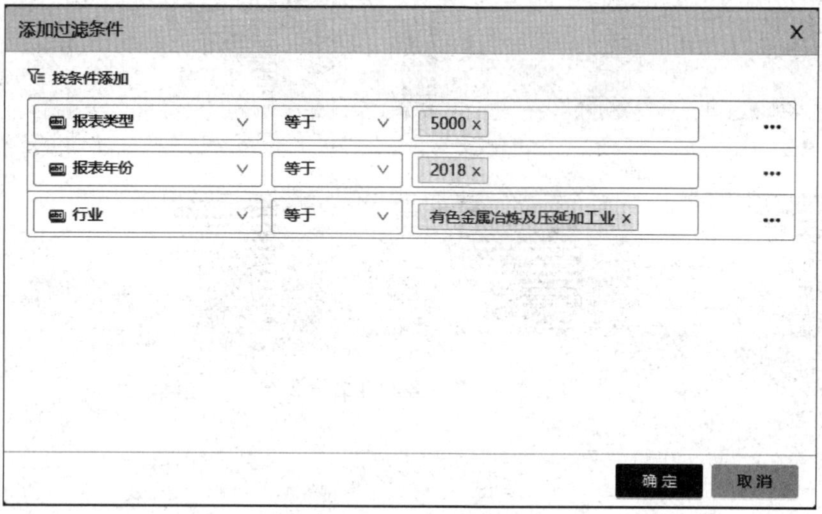

图 4－20 过滤条件

（6）图形选择条形图的类型，展示具体的数值。“显示设置”选择显示后 20，点击“保存”按钮，如图 4－21 所示。

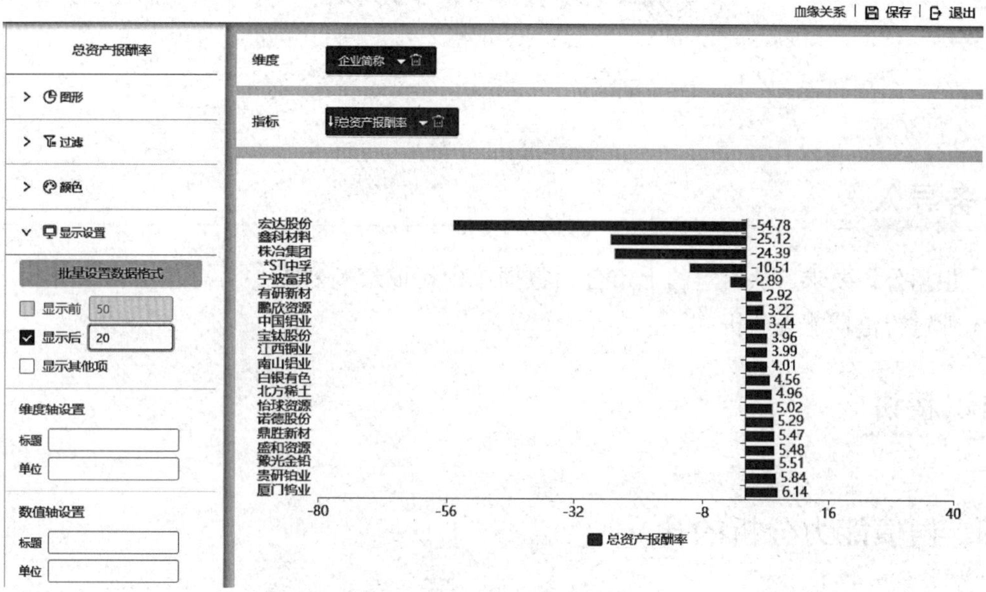

图 4－21 总资产报酬率可视化

（7）点击“退出”按钮，系统返回到故事板界面。

通过可视化图表可以看出，厦门钨业的总资产报酬率最高，其资产综合利用效果最强，企业债权人和所有者权益总额所取得的回报率最高。其次是贵研铂业和豫光金铅。如图 4－22 所示。

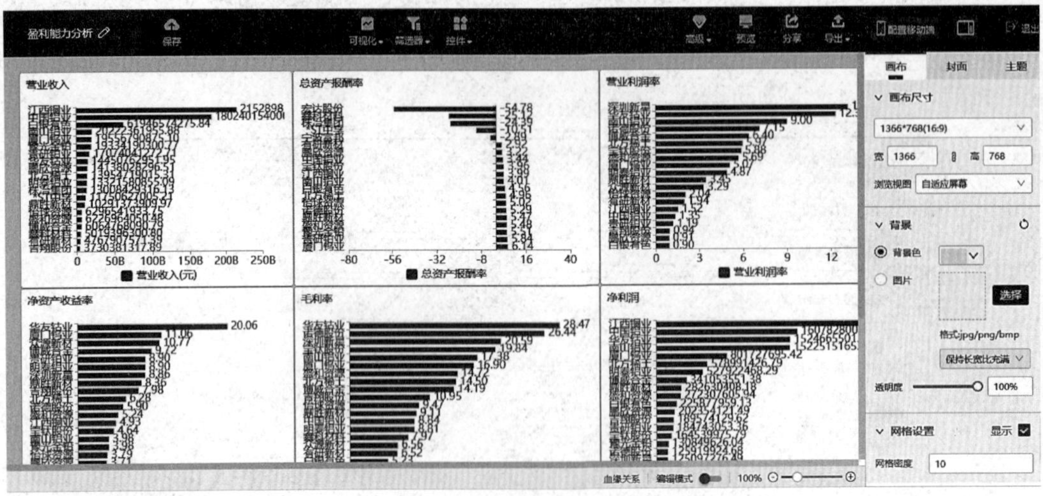

图 4－22　盈利能力看板

任务二
偿债能力分析

任务导入

根据公司要求，从给定的上市公司数据源中提取最新数据，对有色金属冶炼及压延加工业进行偿债能力分析。

知识精讲

一、偿债能力分析的含义

（一）偿债能力

企业偿债能力，就是用企业资产清偿企业长、短期负债的能力，也是用企业资产和经营过程创造的收益偿还长、短期债务的能力，即企业偿还全部到期债务的能力和现金的保障程度。企业的负债按照偿还期限的长短可以分为流动负债和非流动负债两大类。

（二）偿债能力分析

短期偿债能力分析主要利用企业资产负债表数据，计算和分析流动资产与流动负债之间的关系，考察企业偿还短期债务的能力和水平，其核心问题是企业的现金流量分析；长期偿债能力分析是利用资产负债表、利润表和现金流量表的数据，计算和分析企业资产负债率、利息保障倍数等指标，同时结合企业的盈利能力，来全面评价企业的长期偿债能力。

二、偿债能力分析的意义

（一）投资者角度

股东（投资者）更重视企业的盈利能力，但他们认为若企业拥有一个良好的财务环境和较强的偿债能力则更有助于提高企业的盈利能力。因此，他们同样会关注企业的偿债能力。对于股东（投资者）来说，短期偿债能力的强弱意味着企业盈利能力的高低和投资机会的多少。企业短期偿债能力下降通常是盈利水平降低和投资机会减少的体现，这意味着资本投资的流失。现金流入量多，资产的流动性就强，企业的短期偿债能力也强。如果企业的偿债能力发生问题，就会使企业的经营者花费大量精力去筹措资金以应付还债，这不仅会增加筹资难度，加大临时性紧急筹资的成本，还会使企业管理者难以全神贯注地进行企业经营管理，使企业盈利受到影响，最终影响投资人的利益。企业只有保持较强的偿债能力，才可能有良好的理财环境，筹集到更多的资金，并节省筹资费用，才有可能把握有利的投资机会，从而为投资者带来更多的利润。反之，如果企业财务状况不佳，偿债能力较弱，那么企业就无法筹集到更多的资金，或者筹资的费用将会上升，这样就会丧失许多投资机会，提高筹资成本，从而降低企业的获利能力。如果企业财务状况恶化，发生债务危机，以致资不抵债，企业就可能破产，投资者就可能遭受损失，甚至血本无归。

（二）经营者角度

企业各环节畅通的关键在于企业的资金循环和周转速度。企业偿债能力的好坏，既是对企业资金循环状况的直接反映，又对企业生产经营各环节的资金循环和周转有着重要的影响。企业经营者要保证企业经营目标的实现，必须保证企业生产经营各环节的畅通或顺利进行，因此，企业偿债能力的分析对于企业经营者及时发现企业在经营过程中存在的问题，并采取相应措施加以解决、保证企业生产经营顺利进行有着十分重要的作用。

三、偿债能力分析的内容及指标

（一）短期偿债能力

短期偿债能力是指企业以流动资产偿还流动负债的现金保障程度。一个企业的短期偿债能力大小，要根据流动资产和流动负债的多少和质量情况而定。流动资产的质量是指流动性和变现能力。

1. 营运资金

营运资金是指企业的流动资产减去流动负债后的余额，它意味着企业的流动资产在偿还流动负债之后的剩余。企业能否偿还短期债务，依赖于企业持有多少短期债务，以及有多少可以用于变现偿债的流动资产。

营运资金的计算公式为：

营运资金=流动资产－流动负债

营运资金越多，企业可用于偿还流动负债的资金越充足，企业的短期偿债能力也就越强，企业不能偿还债务的风险越小，债权人收回债权的安全性越高。因此，营运资金的规模可以反映企业偿还短期债务的能力。但是，作为流动资产与流动负债之差，营运资金是一个绝对数，如果公司之间规模相差很大，绝对数比较就没有意义。

2. 流动比率

流动比率是指一定时期内企业的流动资产与流动负债之间的比率，它反映了企业运用流动资产变现以偿还流动负债的能力。该指标是一个相对数指标，表明企业每 1 元钱流动负债有多少流动资产作为支付的保障。流动比率直观地表明流动资产对流动负债的保障程度，更适合不同企业之间或企业的不同历史时期的绩效的比较。

流动比率的计算公式为：

$$流动比率=\frac{流动资产}{流动负债}$$

一般认为，流动比率经验值为 2，表示流动资产是流动负债的 2 倍，即使流动资产有一半在短期内不能变现，也能保证全部的流动负债得到偿还。当我们用流动比率来衡量企业资产流动性时，比率越高，表明企业的偿还能力越强，偿还债务越有保障。企业资产的变现能力越强，短期偿债能力也越强，反之则弱。但过高的流动比率不能说是好的现象。因为一个经营活动正常的企业，资金应当有效地在生产经营过程中运转，充分发挥资金效益，如果过多地滞留在流动资产的形态上，就会影响企业的获利能力。

3. 速动比率

流动比率可以用来评价企业流动资产的变现能力。但在计算流动比率时，我们运用的流动资产价值中包含变现能力较差的存货，所以人们希望获得衡量企业流动资产中可以立即用于偿还流动负债能力的指标，于是现在人们普遍采用速动比率指标作为流动比率指标的补充。

速动比率的计算公式为：

$$速动比率=\frac{速动资产}{流动负债}$$

速动资产是几乎可以立即变现用来偿付流动负债的资产，是指流动资产减去变现能力较差且不稳定的预付账款、存货、其他流动资产等项目后的余额。一般包括货币资金、交易性金融资产和各种应收、预付款项等。

一般经验认为，速动比率等于1时比较合理，速动比率低于1的被公认为短期偿债能力较差。但在分析时还要结合其他因素进行评价。

4. 现金比率

现金比率是指企业的现金类资产与流动负债的比率。它能够反映企业的立即偿债能力，但没有考虑流动资产和流动负债的再生性。财务分析者可将现金比率看作流动比率和速动比率的补充与延伸，是对企业短期资产的流动性、变现能力及偿债能力更为严格的计量，是比流动比率和速动比率更加直接、更为严格的指标。其计算公式为：

$$现金比率=\frac{现金资产}{流动负债}$$

现金资产是指现金及现金等价物。现金比率可以准确地反映企业的直接偿付能力，当企业面临支付工资或大宗进货等需要大量现金时，这一指标更能显示出其重要作用。由于现金比率没有考虑企业流动资产中的存货和应收款项，因此对于应收款项和存货变现存在问题的企业，这一指标尤为重要。

现金比率越高，表明企业可立即用于支付债务的现金类资产越多。由于企业现金类资产的盈利水平较低，因此企业不可能也没有必要保留过多的现金类资产。如果这一比率过高，表明企业通过负债方式所筹集的流动资金没有得到充分的利用，所以并不鼓励企业保留更多的现金类资产。一般认为这一比率在20%左右比较合适，此时企业的直接支付能力不会有太大的问题。

（二）长期偿债能力

长期偿债能力是指企业偿还长期债务的现金保障程度。分析一个企业的偿债能力主要取决于企业的获利能力和资本结构，而不是资产的短期流动性。

1. 资产负债率

资产负债率也称为债务比率，是企业负债总额占企业资产总额的百分比。资产负债率是综合反映企业偿债能力的重要指标，该指标反映了在企业的全部资产中由债权人提供的资产所占比重的大小，反映了债权人向企业提供信贷资金的风险程度，也反映了企业举债经营的能力。其计算公式为：

$$资产负债率=\frac{负债总额}{资产总额}\times100\%$$

该指标越大，说明企业的债务负担越重；反之，说明企业的债务负担越轻。资产负债率指标既可用于衡量企业利用债权人资金进行经营活动的能力，也可反映债权人发放贷款的安全程度。对债权人来说，该比率越低越好，因为企业的债务负担越轻，其总体偿债能力越强，债权人权益的保证程度越高。但从股东的角度看，他们最关心的是投入资本能否给企业带来好处。在经营中，负债筹集的资金与股东投入的资金发挥同样的作用，只有当全部资本利润率超过借款利息率时，股东得到的利润才会增加。相反，如果全部资本利润率低于借款利息率，股东得到的利润会减少。这是因为当借款利息率高于全部资本利润率时，公司借入资本多支付的利息要由属于股东的利润来偿还。从股东的角度出发，资产负债率并不是越低越好，因为过低的资产负债率表明企业没能充分发挥财务杠杆作用，没能充分发挥负债经营的优势。

2. 产权比率

产权比率也称为净资产负债率，是负债总额与所有者权益总额之间的比率。产权比率也是衡量企业长期偿债能力的主要指标之一。其计算公式为：

$$产权比率=\frac{负债总额}{所有者权益}\times 100\%$$

如果说资产负债率是反映企业债务负担的指标，那么产权比率则是反映债务负担与偿债保证程度相对关系的指标，它更能直观地表示出负债受股东权益的保护程度。该指标通过将企业负债与所有者权益进行对比来反映企业资金来源的结构比例关系，反映企业基本财务结构的稳定性。该指标主要用于衡量企业的风险程度和对债务的偿还能力。这个指标越大，企业风险越大，企业长期偿债能力越弱；这个指标越小，企业风险越小，企业长期偿债能力越强。

3. 权益乘数

权益乘数是指资产总额与所有者权益的比率，它说明企业资产总额与所有者权益的倍数关系。其计算公式为：

$$权益乘数=\frac{资产总额}{所有者权益}$$

权益乘数与资产负债率的区别是它们在反映长期偿债能力的过程中侧重点不同。权益乘数侧重于揭示资产总额对所有者权益的倍数关系，倍数越大，企业资产对负债的依赖程度越高，风险越大；资产负债率侧重于揭示总资产中有多少是靠负债取得的，说明债权人权益的受保障程度。经过公式推导，权益乘数还可以表示为：

$$权益乘数=\frac{1}{1-资产负债率}$$

权益乘数越大，所有者投入企业的资本占全部资产的比重越小，企业负债的程度越高；权益乘数越小，所有者投入企业的资本占全部资产的比重越大，企业的负债程度越低，债权人权益受保护的程度也越高。

4. 利息保障倍数

利息保障倍数是指企业息税前利润与利息费用的比率，也被称为已获利息倍数，表明企业经营业务收益相当于利息费用的倍数，数额越大，偿债能力越强。该指标是从利润表方面衡量企业长期偿债能力的。其计算公式为：

$$利息保障倍数=\frac{息税前利润}{利息费用}$$

息税前利润是指利润表中未扣除利息费用和所得税之前的利润。任何企业为了保证再生产的顺利进行，在取得营业收入后，都需要先补偿企业在生产经营中的耗费。所以，营业收入虽然是利息支出的资金来源，但利息费用的真正资金来源是营业收入补偿生产经营耗费之后的余额，若其余额不足以支付利息费用，企业的再生产就会受到影响。因此，利息保障倍数也能反映出企业的偿债能力。

任务要求

（1）分析流动比率。
（2）分析速动比率。
（3）分析现金比率。
（4）分析资产负债率。

任务实施

一、流动比率分析

1. 新建故事板

（1）点击“开始任务”，进入用友分析云，选择左侧“分析设计”，点击“新建”下方的“新建故事板”，新建“偿债能力分析”故事板。

（2）故事板名称输入“偿债能力分析”，存放在“我的故事板”下方，点击“确认”按钮，进入偿债能力分析故事板，如图 4－23 所示。

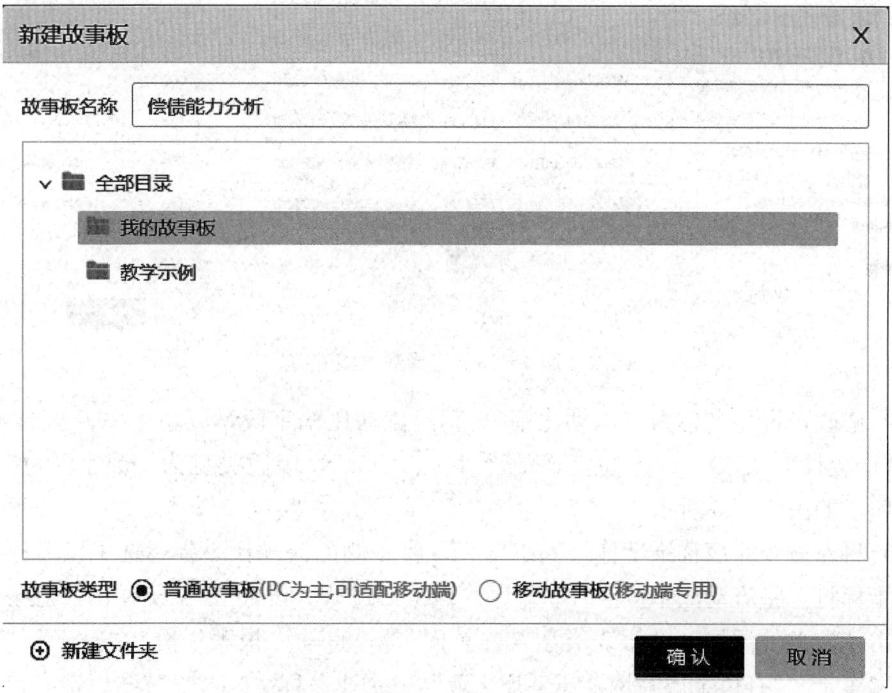

图 4－23　偿债能力分析故事板

2. 流动比率可视化

（1）进入图 4 - 23 偿债能力分析故事板以后，需要新建可视化视图，点击“可视化—新建”，如图 4 - 24 所示。

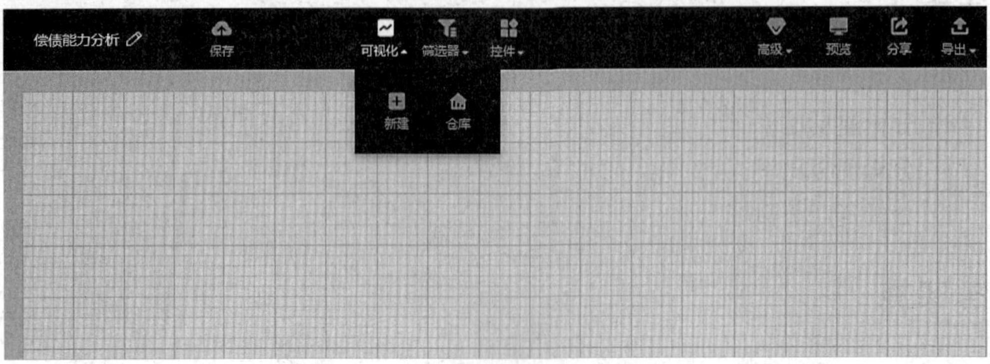

图 4 - 24　新建可视化视图

（2）选择数据集，点击“数据集—财务大数据—财报分析”，选择 xbrl，点击“确定”按钮，如图 4 - 25 所示。

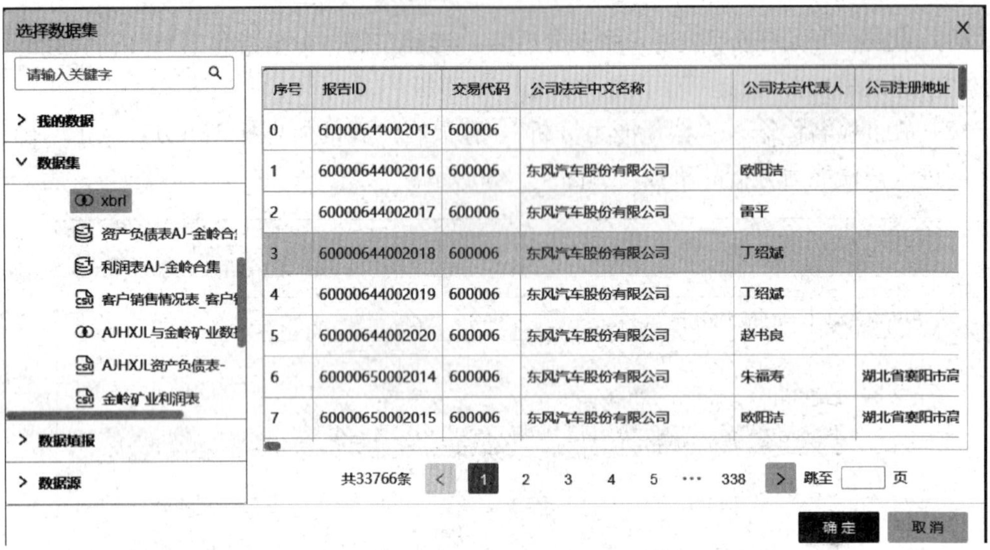

图 4 - 25　选择数据集

（3）修改可视化名称为“流动比率”，新建流动比率字段，流动比率表达式为“avg（流动资产合计（元）^{x}）/avg（流动负债合计（元）^{x}）”，字段类型为“数字”，点击“确定”按钮，如图 4 - 26 所示。

（4）将左侧企业简称维度拖拽到维度行，将左侧的流动比率指标选中以后拖拽到右上方的指标行，将流动比率按照升序排序。点击“过滤—设置”，系统弹出过滤条件对话框，点击“按条件添加”，“报表类型”“等于”“5000”，“报表年份”“等于”“2018”，“行业”“等于”“有色金属冶炼及压延加工业”，“企业简称”“不包含”“白银有色、中国铝业”，点击“确定”按钮，如图 4 - 27 所示。

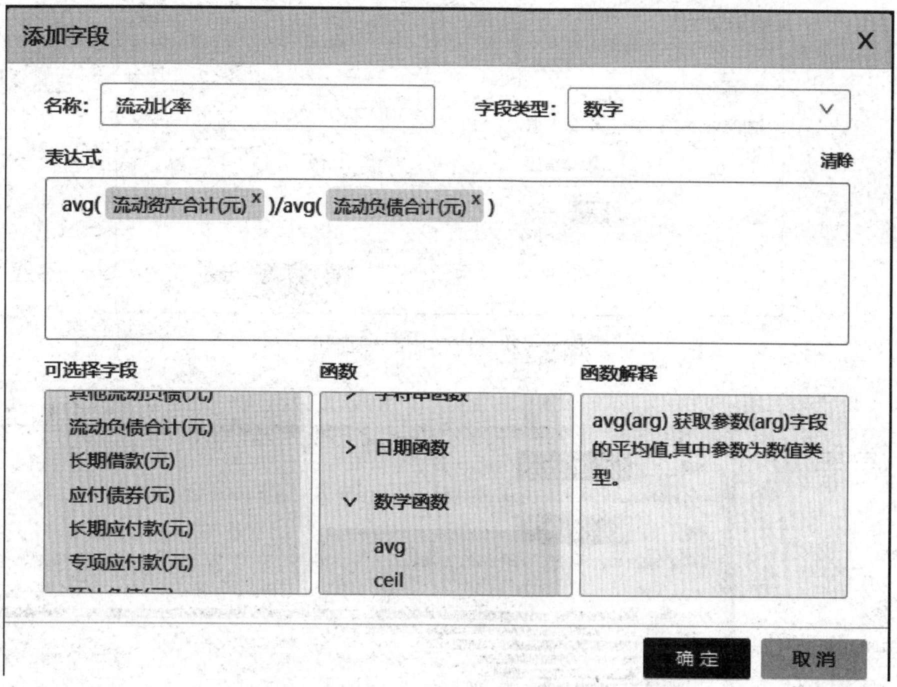

图 4-26　流动比率字段

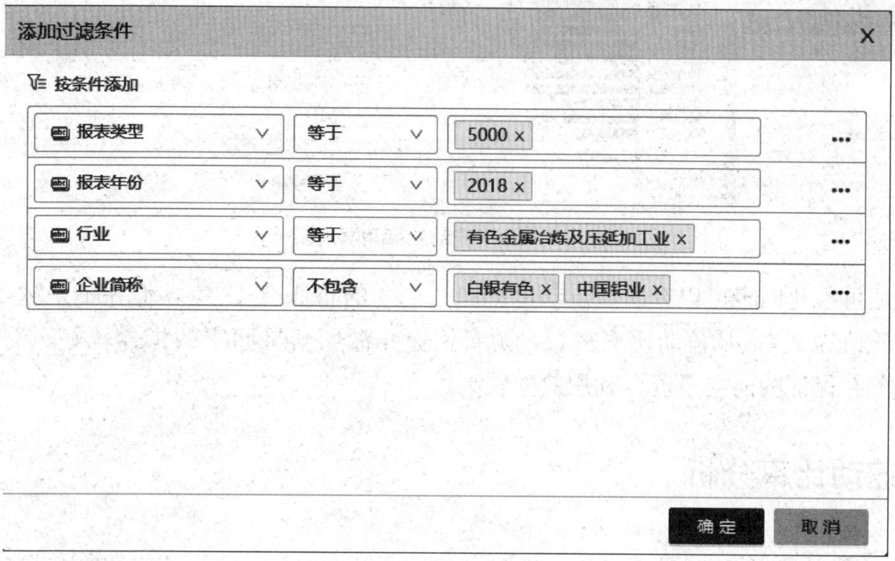

图 4-27　添加过滤条件

（5）选择图形为条形图，“显示设置”选择显示后 20。

（6）添加辅助线，将流动比率拖入辅助线框内，设置辅助线计算方式为固定值，值为 1.5，颜色设置为红色，点击“确认”按钮，如图 4-28 所示。

（7）点击“保存”按钮，再点击“退出”按钮，系统返回到故事板界面。如图 4-29 所示。

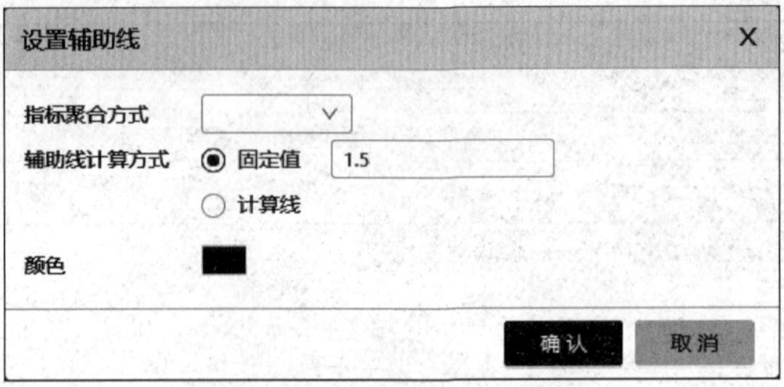

图 4-28 流动比率辅助线

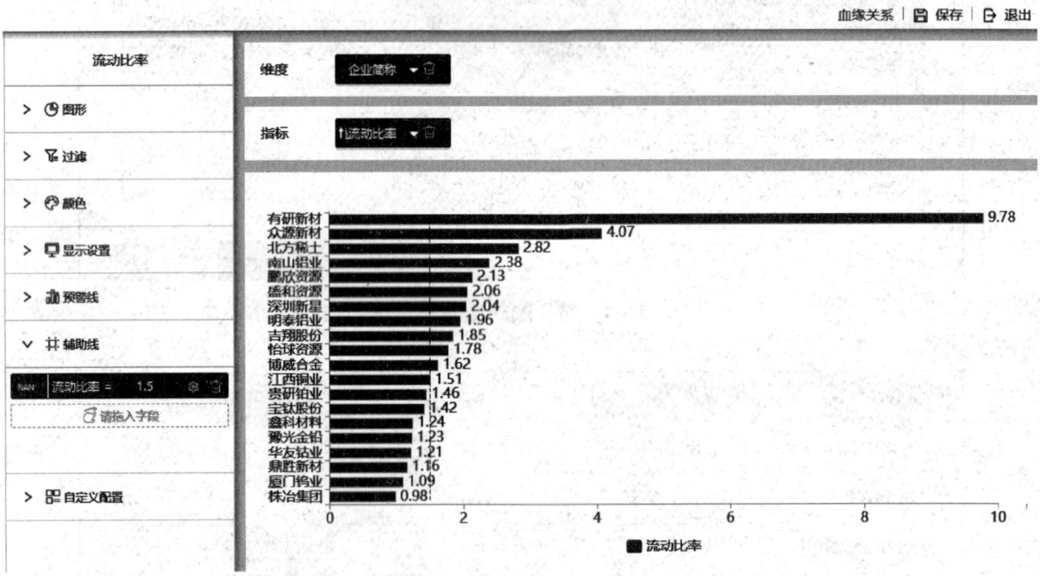

图 4-29 流动比率可视化

根据可视化图表可以看出，流动比率超过 1.5 的企业有 12 家，但并不是越高越好，一般经验值为 2。故从流动比率来看，明泰铝业和深圳新星两家的指标较好，说明其在偿还债务有保证的前提下资金利用效率较高。

二、速动比率分析

1. 打开故事板

点击“分析设计—我的故事板—偿债能力分析故事板”。

2. 速动比率可视化

(1) 进入图 4-23 偿债能力分析故事板以后，需要新建可视化视图，点击“可视化—新建”，新建“速动比率”可视化。

(2) 选择数据集，点击“数据集—财务大数据—财报分析”，选择 xbrl，点击“确定”按钮。

（3）修改可视化名称为“速动比率”，新建速动比率字段，速动比率表达式为“（avg（流动资产合计（元）^{x}）－avg（存货（元）^{x}））/avg（流动负债合计（元）^{x}）”，字段类型为“数字”，如图 4－30 所示。

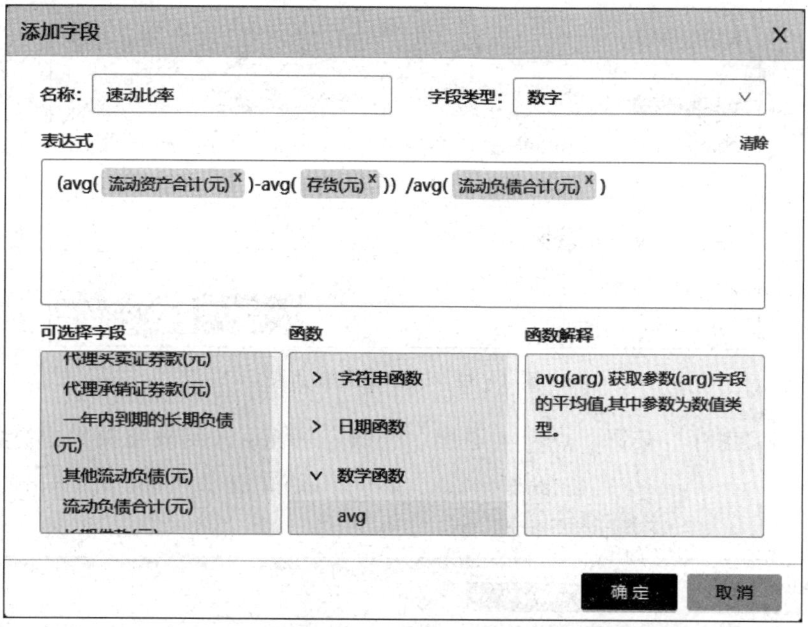

图 4－30　速动比率字段

（4）将左侧企业简称维度拖拽到维度行，将左侧的速动比率指标选中以后拖拽到右上方的指标行，将速动比率按照升序排序。点击“过滤—设置”，系统弹出过滤条件对话框，点击“按条件添加”，“报表类型”“等于”“5000”，“报表年份”“等于”“2018”，“行业”“等于”“有色金属冶炼及压延加工业”，“企业简称”“不包含”“白银有色、中国铝业”，点击“确定”按钮，如图 4－31 所示。

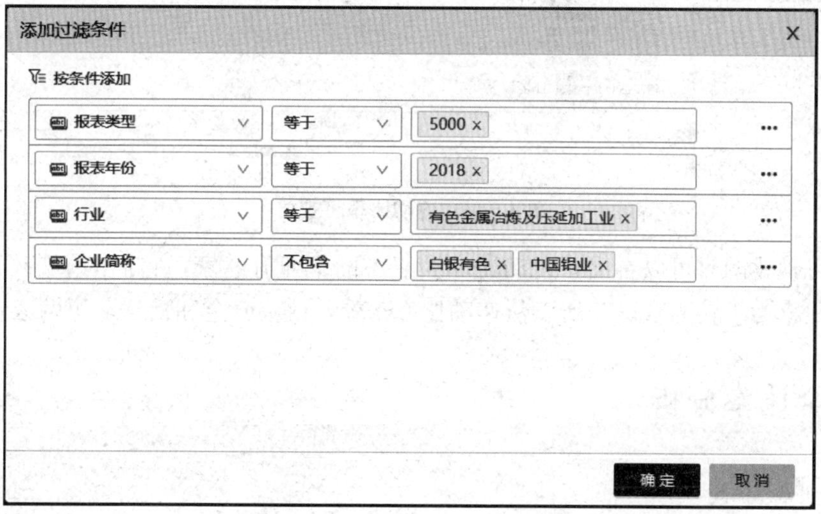

图 4－31　速动比率过滤条件

（5）选择图形为条形图，“显示设置”选择显示后 20。

（6）添加辅助线，将速动比率拖入辅助线字段，设置辅助线计算方式为固定值，值为 1，颜色设置为红色。点击“确认”按钮，如图 4 - 32 所示。

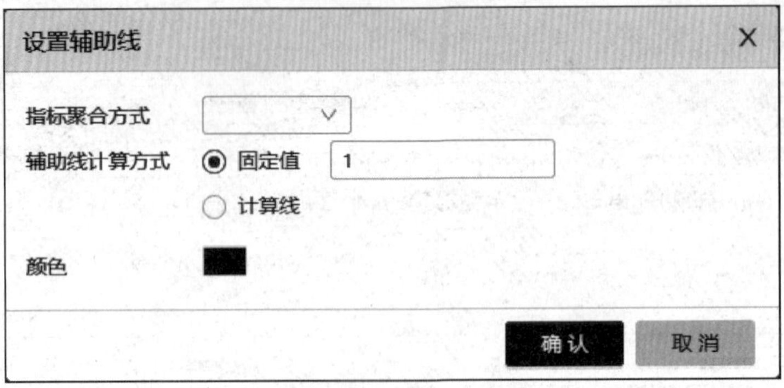

图 4 - 32　速动比率辅助线

（7）点击“保存”按钮，点击“退出”按钮，系统返回到故事板界面。如图 4 - 33 所示。

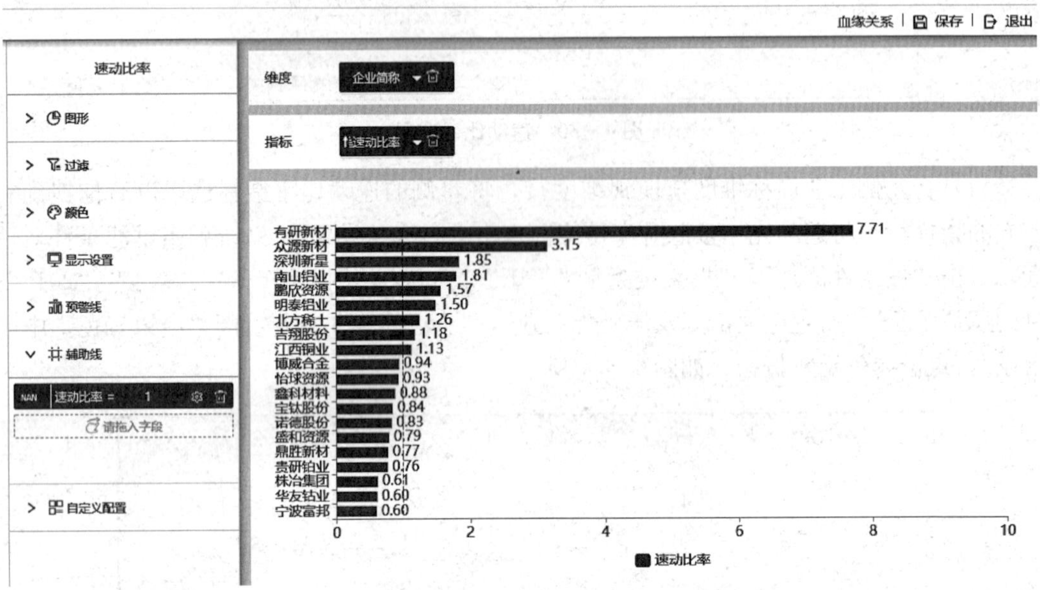

图 4 - 33　速动比率可视化

根据可视化图表可以看出，速动比率大于 1 的企业有 9 家，它们的短期偿债能力较好，但此比率为 1 较为合适，所以从速动比率来看，博威合金和怡球资源两家企业较好。

三、现金比率分析

1. 打开故事板

点击“分析设计—我的故事板—偿债能力分析故事板”。

2. 现金比率可视化

（1）进入图 4－23 偿债能力分析故事板以后，需要新建可视化视图，点击“可视化—新建”，新建“现金比率”可视化。

（2）选择数据集，点击“数据集—财务大数据—财报分析”，选择 xbrl，点击“确定”按钮。

（3）修改可视化名称为“现金比率”，新建现金比率字段，现金比率表达式为“（avg（货币资金（元）ˣ）＋avg（交易性金融资产（元）ˣ））/avg（流动负债合计（元）ˣ）”，字段类型为“数字”，如图 4－34 所示。

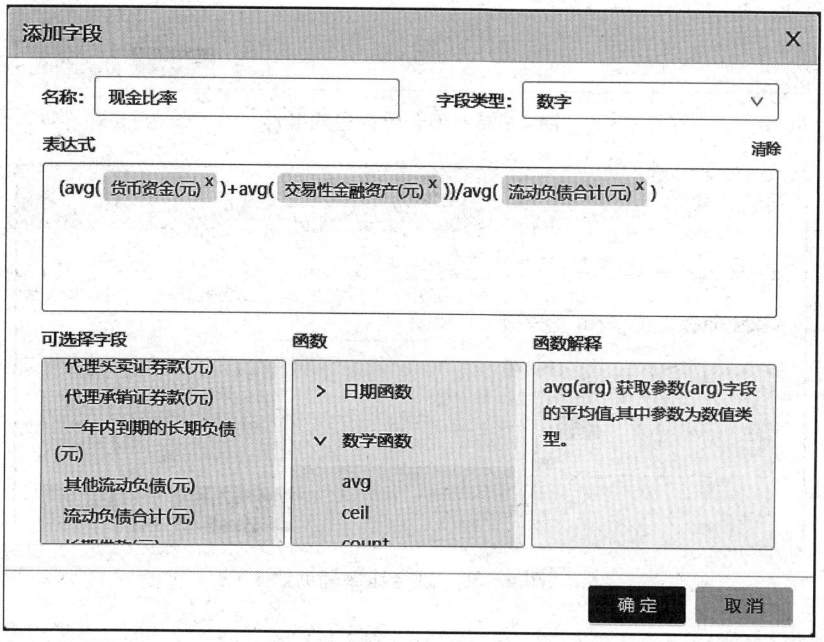

图 4－34　现金比率字段

（4）将左侧企业简称维度拖拽到维度行，将左侧的现金比率指标选中以后拖拽到右上方的指标行，将现金比率按照升序排序。点击“过滤—设置”，系统弹出过滤条件对话框，点击“按条件添加”，“报表类型”“等于”“5000”，“报表年份”“等于”“2018”，“行业”“等于”“有色金属冶炼及压延加工业”，“企业简称”“不包含”“白银有色、中国铝业”，点击“确定”按钮，如图 4－35 所示。

（5）选择图形为条形图，“显示设置”选择显示后 20。

（6）添加辅助线，将现金比率拖入辅助线字段，设置辅助线计算方式为固定值，值为 0.2，颜色设置为红色。如图 4－36 所示。

（7）点击“保存”按钮，点击“退出”按钮，系统返回到故事板界面。如图 4－37 所示。

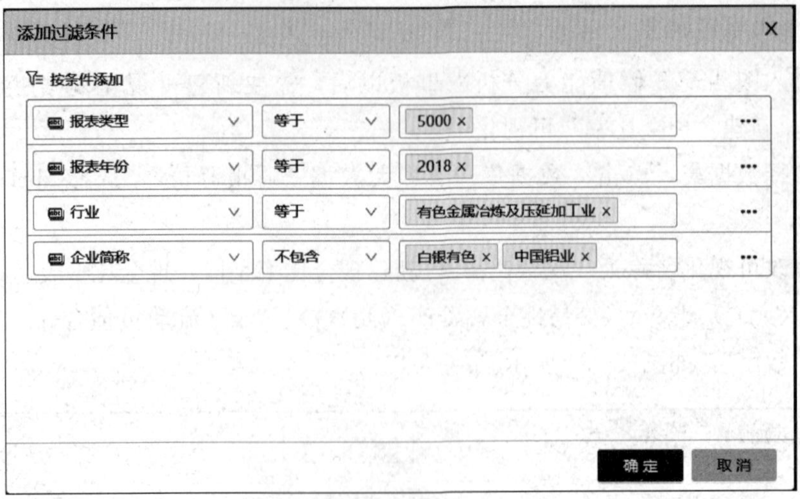

图 4－35　现金比率过滤条件

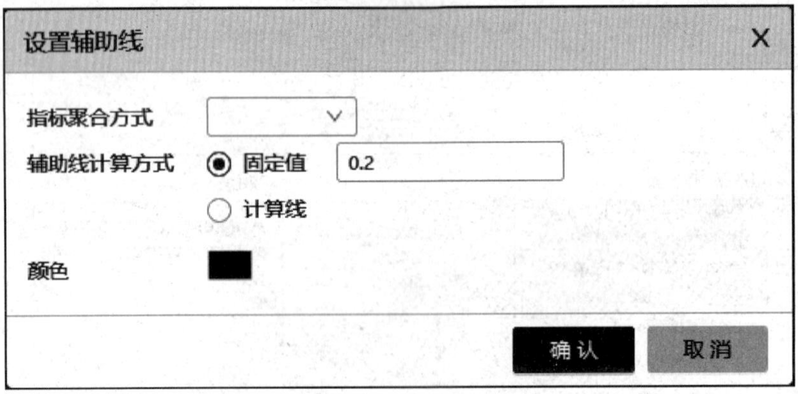

图 4－36　现金比率辅助线

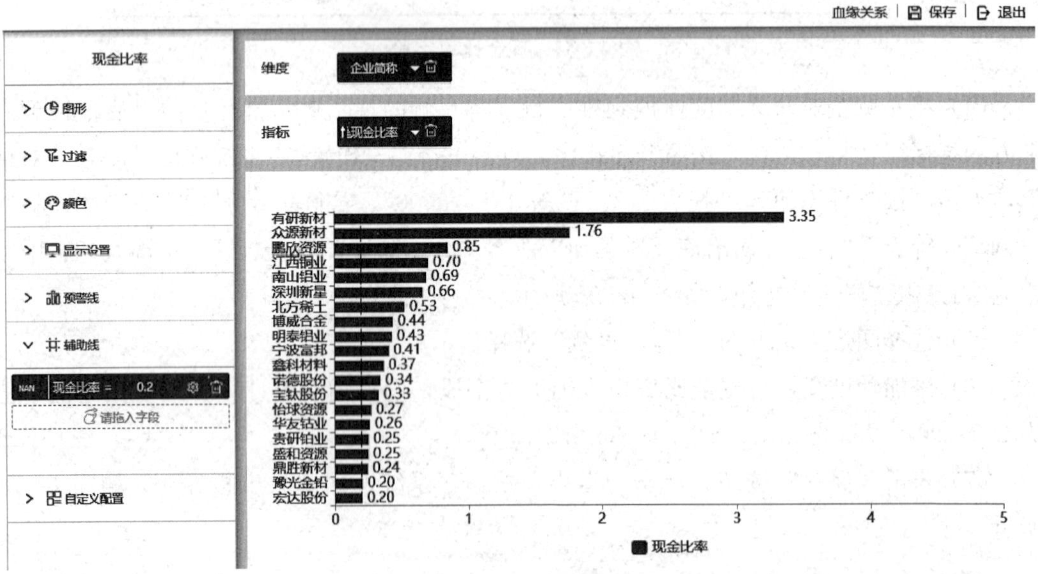

图 4－37　现金比率可视化

通过可视化图表可以看出，多数企业现金比率超过 0.2，表示企业可立即用于支付债务的现金类资产较多。但是如果这一比率过高，说明企业通过负债方式所筹集的流动资金没有得到充分的利用，所以一般认为这一比率应在 20%左右比较合适。从现金比率指标来看，豫光金铅和宏达股份较好，在充分利用负债所筹资金的同时又能保证企业的直接支付能力不会有太大的问题。

四、资产负债率分析

1. 打开故事板

点击“分析设计—我的故事板—偿债能力分析故事板”。

2. 资产负债率可视化

（1）进入图 4－23 偿债能力分析故事板以后，需要新建可视化视图，点击“可视化—新建”，新建“资产负债率”可视化。

（2）选择数据集，点击“数据集—财务大数据—财报分析”，选择 xbrl，点击“确定”按钮。

（3）修改可视化名称为“资产负债率”，新建资产负债率字段，资产负债率表达式为“avg（负债合计（元）^{x}）＊100/avg（资产总计（元）^{x}）”，字段类型为“数字”，如图 4－38 所示。

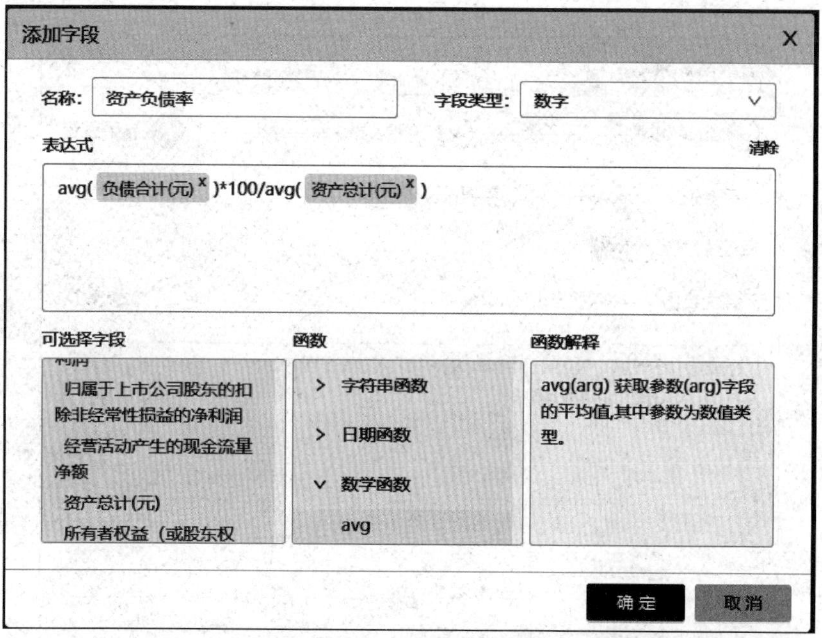

图 4－38　资产负债率字段

（4）将左侧企业简称维度拖拽到维度行，将左侧的资产负债率指标选中以后拖拽到右上方的指标行，将资产负债率按照升序排序。点击“过滤—设置”，系统弹出过滤条件对话框，点击“按条件添加”，“报表类型”“等于”“5000”，“报表年份”“等于”“2018”，“行业”“等于”“有色金属冶炼及压延加工业”，点击“确定”按钮，如图4-39所示。

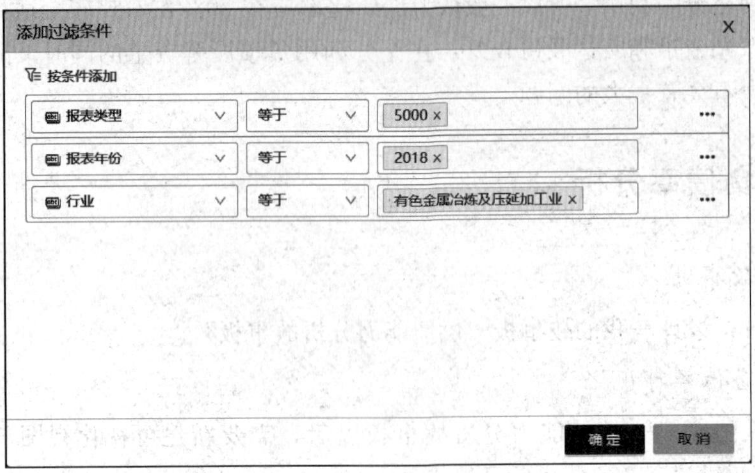

图4-39　资产负债率过滤条件

（5）选择图形为条形图，“显示设置”选择显示后20。

（6）添加预警线，将资产负债率拖入预警线框，设置指标聚合方式为不汇总，满足条件为任一条件，添加条件格式为资产负债率大于70。点击“下一步”，选择预警人员，预警级别设置为一般，点击“确认”按钮，点击“保存”按钮，如图4-40、图4-41所示。

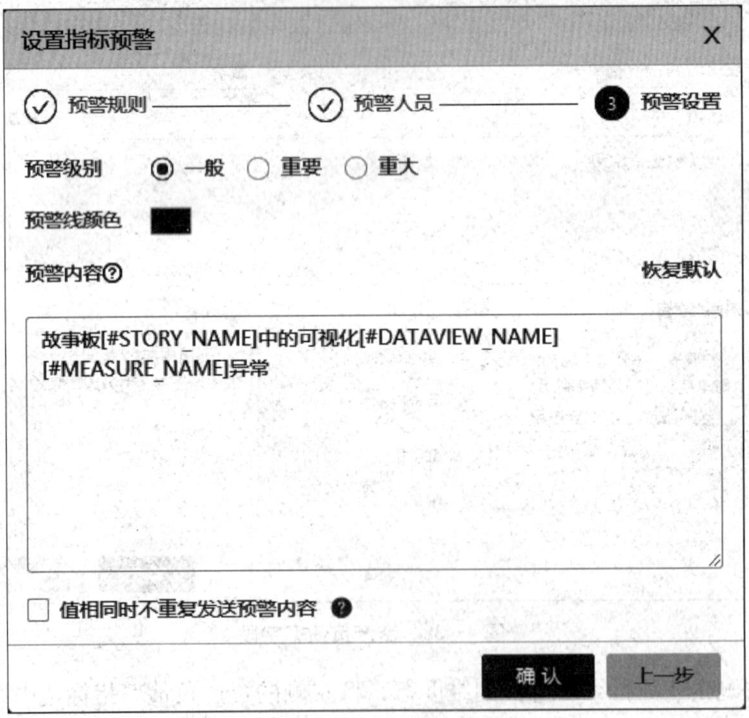

图4-40　预警设置

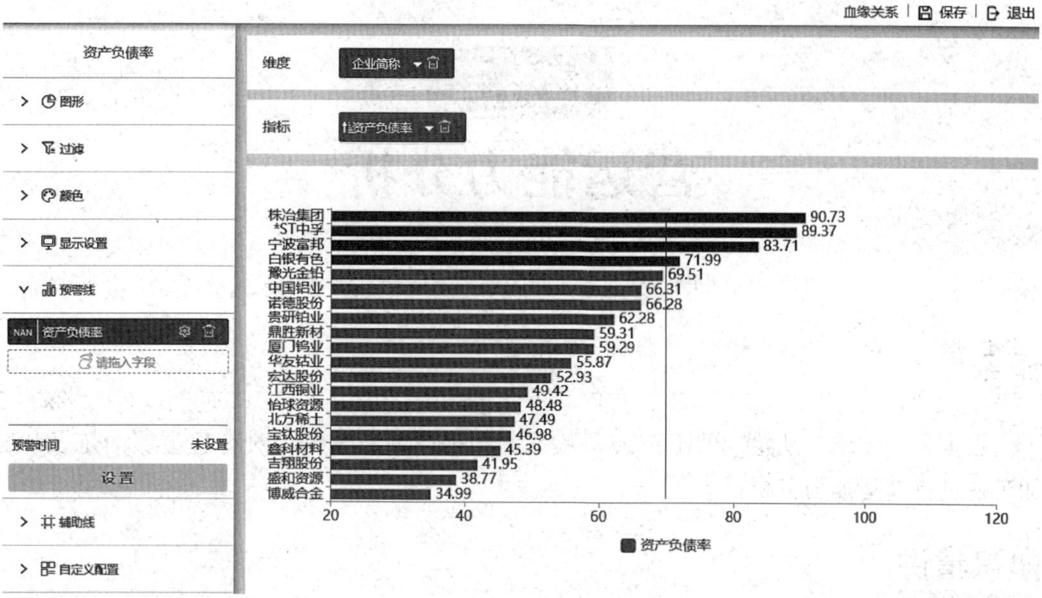

图 4-41　资产负债率可视化

（7）点击“退出”按钮，系统返回到故事板界面。点击故事板左上方的“保存”按钮，保存所有的可视化，如图 4-42 所示。

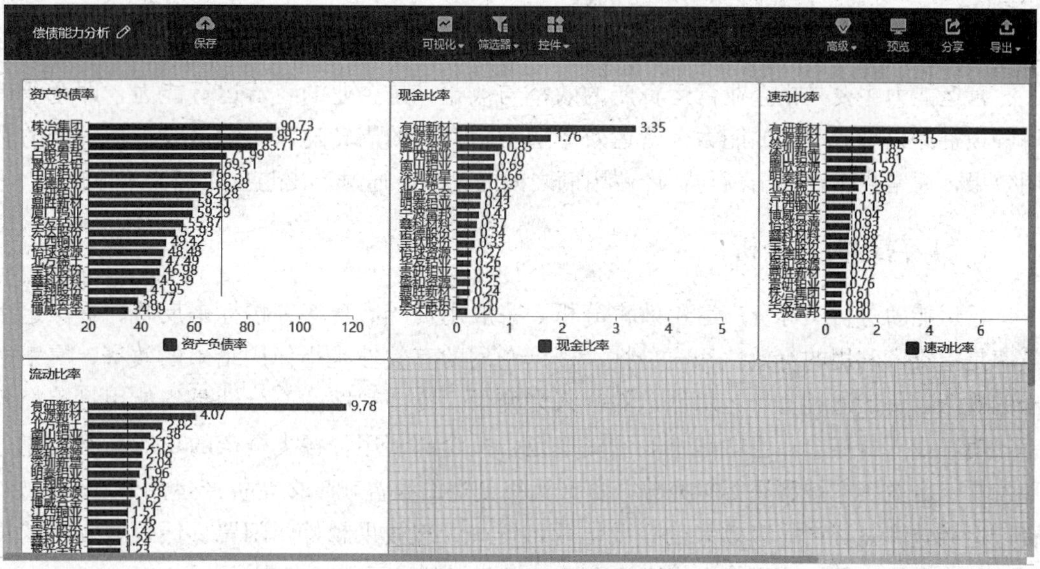

图 4-42　偿债能力看板

通过可视化图表可以看出，资产负债率在 40%～60%之间的企业有 10 家，说明企业充分发挥了财务杠杆作用和负债经营的优势。通过设置预警，该比率高于 70%的企业有 4 家，说明其债务负担太重，其总体偿债能力较弱，债权人权益的保证程度偏低。

任务三
营运能力分析

任务导入

根据公司要求，从给定的上市公司数据源中提取最新数据，对有色金属冶炼及压延加工业进行营运能力分析。

知识精讲

一、营运能力分析的含义

（一）营运能力的含义

营运能力主要是指企业营运资产的效率与效益，是企业的经营运行能力，即企业运用各项资产以赚取利润的能力。营运效率通常指资产的周转速度，营运效益指资产的利用效果，通常指企业产出额与资产占用额之间的比率，通过产出与投入相比来体现。

（二）营运能力分析

营运能力分析又称资产运用效率分析，一般用资产周转率等指标来反映。资产运用效率是指资产利用的有效性和充分性。资产利用的有效性是指使用结果的效率，属于产出的概念，一般通过资产运用创造的收入来衡量。资产利用的充分性是指使用过程的效率，属于投入的概念，也就是企业的资产是否被全部利用，各类资产的功能是否被充分地发挥。企业资产被利用得越充分，资产运用创造的收益就越多，资产运用效率就越好。资产运用效率是资产管理效果的重要体现，资产管理效果越好，闲置、低效的资产就越少，相应地资产周转速度就会提高，企业的经营管理水平也就越高。

二、营运能力分析的意义

（一）投资者角度

对于企业的股东（投资者）来说，分析企业的营运能力有助于判断企业财务的安全性、资本的保全程度以及资产的收益能力，有助于对企业的经营效果作出正确的评价并进行相应的投资决策。

企业的安全性与其资产结构密切相关，如果企业流动性强的资产所占的比重大，企业资产的变现能力强，企业一般不会遇到现金紧缺的压力，企业的财务安全性就比较高。而通过资产结构和资产管理效果分析，我们可以很好地判断资本的安全程度。另外，企业的资产结构直接影响企业的收益。企业存量资产的周转速度越快，实现收益的能力越强；存量资产中商品资产越多，实现的收益额也越大；商品资产中毛利额高的商品所占比重越高，取得的利润率就越高。良好的资产结构和资产管理效果预示着企业的未来收益能力。

（二）经营者角度

企业营运能力分析有助于企业管理者掌握资产的使用效率，以及资产可能达到的使用潜力，以便充分利用企业的有限资源。具体包括以下几个方面：

1. 评价企业资产的流动性

资产的流动性是衡量企业营运效率的一个重要方面，企业的营运能力越强，资产的流动性越高，企业获得预期收益的可能性越大。流动性是企业营运能力的具体表现，通过对企业营运能力的分析，就可以对企业资产的流动性作出评价。

2. 评价企业资产利用的效益

提高企业资产流动性是企业利用资产进行经营活动的手段，其目的在于提高企业资产利用的效益。企业资产营运能力的实质，就是以尽可能少的资产占用，在尽可能短的周转周期内生产出尽可能多的产品，实现尽可能多的销售收入，创造出尽可能多的净收入。通过企业产出额与资产占用额的对比分析，可以评价企业资产利用的效益，为提高企业经济效益指明方向。

3. 挖掘企业资产利用的潜力

企业营运能力的高低，取决于多种因素，通过企业营运能力分析，可以了解企业资产利用方面存在的问题和潜力，进而采取有效的改进措施，提高企业的生产营运能力。

三、营运能力分析的内容及指标

企业的经营活动可以简单地概括为以各种筹资方式筹集资金、购置各项资产，而后利用所拥有或控制的资产生产产品的过程。因而在衡量企业的资产营运能力时，主要使用的指标包括各项资产的周转率（次数）和周转期（天数）。这两个指标是一定时期资产平均占用额与周转额的比率，是用资产的占用量与运用资产所完成的工作量之间的关系来表示营运效率的指标。它们的计算公式分别为：

资产周转率（周转次数）＝营业收入或成本÷资产平均余额×100％

资产周转期（周转天数）＝计算期天数÷资产周转率

这里之所以要用“资产平均余额”，是因为资产周转率计算公式的分子是从利润表中获得的时期指标，而分母是资产负债表中的时点指标，为了解决时间上的冲突，使资产周转率指标更加符合逻辑，需要把资产负债表中“资产总计”“流动资产”等时点指标转化为时期指标。在实际计算中，可用产品销售净额表示企业销售生产的产品所获得的收益，用资产的平均余额表示企业所占用的资产。

1. 存货周转速度

存货是指企业在日常活动中持有以备出售的产成品或商品、处在生产过程中的在产品和在生产过程或提供劳务过程中耗用的材料和物料等。对存货的周转速度进行分析，就是从不同的角度找出管理中存在的问题，使存货管理在保证生产经营连续性的同时，尽可能少地占用营运资金，提高企业资金的使用效率，增强企业的短期偿债能力，提高企业管理水平。

通常用存货平均余额与产品销售成本的比值表示存货的周转速度（计算期天数都为360天）。存货周转率和存货周转期的计算公式分别为：

存货周转率（周转次数）＝营业成本÷存货平均余额

存货周转期（周转天数）＝360÷存货周转率

存货周转率的大小，直接反映了企业材料在采购、储存、生产和销售等方面管理的好坏。一般来说，存货周转率越高越好。存货周转率越高，说明其变现的速度越快，资金占用水平越低。但是，分析企业的财务状况要从多方面考虑。存货周转率越高越好，但绝不是说存货越少越好。存货不能储存过少，生产材料储存过少可能造成生产中断，产成品存量过少会使销售紧张。但是存货也不能储存过多，否则会造成积压和流动资金的浪费。只有保持合理的结构，才能使存货占用资金的使用效率达到最优。

2. 应收账款周转速度

应收账款周转率是企业一定时期内营业收入与应收账款平均余额的比率，是反映应收账款周转速度的指标。应收账款周转率和应收账款周转期的计算公式分别为：

应收账款周转率（周转次数）＝营业收入÷应收账款平均余额

应收账款周转期（周转天数）＝360÷应收账款周转率

应当说明的是，理论上讲，应收账款周转率是指企业一定时期赊销收入净额与应收账款平均余额的比率，用以反映应收账款的周转速度，而实务中，为了方便计算，常以营业收入代替赊销收入。

在一定时期内，应收账款周转的次数越多，表明应收账款回收速度越快，企业管理工作的效率越高。这不仅有利于企业及时收回货款，减少或避免发生坏账损失的可能性，而且有利于提高企业资产的流动性，提高企业短期债务的偿还能力。

3. 流动资产周转速度

流动资产周转率是反映企业流动资产周转速度的指标，是指企业一定时期的营业收入与流动资产平均余额的比率。流动资产周转率和流动资产周转期的计算公式分别为：

流动资产周转率（周转次数）＝营业收入÷流动资产平均余额

流动资产周转期（周转天数）＝360÷流动资产周转率

流动资产周转率反映了企业流动资产的使用效率。通常来说，流动资产周转率越大，流动资产周转天数越短，说明企业流动资产的周转速度越快，资产运用效率越好。流动资产周转率指标不仅反映流动资产运用效率，同时也影响着企业的盈利水平。企业流动资产周转率越快，周转次数越多，企业以相同的流动资产占用实现的主营业务收入越多，说明企业流动资产的运用效率越好，进而企业的偿债能力和盈利能力均得以增强；反之，则表明企业利用流动资产进行经营活动的能力差，效率较低。

4. 总资产周转速度

反映总资产周转速度的指标主要是总资产周转率，它是一定时期内营业收入与总资产平均余额的比值。总资产周转率和总资产周转期的计算公式分别为：

总资产周转率（周转次数）＝营业收入÷总资产平均余额

总资产周转期（周转天数）＝360÷总资产周转率

总资产周转率越高，说明企业全部资产的使用效率越高；反之，则说明使用效率较差，这时企业应采取各项措施来提高资产的利用程度，例如，加大市场营销力度从而减少存货，或者处理多余的资产等。影响总资产营运能力的因素有很多。如果要提高企业总资产的营运能力，那么首先应安排好各项资产的合理结构，尤其是流动资产与固定资产之间的比例关系，以防两者之中任一个出现闲置；其次，提高各项资产的使用效率，特别是应收账款、存货和固定资产的使用效率；最后，应在总资产规模不变的情况下尽可能地扩大营业收入，为此，企业要以市场为导向，努力开发新产品，提高市场占有率。

任务要求

（1）分析总资产周转天数。

（2）分析固定资产周转天数。

（3）分析流动资产周转天数。

（4）分析应收账款周转天数。

任务实施

一、总资产周转天数

1. 新建故事板

（1）点击“开始任务”，进入用友分析云，选择左侧“分析设计”，点击“新建”下方的“新建故事板”，新建“营运能力”故事板。

（2）故事板名称输入“营运能力分析”，存放在“我的故事板”下方，点击“确认”按钮，进入营运能力分析故事板，如图 4－43 所示。

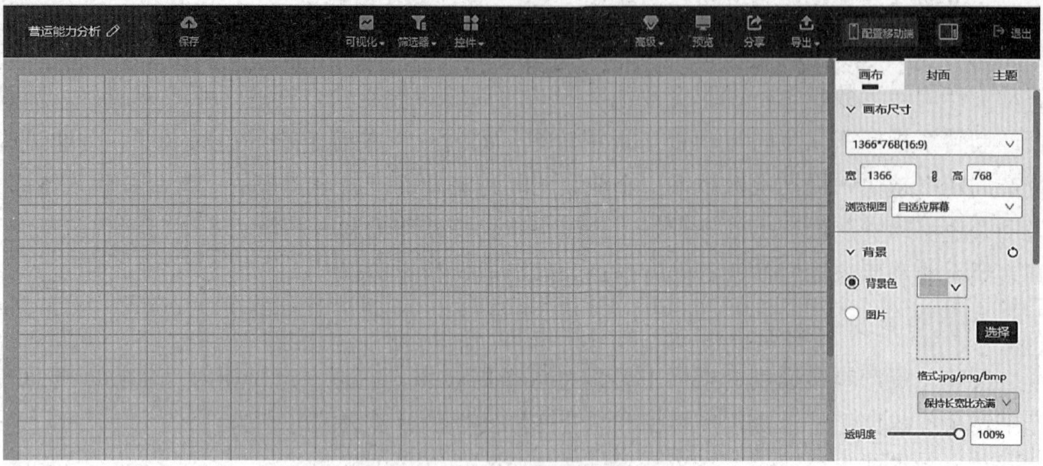

图 4-43　营运能力分析故事板

2. 总资产周转天数可视化

（1）进入图 4-43 营运能力分析故事板以后，需要新建可视化视图，点击“可视化—新建”，新建“总资产周转天数”可视化。

（2）选择数据集，点击“数据集—财务大数据—财报分析”，选择 xbrl，点击“确定”按钮。

（3）修改可视化名称为“总资产周转天数”，新建总资产周转天数字段，总资产周转天数表达式为“365 * avg（资产总计（元）^{x}）/sum（营业收入（元）^{x}）”，字段类型为“数字”，如图 4-44 所示。

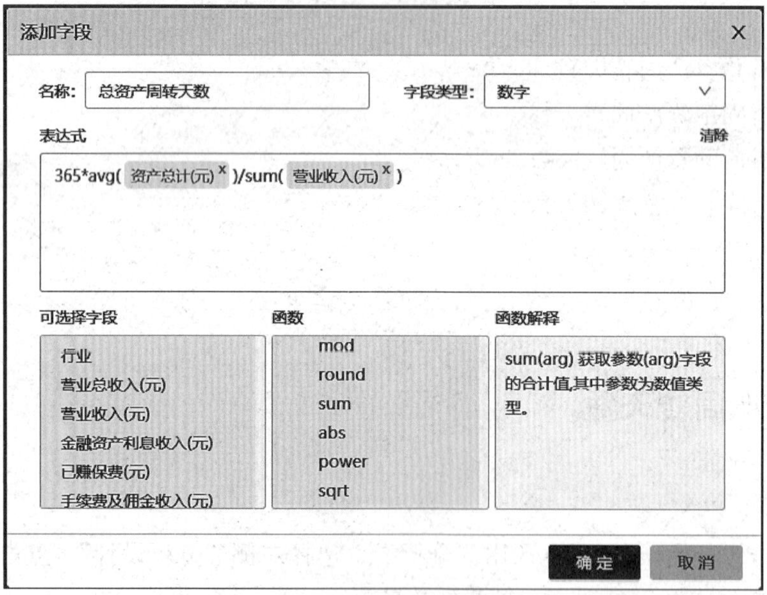

图 4-44　总资产周转天数字段

（4）将左侧企业简称维度拖拽到维度行，将左侧的总资产周转天数指标选中以后拖拽到右上方的指标行，将总资产周转天数按照升序排序。点击“过滤—设置”，系统弹出过滤条件对话框，点击“按条件添加”，“报表类型”“等于”“5000”，“报表年份”“等于”“2018”，“行业”“等于”“有色金属冶炼及压延加工业”，点击“确定”按钮，如图 4－45 所示。

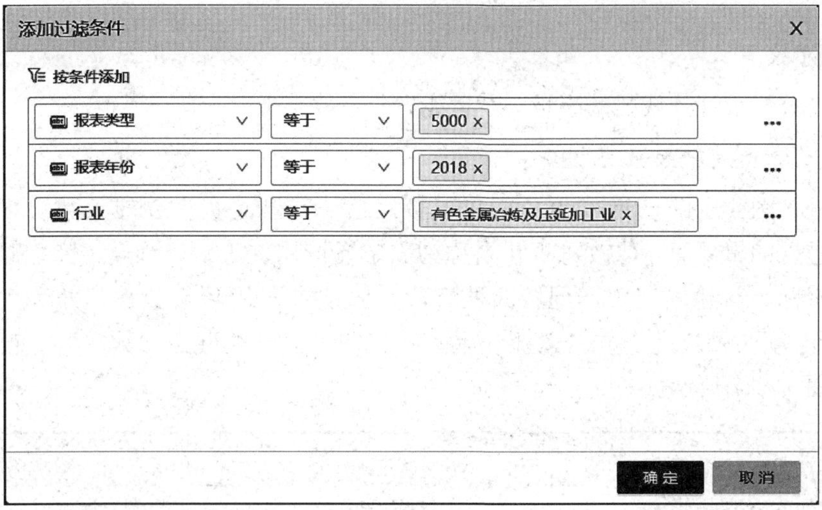

图 4－45　总资产周转天数过滤条件

（5）选择图形为条形图，“显示设置”选择显示后 20，点击“保存”按钮，如图 4－46 所示。

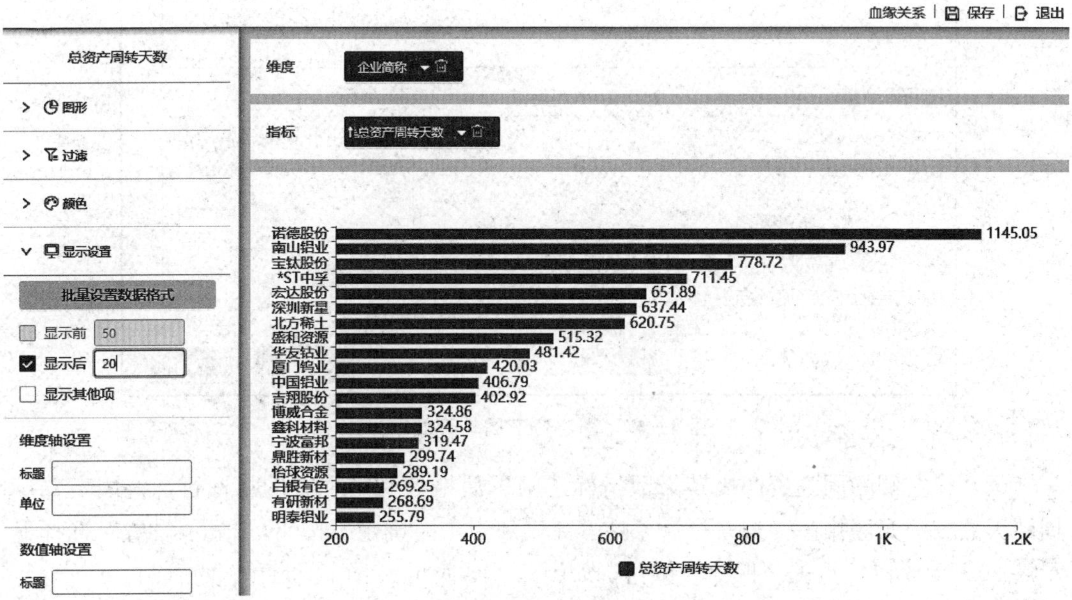

图 4－46　总资产周转天数可视化

（6）点击“退出”按钮。系统返回到故事板界面。

总资产周转率越高，说明企业全部资产的使用效率越高；反之，则说明使用效率较差。从总资产周转天数指标来看，明泰铝业、有研新材和白银有色的资产利用程度较高，说明其销售能力很强，资产的投资效益很好。

二、固定资产周转天数

1. 打开故事板

点击“分析设计—我的故事板—营运能力分析故事板”。

2. 固定资产周转天数可视化

（1）进入图 4－43 营运能力分析故事板以后，复制总资产周转天数可视化，点击“编辑”，进入编辑界面，修改可视化名称为固定资产周转天数，维度不变，删除总资产周转天数指标，新建固定资产周转天数字段，固定资产周转天数表达式为“365 * avg（固定资产净额（元）^{x}）/sum（营业收入（元）^{x}）”，字段类型为“数字”，点击“确定”按钮，如图 4－47 所示。

图 4－47　固定资产周转天数字段

（2）将左侧的固定资产周转天数指标选中以后拖拽到右上方的指标行，将固定资产周转天数按照升序排序，查看过滤条件，无误后点击“确定”按钮，“显示设置”选择显示后 20，无误以后点击“保存”按钮，如图 4－48 所示。

（3）点击“退出”按钮，系统返回到故事板界面。

根据可视化图表可以看出，各企业的固定资产周转率水平参差不齐。而适中的固定资产周转率说明企业固定资产利用较为充分，投资得当。此指标在 0.8～1 之间较为合适。所以从固定资产周转天数指标来看，南山铝业和 ST 中孚两家企业指标较好。

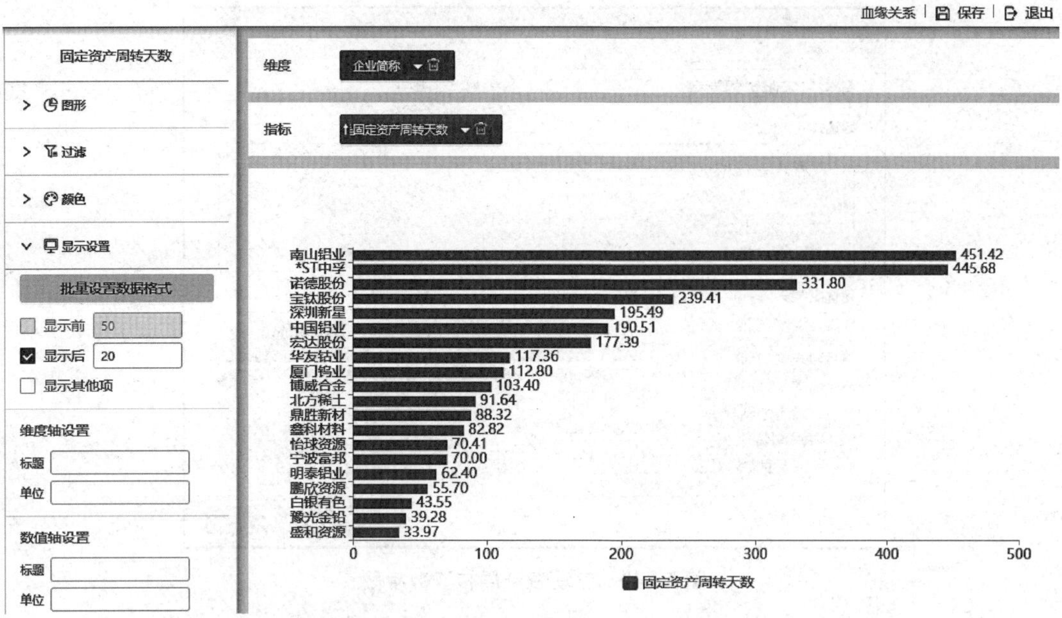

图 4-48　固定资产周转天数可视化

三、流动资产周转天数

1. 打开故事板

点击“分析设计—我的故事板—营运能力分析故事板”。

2. 流动资产周转天数可视化

（1）进入图 4-43 营运能力分析故事板以后，复制总资产周转天数可视化，点击“编辑”，进入编辑界面，修改可视化名称为流动资产周转天数，维度不变，删除总资产周转天数指标，新建流动资产周转天数字段，流动资产周转天数表达式为“365 * avg（流动资产合计（元）^{x}）/sum（营业收入（元）^{x}）”，字段类型为“数字”，点击“确定”按钮，如图 4-49 所示。

（2）将左侧的流动资产周转天数指标选中以后拖拽到右上方的指标行，将流动资产周转天数按照升序排序，查看过滤条件，无误后点击“确定”按钮，“显示设置”选择显示后 20，无误以后点击“保存”按钮，如图 4-50 所示。

（3）点击“退出”按钮，系统返回到故事板界面。

流动资产周转天数越短说明企业流动资产的周转速度越快，资产运用效率越好。根据可视化图表可以看出，白银有色、宏达股份和豫光金铅的指标较好，说明企业以相同的流动资产占用实现的主营业务收入越多，企业的盈利水平更高。流动资产的运用效率好，企业的偿债能力和盈利能力均得以增强。

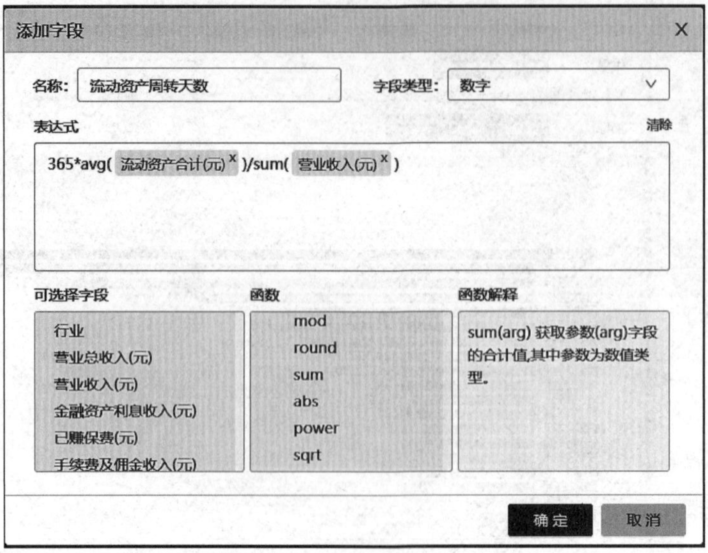

图 4-49　流动资产周转天数字段

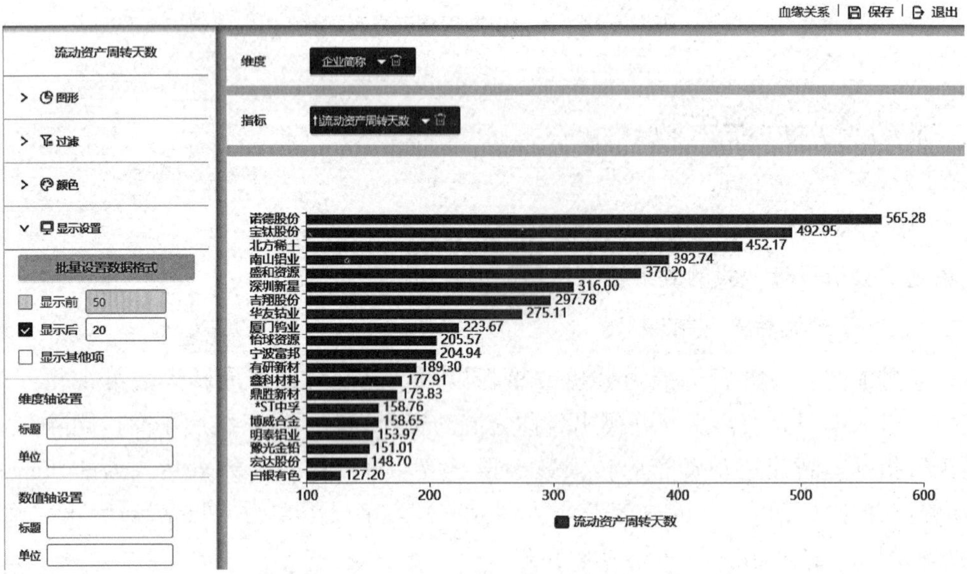

图 4-50　流动资产周转天数可视化

四、应收账款周转天数

1. 打开故事板

点击“分析设计—我的故事板—营运能力分析故事板”。

2. 应收账款周转天数可视化

(1) 进入图 4-43 营运能力分析故事板以后，复制总资产周转天数可视化，点击“编辑”，进入编辑界面，修改可视化名称为应收账款周转天数，维度不变，删除总资产周转天数指标，新建应收账款周转天数字段，应收账款周转天数表达式为“365 * avg（应收账款（元）ˣ）/sum（营业收入（元）ˣ）”，字段类型为“数字”，点击“确定”按钮，如图 4-51 所示。

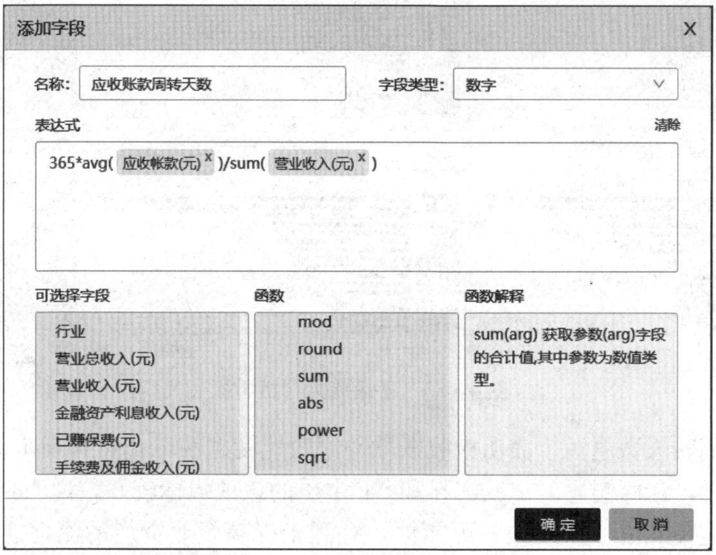

图 4-51　应收账款周转天数字段

（2）将左侧的应收账款周转天数指标选中以后拖拽到右上方的指标行，将应收账款周转天数按照升序排序，查看过滤条件，无误后点击“确定”按钮，“显示设置”选择显示后 20，无误后点击“保存”按钮，如图 4-52 所示。

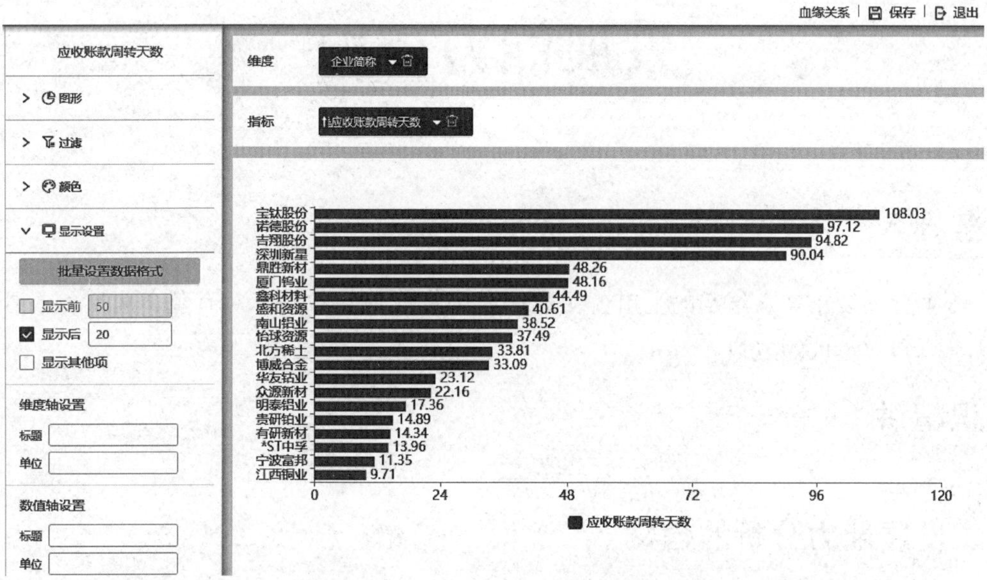

图 4-52　应收账款周转天数可视化

（3）点击“退出”按钮，系统返回到故事板界面。点击故事板左上方的“保存”按钮，保存所有的可视化，如图 4-53 所示。

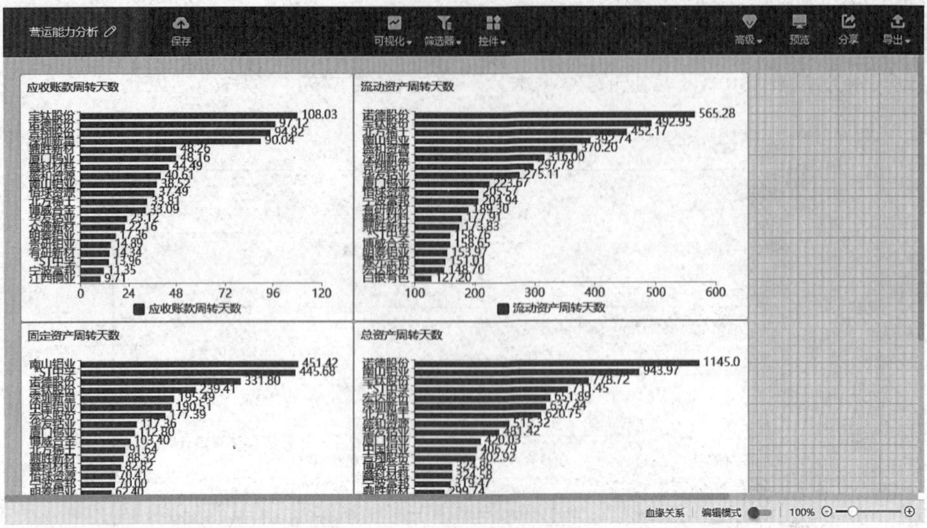

图 4-53 营运能力分析看板

应收账款周转天数越短，表明应收账款的回收速度越快，企业管理工作的效率越高。从图 4-53 来看，江西铜业、宁波富邦和 ST 中孚的该项指标较好，说明企业能及时收回货款，减少或避免发生坏账损失的可能性，有利于提高企业资产的流动性，提高企业短期债务的偿还能力。

任务四

发展能力分析

任务导入

根据公司要求，从给定的上市公司数据源中提取最新数据，对有色金属冶炼及压延加工业进行发展能力分析。

知识精讲

一、发展能力分析的含义

（一）发展能力

企业的发展能力通常是指企业未来生产经营活动的发展趋势和发展潜力，也称为增长能力，它是企业通过自身的生产经营活动，不断扩大积累而形成的发展潜能。从形成看，企业的发展能力主要是通过自身的生产经营活动，不断扩大积累而形成的，主要依托于不断增长的销售收入、不断增加的资金投入和不断创造的利润等。从结果看，一个发展能力强的企业，能够不断为股东创造财富、增加企业价值。

（二）发展能力分析

发展能力分析是指通过对企业有关财务指标的计算、分析，判断企业未来的发展和变化趋势。其通常是指对企业资本扩张能力的分析、对企业销售增长能力的分析、对企业盈利能力的分析、对企业资产增长能力的分析。

二、发展能力分析的意义

（一）投资者角度

通过企业发展能力可以分析评价企业未来的成长潜力，可以为正在选择合适目标企业的潜在投资者作出正确的投资决策；也可以通过企业发展能力分析衡量企业创造股东价值的程度，为股东（投资者）制定下一步战略行动提供依据。

（二）经营者角度

企业发展能力分析的意义在于保证企业长远发展，控制企业经营中的短期行为。在企业的财务评价体系中，加入发展能力的考核指标，对于完善现代企业制度和现代企业的理财目标，具有极其重要的意义。具体表现在以下几个方面：

1. 有助于抑制企业的短期行为

企业的短期行为集中地表现为追求眼前利润，忽视企业资产的保值与增值。增加了发展能力的指标后，不仅要考核企业目前的盈利状况，还考核企业资产的保值与增值情况，可以在一定程度上抑制企业的短期行为。

2. 有利于实现企业价值最大化

为了实现企业价值最大化目标，企业一方面应追求利润扩大财务成果，另一方面则要不断地改善财务状况，增强经营成果的稳定性。为此，财务工作者不仅要分别对企业的财务状况和经营成果进行考核，更重要的是要将二者结合起来，综合地考核企业的发展能力。

三、发展能力分析的内容及指标

发展能力分析通常采用增长率来反映，主要从以下几个方面展开。

（一）销售增长能力分析

销售的增长是企业盈利的保障。企业只有保持销售收入的稳定增长，才能不断增加收入、提高市场占有率、增加利润，从而促进企业发展。因此，通常采用销售增长率指标分析企业的销售增长能力。

销售增长率是指企业本期营业收入增长额同上期营业收入总额的比率。它反映营业收入本期同上期相比较的增减变动情况，是评价企业成长状况和发展能力的重要指标。其计算公式为：

销售增长率＝本期营业收入增长额÷上期营业收入总额×100％

销售增长率是衡量企业经营状况和市场占有能力、预测企业经营业务拓展趋势的重要标志，也是企业扩张增量和存量资本的重要前提。一般而言，该指标大于0，表示企业本期销售收入相对于上期有所增长，指标值越高，表明销售收入增长速度越快，企业的市场前景越好。反之亦然。

（二）资产增长能力分析

资产是企业生产经营活动的物质条件，是企业用以取得收入的资源，也是企业偿还债务的保障。通常情况下，发展能力强的企业都能保证资产的稳定增长，因此，资产的增长可以表明企业的发展状况和发展能力，也是实现企业价值的重要手段。分析企业资产增长能力的指标主要是总资产增长率。

总资产增长率是指企业本期总资产增长额与期初资产总额的比率，反映了企业在一定期间内的资产规模扩张情况。其计算公式为：

总资产增长率＝本期总资产增长额÷期初资产总额×100％

总资产增长率大于0，说明企业本期资产增加，生产经营规模扩大。该指标越大，则企业规模的扩张速度越快。若总资产保持稳定的增长态势，则企业的长期发展能力也较高。

（三）利润增长能力分析

由于一个企业的价值主要取决于其获利及增长能力，因此企业的利润增长是反映企业增长能力的重要方面。由于利润可表现为营业利润、利润总额、净利润等多种形式，因此相应的利润增长率也具有不同的表现形式。在实际中，通常使用营业利润增长率和净利润增长率这两个指标来分析企业的利润增长能力。

1. 营业利润增长率

营业利润增长率是指企业本期营业利润增长额与上期营业利润总额的比率。其计算公式为：

营业利润增长率＝本期营业利润增长额÷上期营业利润总额×100％

营业利润增长率为正数，说明企业本期利润增加。一般而言，营业利润增长率越大，表明企业在一个经营周期内资产经营规模扩张的速度越快。反之亦然。

2. 净利润增长率

净利润增长率是企业本期净利润增长额同上期净利润总额之间的比率，反映企业利润的增长情况，体现企业的发展状况。其计算公式为：

净利润增长率＝本期净利润增长额÷上期净利润总额×100％

净利润增长率为正数，说明企业本期净利润增加。一般而言，净利润增长率越大，表明企业积累越多，企业的发展潜力越大，可持续发展能力越强。反之亦然。

（四）所有者权益增长能力分析

所有者权益可为企业实现规模经营提供资金来源。分析企业所有者权益增长能力的主要指标有资本积累率和资本保值增值率。

1. 资本积累率

资本积累率，也称为所有者权益增长率，是指企业本期所有者权益增长额与上期所有者权益总额的比率。资本积累率反映了所有者权益在当期的变动水平，体现了企业当期的资本积累能力，是企业发展强盛的标志。其计算公式为：

资本积累率＝本期所有者权益增长额÷期初所有者权益总额×100％

该指标越高，说明投资者投入企业的资本增长越快，企业资本保全性越高，可持续发展的能力越强；反之亦然。

2. 资本保值增值率

资本保值增值率是指企业本期期末的所有者权益总额与期初所有者权益总额的比率，表示企业当期资本在企业自身努力下的实际增减变动情况，是评价企业财务效益状况的辅助指标，反映了投资者投入企业资本的保全性和增长性。其计算公式为：

资本保值增值率＝期末所有者权益总额÷期初所有者权益总额×100％

该指标越高，表明企业的资本保全状况越好，所有者权益增长越快，债权人的债务越有保障，企业发展后劲越强。反之亦然。

任务要求

（1）分析总资产增长率。

（2）分析营业利润增长率。

（3）分析利润总额增长率。

任务实施

一、总资产增长率分析

1. 新建故事板

（1）点击“开始任务”，进入用友分析云，选择左侧“分析设计”，点击“新建”下方的“新建故事板”，如图 4－54 所示。

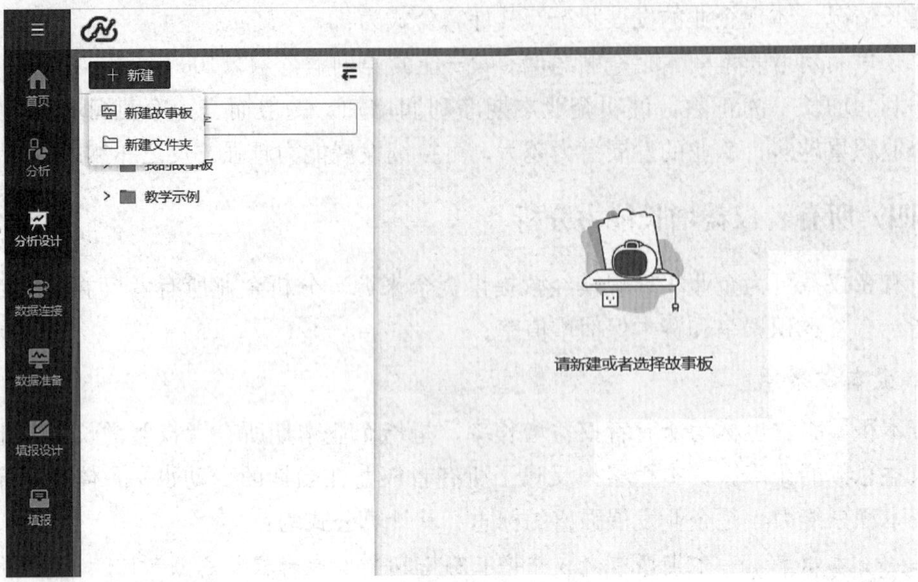

图 4-54 新建故事板

(2) 故事板名称输入“发展能力分析”，存放在“我的故事板”下方，点击“确认”，进入发展能力分析故事板，如图 4-55 所示。

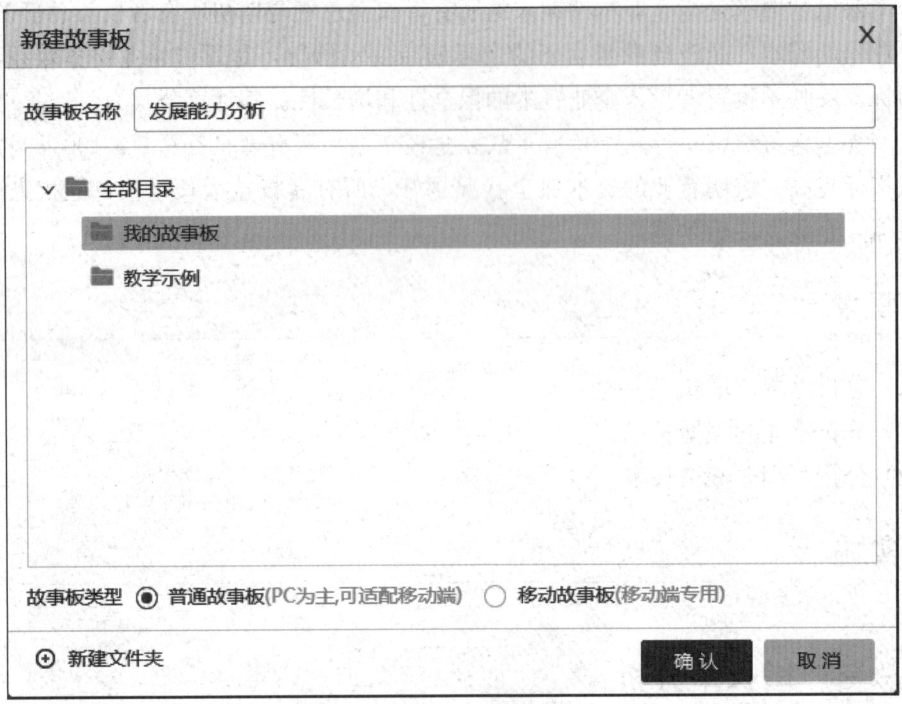

图 4-55 发展能力分析故事板

2. 总资产增长率可视化

(1) 进入图 4-55 发展能力分析故事板以后，需要新建可视化视图，点击“可视化—新建”，新建“总资产增长率”可视化。

（2）选择数据集，点击“数据集—财务大数据—财报分析”，选择 xbrl，点击“确定”。

（3）修改可视化名称为“总资产增长率”，将左侧企业简称维度拖拽到维度行，将左侧的资产总计指标选中以后拖拽到右上方的指标行。

（4）点击“过滤—设置”，系统弹出过滤条件对话框，点击“按条件添加”，“报表类型”“等于”“5000”，“行业”“等于”“有色金属冶炼及压延加工业”，“企业简称”“不包含”“株冶集团”“鼎胜新材”，点击“确定”，如图 4－56 所示。

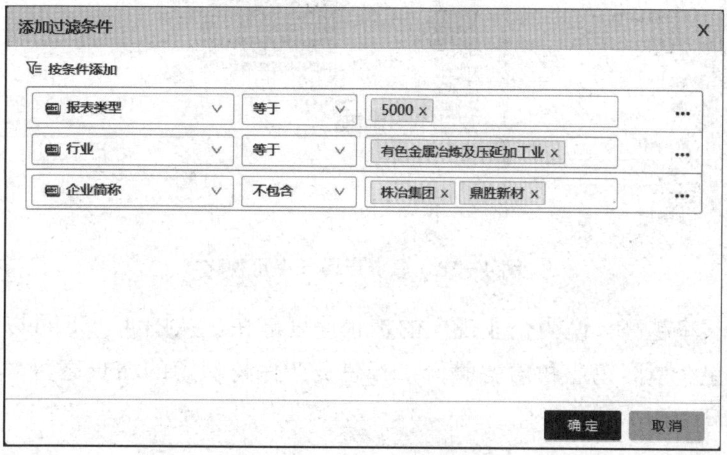

图 4－56　总资产增长率过滤条件

（5）选择图形为条形图，点击资产总计指标下方的下拉框，选择“高级计算—同比/环比”，日期字段选择“报表日期”“年”，对比类型选择“同比”，所选日期输入“3”，显示 2018 年，计算选择“增长率”，间隔选择“1”，显示 2017 年。点击“确定”，如图 4－57 所示。

图 4－57　总资产增长率同比设置

（6）资产总计按升序排列，“显示设置”选择显示后 20。点击“保存”按钮，点击“退出”按钮。系统返回到故事板界面。如图 4－58 所示。

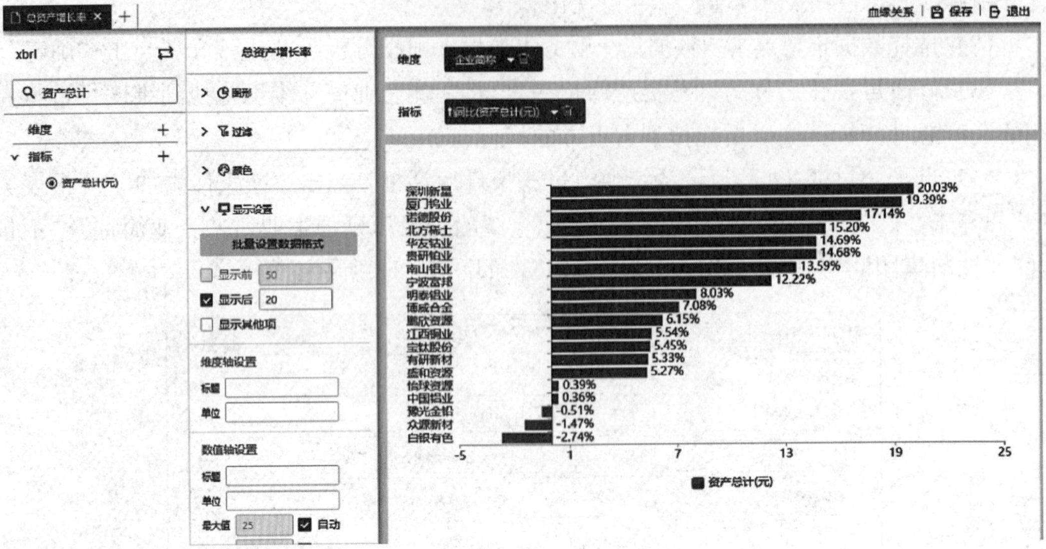

图 4-58　总资产增长率可视化

总资产增长率越高，说明企业规模的扩张速度越快。从图 4-58 可以看出，排在前列的为深圳新星、厦门钨业和诺德股份，若总资产保持稳定的增长态势，则企业的长期发展能力也较高。

二、营业利润增长率分析

1. 打开故事板

点击“分析设计—我的故事板—发展能力分析故事板”。

2. 营业利润增长率可视化

(1) 进入图 4-55 发展能力分析故事板以后，复制总资产增长率可视化，点击编辑，进入编辑界面，修改可视化名称为营业利润增长率，维度不变，删除总资产增长率，将左侧营业收入指标拖拽到指标行，点击过滤条件，检查过滤条件，无误后点击“确定”按钮，点击营业收入下拉三角箭头选择“高级计算—同比/环比”，日期字段选择“报表日期”“年”，对比类型选择“同比”，所选日期输入“3”，显示 2018 年，计算选择“增长率”，间隔选择“1”，显示 2017 年，点击“确定”按钮，如图 4-59 所示。

(2) 营业收入按升序排列，“显示设置”选择显示后 20，无误后点击“保存”，如图 4-60 所示。

(3) 点击“退出”按钮。系统返回到故事板界面。

一般而言，营业利润增长率越大，表明企业在一个经营周期内资产经营规模扩张的速度越快。从可视化图表可以看出，鹏欣资源的该项指标遥遥领先，其次是吉翔股份和华友钴业。

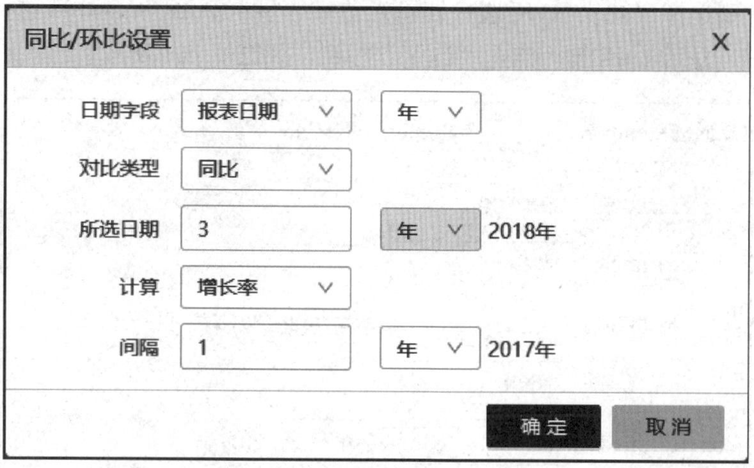

图 4-59 营业利润增长率同比

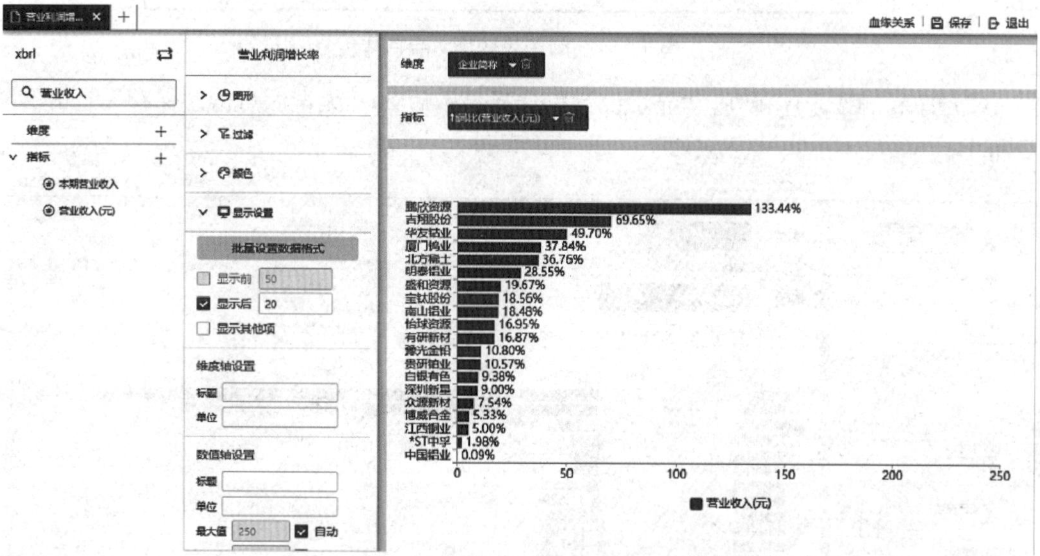

图 4-60 营业利润增长率可视化

三、利润总额增长率分析

1. 打开故事板

点击“分析设计—我的故事板—发展能力分析故事板”。

2. 利润总额增长率可视化

(1) 进入图 4-55 发展能力分析故事板以后，复制总资产增长率可视化，点击编辑，进入编辑界面，修改可视化名称为利润总额增长率，维度不变，删除总资产增长率，将左侧净利润指标拖拽到指标行，点击过滤条件，检查过滤条件，无误后点击“确定”按钮，点击净利润下拉三角箭头选择“高级计算—同比/环比”，日期字段选择“报表日期”

“年”，对比类型选择“同比”，所选日期输入“3”，显示 2018 年，计算选择“增长率”，间隔选择“1”，显示 2017 年，点击“确定”按钮，如图 4－61 所示。

图 4－61 利润总额增长率同比

（2）净利润按升序排列，“显示设置”选择显示后 20，无误后点击“保存”，如图 4－62 所示。

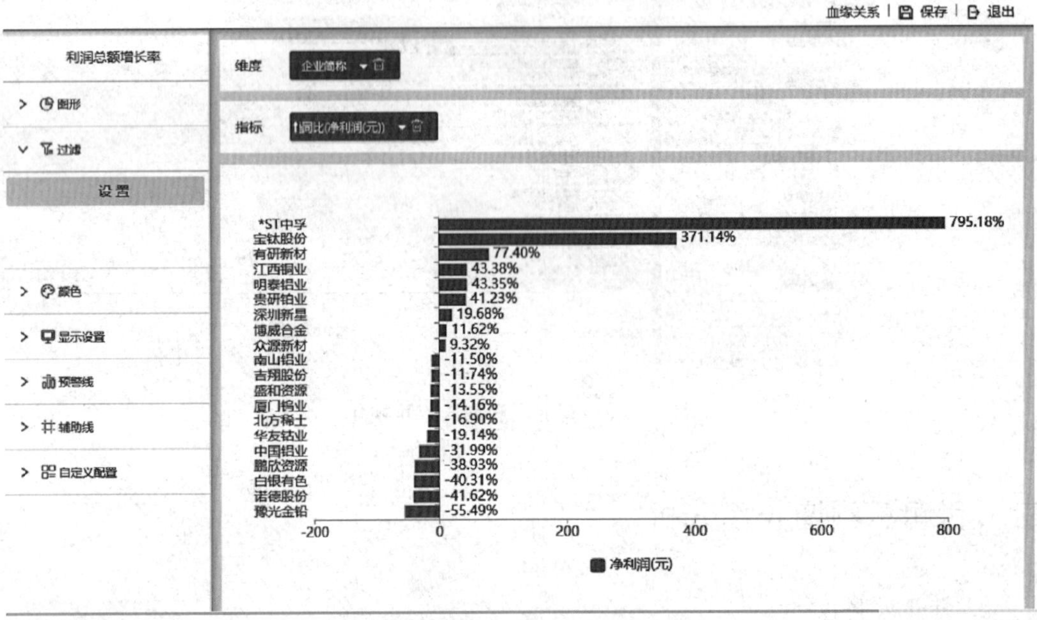

图 4－62 利润总额增长率可视化

通过可视化图表可以看出，ST 中孚的利润总额增长率最高，表明其在本期的经营规模扩张速度最快，其次是宝钛股份和有研新材。

（3）点击“退出”按钮。系统返回到故事板界面，如图 4－63 所示。

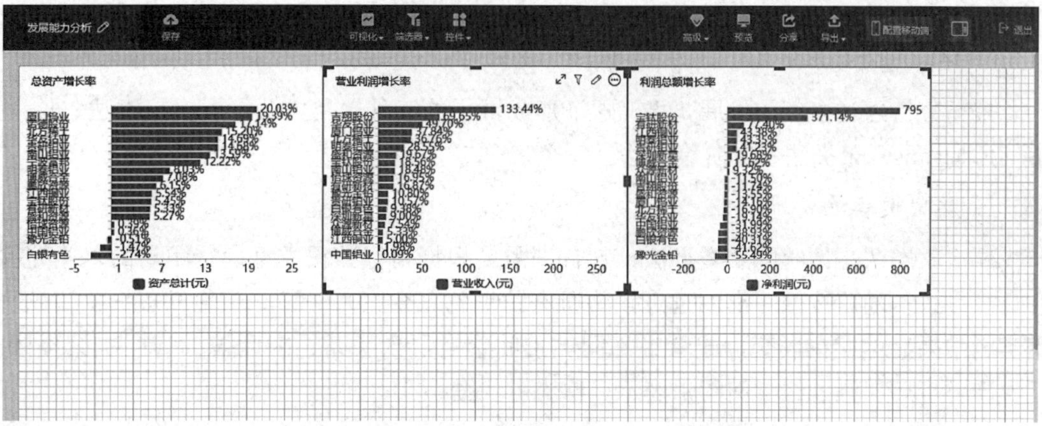

图 4-63 发展能力看板

任务五

聚类分析

任务导入

财务大数据分析师根据盈利能力指标对“有色金属冶炼及压延加工业”的企业进行聚类分析，通过聚类算法帮助筛选出投资的目标企业。

知识精讲

一、聚类分析

（一）概念

聚类分析是针对几个特定的业务指标，可以将观察对象的群体按照相似性和相异性进行不同群组的划分。经过划分后，每个群组内部各对象间的相似度会很高，而在不同群组之间的对象彼此间将具有很高的相异度。组内相似性越大，组间差距越大，说明聚类效果越好。

(二) 分类

聚类分析经过多年的发展，已经逐渐形成常用的三种聚类方法：层次聚类法、K-均值（K-Means）聚类法和二阶聚类法。

1. 层次聚类法

层次聚类法是传统的聚类方法，它首先需要根据指标数据类型确定距离的基本定义和计算方式，随后按照距离的远近，将所有的事物（个案）一步一步地归成一类。这样聚类的结果显然存在嵌套，或者说不同类别间会有层次关系，因此被称为层次聚类法。层次聚类可用一张二维空间图来表示，称为树状图。

2. K-均值聚类法

层次聚类法的分析过程是非常细致的，需要计算所有事物（个案）两两之间的距离，所以聚类的效率不高。K-均值聚类法可以在一定程度上解决这个问题。K-均值聚类法在聚类之前就确定好了最终的类别数和类别坐标，整个分析过程使用迭代的方式进行，通过不断地迭代把事物（个案）在不同类别之间移动，直到找到距离最短的类别，然后将该事物归于此类。整个计算过程中不需要存储基本数据，因此不会出现嵌套结果，计算速度也非常快。

3. 二阶聚类法

随着数据收集和存储设备的发展，海量数据的聚类分析已经成为迫切的需求，而上面介绍的两种聚类方法在速度和效率上还不能满足要求。首先，面对海量数据，过高的计算量会使上面两种方法不具有实用价值；其次，上面两种聚类方法不能处理复杂的指标数据同时存在的情况，特别是连续型和离散型数据混合出现的情况。二阶聚类法能够解决上面两种聚类方法不能处理的复杂情况。

二、层次聚类法

层次聚类法的运算原理都是基于事物（个案）之间的距离，它的运算过程可以总结成下面两个步骤：

在聚类开始前，假设有 n 个事物（个案），每个个案（事物）都自成一类，然后按照定义的距离公式计算个案之间的距离，这些距离可以整理成一个 $n\times n$ 的距离矩阵。将距离最近的两个个案合并为一类，那么总类别就减少为 $n-1$ 个。

重复上面的过程，计算出 $n-1$ 个类别间的距离，形成新的距离矩阵，再将距离最接近的两个类别合并。重复以上过程，直至所有的个案都被归为一类为止。

从以上层次聚类分析的运算过程可知：层次聚类可以对个案（事物）进行聚类。因为层次聚类提供的距离测量方法非常丰富，所以能够用于计算的个案（事物）的指标数据可以是连续型数据，也可以是分类型数据。它的缺点也非常明显，那就是计算量很大，当需要聚类的个案（事物）数量很大时，层次聚类的运算速度没有优势。

三、K-均值聚类法

K-均值聚类法的聚类算法与层次聚类法完全不同，它相对于层次聚类法来说运算速度快很多，所以又称为快速聚类法，是使用最广泛的一种。在 SPSS 软件中，K-均值聚类法是按照如下步骤对个案进行聚类的：

1. 确定类别数量

分析者需要事先确定类别数量，类别数量由分析者自行指定（方法名称中的 K 就是类别数量的意思）。在实际分析过程中，类别数量一般需要研究者根据问题，反复尝试把数据分成不同的类别数的效果并进行比较，从中挑选出最优的方案。

2. 将个案归入相应类别

根据分析者指定的类别中心（具体坐标），或者 SPSS 软件根据数据的结构中心初步确定每个类别的初始中心坐标，然后逐一计算每个个案（记录）到各个类别初始中心的距离，按照距离最近原则将记录归入相应类别，并重新计算类别的中心点（用均值表示，也就是方法名称中均值的含义）。

重复步骤 1 和步骤 2，直到达到收敛标准，或者达到分析者事先设定的迭代次数。

从以上算法过程可以了解，由于事先指定了类别数和类别中心，K-均值聚类的运行速度明显快于层次聚类，这也是其被称为快速聚类的原因。与层次聚类法相比，K-均值聚类法的计算量非常小，因此可以有效地处理大量数据而不占用太多的计算机内存空间和时间。每个类别的初始类别中心（坐标值）可以由分析者自行输入，也可以由软件根据数据结构确定，这样就能够帮助分析者借鉴前人的经验，少走弯路，节约探索时间。

因为 K-均值聚类的依据是距离，所以要求纳入聚类的变量都为连续型变量，并且要求各变量的量纲和数据差异尽量一致，这样聚类的结果才可靠，避免量纲小、数值大的变量数据在最终距离数值上权重过大。K-均值聚类不能像层次聚类一样在操作菜单中直接对变量进行标准化，因此在分析前需要用“分析—描述统计—描述”功能对连续变量进行标准化。除了要注意变量数据的标准化以外，还需要考虑变量之间的相关关系，这是因为强相关的变量如果同时纳入聚类分析中，那么这些变量所共同代表的因素权重就会远远高于其他变量，并最终使聚类结果偏向于该因素。

四、二阶聚类法

二阶聚类法也叫两步聚类法，是用于解决海量数据、复杂类别结构的聚类分析方法。它之所以能够区别于层次聚类法和 K-均值聚类法，用于海量及复杂类型的数据聚类分析，在于其先进的算法原理，使得二阶聚类法能够占用内存资源少，运算速度快。

二阶聚类法可用于非常庞大的数据的聚类分析，同时个案的特征属性既可以是定距数据，也可以是定类数据，因为在二阶聚类分析中，距离的衡量标准使用的是对数相似值，当然，如果只有定距数据，也可以使用欧式距离。二阶聚类分析的名称来源于它的聚类分析过程包括两步：小聚类和大聚类。

小聚类：小聚类过程可以想象成组建一个一个的小家庭。先将所有观测值（个案）的属性变量数据都扫描一遍，同时结合连续性属性变量的平均值和方差，以及离散型属性变量的计数，从而确定出许多类中心，然后计算观测值与类中心的距离，距离小的个案将会被归类到相应的类中，这个过程称为构建一个分类的特征树（CF）。当所有个案都通过以上方式进入聚类特征树后，该聚类过程结束。

大聚类：特征树构造完成以后，程序会运用凝聚聚类算法将第一步得到的亚类进行再聚类。该算法会给出一个类别数的范围以及两种判断类别数目效果的指标 AIC 或 BIC，这两种指标值越小，表示相应类别数的聚类效果越好。如果我们事先没有指定类别数，SPSS 会根据 AIC 或 BIC 的大小来确定最优的类别数。

任务要求

（1）了解 K-均值聚类法。

（2）将净资产收益率、营业利润率、总资产报酬率设为变量，进行聚类分析。

（3）通过聚类算法帮助筛选出投资的目标企业。

任务实施

聚类分析操作步骤：

步骤 1：点击“开始任务”，进入用友分析云，如图 4－64 所示。

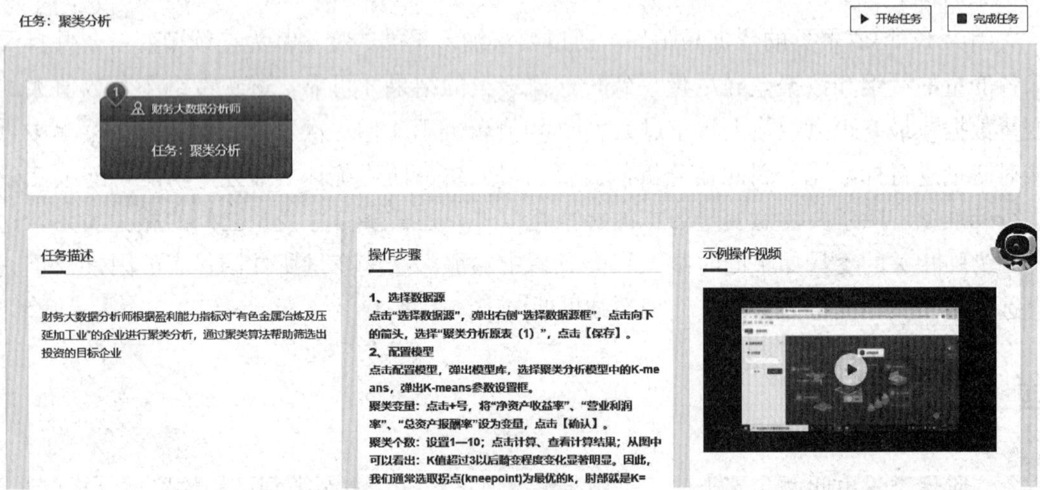

图 4－64　进入用友分析云

步骤 2：选择数据源。

点击“选择数据源”，弹出右侧“选择数据源”框，点击向下的箭头，选择“聚类分析原表（1）.xlsx”，点击“保存”，如图 4-65 所示。

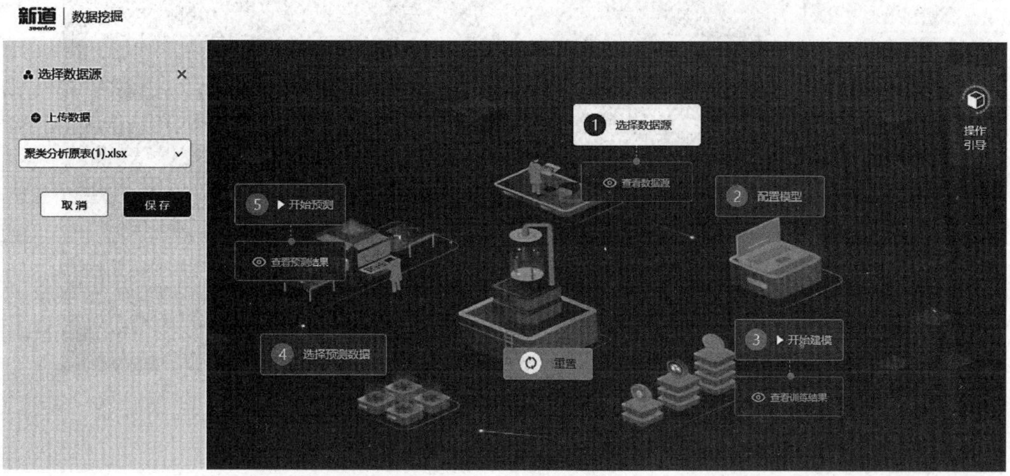

图 4-65 选择数据源

步骤 3：配置模型。

点击配置模型，弹出模型库，选择聚类分析模型中的 K-Means，弹出 K-Means 参数设置框。

聚类变量：点击“+”号，将“净资产收益率”“营业利润率”“总资产报酬率”设为变量，点击“确认”。聚类个数选择 1～10，点击“计算”，查看计算结果。如图 4-66 所示。

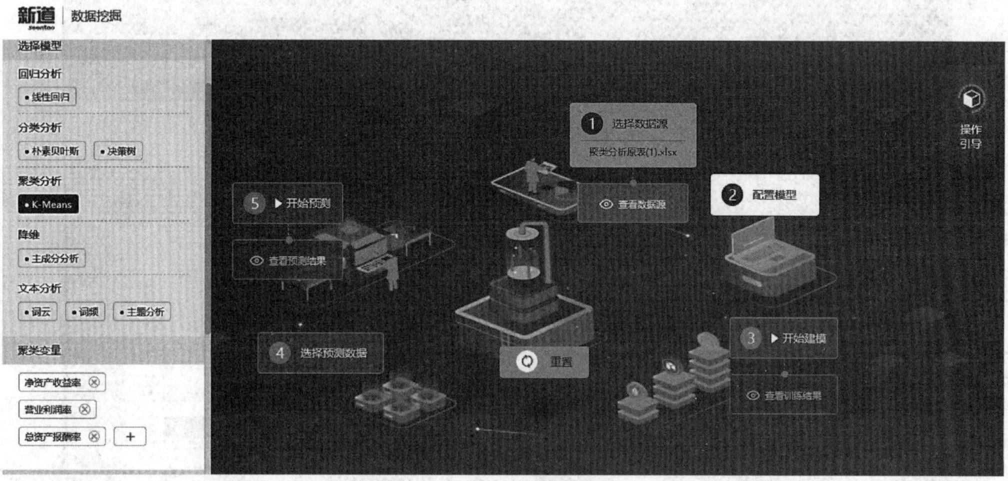

图 4-66 配置模型

从图 4-66 中可以看出：K-Means 值超过 3 以后畸变程度变化显著明显。因此，我们通常选取拐点（kneepoint）为最优的 K，肘部就是 K=3，如图 4-67 所示。

步骤 4：开始建模，如图 4-68 所示。

步骤 5：查看建模结果。

将聚类结果下载到本地，查看聚类结果，如图 4-69 所示。

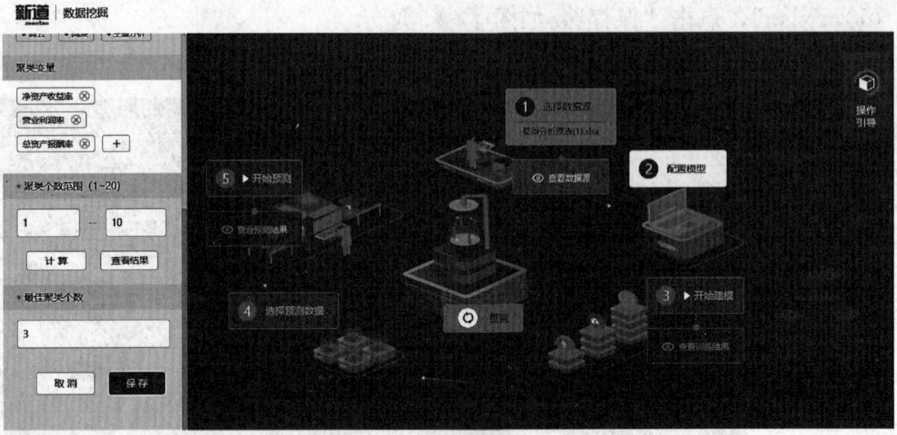

图 4-67　最佳聚类个数

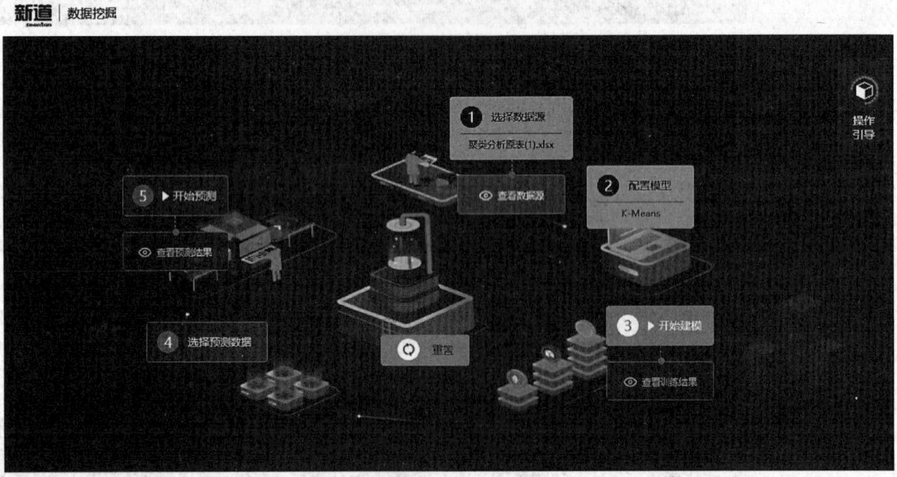

图 4-68　开始建模

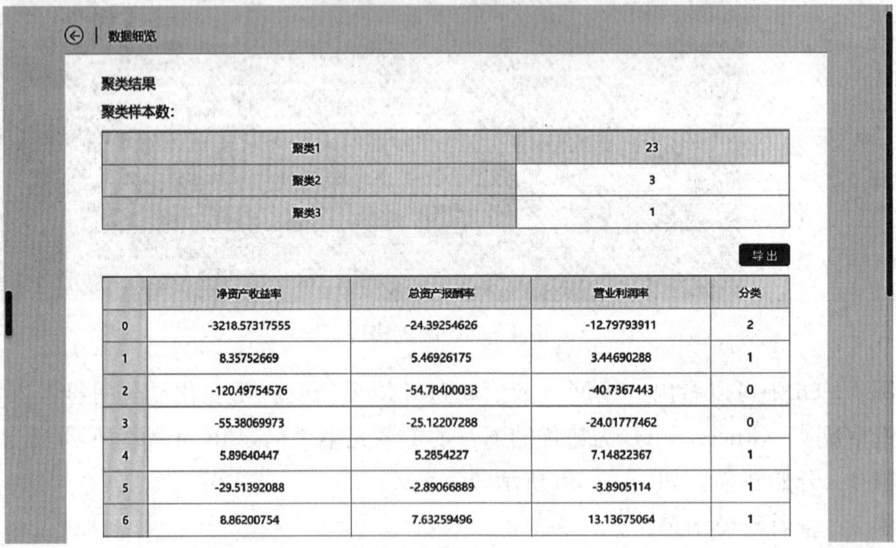

聚类1	23
聚类2	3
聚类3	1

	净资产收益率	总资产报酬率	营业利润率	分类
0	-3218.57317555	-24.39254626	-12.79793911	2
1	8.35752669	5.46926175	3.44690288	1
2	-120.49754576	-54.78400033	-40.7367443	0
3	-55.38069973	-25.12207288	-24.01777462	0
4	5.89640447	5.2854227	7.14822367	1
5	-29.51392088	-2.89066889	-3.8905114	1
6	8.86200754	7.63259496	13.13675064	1

图 4-69　聚类结果

将分类为“1”的数据筛选出来，进行再次筛选，如图 4－70 所示。

A	B	C	D	E	F
	净资产收益率	总资产报酬率	营业利润率	分类	
1	8.35752669	5.46926175	3.44690288	1	
4	5.89640447	5.2854227	7.14822367	1	
5	-29.51392088	-2.89066889	-3.8905114	1	
6	8.86200754	7.63259496	13.13675064	1	
7	3.06750238	3.44227786	1.34503436	1	
8	10.77130076	10.79974043	3.28503253	1	
10	9.7188104	7.66545682	6.40215914	1	
11	20.32476089	13.78219087	31.22523849	1	
12	4.64208461	3.95622477	5.87825806	1	
13	2.80058037	2.92116925	1.94372504	1	
14	3.79413576	5.01724196	2.03684476	1	
15	5.24405045	5.47891739	5.68933604	1	
16	7.97733244	7.96100333	0.93962552	1	
17	8.9006082	5.83563097	1.19132698	1	
18	3.97629286	5.51341437	0.8440379	1	
19	8.89641707	7.66542941	4.86743583	1	
20	3.9827503	4.00650081	8.99689087	1	
21	6.27612735	4.95882262	5.96607336	1	
22	20.05939771	12.37665326	12.29697747	1	
23	2.33859606	4.55559311	0.90467747	1	
24	11.06325931	6.1412828	5.07437254	1	
25	3.70932905	3.21725239	0.9062804	1	
26	4.93166999	3.99237158	1.51693043	1	

图 4－70 数据筛选

步骤 6：第二次聚类，将指标为正的再次进行分组。

将第一次聚类表中指标值都为正的公司另存成一张表，将该表数据上传，再次进行聚类分析，聚类个数选择 1～10。计算并分析结果，如图 4－71 所示。

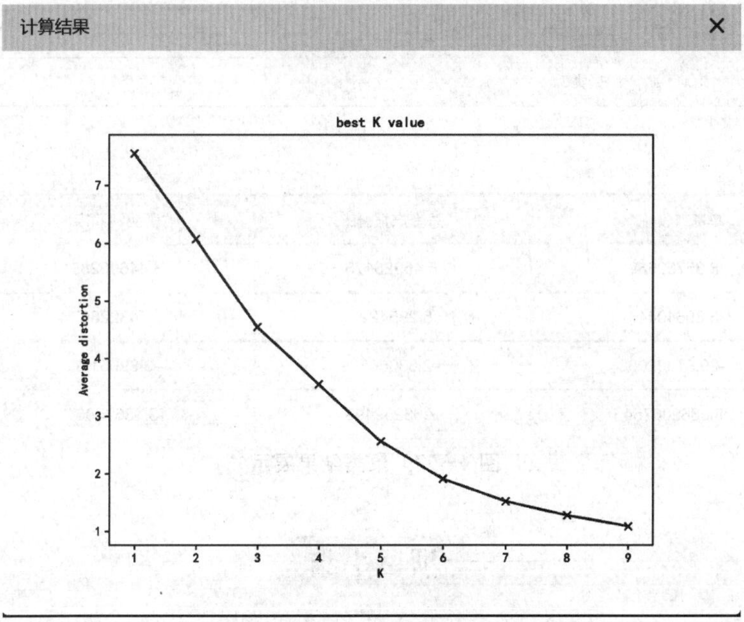

图 4－71 聚类图谱

通过数据可以看出，最佳聚类个数为 5，因此聚类个数输入 5，如图 4-72 所示。

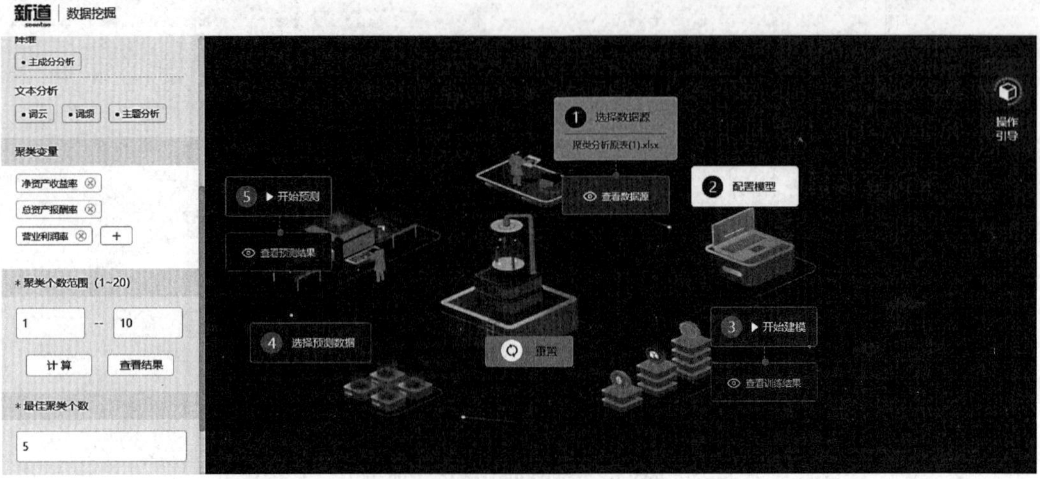

图 4-72　最佳聚类个数——5

步骤 7：开始建模，输出结果，如图 4-73 所示。

聚类结果

聚类样本数：

聚类1	12
聚类2	7
聚类3	2
聚类4	1
聚类5	1

导出

	净资产收益率	总资产报酬率	营业利润率	分类
0	8.35752669	5.46926175	3.44690288	1
1	5.89640447	5.2854227	7.14822367	4
2	−29.51392088	−2.89066889	−3.8905114	0
3	8.386200754	7.63259496	13.13675064	2

图 4-73　聚类结果展示

项目小结

本项目主要介绍了如何从盈利能力、偿债能力、营运能力和发展能力四个方面对公司的财务报表数据进行分析，包括四大能力分析的含义及重要作用、分析指标及运用和聚类分析的原理及应用等。投资者或者经营者通过获取准确的指标数据能对自己的投资决策或经营决策提供有效的依据。本项目采用案例实战方式详细讲述了反映各项能力的指标数据的获取步骤及分析方法。

课证融通

大数据财务分析 1+X 证书等级评价标准明确：熟悉大数据财务分析全流程；了解大数据分析与业务、财务的内存逻辑关系；掌握常见的聚类分析；掌握常见的时间序列分析方法应用场景，了解聚类分析方法结果的评测方法；具备大数据财务分析结果进行可视化呈现的设计制作能力。

同步练习

一、单项选择题

1. 以下指标属于短期偿债能力指标的是（　　）。

A. 资产负债率　　B. 负产权比率　　C. 流动比率　　D. 毛利率

2. 营业利润率的公式是（　　）。

A. 营业利润/营业收入　　B. 净利润/营业收入

C. 净利润/平均资产总额　　D. 负债/资产

3. 现金比率的公式是（　　）。

A. 流动资产/流动负债

B. 速动资产/流动负债

C. （货币资金+交易性金融资产）/流动负债

D. 净利润/平均资产总额

4. （　　）是反映企业固定资产周转情况，从而衡量固定资产利用效率的一项指标。

A. 营业收入/总资产　　B. 营业收入/固定资产净额

C. 营业收入/流动资产　　D. 营业收入/应收账款

5. 营业收入增长率的公式是（　　）。

A. （年末资产总额－年初资产总额）/年初资产总额

B. （年末资产总额－年初资产总额）/年末资产总额

C. （本期营业收入－上年营业收入）/上年营业收入总额

D. （本期营业收入－上年营业收入）/本期营业收入总额

二、多项选择题

1. 以下指标属于盈利能力指标的是（　　）。

A. 净利润　　B. 总资产报酬率　　C. 流动比率　　D. 已获利息倍数

E. 固定资产周转率　　F. 流动资产周转率

2. 以下指标属于偿债能力指标的是（　　）。

A. 资产负债率　　B. 总资产报酬率　　C. 流动比率　　D. 已获利息倍数

E. 固定资产周转率 F. 流动资产周转率

3. 以下指标属于营运能力指标的是（ ）。

A. 总资产周转率 B. 固定资产周转率

C. 流动资产周转率 D. 应收账款周转率

E. 营业利润增长率 F. 净利润增长率

4. 以下指标属于发展能力指标的是（ ）。

A. 资产负债率 B. 营业毛利率 C. 净利润 D. 应收账款周转率

E. 营业利润增长率 F. 净利润增长率

5. 以下指标属于长期偿债能力指标的是（ ）。

A. 现金比率 B. 速动比率 C. 流动比率 D. 资产负债率

E. 产权比率 F. 已获利息倍数

技能训练

一、企业基本信息

1. 公司简介

AJHXJL 矿业科技有限公司于 2003 年成立，是一家集矿山采选技术研究、矿产资源勘查、矿山设计、矿山投资开发、矿产品加工、销售于一体的集团化企业。

总公司下辖 28 家子公司，拥有矿山 31 个，资源占有量 16.61 亿吨。其中，铁矿资源 8.97 亿吨；钼矿资源 4.9 亿吨；原煤资源 1.3 亿吨；方解石资源 463 万吨，远景储量 1 000 万吨；铜矿资源 930 万吨。目前已投产的铁矿山 22 个，煤矿 2 个，钼矿 1 个，方解石矿 1 个，铜矿 1 个。年产铁精粉 550 万吨，钼精粉 15 000 吨，铜金属 4 200 吨，锌精粉 3 000 吨，铅精粉 8 000 吨，磷精粉 110 万吨，硫粉 15 万吨，硫酸 11 万吨，硫酸钾 4 万吨，磷酸氢钙 2 万吨。公司通过自我勘查与合作勘查，在内蒙古、青海、云南、西藏、河北等地拥有铁、铜、煤等资源探矿权。

公司现有员工 3 200 人。其中，博士、硕士学位人才 20 余人，学士学位人才 100 余人，各专业技术人才 1 500 人。

2. 企业组织结构

详见图 4-74。

二、案例企业经营分析需求

1. 分析要求

（1）从盈利能力、偿债能力、营运能力、发展能力四大方面评价企业的经营状况。

（2）对各项能力进行纵向分析与横向对比。

纵向分析（时间）：2015—2019 年

横向对比：标杆企业——金岭矿业

（3）通过纵向分析与横向对比找出经营的问题与差距，为下一期的战略规划与预算调整提供数据支持。

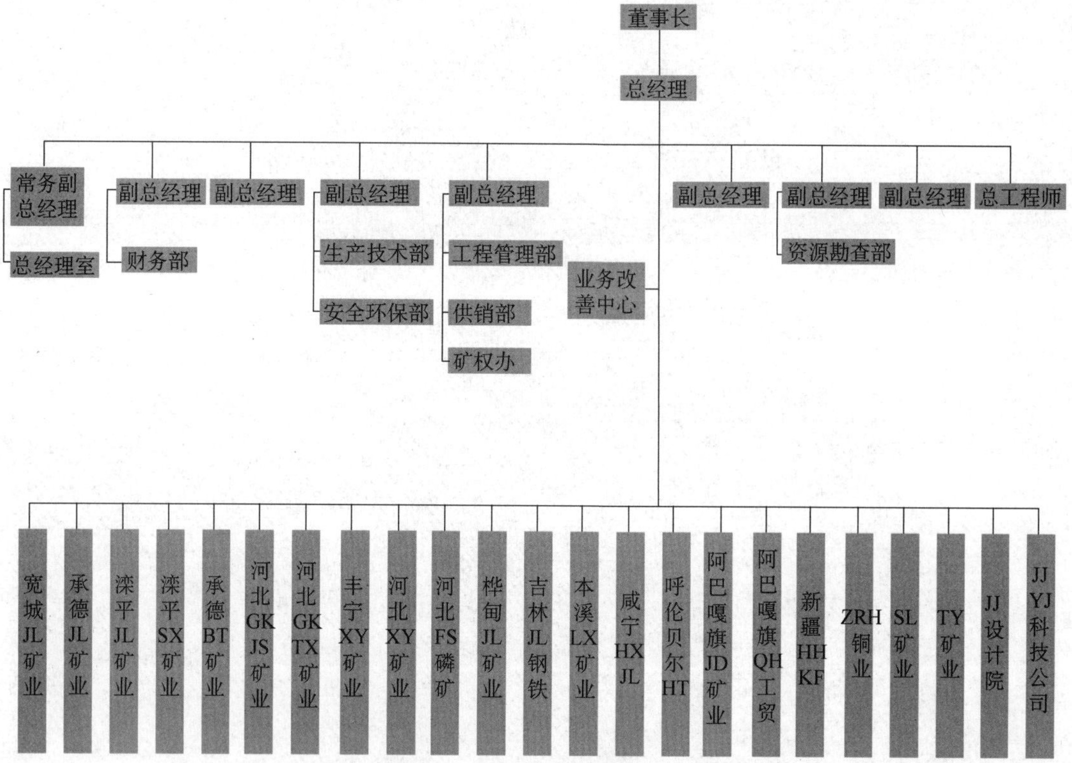

图 4-74　企业组织结构图

2. 数据源

(1) AJHXJL 公司的资产负债表、利润表、现金流量表及相关经营数据表。

(2) 金岭矿业的年报、资产负债表、利润表、现金流量表。

(3) 上证所上的 xbrl 数据源。

项目五

大数据+资金分析

【知识目标】

1. 了解资金的相关概念及最佳资金持有量的确定方法。
2. 掌握产生现金流量的三种经济活动及其主要内容。
3. 掌握资金分析的相关方法。

【技能目标】

1. 能熟练运用相关操作分析企业资金的构成。
2. 能通过操作获取资金分析的相关数据并进行可视化呈现。
3. 会利用相关指标的可视化呈现对资金存量和资金来源进行分析。
4. 能利用相关操作进行债务分析与预警。

【素质目标】

1. 提高学生发现问题、分析问题、解决问题的能力。
2. 增强学生自主学习的能力和勇于创新的精神。
3. 培养学生的大数据思维，学会运用数据处理事务。

【知识图谱】

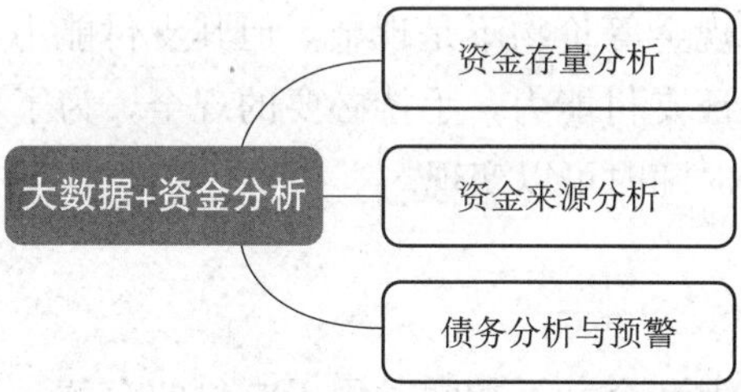

任务一 资金存量分析

任务导入

财务大数据分析师对 AJHXJL 公司的资金存量进行分析。

知识精讲

一、资金的相关概念

（一）货币资金

货币资金是指在生产经营过程中以货币形态存在的资金，包括库存现金、银行存款和其他货币资金等。

（二）库存现金

库存现金是指存放于企业财会部门、由出纳人员经管的货币，是企业流动性最强的资产。

（三）现金等价物

现金等价物一般指本公司持有的期限短、流动性强、易于转换为已知金额现金、价值变动风险很小的投资。现金等价物不是现金，但其支付能力与现金的差别不大，可视为现金。例如，企业为保证支付能力，手持必要的现金，为了不使现金闲置，可以购买短期债券等，在需要现金时随时可以变现。

（四）受限资金

受限资金主要指的是保证金、不能随时用于支付的存款、在法律上被质押或者以其他方式设置了担保权利的货币资金。

受限资金的主要来源是各种保证金存款。例如，在银行开具承兑汇票或其他票据时所支付的保证金，在票据到期前仍存于保证金账户，可以在账户余额中查到，期末也要在报表中体现，但是使用受到限制，在票据到期后会自动支付对价。受限资金不可随意使用，在分析资金存量时要重点关注。

二、资金存量分析的意义

保持合理的货币资金水平是企业资金管理的重要内容。货币资金是变现能力最强的资产，代表着企业直接的支付能力和应变能力，可以用来满足生产经营开支的各种需要，也是还本付息和履行纳税义务的保证。拥有足够的资金对于降低企业的风险、增强企业资产的流动性和债务的可清偿性有着重要的意义。但资金的收益性最弱，对其持有量不是越多越好。即使是银行存款，其利率也非常低。因此，资金存量过多，它所提供的流动性边际效益便会随之下降，从而使企业的收益水平下降。

除了应付日常的业务活动之外，企业还需要拥有足够的资金偿还贷款、把握商机以及防止不时之需。企业必须建立一套管理资金的方法，持有合理的资金数额，使其在时间上继起，在空间上并存，在资金的流动性和收益性之间进行合理选择。企业必须编制资金预算，以衡量企业在某段时间内的现金流入量与流出量，以便在保证企业正常经营活动所需资金的同时，尽量减少企业的资金数量，从暂时闲置的资金中获得最大的收益，提高资金收益率。

三、最佳资金持有量

（一）成本模型

成本模型强调的是：持有资金是有成本的，最优的资金持有量是使得资金持有成本最小化的持有量。成本模型需要考虑的资金持有成本包括机会成本、管理成本和短缺成本。

1. 机会成本

机会成本是指企业因持有一定资金余额丧失的再投资收益。再投资收益是企业不能同时用该资金进行有价证券投资所产生的机会成本，这种成本在数额上等于资金成本。

2. 管理成本

管理成本是指企业因持有一定数量的资金而发生的管理费用。例如管理人员工资、安全措施费用等。一般认为这是一种固定成本，这种固定成本在一定范围内和资金持有量之间没有明显的比例关系。

3. 短缺成本

短缺成本是指在资金持有量不足，又无法及时通过有价证券变现加以补充而给企业造成的损失，包括直接损失和间接损失。资金的短缺成本随资金持有量的增加而下降，随资金持有量的减少而上升，即与资金持有量呈负相关。

成本分析模式是根据资金相关成本，分析预测其总成本最低时资金持有量的一种方法。其计算公式为：

最佳资金持有量下的资金相关成本＝min（管理成本＋机会成本＋短缺成本）

其中，管理成本属于固定成本，机会成本是正相关成本，短缺成本是负相关成本。因此，成本分析模式是要找到三个成本所组成的总成本曲线中最低点所对应的资金持有量，把它作为最佳资金持有量。

（二）存货模型

企业平时持有较多的资金，会降低资金的短缺成本，但也会增加资金占用的机会成本。平时持有较少的资金，则会增加资金的短缺成本，却能减少资金占用的机会成本。如果企业平时只持有较少的资金，在有资金需求时，通过出售有价证券换回资金或从银行借入资金，既能满足资金的需求，避免短缺成本，又能减少机会成本。因此，适当的资金与有价证券之间的转换，是企业提高资金使用效率的有效途径。

有价证券转换回资金所付出的代价（如支付手续费等），被称为资金的交易成本。交易成本与资金转换次数、每次的转换量有关。资金的转换成本与持有量成反比。

资金的机会成本和交易成本是两条随资金持有量呈不同方向发展的曲线，两条曲线交叉点相对应的资金持有量，即是相关总成本最低的资金持有量。资金持有量与成本的关系如图 5-1 所示。具体计算公式为：

最佳资金持有量＝ $\sqrt{(2T+K)/K}$

式中，T 表示一定期间的资金需求量，F 表示每次出售有价证券以补充资金所需的交易成本，K 表示持有资金的机会成本率。

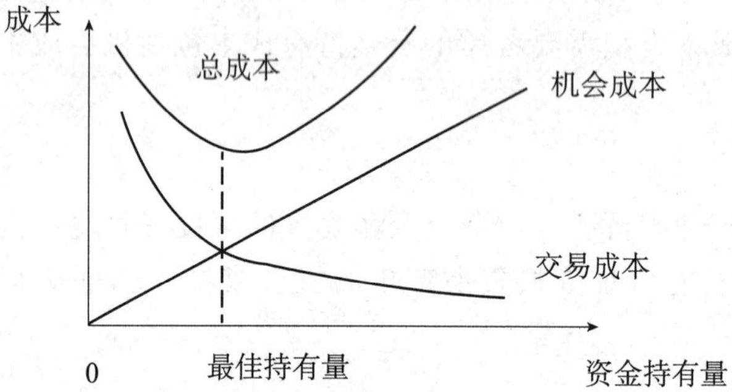

图 5-1　资金持有量与成本的关系

任务要求

（1）分析指标：集团资金存量 N1。

（2）显示集团各机构的资金存量，点击某一机构能穿透查询其资金结构。

（3）进一步分析母公司其他货币资金的明细构成。

（4）分析保证金占用的历年趋势。

（5）分析保证金与应付票据的比率。

（6）分析公司每月的资金流入与流出情况，分析流入与流出之间是否存在时间差。

任务实施

一、集团资金存量 N1

数据表：资金分析 N1。

可视化设置步骤如下：

1. 新建故事板

（1）点击“开始任务”，进入用友分析云。

（2）点击“分析设计”，点击“新建”，新建故事板，故事板命名为：资金存量分析。

2. 新建可视化

（1）点击“可视化”，点击“新建”，数据集选择财务大数据—资金分析—资金分析 N1，点击“确定”按钮。

（2）修改可视化名称为：集团资金存量 N1。

（3）维度无。

（4）指标选择期末余额。

（5）图形选择，建议选择指标卡，集团资金存量 N1 指标卡如图 5－2 所示。

图 5－2　集团资金存量 N1 指标卡

（6）点击“保存”按钮，保存可视化，点击“退出”按钮，回到故事板界面，点击“保存”按钮，保存故事板。

二、各机构资金存量

1. 打开故事板

点击“分析设计—我的故事板—资金存量分析”。

2. 新建可视化

（1）点击“可视化”，点击“新建”，数据集选择财务大数据—资金分析—资金分析N1，点击“确定”按钮。

（2）修改可视化名称为各机构资金存量。

（3）点击维度右侧的“+”号，选择层级。

（4）层级名称为机构穿透，选中机构名称，点击“>”按钮，选中到右侧，再选中科目名称，点击“>”按钮，选中到右侧，点击“确定”按钮。

（5）维度选择机构穿透，指标选择期末余额。

（6）图形选择，建议选择条形图，各机构资金存量条形图如图 5-3 所示。

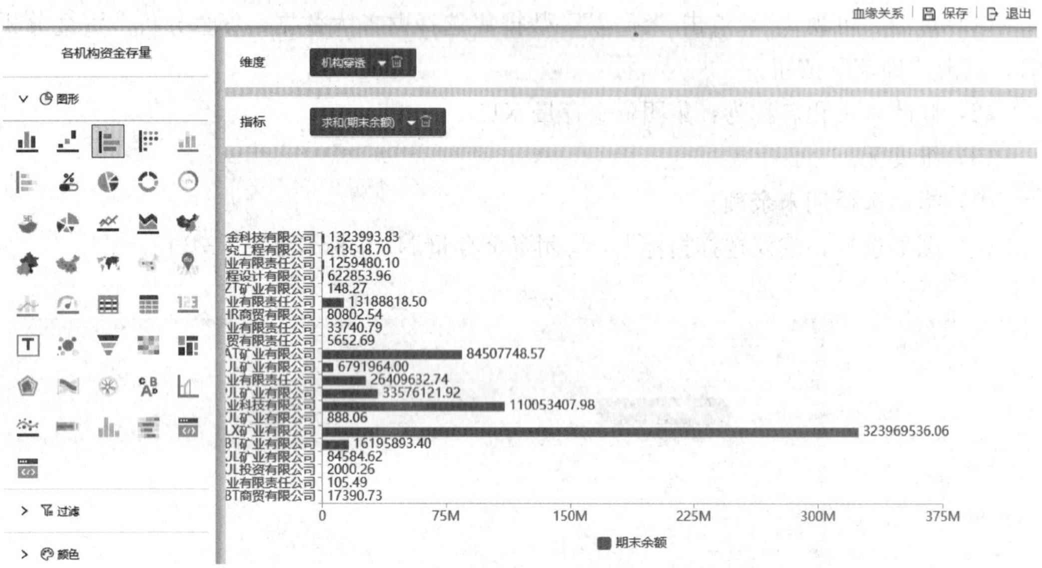

图 5-3　各机构资金存量条形图

（7）单击 AJHXJL 矿业科技有限公司，穿透到该机构资金存量 N1，选择显示图形为环形图，各机构资金存量环形图如图 5-4 所示。

（8）点击“保存”按钮，保存可视化。点击“退出”按钮，回到故事板界面，点击“保存”按钮，保存故事板。

通过母公司 AJHXJL 矿业科技有限公司的资金结构可视化图表可以看出其他货币资金占比较大，为了了解这一现象是否正常，需要进一步分析母公司 AJHXJL 矿业科技有限公司的其他货币资金构成情况。

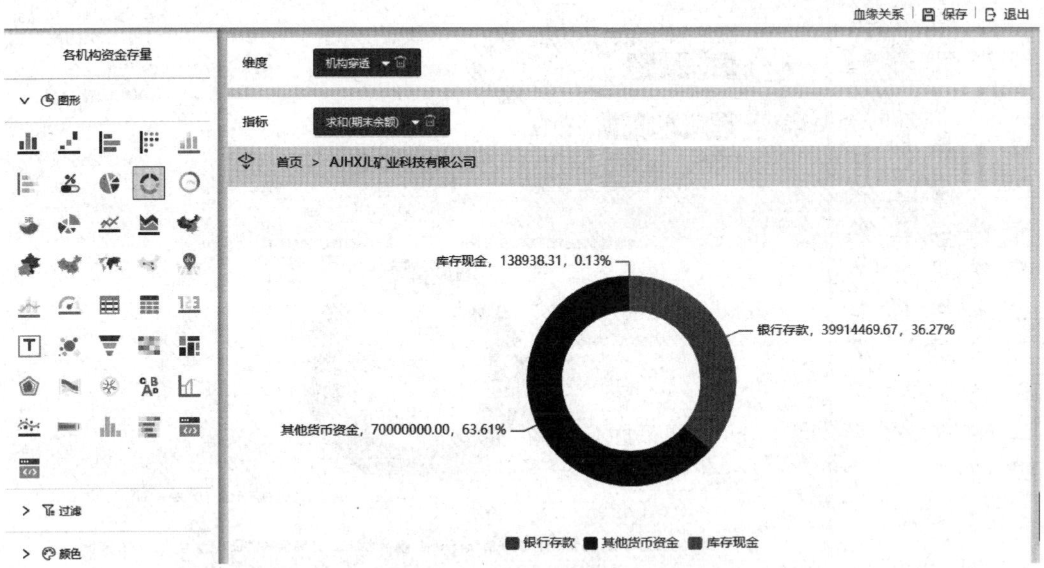

图 5-4　各机构资金存量环形图

三、母公司其他货币资金明细构成

1. 新建故事板

（1）点击“开始任务”，进入用友分析云。

（2）点击“分析设计”，点击“新建”按钮，新建故事板，故事板命名为：母公司资金结构分析。

2. 新建可视化

（1）点击“可视化”，点击“新建”，数据集选择财务大数据—资金分析—北京华夏其他货币资金构成（2019 年 9 月），点击“确定”按钮。

（2）修改可视化名称为：母公司其他货币资金明细构成。

（3）维度选择科目名称。

（4）指标选择期末余额。

（5）图形选择，建议选择环形图，母公司其他货币资金明细构成环形图如图 5-5 所示。

通过图 5-5 可以看出，北京华夏的其他货币资金全部是银行承兑汇票的保证金，该资金属于受限资金，流动性较差，所以可从历史趋势及其与应付票据的占比去分析该资金的占用是否合理。

图 5-5　母公司其他货币资金明细构成环形图

四、母公司保证金占用分析

1. 打开故事版

点击"分析设计—我的故事板—母公司资金结构分析"。

2. 新建可视化

（1）点击"可视化"，点击"新建"，数据集选择财务大数据—资金分析—银行承兑汇票保证金历史趋势（5 年），点击"确定"按钮。

（2）修改可视化名称为：母公司保证金占用分析。

（3）维度选择年、月。

（4）指标选择余额。

（5）图形选择，建议选择折线图，母公司保证金占用分析折线图如图 5-6 所示。

（6）点击年右侧的下拉箭头，选择升序—年，按年升序排序。点击月右侧的下拉箭头，选择高级排序，排序字段选择月，点击 10 月右侧的向下箭头，将 10 月调整到 9 月后面，依次调整 11 月和 12 月，将月份按升序排列，母公司保证金占用分析升序排列如图 5-7 所示。

（7）点击指标余额的下拉箭头，选择数据格式，缩放率选择 10 000，将余额显示调整为万元，数据显示格式如图 5-8 所示。

（8）点击指标余额的下拉箭头，选择设置显示名，将名称改为余额（万元），母公司保证金占用分析设置显示名如图 5-9 所示。

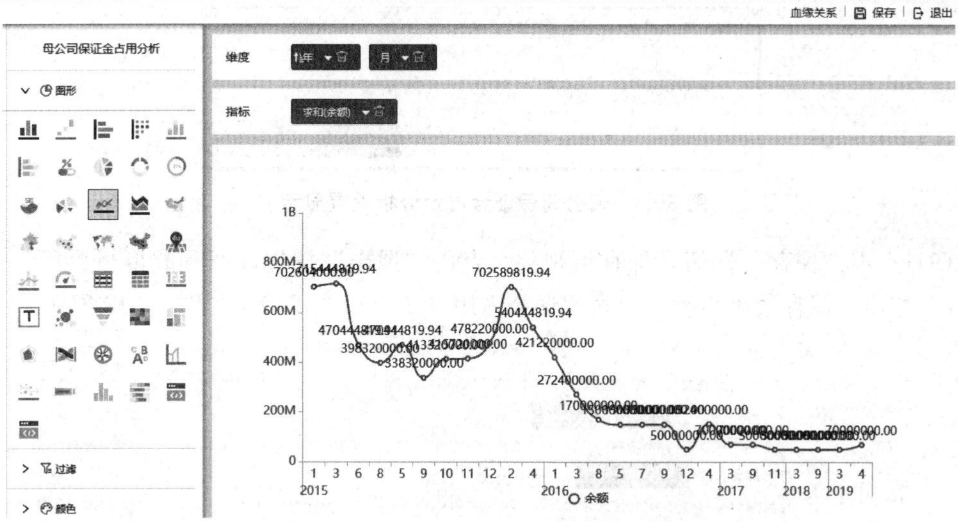

图 5-6 母公司保证金占用分析折线图

图 5-7 母公司保证金占用分析升序排列

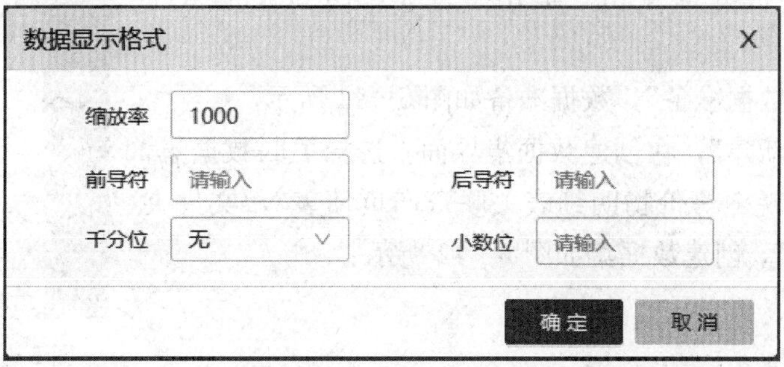

图 5-8 数据显示格式

图 5-9　母公司保证金占用分析设置显示名

（9）点击“保存”按钮，保存可视化，点击“退出”按钮，回到故事板界面，点击“保存”按钮，保存故事板。母公司保证金占用分析折线图可视化如图 5-10 所示。

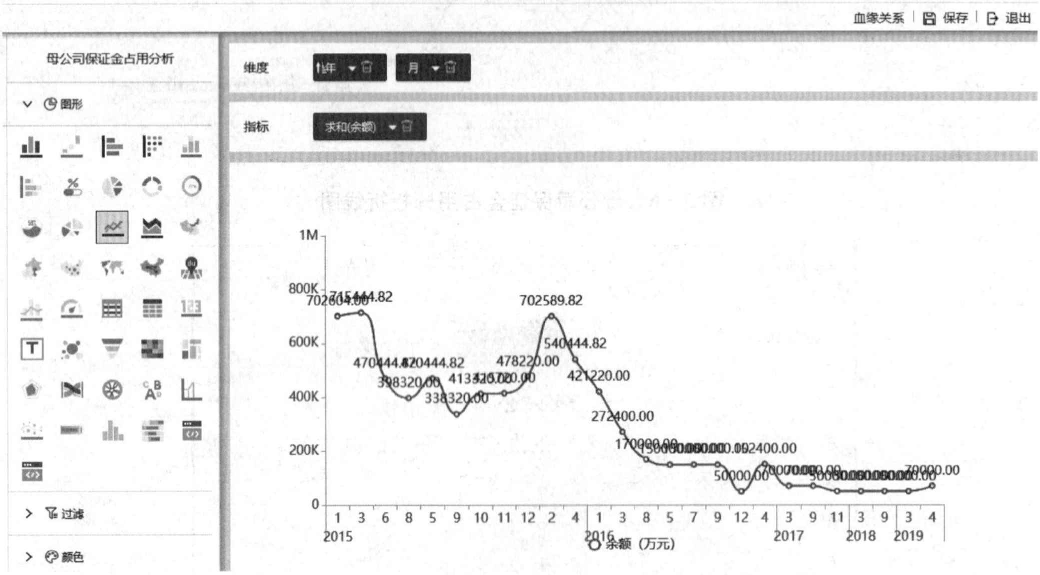

图 5-10　母公司保证金占用分析折线图可视化

从历史趋势可视化图表来看，近五年保证金的金额一直呈下降趋势，为了判断是否由企业资金管理的效率提高所导致，可进一步分析保证金与应付票据的比率。

五、母公司保证金与应付票据的比率分析

1. 新建数据集

（1）在故事板界面点击“退出”按钮，回到分析云主界面。

（2）点击“数据准备”，数据准备如图 5-11 所示。

（3）点击“新建”，在创建数据集界面，选择关联数据集，名称为“现金及现金等价物明细表关联资产负债表”，文件夹选择“我的数据”，创建数据集如图 5-12 所示。

图 5-11　数据准备

图 5-12　创建数据集

(4) 打开数据集—财务大数据—资金分析，将现金及现金等价物明细表拖拽到数据集编辑界面，打开数据集如图 5-13 所示。

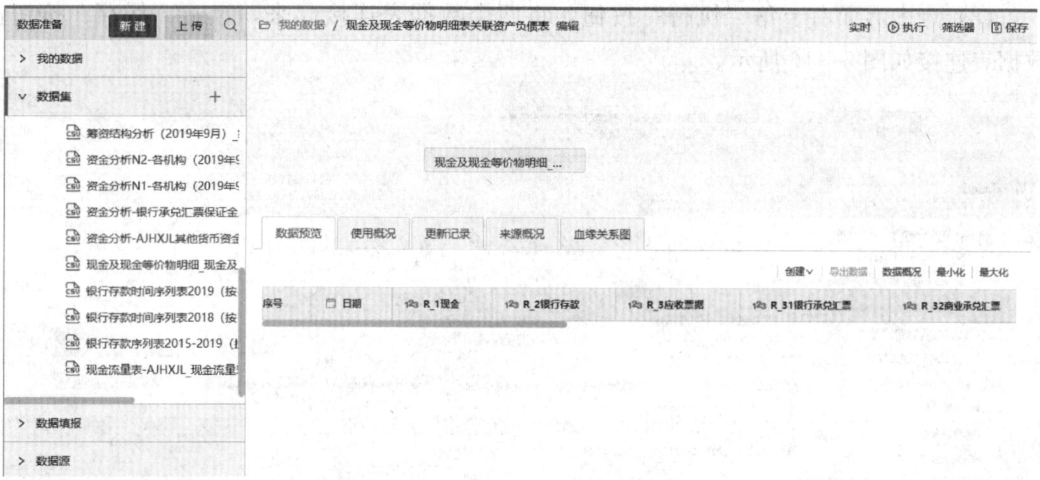

图 5-13　打开数据集

(5) 打开数据集—财务大数据—财报分析，将资产负债表—AJHXJL 拖拽到数据集编辑界面。

(6) 分别用鼠标点击两个数据表，点击数据表如图 5-14 所示。

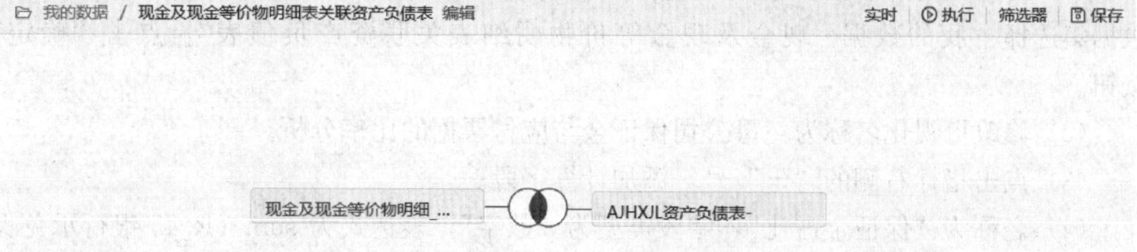

图 5-14　点击数据表

（7）在弹出的连接设置界面，选择连接方式为内连接，连接字段资产负债表AJHXJL报表日期=现金及现金等价物明细表日期，连接设置如图5-15所示。

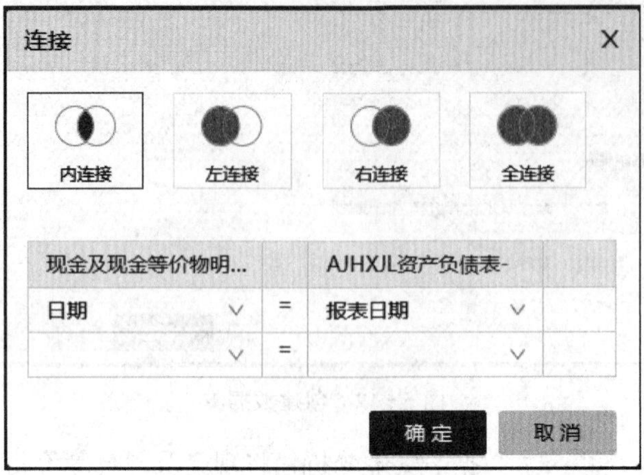

图5-15　连接设置

（8）点击界面右上角“执行”按钮，将两个数据表连接起来，点击“保存”按钮，数据表连接如图5-16所示。

图5-16　数据表连接

2. 新建可视化

（1）打开我的故事板—母公司资金结构分析故事板。点击“可视化”，点击“新建”，数据集选择“我的数据—现金及现金等价物明细表关联资产负债表”，点击“确定”按钮。

（2）修改可视化名称为：母公司保证金与应付票据的比率分析。

（3）点击指标右侧的“+”号，添加计算字段。

（4）名称为“保证金占比”，字段类型为“数字”，表达式为sum（R_45银行承兑保证金ˣ）/sum（应付票据ˣ），点击“确定”按钮。母公司保证金与应付票据的比率分析添加字段如图5-17所示。

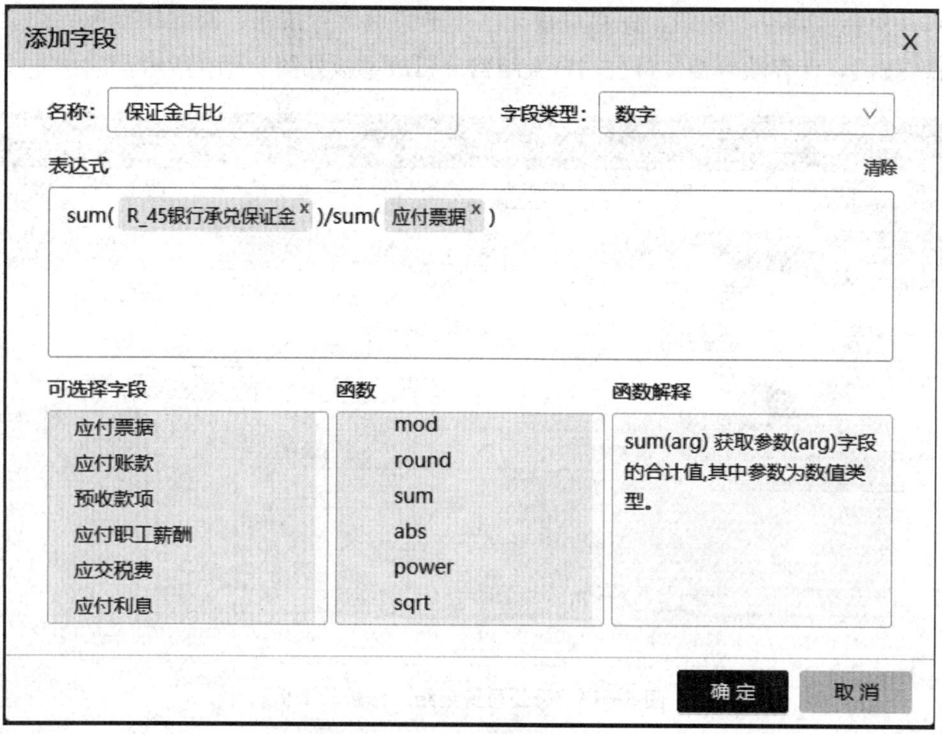

图 5－17　母公司保证金与应付票据的比率分析添加字段

(5) 维度选择报表日期下的年 _ 报表日期、月 _ 报表日期。

(6) 指标选择保证金占比。

(7) 图形选择，建议选择折线图。

(8) 点击维度年 _ 报表日期右侧下拉箭头，选择升序，按照年 _ 报表日期升序排列，点击月 _ 报表日期右侧下拉箭头，选择升序，按照月 _ 报表日期升序排列。母公司保证金与应付票据的比率分析可视化如图 5－18 所示。

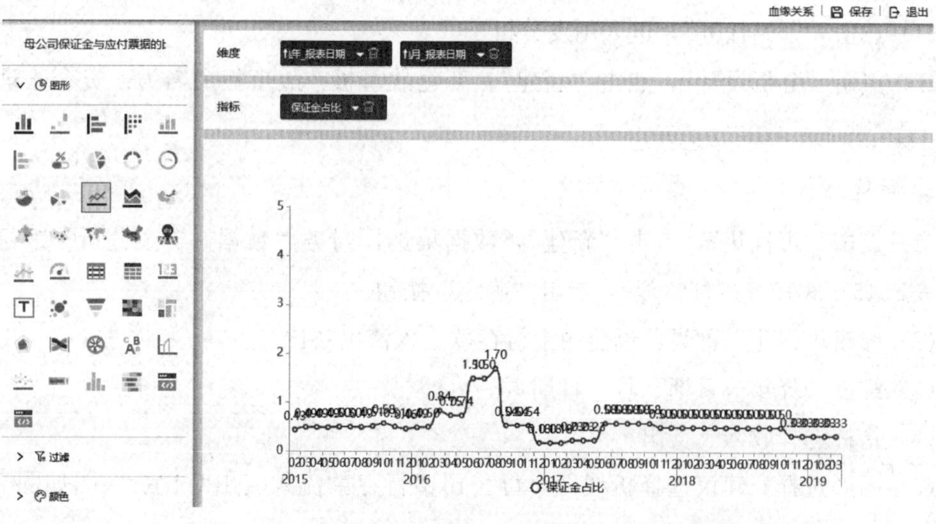

图 5－18　母公司保证金与应付票据的比率分析可视化

（9）点击“保存”按钮，保存可视化。点击“退出”按钮，回到故事板界面。点击“保存”按钮，保存故事板。母公司资金结构分析故事板如图 5－19 所示。

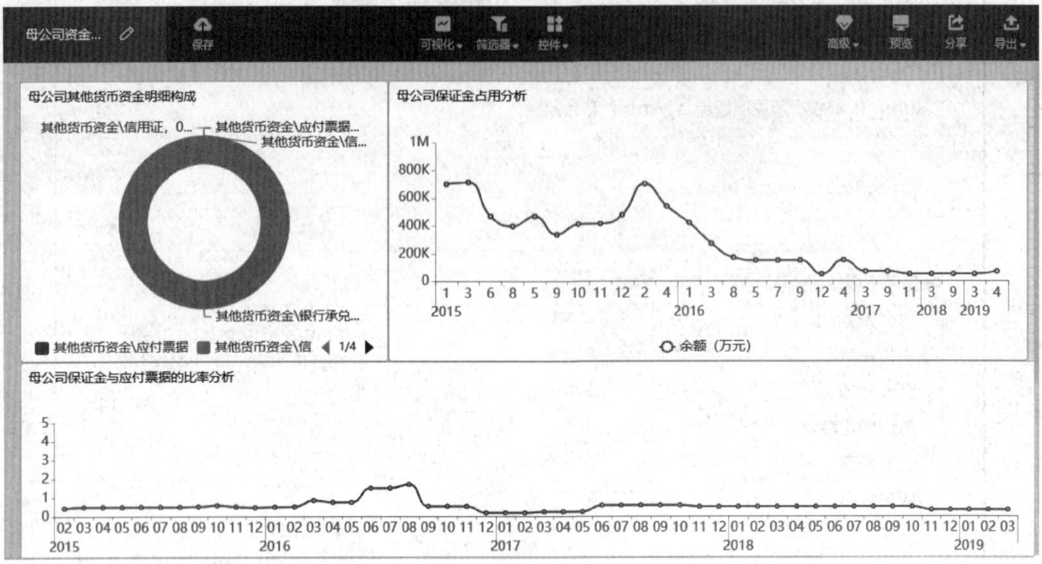

图 5－19　母公司资金结构分析故事板

通过保证金占比的历年趋势分析可视化图表可以看出，保证金与应付票据比率在近期也呈下降趋势，说明该公司的资金管理效率提高了，资金的管理能力也有所增强。下面可对资金管理效益做进一步分析。

六、母公司银行存款流入流出对比

1. 新建故事板

（1）点击“开始任务”，进入用友分析云。

（2）点击“分析设计”，点击“新建”，新建故事板，故事板命名为：资金管理效益分析。

2. 新建可视化

（1）点击“可视化”，点击“新建”，数据集选择财务大数据—资金分析—银行存款序列表 2015－2019（按月整理），点击“确定”按钮。

（2）修改可视化名称为：母公司银行存款流入流出对比。

（3）维度选择年 _ 日期、月 _ 日期。

（4）指标选择收入、支出。

（5）图形选择，建议选择折线图，母公司银行存款流入流出对比折线图如图 5－20 所示。

（6）点击维度年 _ 日期右侧下拉箭头，选择升序，按照年 _ 日期升序排列，点击月 _ 日期右侧下拉箭头，选择升序，按照月 _ 日期升序排列。

（7）点击“保存”按钮，保存可视化。点击“退出”按钮，回到故事板界面。点击“保存”按钮，保存故事板。资金管理效益分析故事板如图 5 - 21 所示。

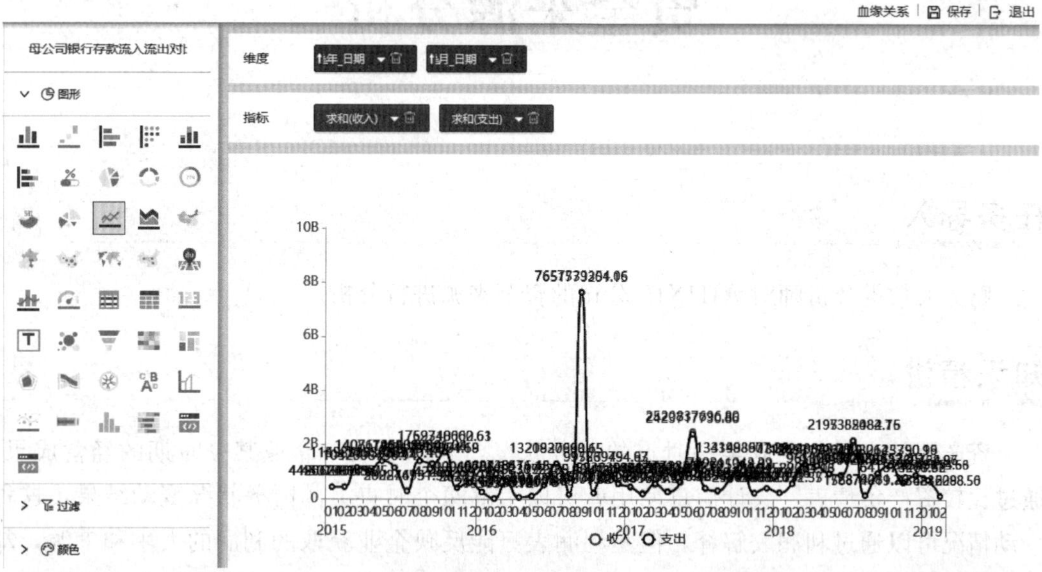

图 5 - 20　母公司银行存款流入流出对比折线图

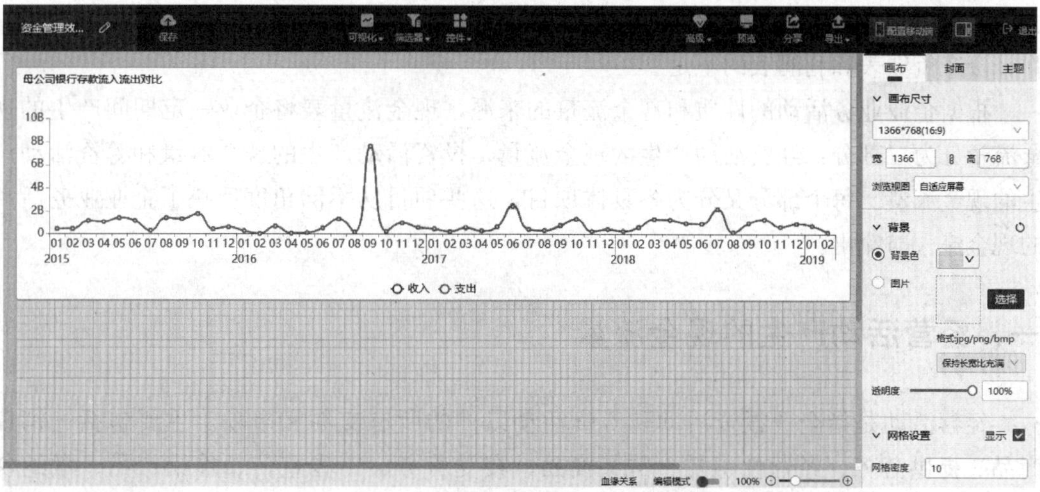

图 5 - 21　资金管理效益分析故事板

通过观察可视化图表，分析流入和流出之间是否有时间差，进一步分析资金的利用效率。从图 5 - 21 来看，企业的资金流入和流出有细微差别，曲线升降幅度一致，说明资金的流入和流出较同步，不存在时间差，企业资金的使用效益较高。

任务二
资金来源分析

任务导入

财务大数据分析师对 AJHXJL 公司的资金来源进行分析。

知识精讲

资产负债表反映企业某一时点的财务状况，利润表反映企业某一时期的经营成果。通过比较资产负债表，会计信息使用者可以了解两个时点上的财务状况变动结果，这种变动情况可以通过利润表解释，但是利润表只能反映企业获取的利润的大小和来源，却不能说明企业从经营活动和投融资活动中的现金流量情况。而现金恰恰是企业最重要的经济资源，几乎企业所有的经济活动都与现金有关，如果没有现金，企业将不能持续下去。因此，现金流量信息对投资者、管理者的未来决策至关重要，分析现金流量表可以弥补资产负债表和利润表的不足。

根据企业业务活动的性质和现金流量的来源，现金流量表将企业一定期间产生的现金流量分为三部分：经营活动产生的现金流量、投资活动产生的现金流量和筹资活动产生的现金流量。每个部分又分为各具体项目，这些项目从不同角度反映了企业业务活动的现金流入与流出。

一、经营活动产生的现金流量

经营活动是指企业投资活动和筹资活动以外的所有交易和事项。主要包括：销售商品、提供劳务、经营性租赁、购买商品、接受劳务、广告宣传、推销产品、缴纳税款等。

（一）经营活动产生的现金流入

1. 销售商品、提供劳务收到的现金

反映企业因销售商品、提供劳务实际收到的现金（含销售收入和应向购买者收取的增值税销项税额），包括本期销售商品、提供劳务收到的现金，以及前期销售和前期提供劳务本期收到的现金和本期预收的账款，减去本期退回本期销售的商品和前期销售本期退回的商品支付的现金。企业销售材料和代购代销业务收到的现金，也包括在本项目中。

2. 收到的税费返还

反映企业收到返还的各种税费，如收到的增值税、消费税、所得税、关税、教育费附加返还等。

3. 收到的其他与经营活动有关的现金

反映企业除了上述各项目外，收到的其他与经营活动有关的现金流入，如经营租赁收到的租金、罚款收入、流动资产损失中由个人赔偿的现金收入等。

（二）经营活动产生的现金流出

1. 购买商品、接受劳务支付的现金

反映企业购买材料、商品、接受劳务实际支付的现金，包括本期购入材料、商品、接受劳务支付的现金（包括增值税进项税额），以及本期支付前期购入材料、商品、接受劳务的未付款项和本期预付款项。本期因购货退回而收到的现金则从本项目中减去。

2. 支付给职工以及为职工支付的现金

反映企业实际支付给职工以及为职工支付的现金，包括本期实际支付给职工的工资、奖金、各种津贴和补贴等职工薪酬（包括代扣代缴的职工个人所得税），不包括支付的离退休人员的各项费用和支付给在建工程人员的工资等。企业支付给离退休人员的各项费用，包括支付的统筹退休金以及未参加统筹的退休人员费用，在“支付的其他与经营活动有关的现金”项目中反映；企业支付给在建工程人员的工资，在“购建固定资产、无形资产和其他长期资产所支付的现金”项目中反映。

3. 支付的各项税费

反映企业按规定支付的各种税费，包括本期发生并支付的税费，以及本期支付以前各期发生的税费和预交的税金，如支付的所得税、增值税、消费税、印花税、房产税、土地增值税、车船税、教育费附加等；不包括计入固定资产价值、实际支付的耕地占用税等，也不包括本期退回的增值税、所得税。本期退回的增值税、所得税在“收到的税费返还”项目反映。

4. 支付其他与经营活动有关的现金

反映企业除了上述项目外，支付的其他与经营活动有关的现金流出，如企业短期租赁支付的租金、罚款支出、差旅费、业务招待费、保险费等。

二、投资活动产生的现金流量

投资活动是指企业非流动资产的购建和处置以及不包括在现金等价物范围内的投资

资产的取得和处置活动。这里所指的长期资产是指固定资产、在建工程、无形资产、其他资产等持有期限在1年或一个营业周期以上的资产。因此，企业的投资活动主要包括取得和收回投资、购建和处置固定资产、无形资产和其他长期资产等。

（一）投资活动产生的现金流入

1. 收回投资收到的现金

反映企业出售、转让或到期收回除现金等价物以外的对其他企业的权益投资、债务投资而收到的现金。不包括债权投资收回的利息，以及收回的非现金资产。

2. 取得投资收益收到的现金

反映企业除现金等价物以外的对其他企业的权益投资分回的现金股利、债务投资收回的利息等。不包括股票股利。

3. 处置固定资产、无形资产和其他长期资产收回的现金净额

反映企业处置固定资产、无形资产和其他长期资产所取得的现金，减去为处置这些资产而支付的有关费用后的净额。由于自然灾害所造成的固定资产等长期资产损失而收到的保险赔偿收入，也在本项目中反映。

4. 处置子公司及其他营业单位收到的现金净额

反映企业处置子公司及其他营业单位所取得的现金减去子公司或其他营业单位持有的现金和现金等价物以及相关处置费用后的净额。

5. 收到的其他与投资活动有关的现金

反映企业除了上述各项目外，收到的其他与投资活动有关的现金流入。

（二）投资活动产生的现金流出

1. 购建固定资产、无形资产和其他长期资产支付的现金

反映企业购买、建造固定资产，取得无形资产和其他长期资产所支付的现金（含增值税税额）以及用现金支付的应由在建工程和无形资产负担的职工薪酬。不包括为构建固定资产而发生的借款利息资本化的部分，以及使用权资产租赁费。借款利息和使用权资产租赁费，在筹资活动产生的现金流量中反映。

2. 投资支付的现金

反映企业取得的除现金等价物以外的对其他企业的权益投资、债务投资所支付的现金以及支付的佣金、手续费等附加费用。企业购买股票和债券时，实际支付的价款中包含的已宣告但尚未领取的现金股利或已到付息期但尚未领取的债券利息，应在投资活动的“支付其他与投资活动有关的现金”项目反映；收回购买股票和债券时支付的已宣告但尚未领取的现金股利或已到付息期但尚未领取的债券利息，应在投资活动的“收到的其他与投资活动有关的现金”项目反映。

3. 取得子公司及其他营业单位支付的现金净额

反映企业取得子公司及其他营业单位出价中以现金支付的部分，减去子公司及其他营业单位持有的现金和现金等价物后的净额。

4. 支付的其他与投资活动有关的现金

反映除了上述各项目外，支付的其他与投资活动有关的现金流出。

三、筹资活动产生的现金流量

筹资活动是指导致企业权益资本及债务资本的规模和构成发生变化的活动。权益资本包括实收资本（股本）、资本溢价（股本溢价），与资本有关的现金流入和流出项目包括吸收投资、发行股票、分配利润等。债务资本是指企业对外举债所借入的款项，如发行债券、向金融机构借入款项以及偿还债务等。

（一）筹资活动产生的现金流入

1. 吸收投资收到的现金

反映企业收到的投资者投入的现金，包括以发行股票、债券等方式筹资实际收到的款项，减去直接支付给金融企业的佣金、手续费、宣传费、咨询费、印刷费等发行费用后的净额。以发行股票、债券等方式筹资而由企业直接支付的审计、咨询等费用，在“支付的其他与筹资活动有关的现金”项目反映。

2. 借款收到的现金

反映企业举借各种短期、长期借款所收到的现金。

3. 收到的其他与筹资活动有关的现金

反映除了上述各项目外，收到的其他与筹资活动有关的现金流入。

（二）筹资活动产生的现金流出

1. 偿还债务支付的现金

反映企业以现金偿还债务的本金，包括偿还金融企业的借款本金、债券本金等。企业偿还的借款利息、债券利息，在“分配股利、利润或偿付利息支付的现金”项目反映，不包括在本项目内。

2. 分配股利、利润或偿付利息支付的现金

反映企业实际支付的现金股利，支付给其他投资单位的利润以及支付的借款利息、债券利息等。

3. 支付的其他与筹资活动有关的现金

反映企业除了上述各项目外，支付的其他与筹资活动有关的现金流出，如捐赠现金

支出、支付的使用权资产租赁费等。

四、企业发展阶段与资金来源结构

企业发展阶段与资金来源结构详见表5-1。

表5-1 企业发展阶段与资金来源结构

企业发展阶段	资金来源结构	企业经营分析
初创期	经营活动现金净流量为负 投资活动现金净流量为负 筹资活动现金净流量为正	借款人需要投入大量资金，形成生产能力，开拓市场，其资金来源只有举债、融资等筹资活动。
发展期	经营活动现金净流量为正 投资活动现金净流量为负 筹资活动现金净流量为正	经营活动中大量现金回笼，为扩大市场份额，借款人仍需追加投资，仅靠经营活动现金流量净额可能无法满足投资，须筹集必要的外部资金作为补充。
成熟期	经营活动现金净流量为正 投资活动现金净流量为正 筹资活动现金净流量为负	销售市场稳定，已进入投资回收期，但很多外部资金需要偿还。
衰退期	经营活动现金净流量为负 投资活动现金净流量为正 筹资活动现金净流量为负	市场萎缩，占有率下降，经营活动现金流入小于流出，同时借款人为了应付债务不得不大规模收回投资以弥补现金的不足。

五、资金来源结构与企业经营分析

资金来源结构与企业经营分析详见表5-2。

表5-2 资金来源结构与企业经营分析

经营现金净流量	投资现金净流量	筹资现金净流量	企业经营分析
正	正	正	经营和投资收益状况较好，这时仍可以进行融资，通过找寻新的投资机会来避免资金的闲置性浪费。
正	正	负	经营和投资活动良性循环，筹资活动虽然进入偿还期，但财务状况仍比较安全。
正	负	正	经营状况良好，在内部经营稳定进行的前提下，通过筹集资金进行投资，往往是处于扩展时期，应着重分析投资项目的盈利能力。
正	负	负	经营状况良好，一方面在偿还以前债务，另一方面又要继续投资，应关注经营状况的变化，防止经营状况恶化导致整个财务状况恶化。
负	正	正	靠借债维持生产经营的需要。财务状况可能恶化，应着重分析投资活动现金流是来自投资收益还是收回投资，如果是后者，则形势严峻。

续表

经营现金净流量	投资现金净流量	筹资现金净流量	企业经营分析
负	正	负	经营活动已经发出危险信号，如果投资活动现金收入主要来自收回投资，则已经处于破产边缘，应高度警惕。
负	负	正	靠借债维持日常经营和生产规模的扩大，财务状况很不稳定。如果是处于投产期的企业，一旦渡过难关还可能有发展。如果是成长期或稳定期的企业，则非常危险。
负	负	负	财务状况非常危急，这种情况往往发生在企业高速扩张时期，由于市场变化导致经营状况恶化，加上扩展时投入了大量资金，使企业陷入困境。

任务要求

（1）通过对平台最新数据三大活动的资金构成进行分析，判断对当月资金贡献度最大的资金来源。

（2）通过对平台最新数据各流入项的金额比例进行分析，判断当月资金流入的主因。

（3）通过对平台最新数据各流出项的金额比例进行分析，判断当月资金流出的主因。

（4）分析筹资结构中长期贷款、短期贷款和机构间资金往来的比例，理解企业资金池的含义，预判企业未来的还款压力。

（5）计算销售获现比，分析其历史趋势，由此预断企业的信用政策与收款力度。

（6）计算盈利现金比率，分析其历史趋势，由此判断企业发展的健康性。

任务实施

一、现金流量构成分析

1. 新建故事板

（1）点击“开始任务”，进入用友分析云。

（2）点击“分析设计”，点击“新建”，新建故事板，故事板命名为：资金来源构成。

2. 新建可视化

（1）点击“可视化”，点击“新建”，数据集选择财务大数据—资金分析—现金流量表 AJHXJL，点击“确定”按钮。

（2）修改可视化名称为现金流量构成分析。

（3）维度选择年_日期、月_日期。

（4）指标选择经营活动产生的现金流量净额、投资活动产生的现金流量净额、筹资活动产生的现金流量净额。

（5）图形选择，建议选择表格。

（6）点击“过滤—设置”，筛选月份 2019 年 9 月，点击按条件添加，年 _ 日期＝2019，月 _ 日期＝9 月，点击“确定”按钮，现金流量构成分析过滤设置如图 5－22 所示。

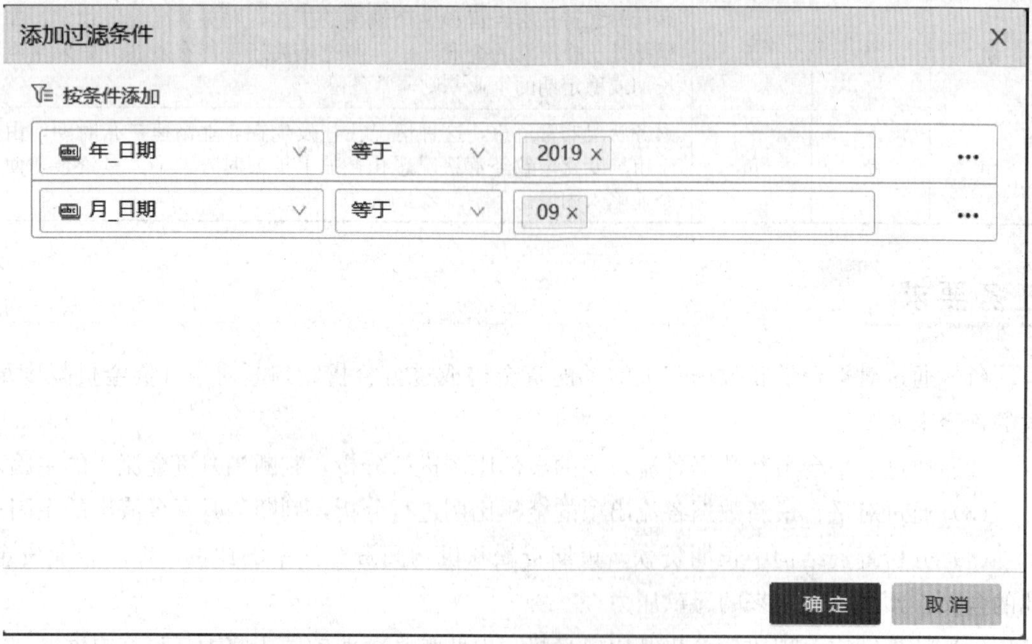

图 5－22　现金流量构成分析过滤设置

（7）点击“保存”按钮，保存可视化，点击“退出”按钮，回到故事板界面，点击“保存”按钮，保存故事板。现金流量构成分析可视化如图 5－23 所示。

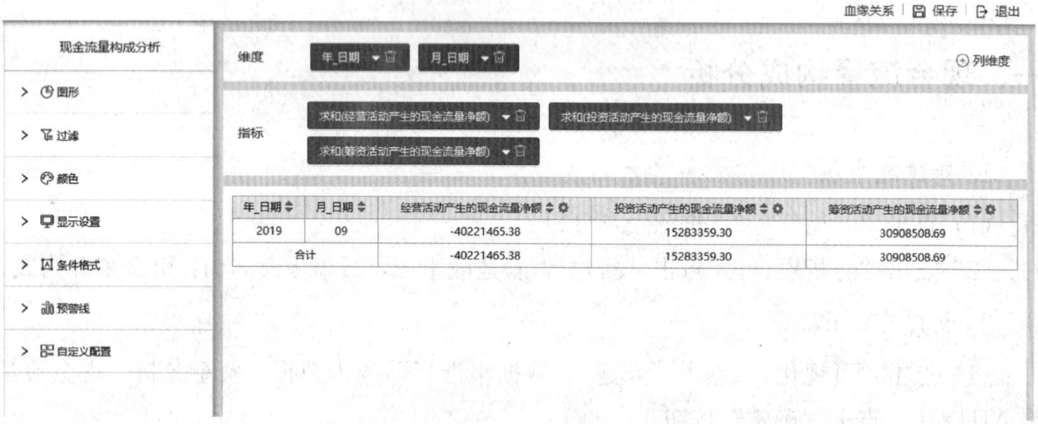

图 5－23　现金流量构成分析可视化

通过分析，2019 年 9 月三大活动的资金构成中，对本月资金贡献度最大的资金来源是经营活动产生的现金流量。

二、资金流入项目分析

1. 打开故事板

点击“分析设计—我的故事板—资金来源构成”。

2. 新建可视化

（1）点击“可视化”，点击“新建”，数据集选择财务大数据—资金分析—现金流量表 AJHXJL，点击“确定”按钮。

（2）修改可视化名称为资金流入项目分析。

（3）维度无。

（4）指标选择经营活动现金流入小计、投资活动现金流入小计、筹资活动现金流入小计。

（5）图形选择，建议选择饼图。

（6）过滤设置，筛选月份 2019 年 9 月，点击按条件添加，年 _ 日期＝2019，月 _ 日期＝9 月，点击“确定”按钮。

（7）点击“保存”按钮，保存可视化，点击“退出”按钮，回到故事板界面，点击“保存”按钮，保存故事板。资金流入项目分析饼图如图 5－24 所示。

图 5－24　资金流入项目分析饼图

通过各现金流入项目金额比例的可视化图表可以看出，2019 年 9 月，资金流入主要是筹资活动产生的现金流入，占比 73.67%；其次为经营活动产生的现金流入，占比 18.39%；再次是投资活动产生的现金流入，占比 7.93%。故而可进一步分析筹资活动的各现金流入项目（详见下文“四、流入项目深入洞察”）。

三、资金流出项目分析

1. 打开故事板

点击“分析设计—我的故事板—资金来源构成”。

2. 新建可视化

（1）点击“可视化”，点击“新建”，数据集选择财务大数据—资金分析—现金流量表 AJHXJL，点击“确定”按钮。

（2）修改可视化名称为资金流出项目分析。

（3）维度无。

（4）指标选择经营活动现金流出小计、投资活动现金流出小计、筹资活动现金流出小计。

（5）图形选择，建议选择饼图。

（6）点击“过滤—设置”，筛选月份 2019 年 9 月，点击按条件添加，年 _ 日期＝2019，月 _ 日期＝9 月，点击“确定”按钮，资金流出项目分析饼图如图 5－25 所示。

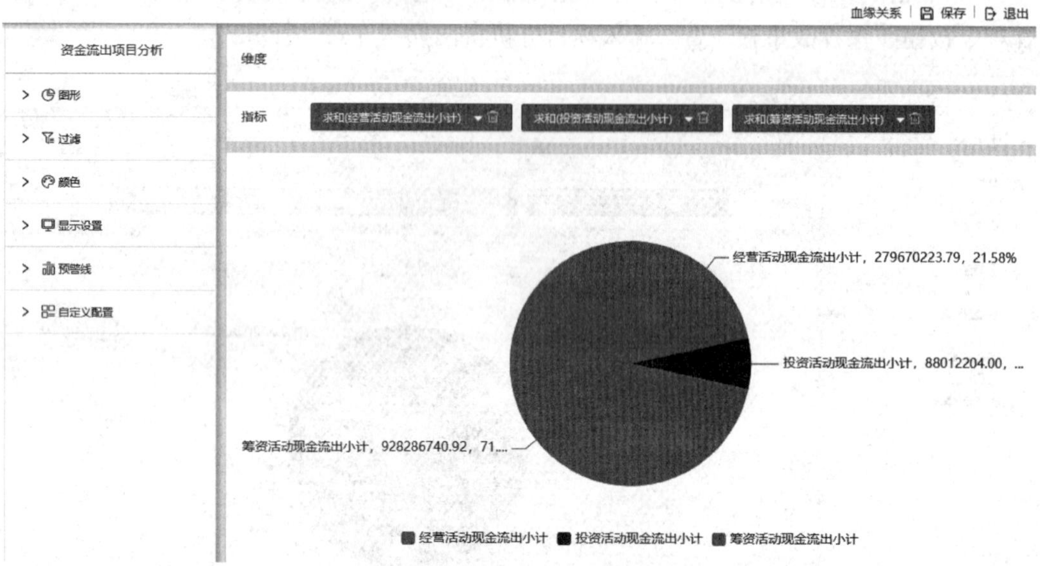

图 5－25　资金流出项目分析饼图

（7）点击“保存”按钮，保存可视化，点击“退出”按钮回到故事板界面，点击“保存”按钮，保存故事板。资金来源构成故事板如图 5－26 所示。

通过各现金流出项目金额比例的可视化图表可以看出，2019 年 9 月，资金流出主要集中在筹资活动，占比 71.63％；其次为经营活动产生的现金流出，占比 21.58％；再次是投资活动产生的现金流出，占比 6.79％。

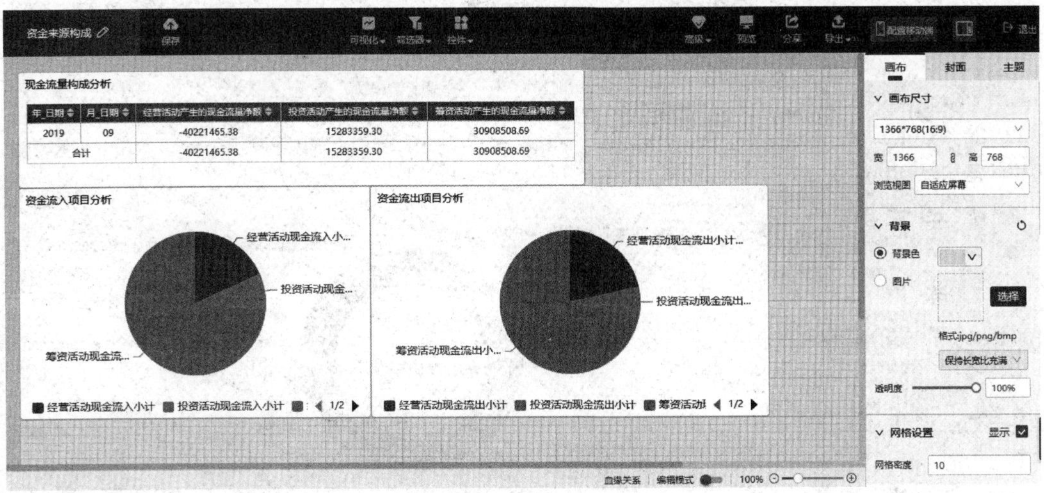

图 5-26　资金来源构成故事板

四、流入项目深入洞察

1. 新建故事板

(1) 点击“开始任务”，进入用友分析云。

(2) 点击“分析设计”，点击“新建”，新建故事板，故事板命名为：资金来源健康性评测。

2. 新建可视化

(1) 点击“可视化”，点击“新建”，数据集选择财务大数据—资金分析—筹资结构表，点击“确定”按钮。

(2) 修改可视化名称为流入项目深入洞察。

(3) 维度选择现金流量项目。

(4) 指标选择借方。

(5) 图形选择，建议选择环形图。

(6) 点击“保存”按钮，保存可视化，点击“退出”按钮，回到故事板界面，点击“保存”按钮，保存故事板。流入项目深入洞察环形图如图 5-27 所示。

通过筹资活动现金流入结构的可视化图表可以看出，筹资活动现金流入主要来源于非金融机构无息借款，占比 72.16%。

五、销售获现比

1. 新建数据集

(1) 在故事板界面点击“退出”按钮，回到分析云主界面。

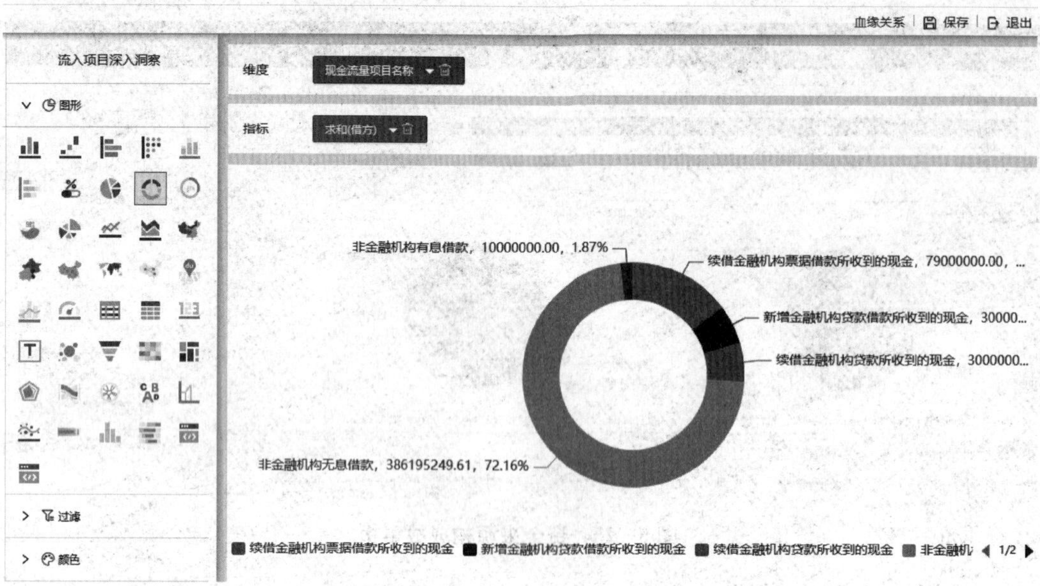

图 5－27 流入项目深入洞察环形图

（2）点击“数据准备”，数据准备如图 5－28 所示。

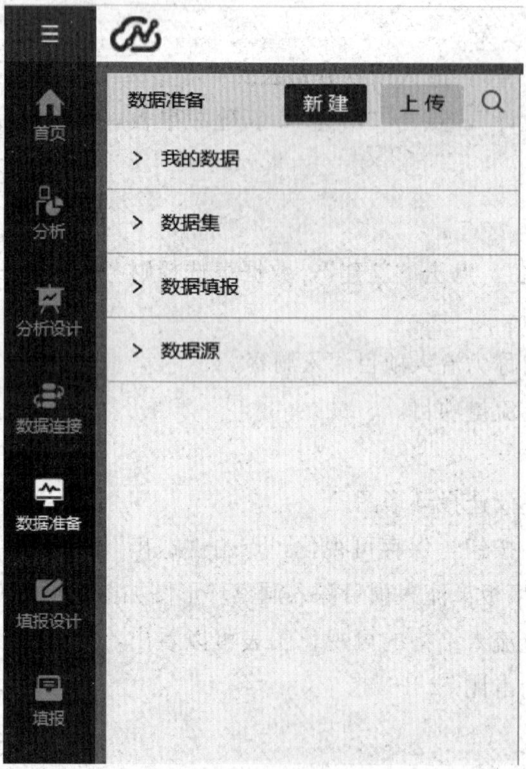

图 5－28 数据准备

（3）点击“新建”，在创建数据集界面，选择关联数据集，名称为“现金流量表 AJHXJL 关联利润表 AJHXJL”，文件夹选择“我的数据”，创建数据集如图 5－29 所示。

图 5－29　创建数据集

（4）打开数据集—财务大数据—资金分析，将现金流量表—AJHXJL 拖拽到数据集编辑界面，编辑现金流量表如图 5－30 所示。

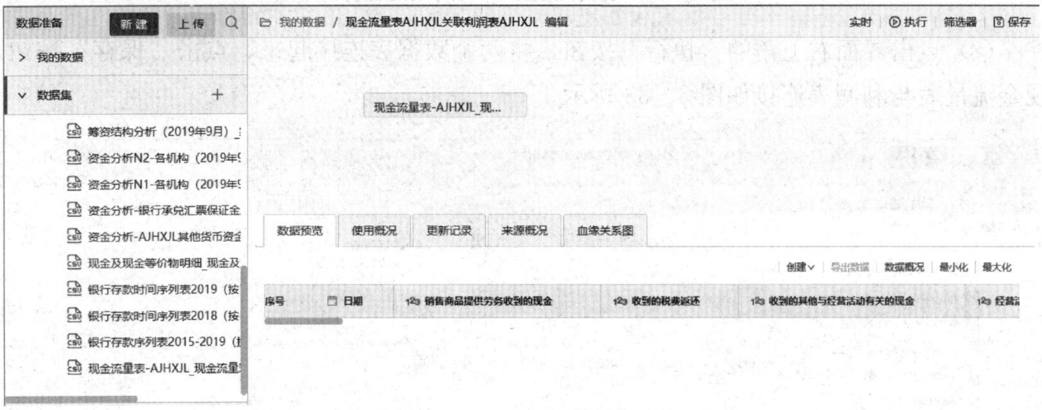

图 5－30　编辑现金流量表

（5）打开数据集—财务大数据—财报分析，将利润表—AJHXJL 拖拽到数据集编辑页面，编辑利润表如图 5－31 所示。

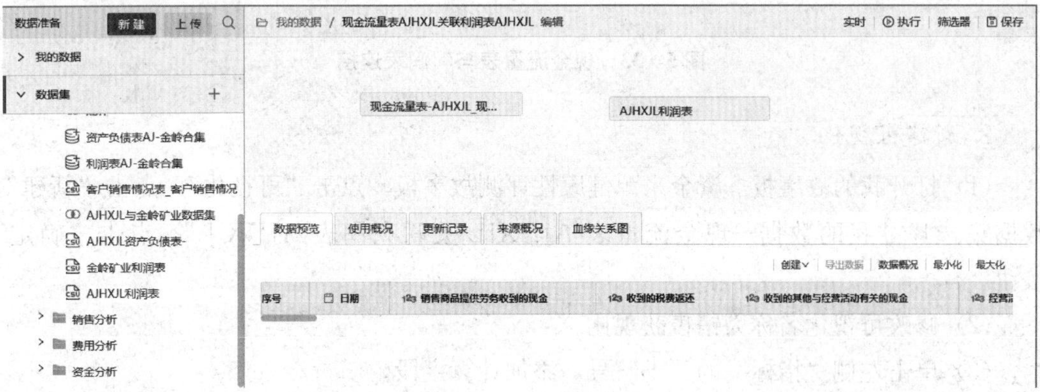

图 5－31　编辑利润表

（6）分别用鼠标点击两个数据表。

（7）在弹出的连接设置界面，选择连接方式为内连接，连接字段利润表 AJHXJL 报表日期＝现金流量表 AJHXJL 日期，现金流量表与利润表连接方式如图 5－32 所示。

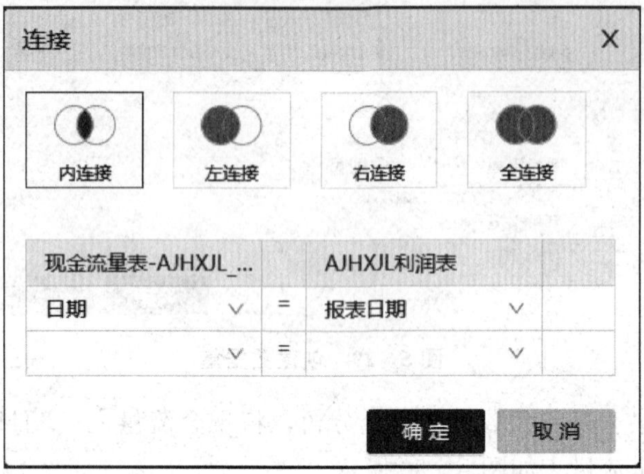

图 5－32　现金流量表与利润表连接方式

（8）点击界面右上角的“执行”按钮，将两个数据表连接起来，点击“保存”按钮，现金流量表与利润表连接如图 5－33 所示。

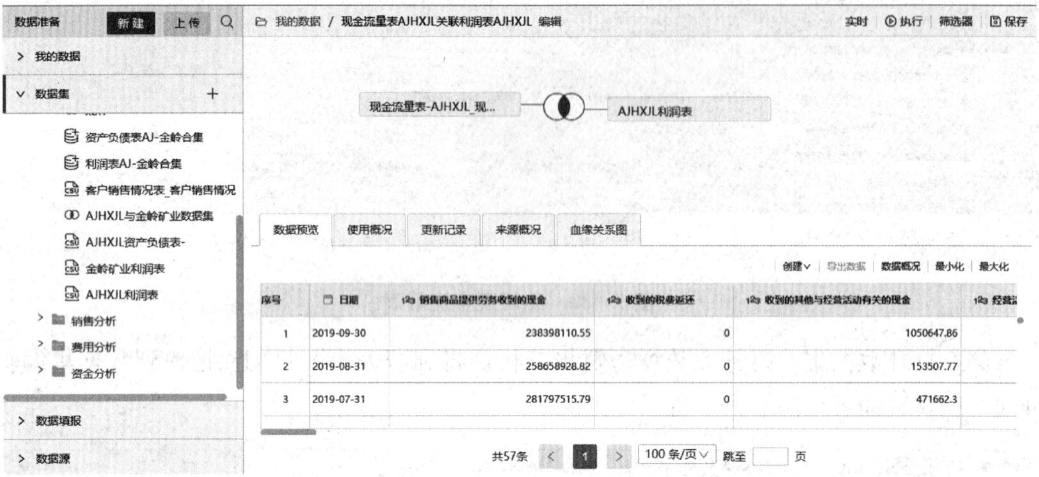

图 5－33　现金流量表与利润表连接

2. 新建可视化

（1）打开我的故事板—资金来源健康性评测故事板。点击“可视化”，点击“新建”，数据集选择“我的数据—现金流量表 AJHXJL 关联利润表 AJHXJL”，点击“确定”按钮。

（2）修改可视化名称为销售获现比。

（3）单击左侧“指标”的“＋”号，添加计算字段。

（4）名称为销售获现比，字段类型为“数字”，公式为“销售商品提供劳务收到的现金^{x}/主营业务收入^{x}”，点击“确定”按钮，销售获现比设置字段如图 5-34 所示。

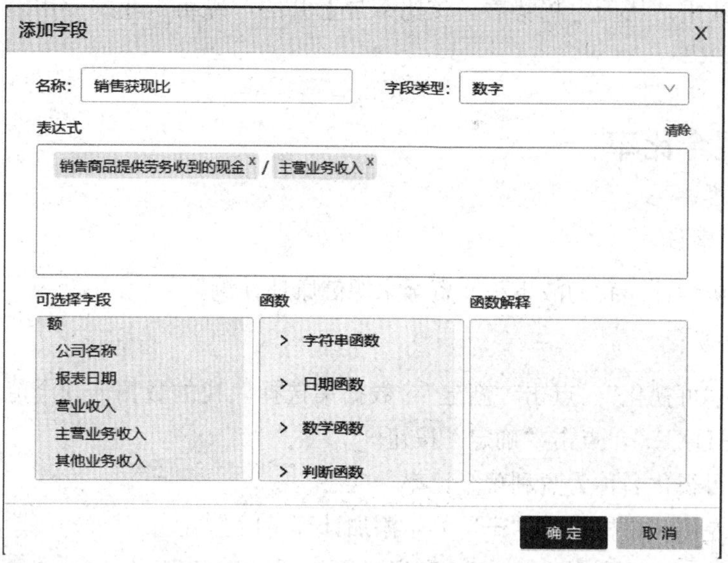

图 5-34 销售获现比设置字段

（5）维度选择报表日期下的年_报表日期、月_报表日期。

（6）指标选择销售获现比。

（7）图形选择，建议选择折线图。

（8）点击维度年_报表日期右侧下拉箭头，选择升序，按照年_报表日期升序排列，点击月_报表日期右侧下拉箭头，选择升序，按照月_报表日期升序排列。

（9）点击“保存”按钮，保存可视化，点击“退出”按钮，回到故事板界面，点击“保存”按钮，保存故事板。销售获现比折线图如图 5-35 所示。

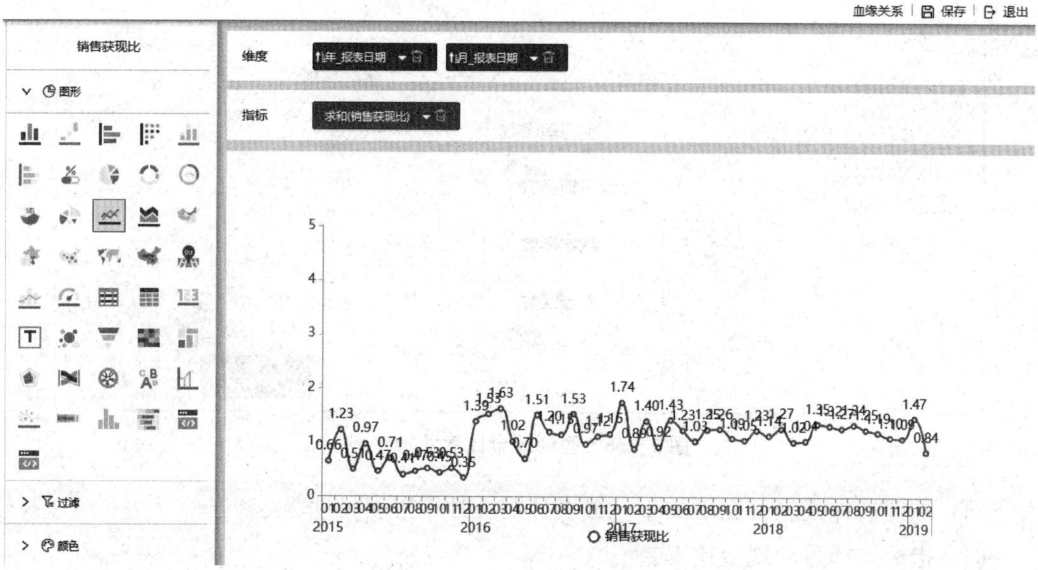

图 5-35 销售获现比折线图

销售获现比为销售商品或提供劳务所收到的现金与主营业务收入的比，反映企业现金收入所占的比重。从历史趋势看，该比率是上升的，说明企业的信用政策较好，收款力度较强。

六、盈利现金比率

1. 打开故事板

点击“分析设计—我的故事板—资金来源健康性评测”。

2. 新建可视化

（1）点击“可视化”，点击“新建”，数据集选择“我的数据—现金流量表 AJHXJL 关联利润表 AJHXJL”，点击“确定”按钮。

（2）修改可视化名称为盈利现金比率。

（3）单击左侧“指标”的“+”号，添加计算字段。

（4）名称输入“盈利现金比率”，字段类型选择“数字”，公式为“经营活动产生的现金流量净额ˣ/净利润ˣ”，点击“确定”按钮，盈利现金比率添加字段如图 5-36 所示。

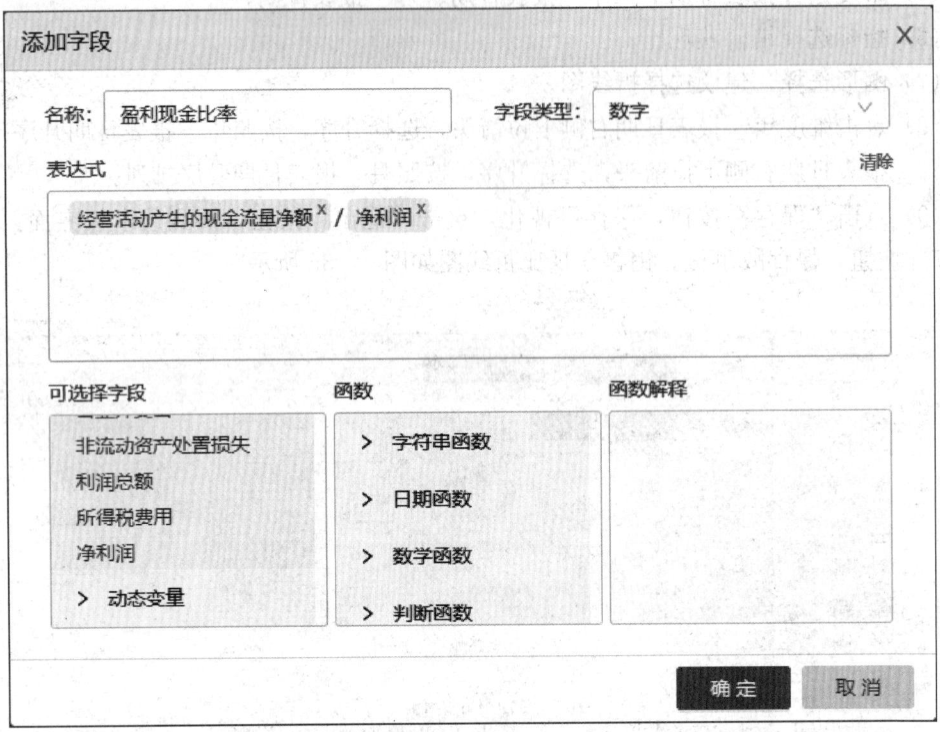

图 5-36 盈利现金比率添加字段

（5）维度选择报表日期下的年 _ 报表日期、月 _ 报表日期。

（6）指标选择盈利现金比率。

（7）图形选择，建议选择折线图。

（8）点击维度年 _ 报表日期右侧下拉箭头，选择升序，按照年 _ 报表日期升序排列，点击月 _ 报表日期右侧下拉箭头，选择升序，按照月 _ 报表日期升序排列，盈利现金比率折线图如图 5－37 所示。

（9）点击“保存”按钮，保存可视化，点击“退出”按钮，回到故事板界面，点击“保存”按钮，保存故事板。盈利现金比率折线图如图 5－37 所示。

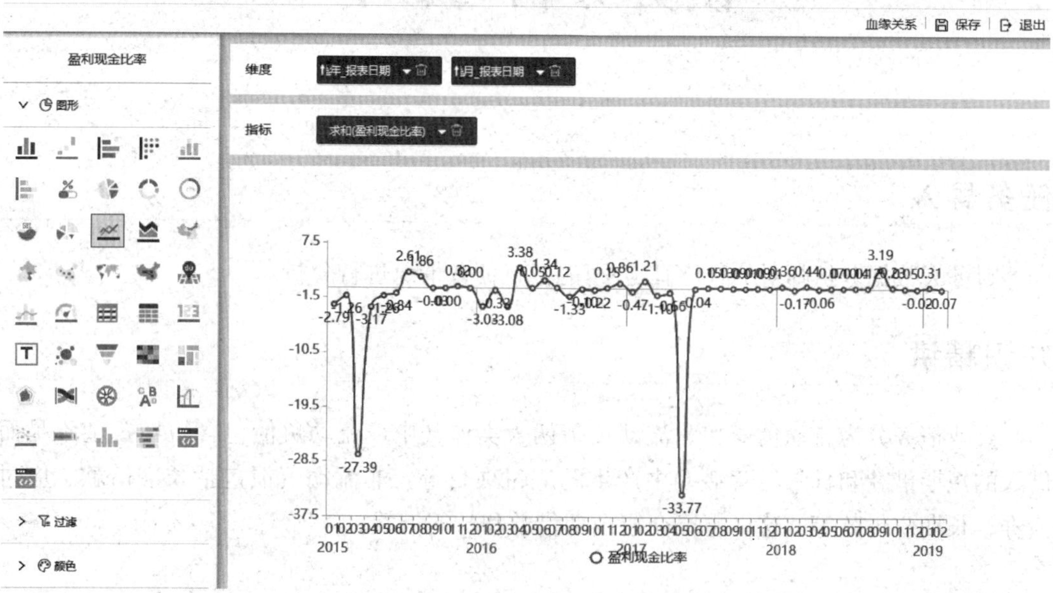

图 5－37　盈利现金比率折线图

盈利现金比率为经营活动产生的现金流与净利润之比，反映净利润中现金的占比情况。从整体趋势上看，该比率较为稳定，说明企业发展的健康性良好。盈利现金比率分析图表如图 5－38 所示。

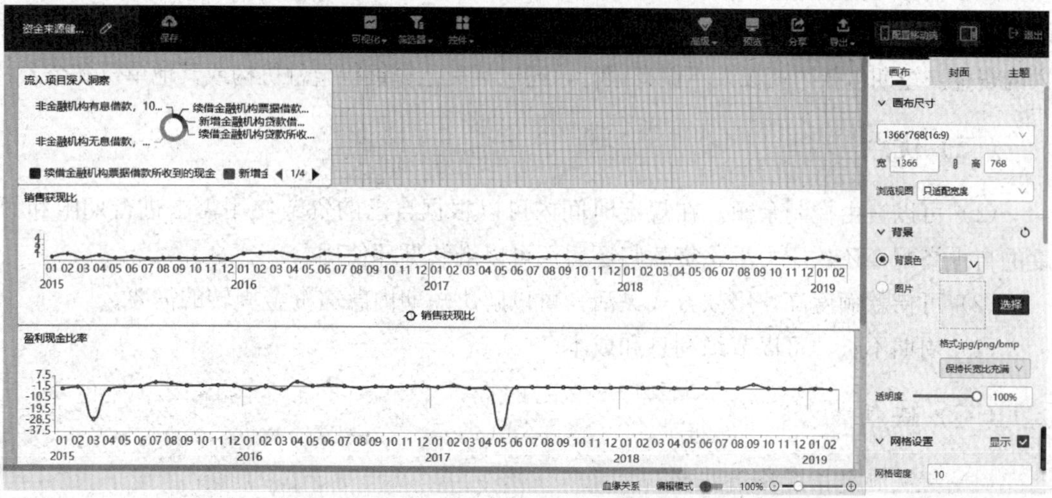

图 5－38　资金来源健康性评测故事板

任务三 债务分析与预警

任务导入

财务大数据分析师对 AJHXJL 公司的银行债务情况进行分析。

知识精讲

企业债务分为流动负债和非流动负债两大类。其中，流动负债包含短期资金不足而借入的短期借款和日常经营活动中产生的应付项目等，非流动负债包括长期借款、应付债券、长期应付款等。这里主要介绍短期借款和长期借款。

一、短期借款

（一）概念

短期借款是指企业向银行或其他金融机构等借入的期限在 1 年以下（含 1 年）的各种款项。短期借款一般是企业为了满足正常生产经营所需的资金或是为了抵偿某项债务而借入的资金。短期借款的债权人不仅有银行，还包括其他非银行金融机构或其他单位和个人。

（二）优点

（1）可以自由控制余额。在规定时间内可以根据自己的资金使用需求进行期限和额度的自由搭配，还款压力小，贷款归还后还可以继续循环使用。

（2）可借款额度高，用款方式灵活，可以解决短期内急需资金周转的需要。

（3）周期不长，可以节约利息和成本。

（三）缺点

（1）无法满足长期资金需求。

（2）一般情况下，短期借款的利息是季度结算的，如果未能按期偿还，会按罚息计算复利，当短期借款无法按期归还时，债务将越发庞大。

二、长期借款

（一）概念

长期借款是指企业向银行或其他金融机构等借入的期限在1年以上（不含1年）的各种款项。

（二）优点

（1）筹资速度快。
（2）资金成本较低。
（3）弹性较大。
（4）具有财务杠杆作用。

（三）缺点

（1）财务风险较大。
（2）限制条款较多。
（3）筹资数量有限。

三、债务分析内容

企业对债务情况进行分析时，一般可以先分析未还款项的银行分布和时间分布情况，然后筛选出大额贷款，从而对其重点管理，在监控资金使用的同时，还要分析资金的使用效益。

任务要求

（1）显示本期的长短期贷款金额及未还本金。
（2）显示欠款的银行，穿透查询每家银行的还款期限，大额未还款项（≥100万元）设置预警。

任务实施

一、短期借款金额、长期借款金额

1. 新建故事板

（1）点击“开始任务”，进入用友分析云。

（2）点击“分析设计”，点击“新建”，新建故事板，故事板命名为：债务分析与预警。

2. 新建可视化

（1）点击“可视化”，点击“新建”，数据集选择财务大数据—财报分析—资产负债表 AJHXJL，点击“确定”按钮。

（2）修改可视化名称为短期借款金额、长期借款金额。

（3）维度选择现金流量项目。

（4）指标选择借方。

（5）图形选择，建议选择指标卡。

（6）过滤设置，筛选月份 2019 年 9 月，点击按条件添加，年 _ 报表日期＝2019，月 _ 报表日期＝9 月，点击“确定”按钮，短期借款金额、长期借款金额指标卡如图 5－39 所示。

图 5－39　短期借款金额、长期借款金额指标卡

（7）点击“保存”按钮，保存可视化，点击“退出”按钮回到故事板界面，点击“保存”按钮保存故事板。

二、未还本金

1. 打开故事版

点击“分析设计—我的故事板—债务分析与预警”。

2. 新建可视化

（1）点击“可视化”，点击“新建”按钮，数据集选择财务大数据—资金分析—银行贷款明细表，点击“确定”按钮。

(2) 修改可视化名称为未还本金。

(3) 维度无。

(4) 指标选择未还本金。

(5) 图形选择，建议选择指标卡。

(6) 点击“保存”按钮，保存可视化，点击“退出”按钮回到故事板界面，点击“保存”按钮保存故事板，未还本金指标卡如图 5-40 所示。

图 5-40　未还本金指标卡

三、未还款情况分析

1. 新建故事板

点击“分析设计—我的故事板—债务分析与预警”。

2. 新建可视化

(1) 点击“可视化”，点击“新建”，数据集选择财务大数据—资金分析—银行贷款明细表，点击“确定”按钮。

(2) 修改可视化名称为未还款情况分析。

(3) 点击维度右侧的“+”号，选择层级。

(4) 层级名称为机构穿透，选中贷款单位，点击“>”按钮，选中到右侧，再选中结束日期，点击“>”按钮，选中到右侧，点击“确定”按钮，未还款情况分析钻取层级如图 5-41 所示。

(5) 维度选择机构穿透。

(6) 指标选择未还金额。

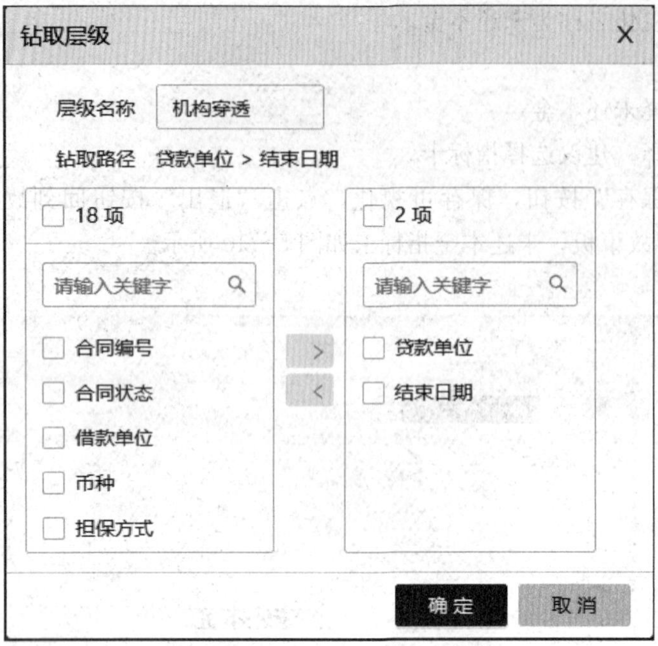

图 5-41　未还款情况分析钻取层级

(7) 图形选择，建议选择条形图，未还款情况分析条形图如图 5-42 所示。

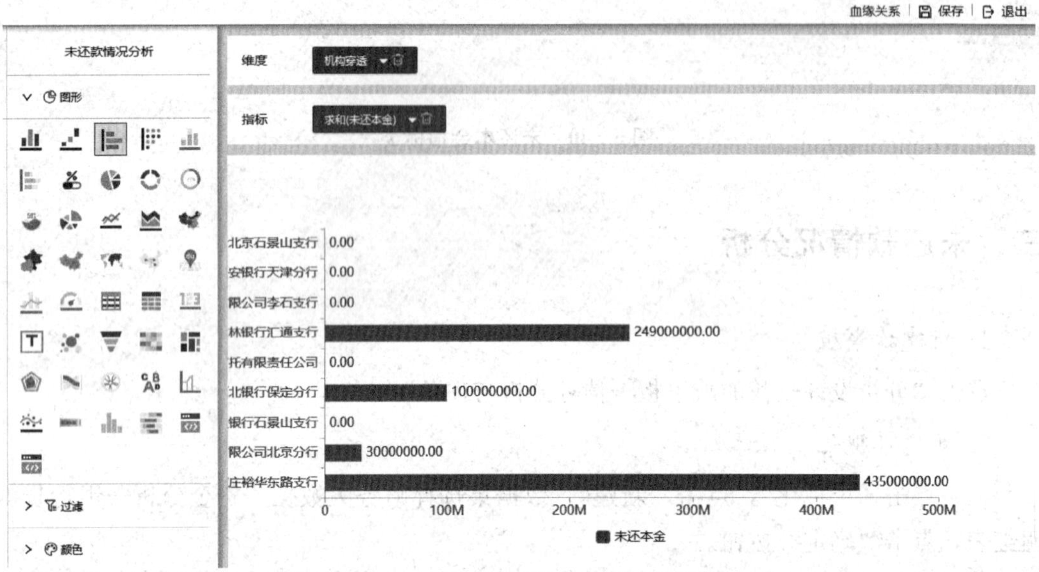

图 5-42　未还款情况分析条形图

(8) 点击图形穿透到子项，图形选择折线图，未还款情况子项折线图如图 5-43 所示。

(9) 点击预警线，将左侧指标下未还金额拖到预警线字段内，点击“添加条件格式”，预警规则条件设置为未还金额大于 100 000 000，点击“下一步”，未还款情况分析设置指标预警如图 5-44 所示。

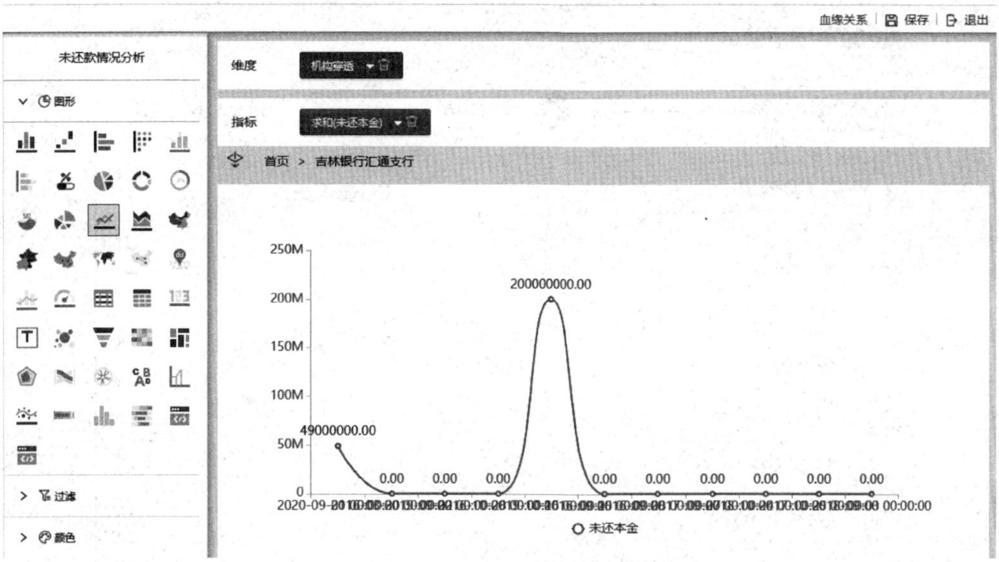

图 5-43 未还款情况子项折线图

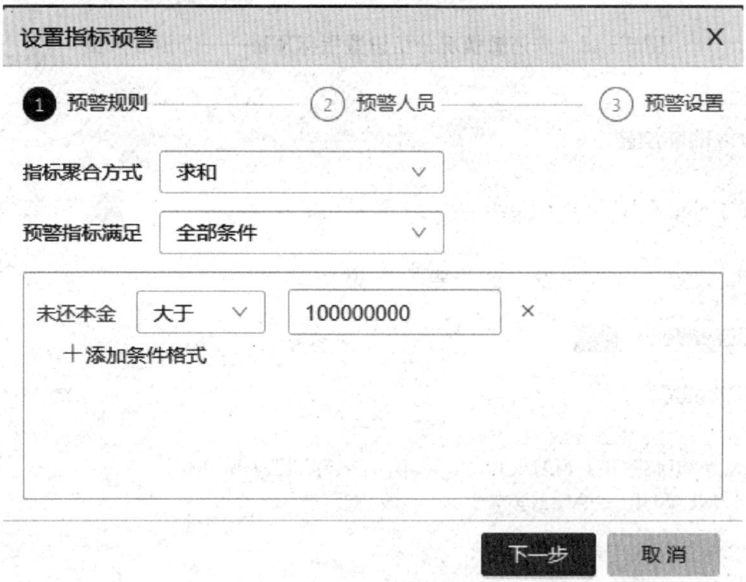

图 5-44 未还款情况分析设置指标预警——①预警规则

(10) 设置预警人员，选择 BQ 管理员，点击“→”，选到指标右侧，点击“下一步”，未还款情况分析设置指标预警——②预警人员如图 5-45 所示。

(11) 预警级别选择“重要”，未还款情况分析设置指标预警——③预警设置如图 5-46 所示。

(12) 点击“确认”按钮。

(13) 点击“保存”按钮，保存可视化。未还款情况分析可视化如图 5-47 所示。点击“退出”按钮，回到故事板界面，点击“保存”按钮，保存故事板。债务分析与预警故事板如图 5-48 所示。

图 5-45　未还款情况分析设置指标预警——②预警人员

图 5-46　未还款情况分析设置指标预警——③预警设置

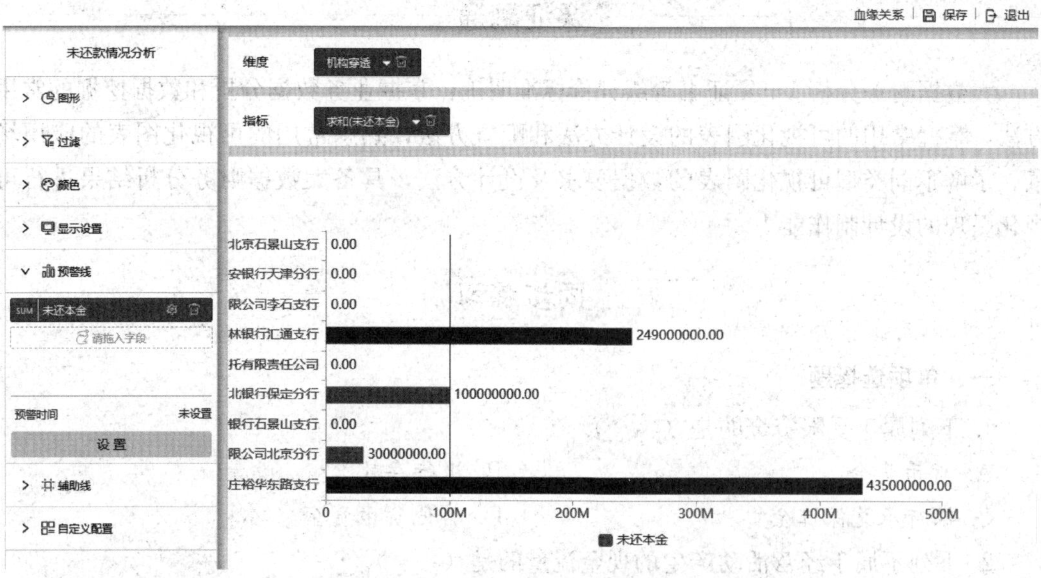

图 5-47　未还款情况分析可视化

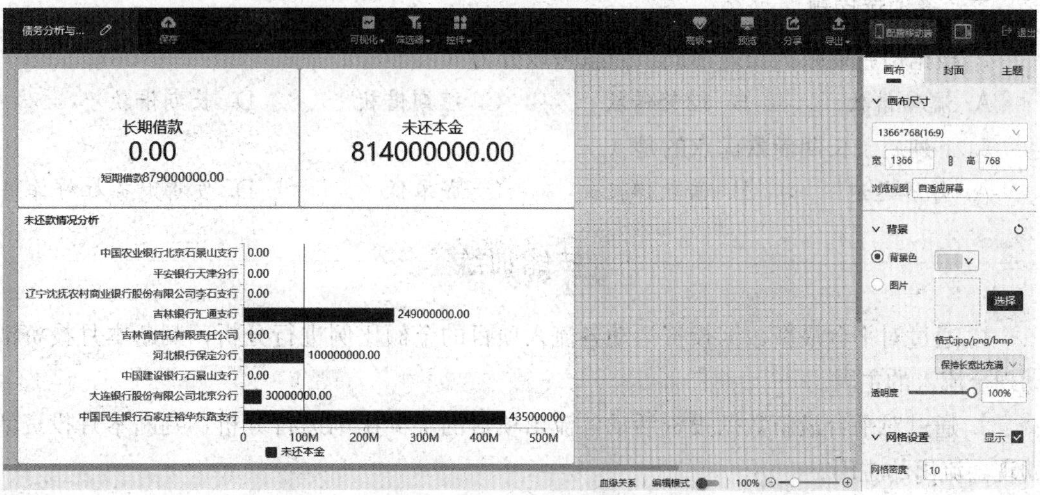

图 5-48　债务分析与预警故事板

项目小结

本项目主要介绍了资金分析的相关方法、最佳现金持有量的确定和产生现金流量的三种经济活动及其主要内容等。本项目采用案例实战方式详细讲述了如何利用相关指标的可视化呈现对资金存量进行分析，如何通过操作获取资金来源并进行分析以及如何进行债务分析与预警。本项目通过实战在培养学生大数据思维的同时，提高学生发现问题、分析问题、解决问题的能力。

课证融通

大数据财务分析 1+X 证书等级评价标准明确：掌握业务数据分析和数据挖掘的常用方法，掌握常用的可视化图表的设计方法和配置方法，熟悉常用的可视化图表的应用场景，了解不同类型可视化图表的数据要求及设计方法，具备大数据财务分析结果进行可视化呈现的设计制作能力。

同步练习

一、单项选择题

1. 下列属于受限资金的是（　　）。

A. 货币资金　　B. 银行存款

C. 银行承兑保证金　　D. 其他货币资金

2. 下列不属于经营活动产生的现金流量的是（　　）。

A. 销售商品　　B. 广告宣传　　C. 缴纳税款　　D. 发行债券

二、多项选择题

1. 根据借款期限的长短不同，借款可以分为（　　）。

A. 流动借款　　B. 经营借款　　C. 短期借款　　D. 长期借款

2. 下列属于长期借款优点的是（　　）。

A. 筹资迅速　　B. 借款弹性大　　C. 成本低　　D. 发挥财务杠杆作用

技能训练

1. 通过对平台最新数据投资活动各流入项目的金额比例进行分析，判断本月投资活动现金流入的主因。

2. 通过对平台最新数据投资活动各流出项目的金额比例进行分析，判断本月投资活动现金流出的主因。

项目六

大数据+销售分析

【知识目标】

1. 了解销售整体分析的内容及分析维度。
2. 掌握各维度下销售分析的具体内容。
3. 掌握销售分析的相关方法。

【技能目标】

1. 能熟练运用相关操作反映企业的销售收入情况。
2. 能通过操作获取销售收入的分析数据并进行可视化呈现。
3. 会利用相关指标的可视化呈现进行销售分析。

【素质目标】

1. 培养学生的大数据思维，运用数据处理业务。
2. 增强学生主动学习的意识，敢于挑战，勇于创新。
3. 提高学生的理论联系实际的能力。

【知识图谱】

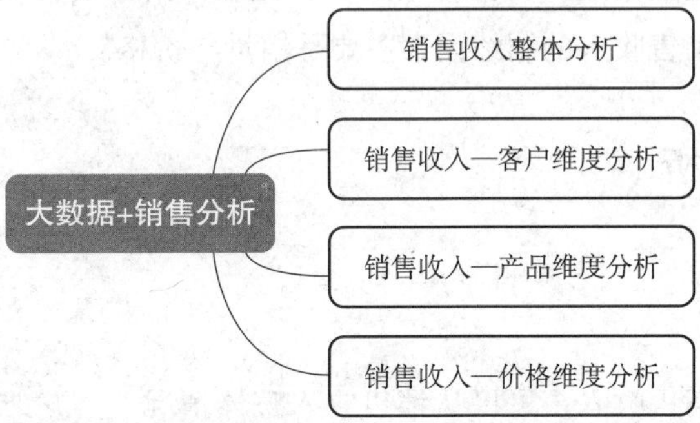

任务一

销售收入整体分析

任务导入

财务大数据分析师对 AJHXJL 公司的销售收入整体情况进行分析。

知识精讲

一、收入和销售收入

（一）收入

收入，是指企业在日常活动中形成的、会导致所有者权益增加的、与所有者投入资本无关的经济利益的总流入，一般包括销售商品收入、提供劳务收入和让渡资产使用权收入等。企业的收入主要来自生产经营活动。企业正常的生产经营活动主要包括销售商品、提供劳务、让渡本企业资产使用权等。

（二）销售收入

销售收入又称营业收入，营业收入按比重和业务的主次及经常性情况，一般可以分为主营业务收入和其他业务收入。销售收入是企业收入的主要构成部分，是企业能够持续经营的基本条件，销售收入的制约因素主要是销量与价格。

二、销售收入分析

（一）分析思路

分析一个公司的销售收入，可以从销售收入整体情况、客户维度、产品维度和价格维度四个方面进行。

(二) 销售收入整体分析方法

1. 总量分析

可分析总销售收入、各产品销售收入和各区域销售收入等。

销售收入是衡量企业经营状况和市场占有能力、预测企业经营业务拓展趋势的重要标志。不断增加的营业收入，是企业生存的基础和发展的条件。分析各产品销售收入可以检索重点产品发展趋势及新产品的市场表现；分析各区域销售收入可以检索重点区域，发现潜在市场，提出下阶段的区域布局策略等。

2. 增长性分析

可进行同比分析和环比分析。

同比指的是与历史同期数据进行比较，环比指的是相邻两期进行比较。二者的侧重点不同：环比会突出显示数据的短期趋势，容易受到季节等因素的影响，而同比侧重反映长期的变化趋势，能规避季节等因素的影响。

3. 对比分析

可进行纵向对比和横向对比。

纵向对比是指将本期的收入数据与以前时期的收入数据进行对比，反映收入的增减变化趋势。横向对比是指将本企业的收入数据与同行业其他企业或行业平均水平、先进水平进行对比，通过横向对比，可以了解企业在行业中的地位及与标杆企业的差距等。

4. 相关比率比较分析

(1) 收入增长率与利润增长率。利润增长率反映了企业的利润增长速度，如果高于销售收入增长速度，则说明企业的盈利能力增强。

(2) 收入增长率与应收账款增长率。一般来说，应收账款与营业收入存在一定的正相关关系。在较好的经营状况下，应收账款的增长率往往小于营业收入的增长率。反之，则说明营业收入中的大部分属于赊销，资金回笼较慢，企业的资金利用效率有所降低，影响了企业的资产质量，从而加大了经营风险，应收账款的变现速度仍有待加强。

任务要求

(1) 体现集团收入与各机构收入情况。

(2) 分析母公司的营业收入结构。

(3) 分析母公司各产品收入结构。

(4) 母公司营业收入纵向对比。

(5) 分析母公司营业收入的历年趋势（按季）。

任务实施

一、本期集团营业收入与各机构收入情况

1. 本期集团营业收入故事板

（1）点击“开始任务”，进入用友分析云，选择左侧“分析设计”，点击“新建”下方的“新建故事板”，如图 6－1 所示。

图 6－1 新建故事板

（2）故事板名称输入“本期集团营业收入”，存放在“我的故事板”下方，点击“确认”，进入本期集团营业收入故事板，如图 6－2 所示。

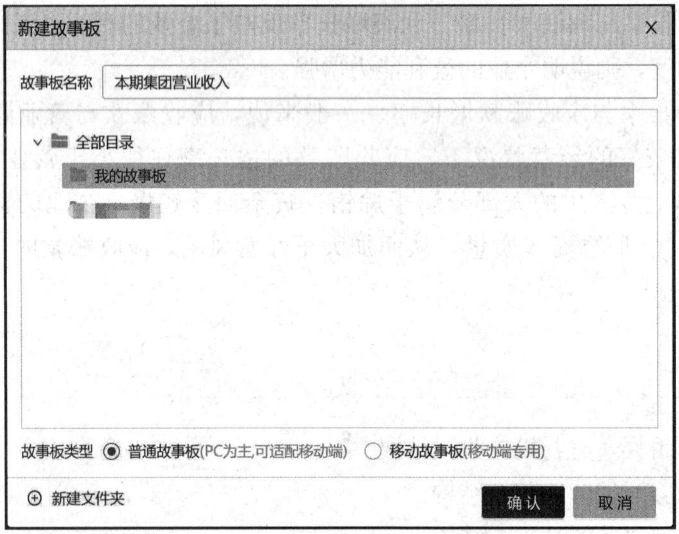

图 6－2 本期集团营业收入故事板

2. 本期集团营业收入可视化

（1）进入图 6－2 本期集团营业收入故事板以后，需要新建可视化视图，点击“可视

化—新建”，如图 6 - 3 所示。

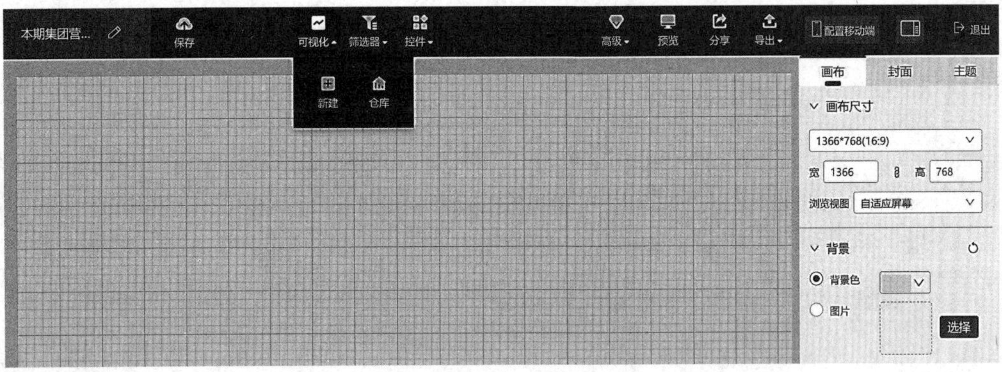

图 6 - 3　新建可视化

（2）选择数据集，点击“数据集—财务大数据—销售分析”，选择销售收入汇总表，点击“确定”按钮，如图 6 - 4 所示。

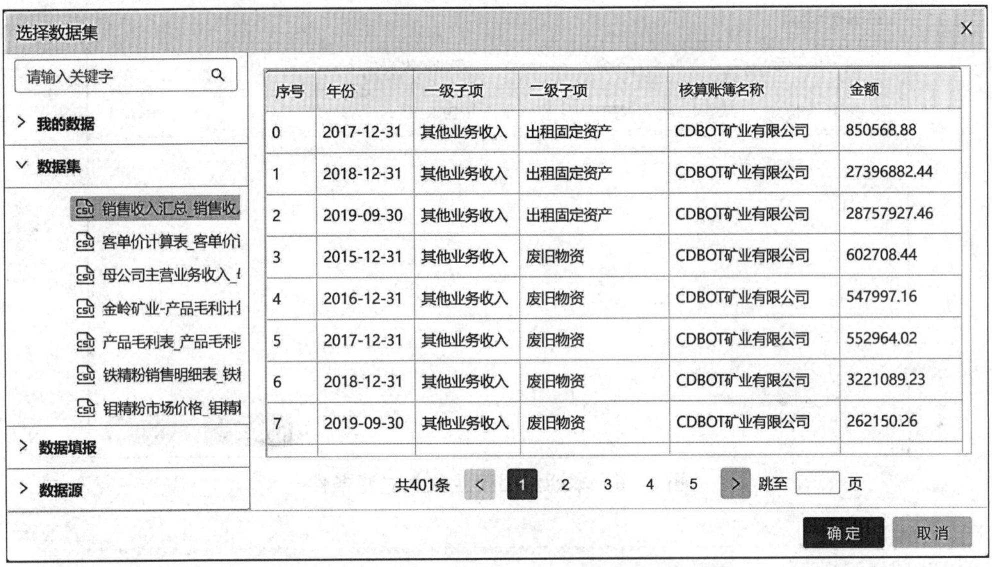

图 6 - 4　销售收入汇总表数据集

（3）修改可视化名称为“本期集团营业收入”，将左侧的金额指标选中以后拖拽到右上方的指标行，如图 6 - 5 所示。

（4）点击“过滤—设置”，系统弹出过滤条件对话框，点击“按条件添加”，点击第一行过滤条件下拉三角箭头，过滤框依次选择“一级子项”“包含”“主营业务收入”和“其他业务收入”，再次点击“按条件添加”，点击第二行过滤条件下拉三角箭头，过滤框依次选择“年 _ 年份”“等于”“2019”，点击“确定”按钮，如图 6 - 6 所示。

（5）图形选择指标卡的类型，展示具体的金额，点击右上方“保存”按钮，如图 6 - 7 所示。

（6）点击“退出”按钮，系统返回到故事板界面。

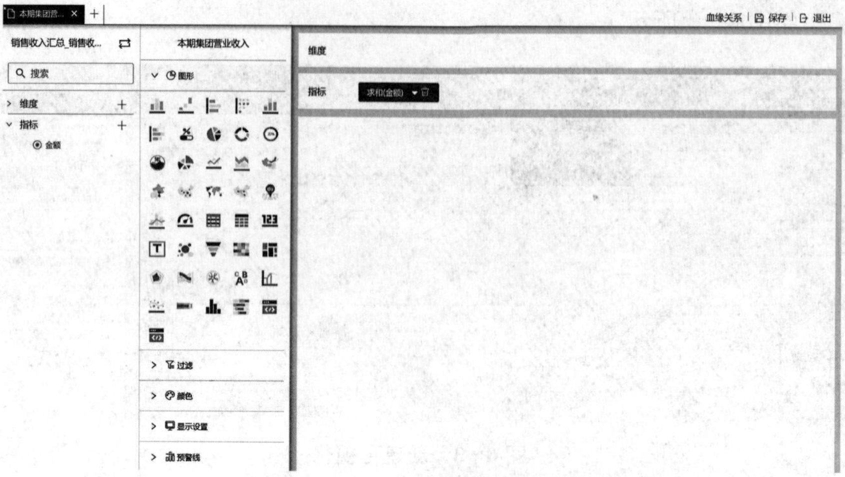

图 6-5　本期集团营业收入可视化

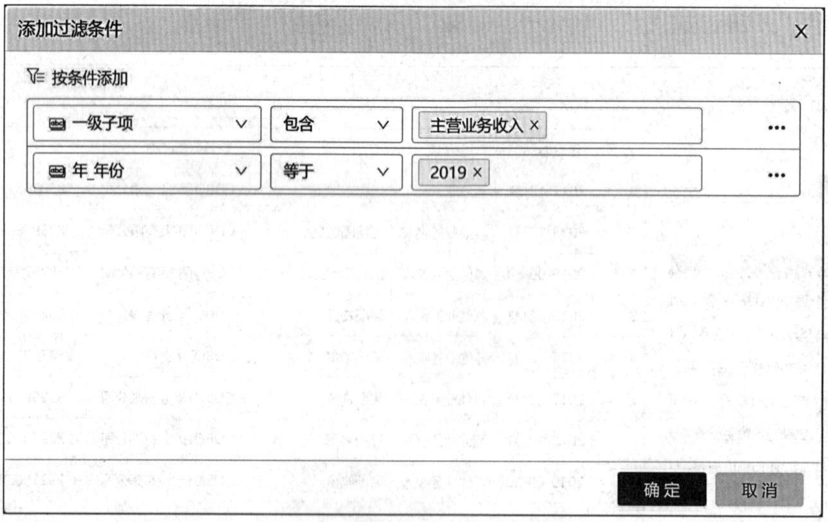

图 6-6　本期集团营业收入过滤条件

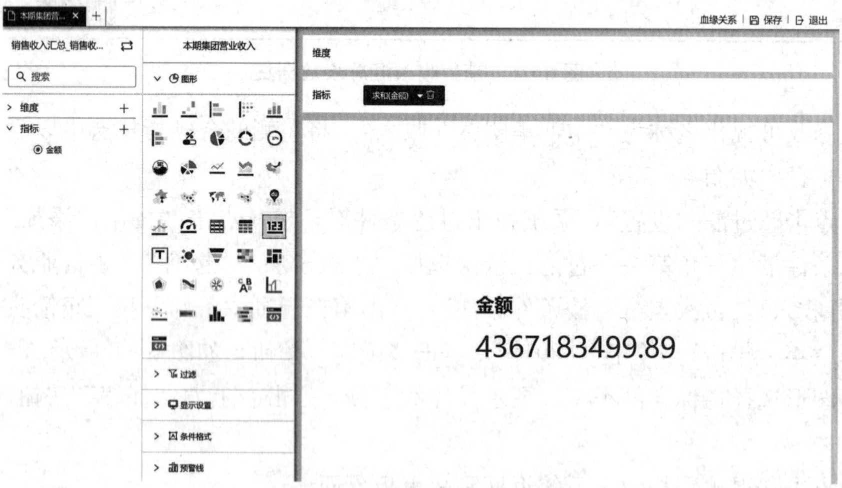

图 6-7　本期集团营业收入指标卡

3. 各机构本期营业收入可视化

（1）进入图 6－2 本期集团营业收入故事板以后，点击“可视化—新建”，新建“各机构本期营业收入”可视化视图。

（2）选择数据集，点击“数据集—财务大数据—销售分析”，选择销售收入汇总表，点击“确定”按钮。

（3）修改可视化名称为“各机构本期营业收入”，将左侧维度下方的核算账簿名称选中以后拖拽到右上方的维度行，将左侧的金额指标选中以后拖拽到右上方的指标行，如图 6－8 所示。

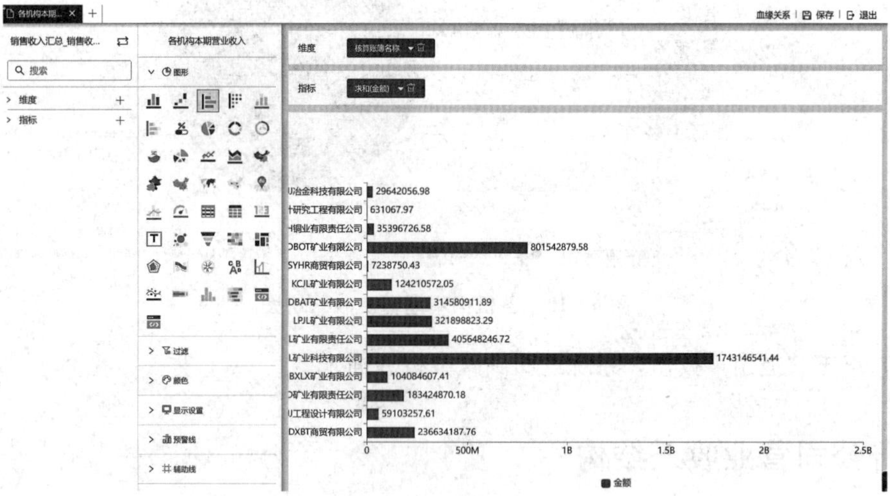

图 6－8 各机构本期营业收入条形图

（4）点击“过滤—设置”，系统弹出过滤条件对话框，点击“按条件添加”，点击第一行过滤条件下拉三角箭头，过滤框依次选择“一级子项”“包含”“主营业务收入”和“其他业务收入”，再次点击“按条件添加”，点击第二行过滤条件下拉三角箭头，过滤框依次选择“年_年份”“等于”“2019”，点击“确定”按钮，如图 6－9 所示。

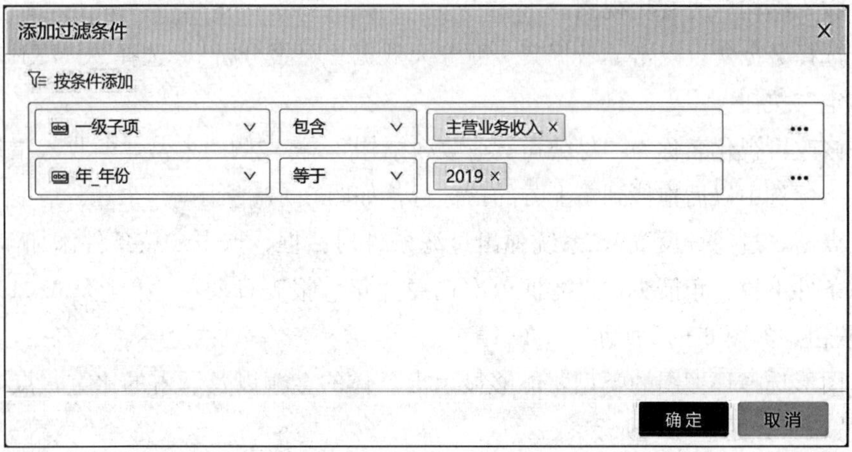

图 6－9 各机构本期营业收入过滤条件

（5）图形选择饼图的类型，能够显示出具体的金额以及所占的比重，点击右上方的“保存”按钮，如图 6-10 所示。

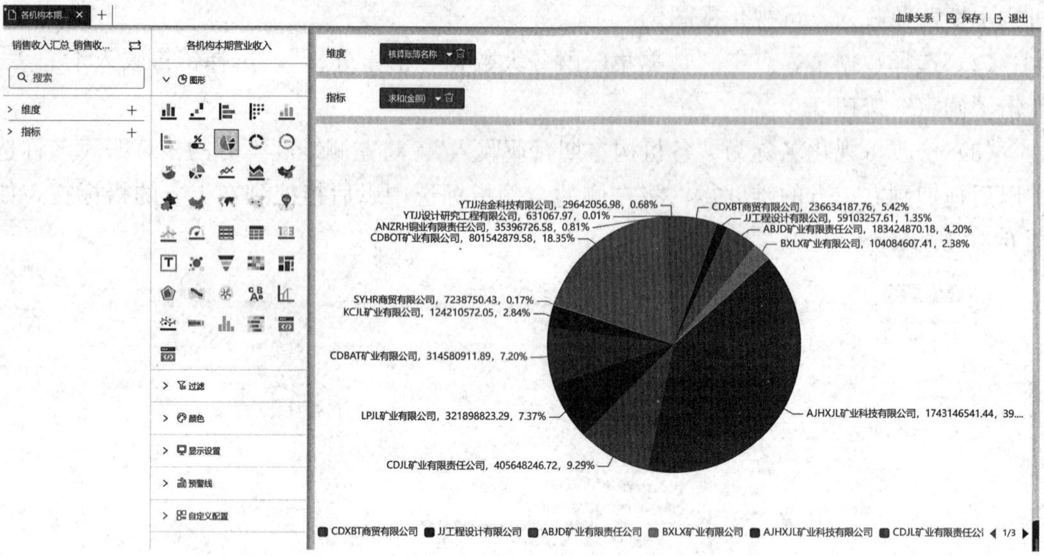

图 6-10　各机构本期营业收入饼图

（6）点击“退出”按钮，系统返回到故事板界面。

二、母公司营业收入结构

1. 打开故事板

点击“分析设计—我的故事板—集团营业收入故事板”。

2. 母公司营业收入结构可视化

（1）进入图 6-2 本期集团营业收入故事板以后，点击“可视化—新建”，新建“母公司营业收入结构”可视化视图。

（2）选择数据集，点击“数据集—财务大数据—财报分析”，选择 AJHXJL 利润表，点击“确定”按钮。

（3）修改可视化名称为“母公司营业收入结构”，将左侧的主营业务收入指标和其他业务收入指标选中以后拖拽到右上方的指标行，如图 6-11 所示。

（4）点击“过滤—设置”，系统弹出过滤条件对话框，点击“按条件添加”，点击第一行过滤条件下拉三角箭头，过滤框依次选择“年_报表日期”“等于”“2019”，点击“确定”按钮，如图 6-12 所示。

（5）图形选择环形图的类型，能够显示出具体的金额以及所占的比重，点击右上方“保存”按钮，如图 6-13 所示。

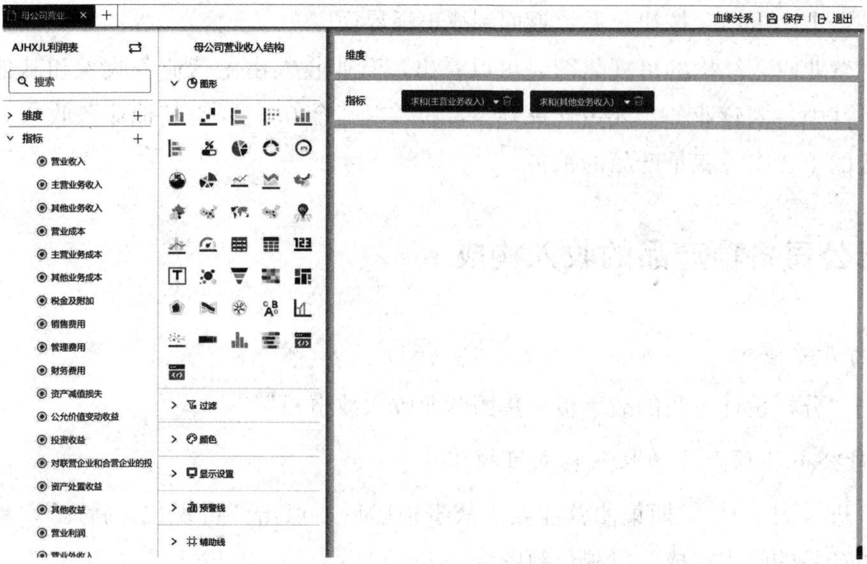

图 6－11　母公司营业收入结构可视化

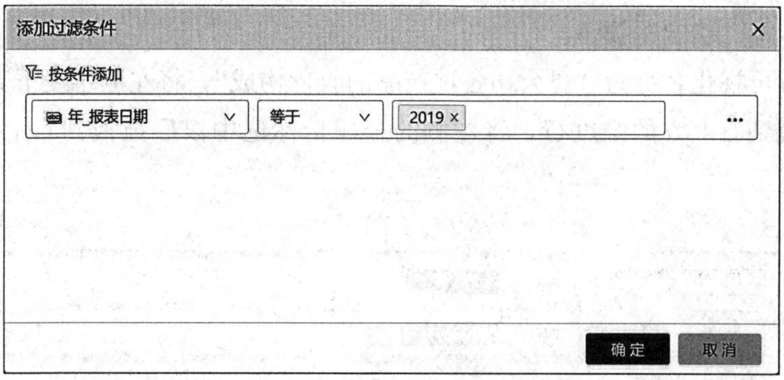

图 6－12　母公司营业收入结构过滤条件

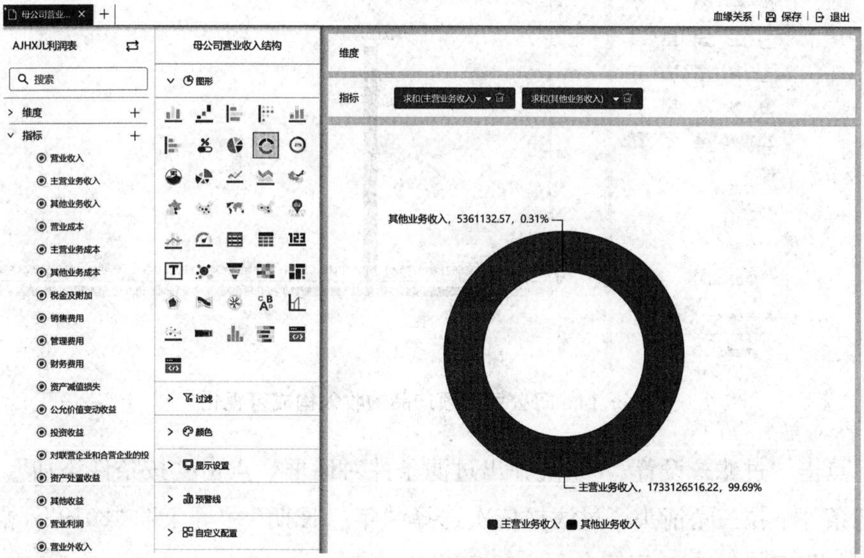

图 6－13　母公司营业收入结构环形图

（6）点击“退出”按钮，系统返回到故事板界面。

通过营业收入结构的可视化图表可以看出，营业收入由主营业务收入和其他业务收入构成。其中，主营业务收入占比高达 99.49%，其余 0.31%为其他业务收入，说明本企业收入的主要来源就是产品的销售。

三、母公司各项产品的收入构成

1. 打开故事板

点击“分析设计—我的故事板—集团营业收入故事板”。

2. 母公司各项产品的收入构成可视化

（1）进入图 6－2 本期集团营业收入故事板以后，点击“可视化—新建”，新建“母公司各项产品的收入构成”可视化视图。

（2）选择数据集，点击“数据集—财务大数据—销售分析”，选择母公司主营业务收入数据表，点击“确定”按钮。

（3）修改可视化名称为“母公司各项产品的收入构成”，将左侧维度下方的产品名称选中以后拖拽到右上方的维度行，将左侧的金额指标选中以后拖拽到右上方的指标行，如图 6－14 所示。

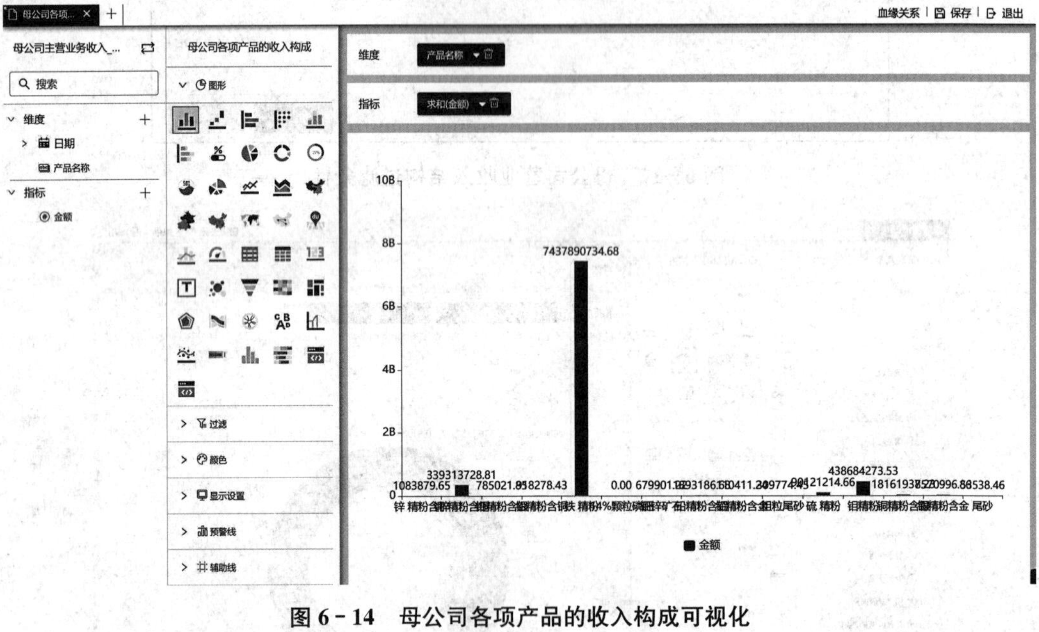

图 6－14　母公司各项产品的收入构成可视化

（4）点击“过滤—设置”，系统弹出过滤条件对话框，点击“按条件添加”，点击第一行过滤条件下拉三角箭头，过滤框依次选择“年 _ 日期”“等于”“2019”，点击“确定”按钮，如图 6－15 所示。

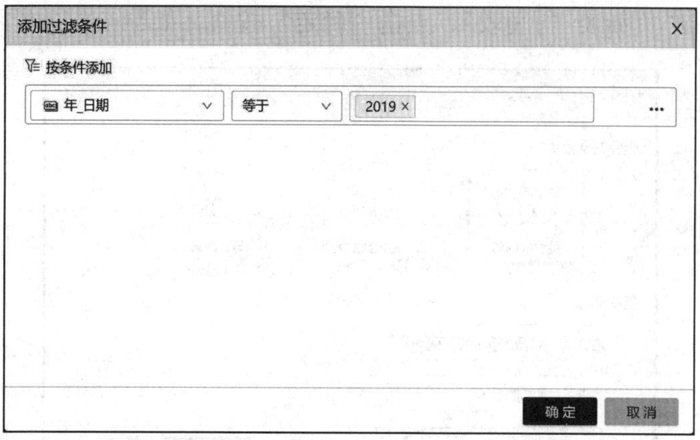

图 6-15　母公司各项产品的收入构成过滤条件

（5）图形选择条形图的类型，能够显示出具体的金额，点击“金额”指标的下拉三角箭头，排列方式选择“升序”，点击右上方的“保存”按钮，如图 6-16 所示。

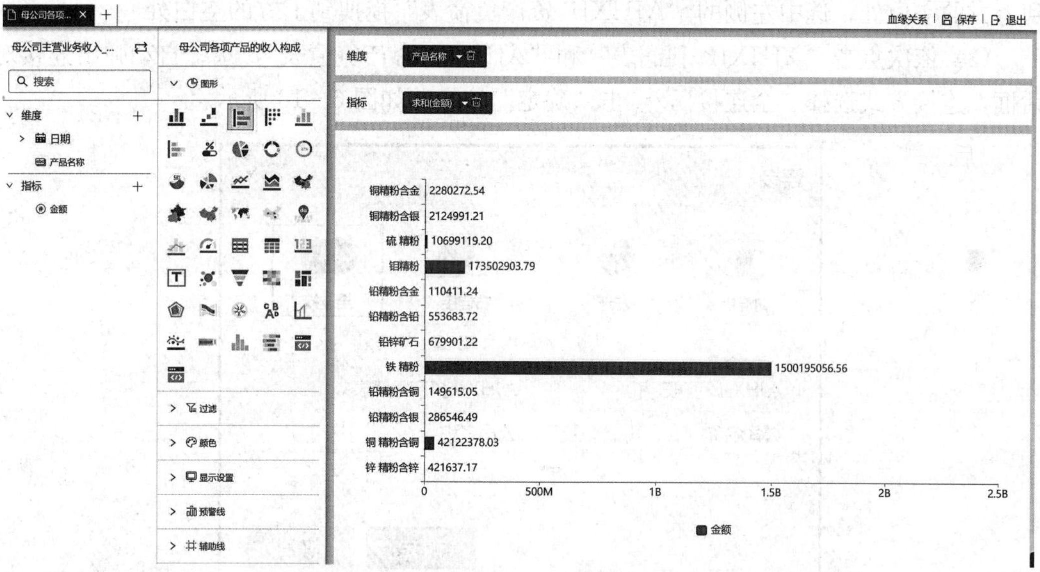

图 6-16　母公司各项产品的收入构成条形图

（6）点击“退出”按钮，系统返回到故事板界面。

通过产品收入构成的可视化图表可以看出，排在首位的是铁精粉的销售收入，金额远超其他产品，占比最高；其次是铝精粉和铜精粉含铜。其余产品的销售额较排名前三的产品差距较大，说明主营业务收入的主要来源是铁精粉的销售。

四、母公司历年营业收入纵向对比

1. 数据准备

（1）进入用友分析云，点击左侧“数据准备”，点击“新建”，选择关联数据集，名称命名为“AJ资产负债表-利润表”，点击“确定”按钮，如图6-17所示。

图6-17 创建数据集

（2）选择“数据集—财务大数据—财报分析”，选中左侧的“AJHXJL利润表”拖拽到上方的空白处，选中左侧的“AJHXJL资产负债表”拖拽到上方的空白处。

（3）依次点击“AJHXJL利润表”和“AJHXJL资产负债表”，系统自动弹出连接对话框，连接方式选择“全连接”，点击“确定”按钮，如图6-18所示。

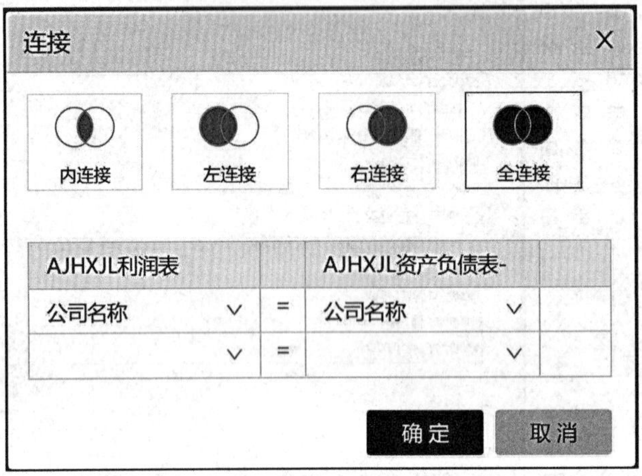

图6-18 数据连接

（4）点击右上方的“执行”按钮，点击“保存”按钮。

2. 母公司历年营业收入纵向对比可视化

（1）进入营业收入故事板以后，点击“可视化—新建”，新建“母公司历年营业收入纵向对比可视化”。

（2）选择数据集，点击“我的数据”，选择AJ资产负债表-利润表数据合集。

（3）修改可视化名称为“母公司历年营业收入横向对比”，将左侧维度下方的“公司名称”“年_报表日期”选中以后拖拽到右上方的维度行，将左侧的营业收入指标选中以后拖拽到右上方的指标行。

（4）图形选择柱状图的类型，能够显示出具体的金额，点击“公司名称”指标的下拉三角箭头，排列方式选择“升序”，点击“报表日期”指标的下拉三角箭头，排列方式选择“升序”，点击右上方的“保存”按钮，如图 6-19 所示。

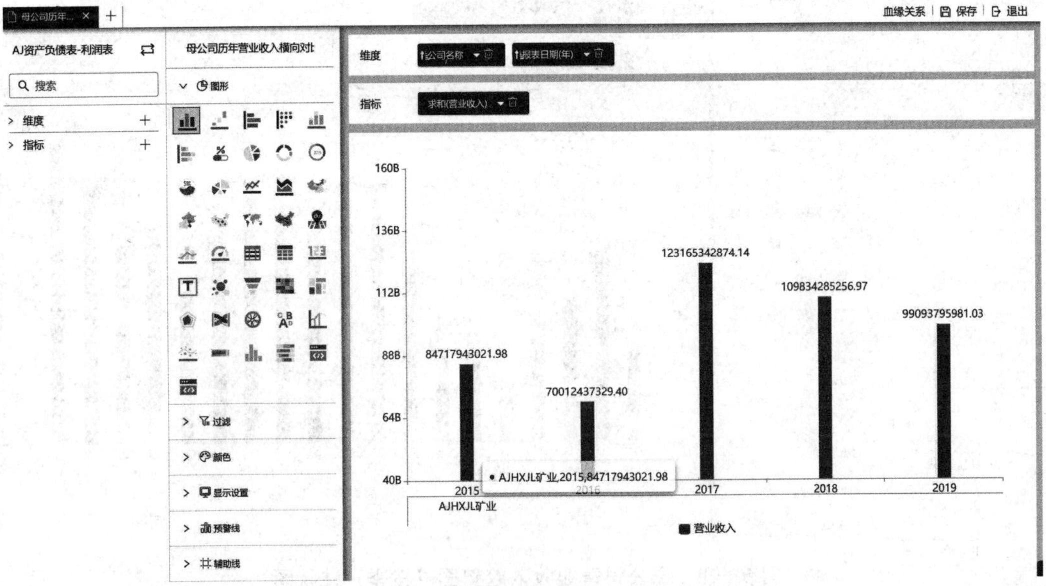

图 6-19 母公司历年营业收入横向对比柱状图

（5）点击“退出”按钮，系统返回到故事板界面。

通过可视化图表可以看出，企业销售收入在 2017 年有了大幅提升后，近三年的营业收入又开始呈现递减趋势，可进一步考虑是否是受到经济大环境等因素的影响导致。也可将收入分析期细化，进一步观察变化趋势。

五、母公司营业收入趋势图（按季）

1. 打开故事板

点击“分析设计—我的故事板—集团营业收入故事板”。

2. 母公司营业收入趋势图（按季）可视化

（1）进入营业收入故事板以后，点击“可视化—新建”，新建“母公司营业收入趋势图（按季）”可视化。

（2）选择数据集，点击“数据集—财务大数据—财报分析”，选择 AJHXJL 利润表数据合集，点击“确定”按钮。

（3）修改可视化名称为“母公司营业收入趋势图（按季）”，将左侧维度下方的“年_报表日期”“季度_报表日期”选中以后拖拽到右上方的维度行，将左侧的营业收入指标选中以后拖拽到右上方的指标行。

（4）图形选择柱状图的类型，能够显示出具体的金额，点击“年_报表日期”指标的下拉三角箭头，排列方式选择“升序”，点击“季度_报表日期”指标的下拉三角箭头，排列方式选择“升序”，点击右上方“保存”按钮，如图 6-20 所示。

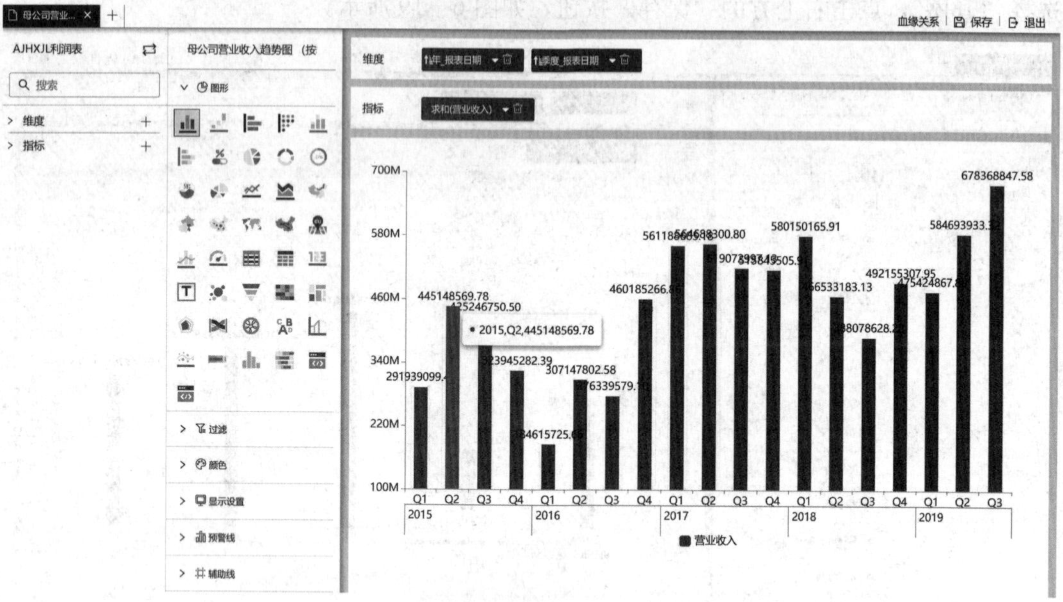

图 6-20　母公司营业收入趋势图（按季）柱状图

（5）点击“退出”按钮，系统返回到故事板界面。点击故事板左上方的“保存”按钮，保存所有的可视化，如图 6-21 所示。

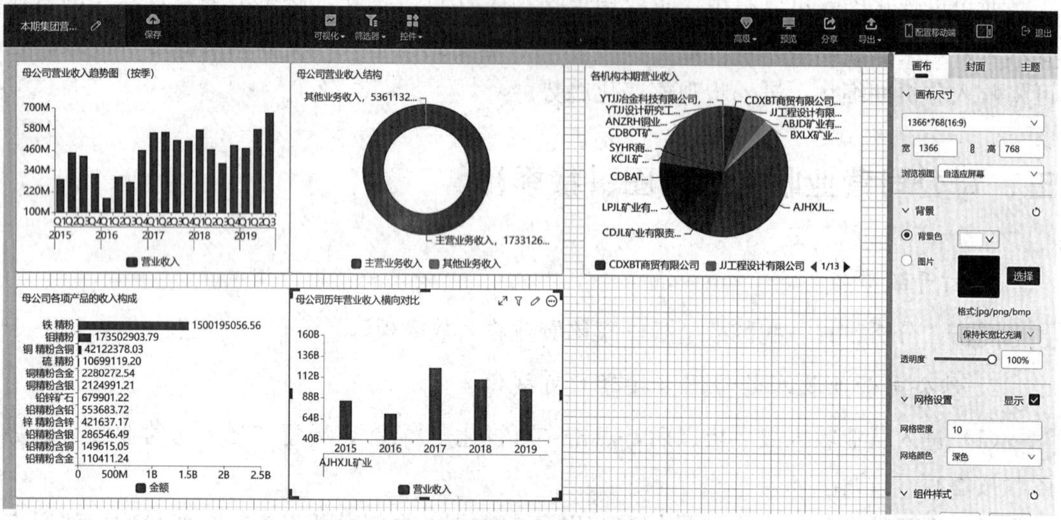

图 6-21　销售收入整体分析可视化

通过分析期细化到季度后的可视化图表可以看出，自 2017 年起，除个别季度外，收入的整体大趋势仍为上升，所以可重点分析下降的个别季度的销售情况，查明具体原因。

任务二
销售收入—客户维度分析

任务导入

财务大数据分析师对 AJHXJL 公司进行销售收入—客户维度分析。

知识精讲

一、客户维度分析销售收入的意义

企业经营的目的是盈利，因此它不会以同一标准对待所有客户。企业应按照客户价值将其分成不同的等级和层次，这样企业才能将有限的时间、精力、财力放在高价值的客户身上。

根据 20/80 原则，20%的高价值客户创造的价值往往占企业利润的 80%，只有找到这些最有价值的客户并提高他们的满意度，同时剔除负价值客户，企业才会永远充满生机和活力。

二、商业模式

（一）B2B

B2B 是 Business-to-Business 的缩写，指的是一个机构将产品或服务销售给另一个机构，使其自行使用或销售给其他企业使用。

（二）B2C

B2C 是 Business-to-Customer 的缩写，指的是直接面向消费者销售产品和服务，也就是通常说的商业零售。

（三）B2B 与 B2C 的区别

1. 客户规模不同

B2C 业务由于直接面向最终消费者，往往购买者很多，即便是一些定位小众的产品，如果将消费者按照性别、年龄段、购买能力等分类集中，理论上说也是动辄千万级的受众。因此，对任何 B2C 企业来说，与自身产品相关的整个市场体量难以精准统计和预测。

与 B2C 业务相比，B2B 业务主要针对企业、组织、政府等机构型客户，客户面相对较窄。一旦产品参数、用途确定，其所对应的市场体量基本就固定了，不以人的主观意志为转移。因此 B2B 业务比较容易对目标客户群进行精准定位，宏观上有利于把控市场规模、市场分布、行业趋势，微观上有利于专注产品价值、进行个性化营销。

2. 决策方式不同

B2C 场景下，消费者个人购买产品或服务，不一定会有很明确的购买计划。有可能是根据自己的消费经验、看见的广告、身边的亲朋意见、同事的一句话，突然心血来潮，充满感性因素。B2B 组织购买产品与服务主要用于企业生产、消耗，或者贸易，通常是按照计划进行的。采购会有比较明确的决策依据，通常会基于增强盈利能力、降低成本、提高生产率、降低风险等角度作出购买决定，是很理性的决策过程。

基于这一特点，我们在进行 B2B 业务营销时，要着眼于促进客户作出理性购买决策这一目标，通过独特的产品卖点、优质的客户评价、有针对性的营销活动来突出产品的价值。相反，在进行 B2C 业务时，我们要着眼于从感官冲击、情感共鸣上促进客户消费。

3. 关注角度不同

B2B 业务往往客户数量有限，大部分客户都希望能够长期合作下去，因为 B2B 企业更换供应商风险较高。由于双方都是行业专家，更多侧重于互惠互利、长期合作，因此 B2B 业务买卖双方的业务关系密切，是比较稳定的合作伙伴。

B2C 业务大多数客户对价格有较高的敏感度，如果能够有很好的策划促销政策，配合新颖的活动推广，确实能短期内促进销售。但 B2B 业务客户对这些促销政策极不敏感。

4. 成交周期不同

B2C 业务大多是最终消费品，能做到一手交钱一手交货，非常灵活。B2B 业务营销的滞后性非常明显，不管是推广还是销售，当期的努力不会立即见效，要滞后一段时间。

三、客户的 ABC 分类法

ABC 分类法又称帕累托分析法，它是根据事物在技术或经济方面的主要特征，进行分类排队，分清重点和一般，从而有区别地确定管理方式的一种分析方法。

由于它把分析的对象分成 A、B、C 三类，因此又称为 ABC 分析法。其中，A 类占

10%～15%，B类占15%～25%，余下为C类。其中，A类为最重要的成熟客户。对客户的分析依据可以采用客户进货额或者毛利贡献额等指标。

任务要求

（1）分析的指标：客户数量、客单价。

（2）客单价与客户数同比分析。

（3）分析客户销售地区分布。

（4）分析内外部客户销售额占比。

（5）外部客户销售额排名（Top5）。

（6）Top1客户销售趋势图。

任务实施

一、客户数量与客单价

1. 客户数量故事板

（1）点击“开始任务”，进入用友分析云，选择左侧“分析设计”，点击“新建”下方的“新建故事板”。

（2）故事板名称输入“客户维度分析”，存放在“我的故事板”下方，点击“确认”按钮，进入客户维度分析故事板。

2. 客户数量可视化

（1）进入客户维度分析故事板以后，需要新建可视化视图，点击“可视化—新建”，新建“客户数量”可视化。

（2）选择数据集，点击“数据集—财务大数据—销售分析”，选择客户销售情况表，点击“确定”按钮。

（3）修改可视化名称为“客户数量”，需要新建“客户数量”字段，点击指标右侧的“+”号，系统弹出“添加字段”对话框，名称输入“客户数量”，字段类型为“数字”，表达式选择数学函数下的distinctcount，光标定位到括号内，然后选择下方的客户销售情况表中的“客户档案名称”，点击“确定”按钮，如图6-22所示。

（4）将新增的客户数量指标选中以后拖拽到右上方的指标行，将“年_日期”维度选中以后拖拽到维度行，点击“年_日期”维度下拉三角箭头，排列顺序选择升序。

（5）图形选择柱状图的类型，展示具体的数量，点击右上方“保存”按钮，如图6-23所示。

（6）点击“退出”按钮，系统返回到故事板界面。

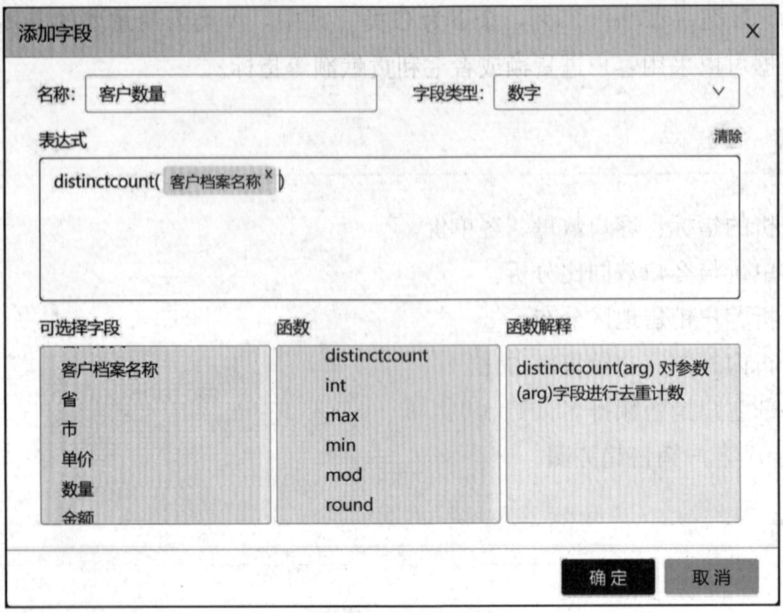

图 6-22　设置客户数量字段

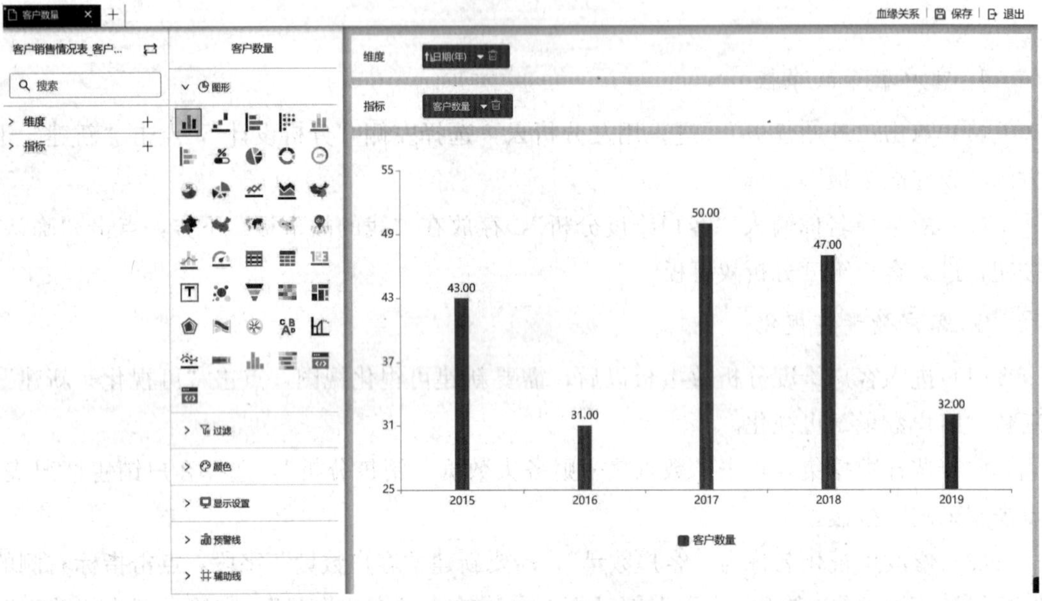

图 6-23　客户数量柱状图

3. 客单价可视化

(1) 进入客户维度分析故事板后，需要新建可视化视图，点击“可视化—新建”，新建“客户单价”可视化。

(2) 选择数据集，点击“数据集—财务大数据—销售分析”，选择客单价计算表，点击“确定”按钮。

(3) 修改可视化名称为“客单价”，需要新建“客单价”字段，点击指标右侧的

“十”号，系统弹出“添加字段”对话框，名称输入“客单价”，字段类型为“数字”，表达式选择为“销售金额ˣ/客户数量ˣ”，点击“确定”按钮，如图 6－24 所示。

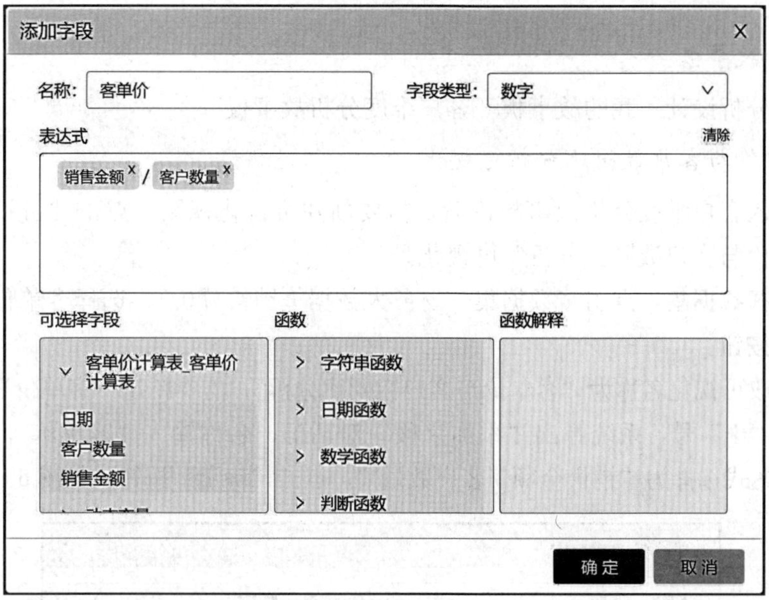

图 6－24　设置客单价字段

（4）将新增的客单价指标选中以后拖拽到右上方的指标行，将“年 _ 日期”维度选中以后拖拽到维度行，点击“年 _ 日期”维度下拉三角箭头，排列顺序选择升序，图形选择柱状图的类型，展示具体的数量，点击右上方“保存”按钮，如图 6－25 所示。

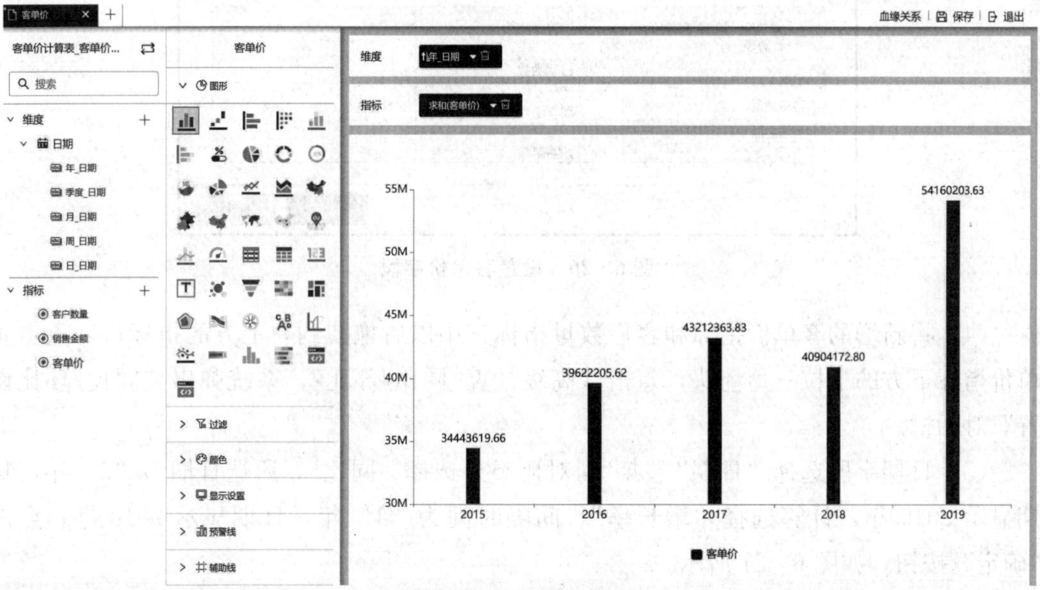

图 6－25　客单价柱状图

（5）点击“退出”按钮，系统返回到故事板界面。

二、客单价与客户数同比分析

1. 打开故事板

点击“分析设计—我的故事板—客户维度分析故事板”。

2. 客单价与客户数同比分析可视化

（1）进入客户维度分析故事板以后，需要新建可视化视图，点击“可视化—新建”，新建“客单价与客户数同比分析”可视化。

（2）选择数据集，点击“数据集—财务大数据—销售分析”，选择客单价计算表，点击“确定”按钮。

（3）修改可视化名称为“客单价与客户数同比分析”，需要新建“客单价”字段，点击指标右侧的“+”号，系统弹出“添加字段”对话框，名称输入“客单价”，字段类型为“数字”，表达式选择为“销售金额ˣ/客户数量ˣ”，点击“确定”按钮，如图 6-26 所示。

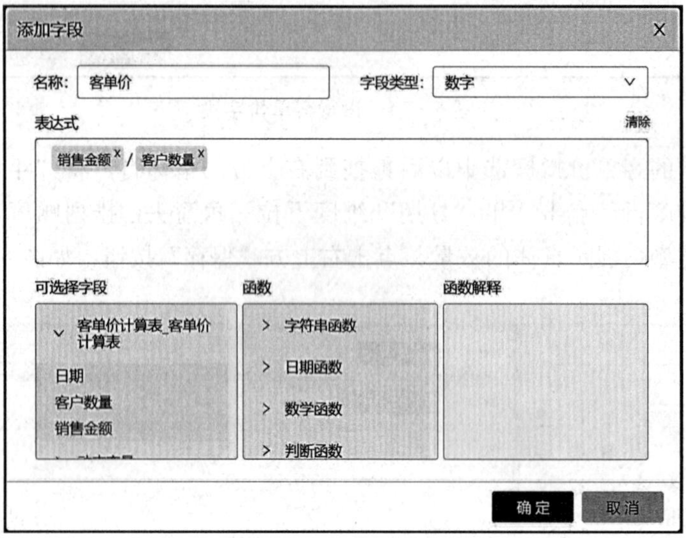

图 6-26　设置客单价字段

（4）将新增的客单价指标和客户数量指标选中以后拖拽到右上方的指标行，点击客单价指标下方的下拉三角箭头，点击“高级计算-同比/环比”，系统弹出“同比/环比设置”对话框。

（5）日期字段选择“日期”“年”，对比类型选择“同比”，所选日期为“2”年，日期显示 2019 年，计算选择“增长率”，间隔时间为“1”年，日期显示 2018 年，点击“确定”按钮，如图 6-27 所示。

（6）点击客户数量指标下方的下拉三角箭头，点击“高级计算-同比/环比”，系统弹出“同比/环比设置”对话框。

（7）日期字段选择“日期”“年”，对比类型选择“同比”，所选日期为“2”年，日

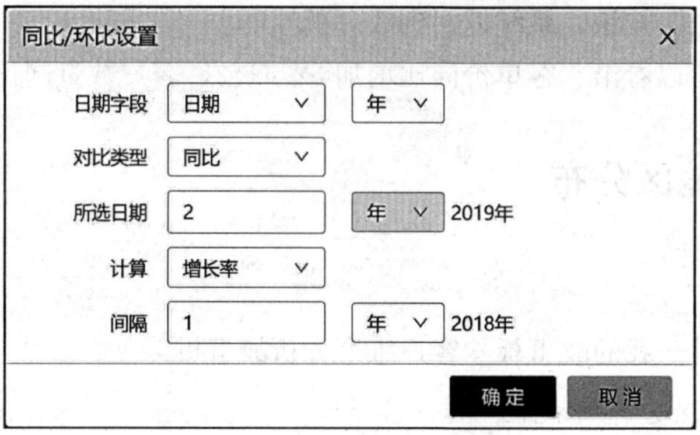

图 6-27　客单价同比设置

期显示 2019 年，计算选择“增长率”，间隔时间为“1”年，日期显示 2018 年，点击“确定”按钮，如图 6-28 所示。

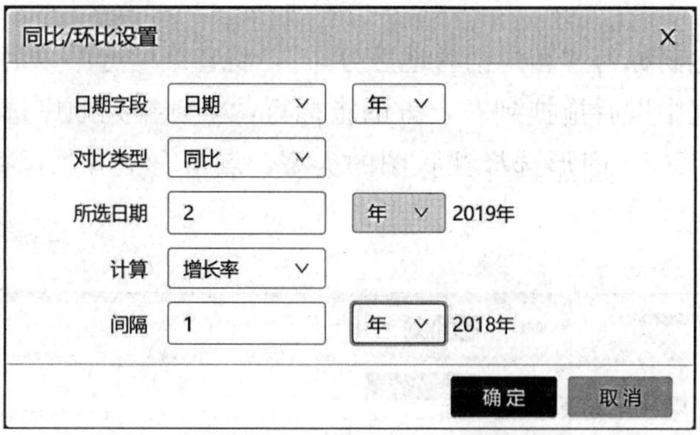

图 6-28　客户数量同比设置

（8）图形选择表格的类型，点击右上方“保存”按钮，如图 6-29 所示。

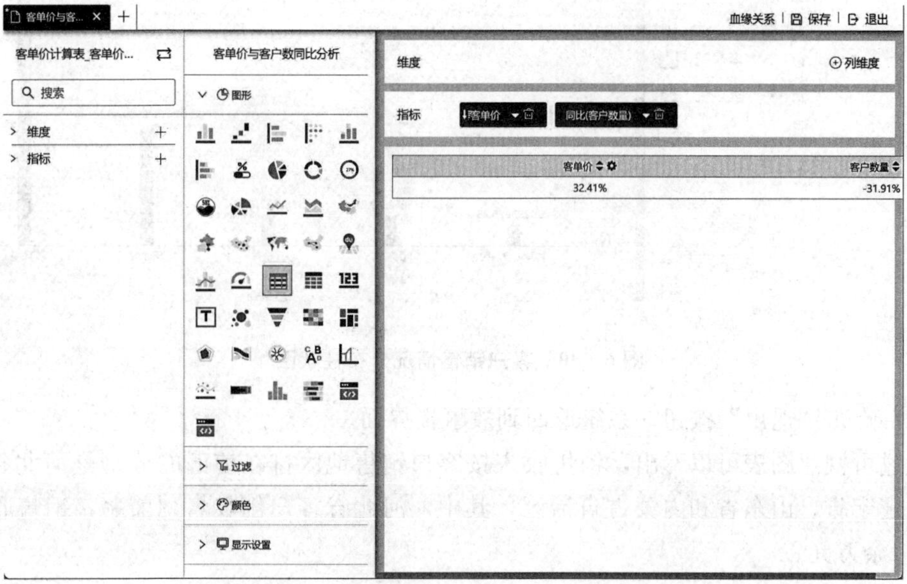

图 6-29　客单价与客户数量同比分析表格图

(9) 点击“退出”按钮，系统返回到故事板界面。

通过分析计算可以看出，客单价同比增加 32.41%，客户数量同比减少 31.91%。

三、客户销售地区分布

1. 打开故事板

点击“分析设计—我的故事板—客户维度分析故事板”。

2. 客户销售地区分布可视化

(1) 进入客户维度分析故事板以后，需要新建可视化视图，点击“可视化—新建”，新建“客户销售地区分布”可视化。

(2) 选择数据集，点击“数据集—财务大数据—销售分析”，选择客户销售情况表，点击“确定”按钮。

(3) 修改可视化名称为“客户销售地区分布”，将省维度选中以后拖拽到右上方的维度行，将金额指标选中以后拖拽到右上方的指标行，金额排列顺序选择升序，点击“显示设置”，选择显示后 5，图形选择柱状图的类型，点击右上方“保存”按钮，如图 6-30 所示。

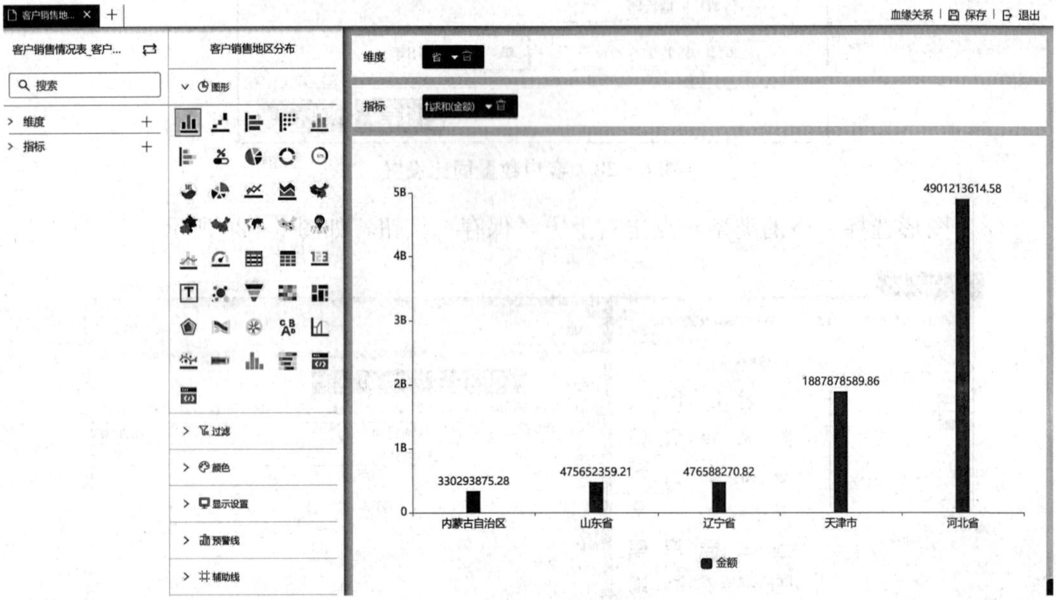

图 6-30　客户销售情况分布柱状图

(4) 点击“退出”按钮，系统返回到故事板界面。

通过可视化图表可以看出，销售收入按客户销售地区排在前五的分别是河北省、天津市、辽宁省、山东省和内蒙古自治区。其中，河北省客户创收名列前茅，销售收入达 490 121 余万元。

四、内外部客户销售额占比

1. 打开故事板

点击“分析设计—我的故事板—客户维度分析故事板”。

2. 内外部客户销售额占比可视化

（1）进入客户维度分析故事板以后，需要新建可视化视图，点击“可视化—新建”，新建“内外部客户销售额占比”可视化。

（2）选择数据集，点击“数据集—财务大数据—销售分析”，选择客户销售情况表，点击“确定”按钮。

（3）修改可视化名称为“内外部客户销售额占比”，将客户分类维度选中以后拖拽到右上方的维度行，将金额指标选中以后拖拽到右上方的指标行，图形选择饼图，点击右上方“保存”按钮，如图 6－31 所示。

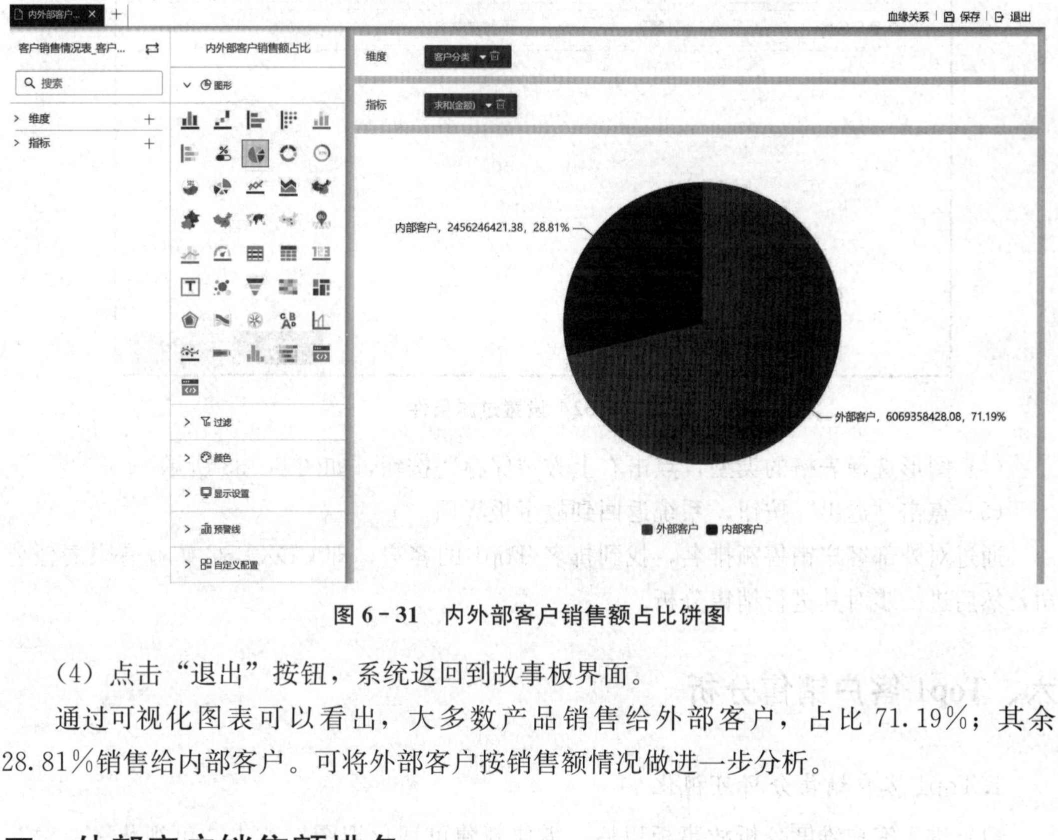

图 6－31　内外部客户销售额占比饼图

（4）点击“退出”按钮，系统返回到故事板界面。

通过可视化图表可以看出，大多数产品销售给外部客户，占比 71.19%；其余 28.81%销售给内部客户。可将外部客户按销售额情况做进一步分析。

五、外部客户销售额排名

1. 打开故事板

点击“分析设计—我的故事板—客户维度分析故事板”。

2. 外部客户销售额排名可视化

(1) 进入客户维度分析故事板以后，需要新建可视化视图，点击“可视化—新建”，新建“外部客户销售额排名”可视化。

(2) 选择数据集，点击“数据集—财务大数据—销售分析”，选择客户销售情况表，点击“确定”按钮。

(3) 修改可视化名称为“外部客户销售额排名”，将客户档案名称维度选中以后拖拽到右上方的维度行，将金额指标选中以后拖拽到右上方的指标行，金额按照升序排列，点击“过滤”，系统弹出“添加过滤条件”对话框，点击“按条件添加”，第一行过滤条件依次选择“年_日期”“等于”“2019”，第二行过滤条件选择“客户分类”“等于”“外部客户”，点击“确定”按钮，如图 6-32 所示。

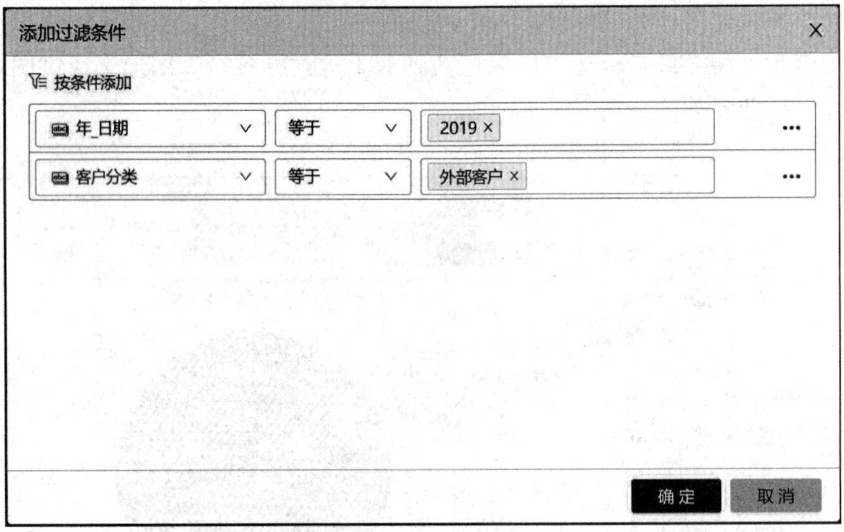

图 6-32　设置过滤条件

(4) 图形选择表格的类型，点击右上方“保存”按钮，如图 6-33 所示。

(5) 点击“退出”按钮，系统返回到故事板界面。

通过对外部客户销售额排名，找到排名 Top1 的客户，即 CDXTSC 矿业有限责任公司，然后进一步对其进行销售分析。

六、Top1 客户销售分析

1. Top1 客户销售分析可视化

(1) 进入客户维度分析故事板以后，需要新建可视化视图，点击“可视化—新建”，新建“Top1 客户销售分析”可视化。

(2) 选择数据集，点击“数据集—财务大数据—销售分析”，选择客户销售情况表，点击“确定”按钮。

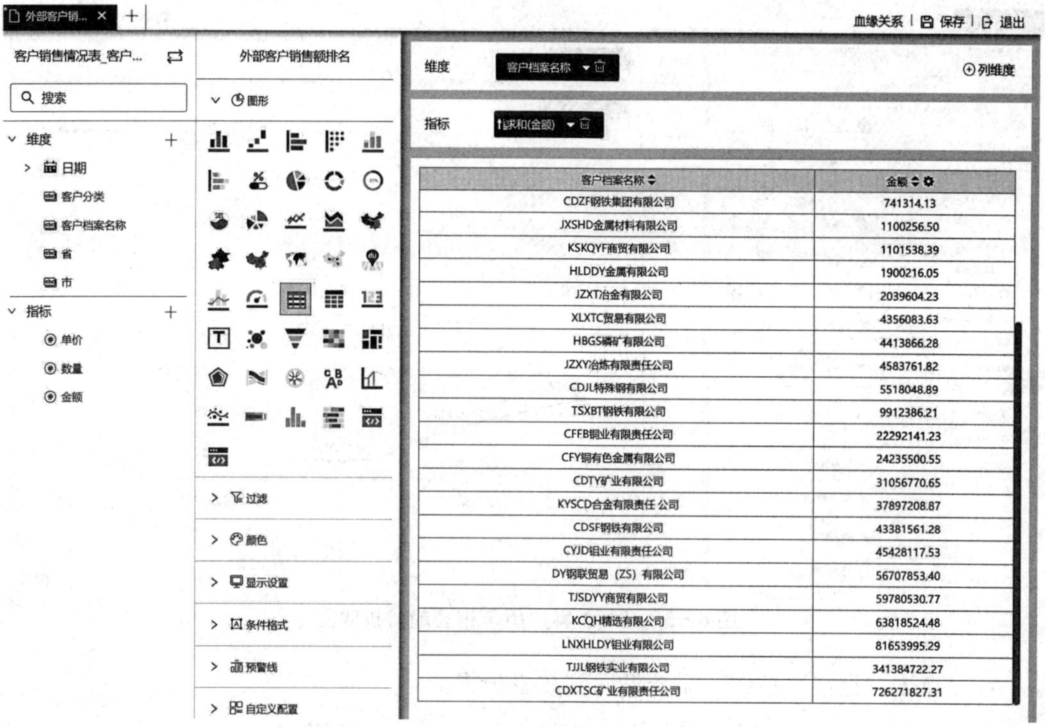

图 6-33　外部客户销售额排名表格

(3) 修改可视化名称为“Top1 客户历年销售趋势分析”，将年 _ 日期维度选中以后拖拽到右上方的维度行，将金额指标选中以后拖拽到右上方的指标行，点击“过滤”，系统弹出“添加过滤条件”对话框，点击“按条件添加”，过滤条件依次选择“客户档案名称”“等于”“CDXTSC 矿业有限责任公司”，年按照升序排列，如图 6-34 所示。

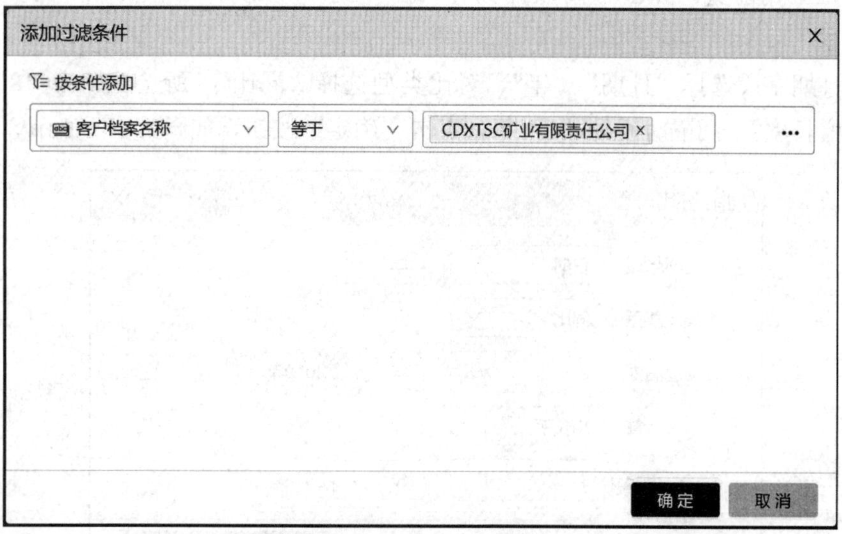

图 6-34　设置过滤条件

(4) 图形选择折线图，点击右上方“保存”按钮，如图 6-35 所示。

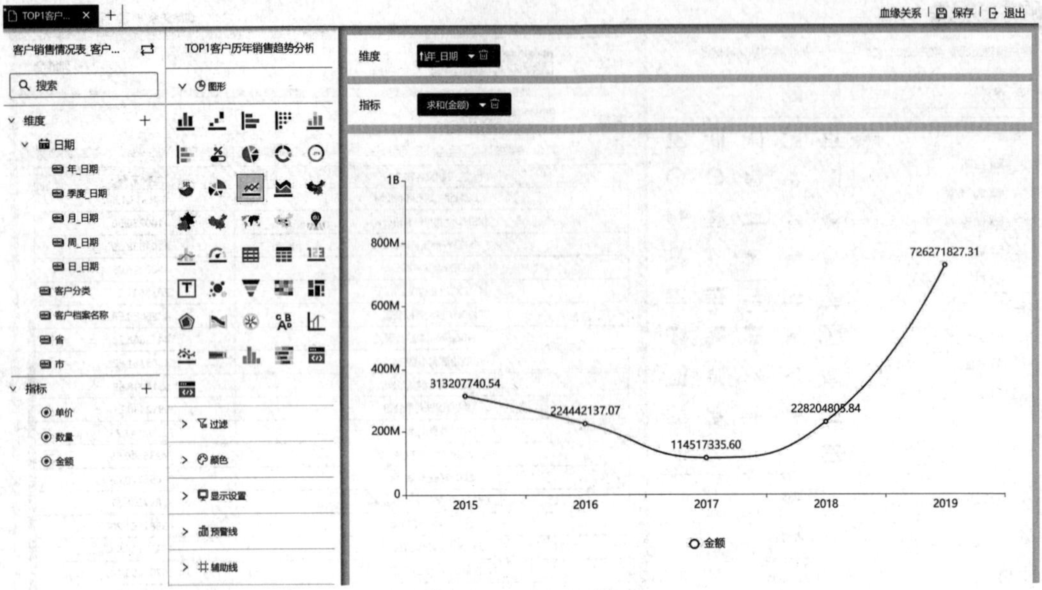

图 6-35　Top1 客户历年销售趋势折线图

（5）点击“退出”按钮，系统返回到故事板界面。

2. Top1 客户历年销售趋势分析可视化

（1）返回客户维度分析故事板以后，点击 Top1 客户历年销售趋势分析视图的三个小黑点的图标，选择“复制”，复制可视化视图，点击“编辑”进入可视化视图界面，编辑可视化名称为“Top1 客户 2019 年同比增长率-数量”，删除年 _ 日期维度，将客户档案名称拖拽到维度行，删除金额指标，将数量指标拖拽到指标行，点击数量指标下方的下拉三角箭头，点击“高级计算-同比/环比”，系统弹出“同比/环比设置”对话框。

（2）日期字段选择“日期”“年”，对比类型选择“同比”，所选日期为“2”年，计算选择“增长率”，间隔时间为“1”年，点击“确定”按钮，如图 6-36 所示。

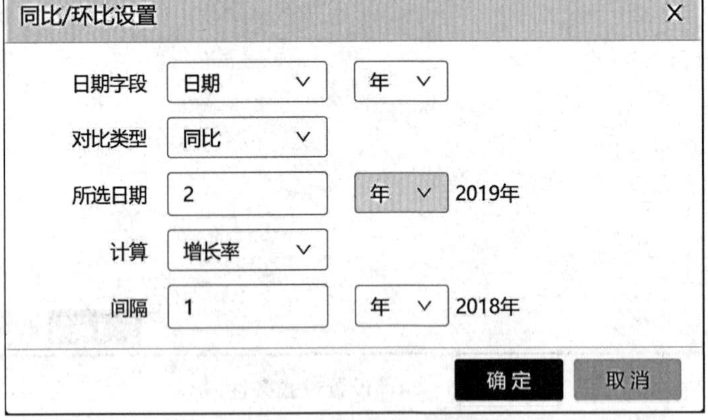

图 6-36　设置同比/环比

（3）图形选择图表的类型，点击右上方“保存”按钮，如图 6－37 所示。

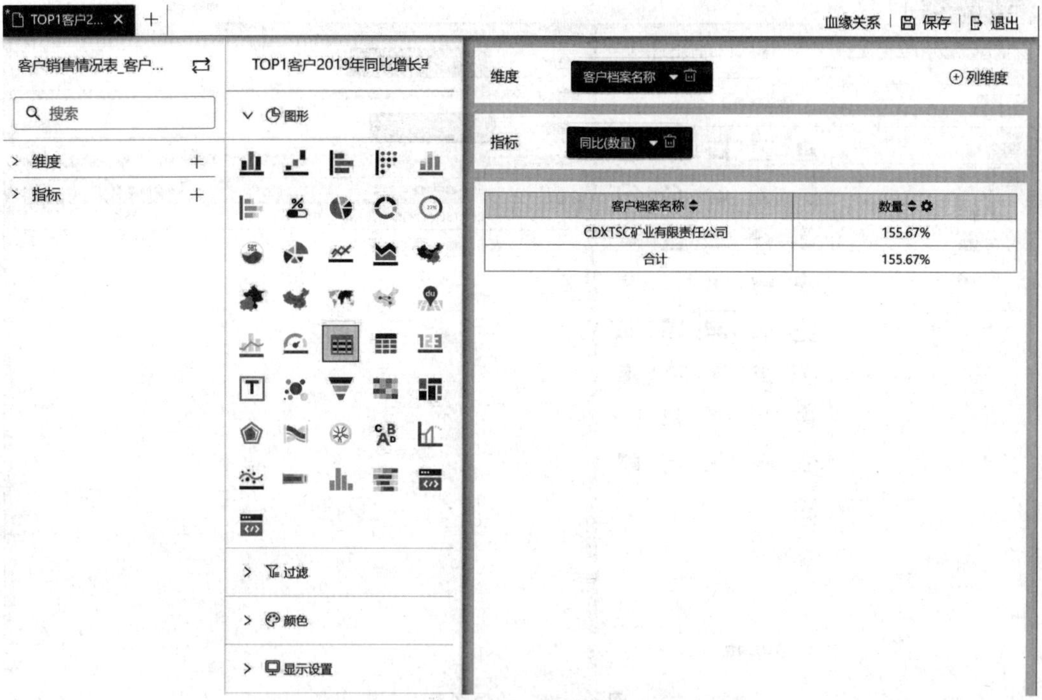

图 6－37 Top1 客户 2019 年数量同比增长率图标

（4）按照以上步骤依次设置单价（平均值）、金额指标，如图 6－38 所示、图 6－39 所示。

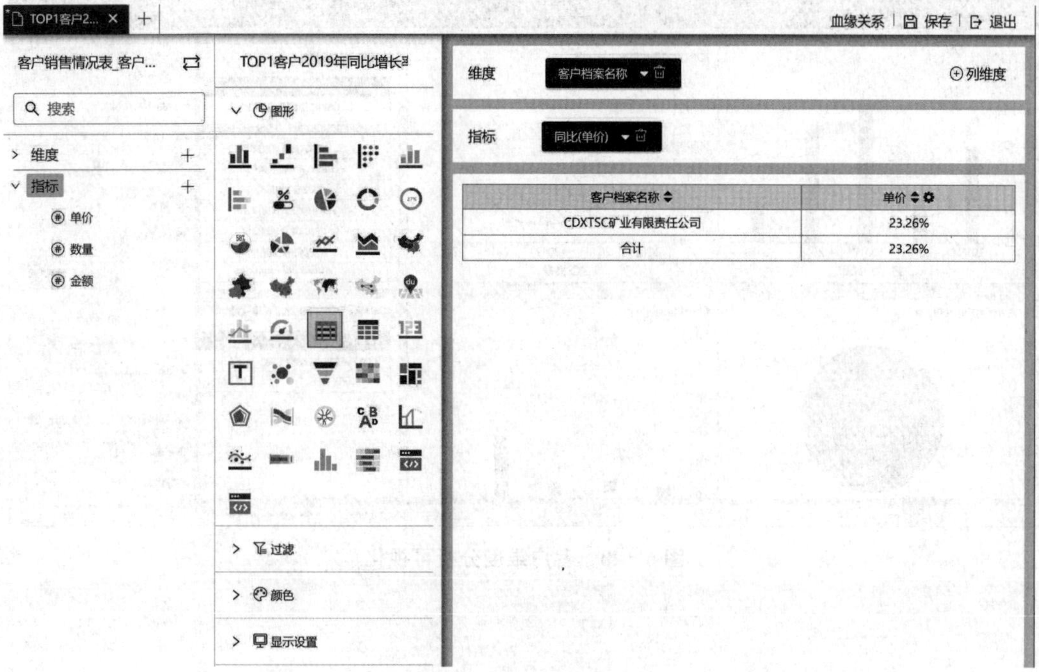

图 6－38 单价图表

图 6-39　金额图表

（5）点击“退出”按钮，系统返回到故事板界面。点击故事板左上方的“保存”按钮，保存所有的可视化，如图 6-40 所示。

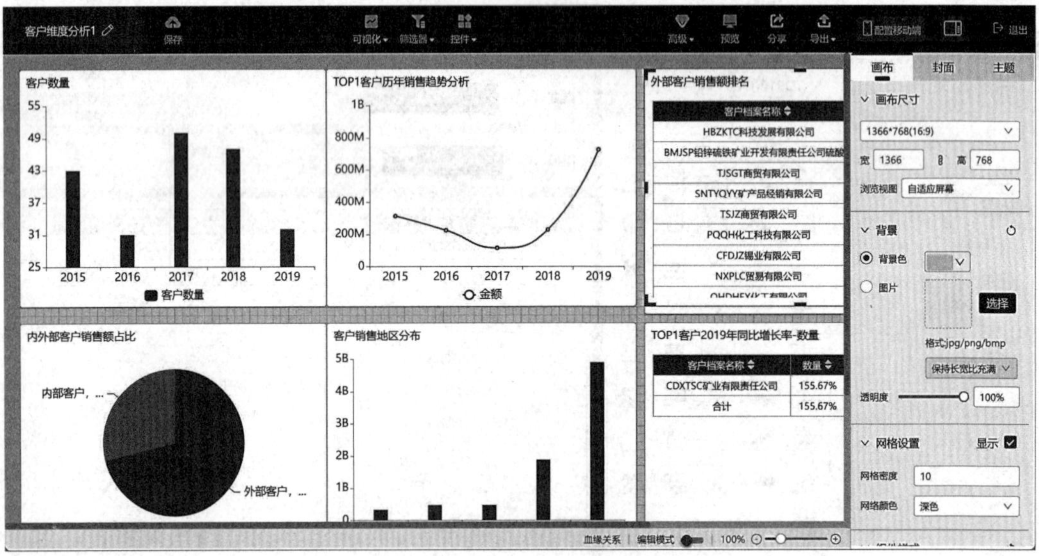

图 6-40　客户维度分析可视化

任务三

销售收入—产品维度分析

任务导入

财务大数据分析师对 AJHXJL 公司进行销售收入—产品维度分析。

知识精讲

产品维度的分析可以帮助企业发现现金牛产品和有发展潜力的明星产品，找出不赚钱的产品。

一、产品分类

（一）现金牛产品

处在这个领域中的产品产生大量的现金，但未来的增长是有限的。这是成熟市场的领导者，是企业现金的主要来源。由于市场已经成熟，因此企业不必大量投资来扩展市场规模，同时作为市场中的领导者，该业务享有规模经济和高边际利润的优势，因而给企业带来了大量现金流。企业往往用现金牛业务来支付账款并支持其他三种需要大量现金的业务。现金牛业务适合采用战略框架中提到的稳定战略。

（二）明星产品

这个领域中的产品处于快速增长的市场中并且占有支配地位的市场份额，但不一定会产生正现金流量，这取决于新工厂、设备和产品开发对投资的需要量。明星型业务是由问题型业务继续投资发展起来的，可以视为高速成长市场中的领导者，它将成为公司未来的现金牛业务。但这并不意味着明星型业务一定可以给企业带来源源不断的现金流，因为市场还在高速成长阶段，企业必须继续投资，以保持与市场同步增长，并击退竞争对手。

（三）瘦狗产品

这个领域中的产品不能产生大量现金，这些产品没有希望改进其绩效。一般情况下，这类业务常常是微利甚至是亏损的，瘦狗型业务存在的原因更多的是由于感情上的因素，虽然一直微利经营，但像人养了多年的狗一样恋恋不舍而不忍放弃。其实，瘦狗型业务通常要占用很多资源，如资金、管理部门的时间等，多数时候是得不偿失的。瘦狗型业务适合采用战略框架中提到的收缩战略，目的在于出售或清算业务，以便把资源转移到更有利的领域。

（四）问题产品

处在这个领域中的是一些投机性产品，带有较大的风险。这些产品可能利润率很高，但占有的市场份额很小，这往往是一个公司的新业务。为发展问题业务，公司必须建立工厂，增加设备和人员，以便跟上迅速发展的市场，并超过竞争对手，这就意味着需要大量的资金投入。“问题产品”非常贴切地描述了公司对待这类业务的态度，因为这时公司必须谨慎回答“是否继续投资以发展该业务”这个问题。只有那些符合企业发展长远目标、企业具有资源优势、能够增强企业核心竞争力的业务才能得到肯定的回答。

二、产品维度分析指标

1. 产品毛利率

产品毛利率是指产品的毛利（收入减成本）与该产品销售收入之比。该指标可以反映该产品1元的收入所包含的毛利润是多少，该指标越高表明产品的盈利能力越强。

2. 产品收入增长率

产品收入增长率是指产品本期收入增长额与上期收入之比。该指标反映相对化的营业收入增长情况。

3. 产品成本增长率

产品成本增长率是指产品本期成本增长额与上期成本之比。

任务要求

（1）根据产品销售收入、销量、售价排名确定公司的现金牛产品。

（2）现金牛产品历年销售趋势。

（3）现金牛产品销售同比增长及增长原因分析。

（4）产品毛利率分析。

任务实施

一、产品销售收入、销量、售价排名

1. 产品维度分析故事板

（1）点击“开始任务”，进入用友分析云，选择左侧“分析设计”，点击“新建”下方的“新建故事板”，新建“产品维度分析”故事板。

（2）故事板名称输入“产品维度分析”，存放在“我的故事板”下方，点击“确认”按钮，进入产品维度分析故事板。

2. 产品销售收入可视化

（1）进入产品维度分析故事板以后，需要新建可视化视图，点击“可视化—新建”，新建“产品销售收入”可视化。

（2）选择数据集，点击“数据集—财务大数据—销售分析”，选择产品销售汇总表，点击“确定”按钮。

（3）修改可视化名称为“产品销售收入排名”，将左侧的金额指标选中以后拖拽到右上方的指标行，将左侧的产品名称维度选中以后拖拽到右上方的维度行，金额按照升序排列，添加过滤条件，点击“按条件添加”，过滤框依次选择“年份”“等于”“2019”，点击“确定”按钮，图形选择条形图，如图 6－41 所示。

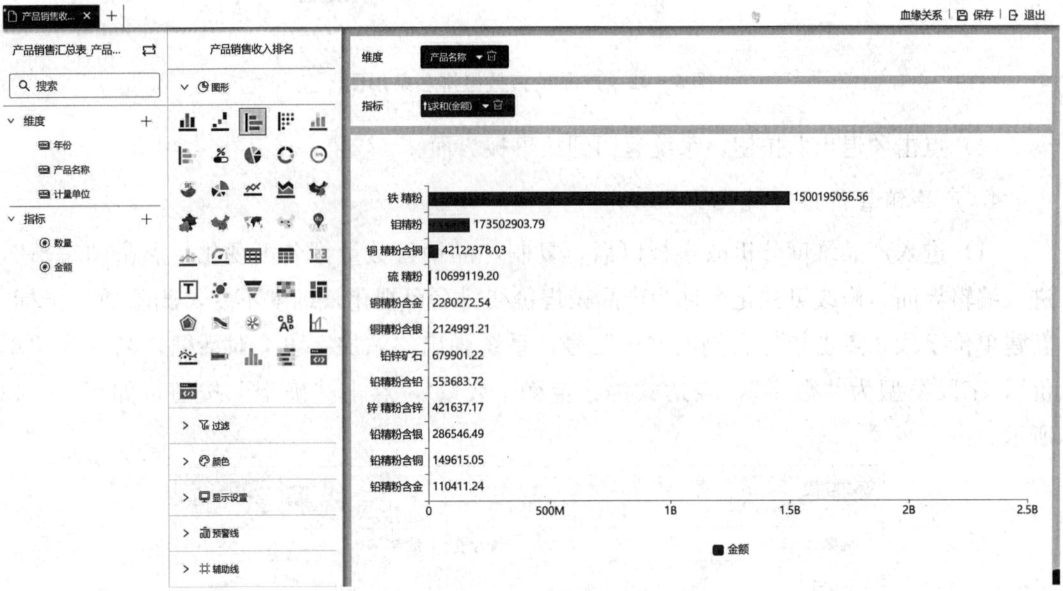

图 6－41 产品销售收入条形图

（4）点击“退出”按钮，系统返回到故事板界面。

3. 产品销售数量可视化

（1）进入产品维度分析故事板以后，需要新建可视化视图，点击“可视化—新建”。

（2）选择数据集，点击“数据集—财务大数据—销售分析”，选择产品销售汇总表，点击“确定”按钮。

（3）修改可视化名称为“产品销售数量排名”，将左侧的数量指标选中以后拖拽到右上方的指标行，将左侧的产品名称维度选中以后拖拽到右上方的维度行，数量按照升序排列，添加过滤条件，点击“按条件添加”，过滤框依次选择“年份”“等于”“2019”，点击“确定”按钮，图形选择条形图，如图 6－42 所示。

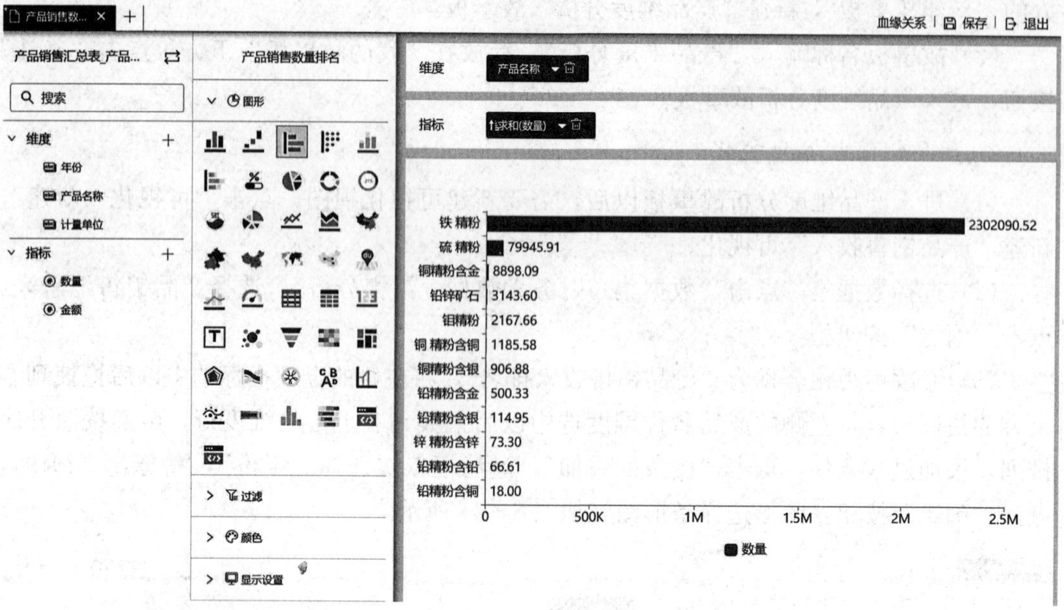

图 6-42 产品销售数量排名条形图

(4) 点击“退出”按钮，系统返回到故事板界面。

4. 产品销售价格可视化

(1) 进入产品维度分析故事板以后，复制产品销售数量排名可视化，点击“编辑”，进入编辑界面，修改可视化名称为产品销售价格排名可视化，维度不变，删除数量指标，新建单价字段，点击指标右侧的“+”号，系统弹出“添加字段”对话框，名称为“单价”，字段类型为“数字”，表达式为：金额ˣ/数量ˣ，点击“确定”按钮，如图 6-43 所示。

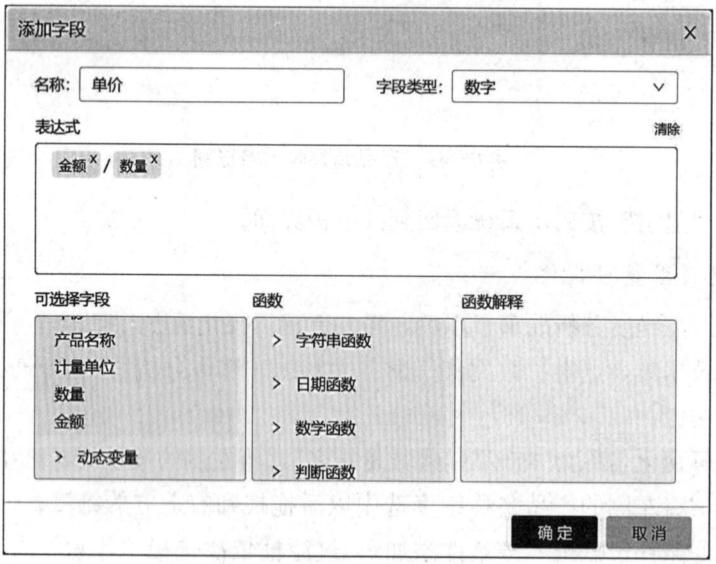

图 6-43 设置单价字段

（2）将单价字段拖拽到指标行，单价按照升序排列，点击单价下拉三角箭头，选择汇总方式—平均值，点击“过滤—设置”，系统弹出“添加过滤条件”对话框，点击按条件添加，依次选择“年份”“等于”“2019”，点击“确定”按钮，图形选择条形图，点击“保存”按钮，如图 6-44 所示。

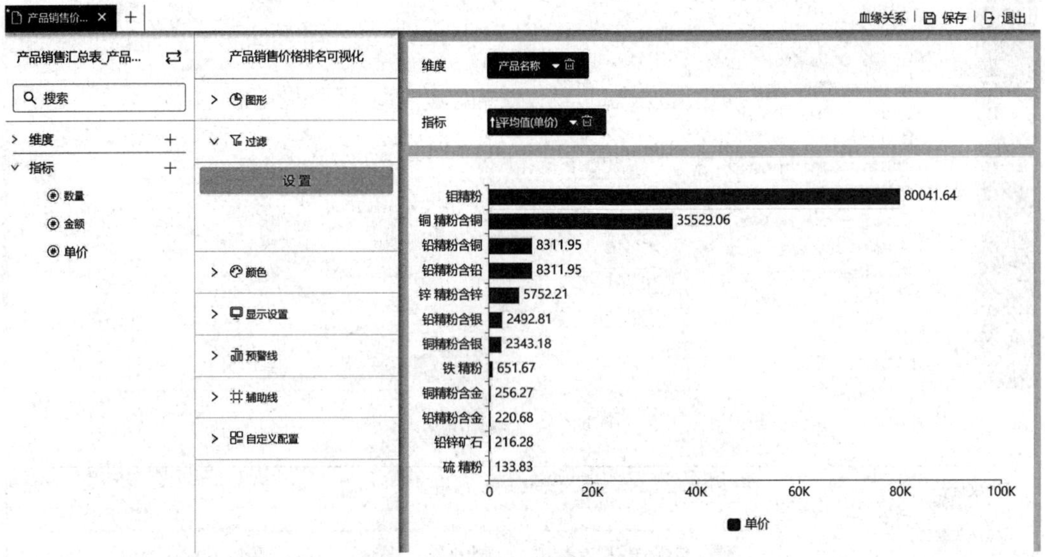

图 6-44　产品销售价格条形图

（3）点击“退出”按钮，系统返回到故事板界面。

二、营业收入增长趋势与铁精粉增长趋势对比

1. 数据准备

（1）进入用友分析云，点击左侧“数据准备”，点击“新建”，选择关联数据集，名称命名为“营业收入与铁精粉关联数据集”，点击“确定”按钮。

（2）选择“数据集—财务大数据—财报分析”，选中左侧的“AJHXJL 利润表”拖拽到上方的空白处，选择“数据集—财务大数据—销售分析”，选中左侧的“铁精粉销售明细表”拖拽到上方的空白处。

（3）依次点击“AJHXJL 利润表”和“铁精粉销售明细表”，系统自动弹出连接对话框，连接方式选择“右连接”，AJHXJL 利润表选择报表日期，铁精粉销售明细表选择日期，点击“确定”按钮。

（4）点击右上方“执行”按钮，点击“保存”按钮，如图 6-45 所示。

2. 营业收入增长趋势与铁精粉增长趋势对比可视化

（1）点击左侧“分析设计—我的故事板”，打开产品维度故事板，点击“可视化—新建”，系统弹出“选择数据集”对话框，选择“我的数据—营业收入与铁精粉关联数据集”，点击“确定”按钮，如图 6-46 所示。

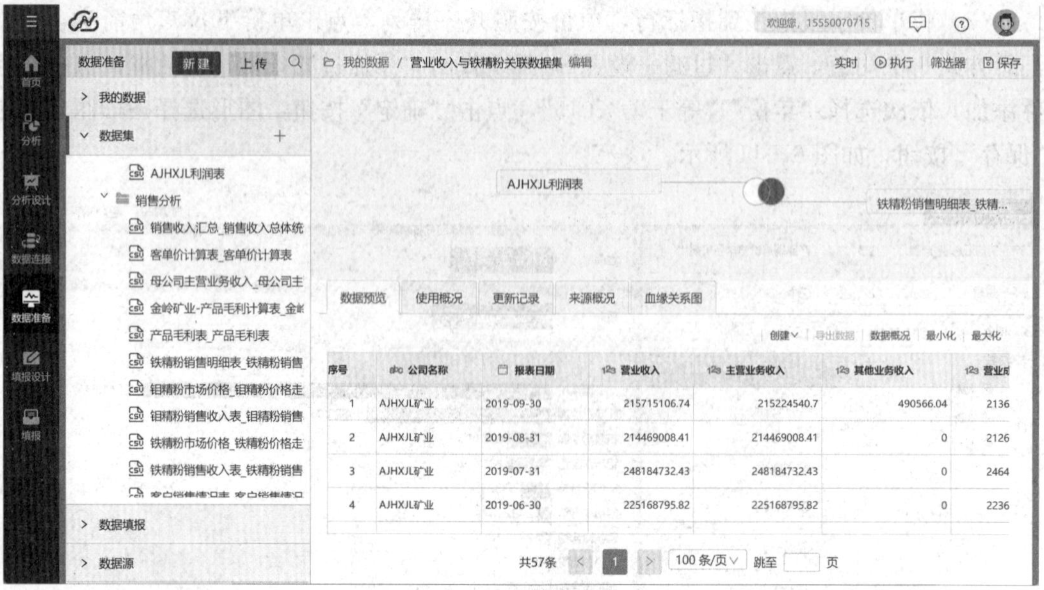

图 6-45　数据准备

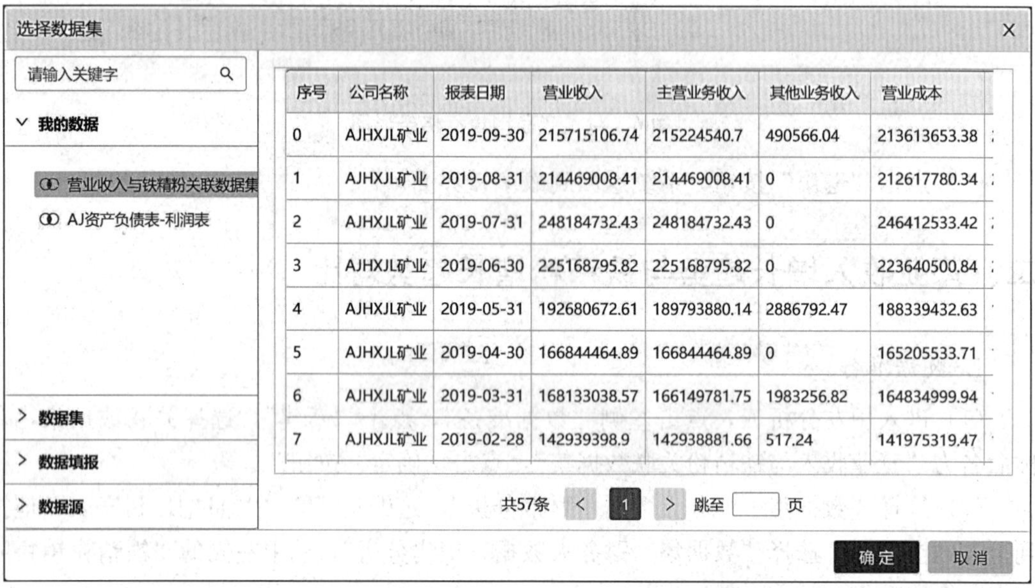

图 6-46　营业收入与铁精粉关联数据集

（2）修改可视化名称为“营业收入增长趋势与铁精粉增长趋势对比”，将左侧维度下方的“年_报表日期”选中以后拖拽到右上方的维度行，按照升序排列，将左侧的营业收入和金额指标选中以后拖拽到右上方的指标行，图形选择柱状图，点击“保存”按钮，如图 6-47 所示。

（3）点击“退出”按钮，系统返回到故事板界面。

通过可视化分析可以看出，近五年来总营业收入与铁精粉的营业收入变化趋势相同，2019 年较 2018 年相比，都有所上升。

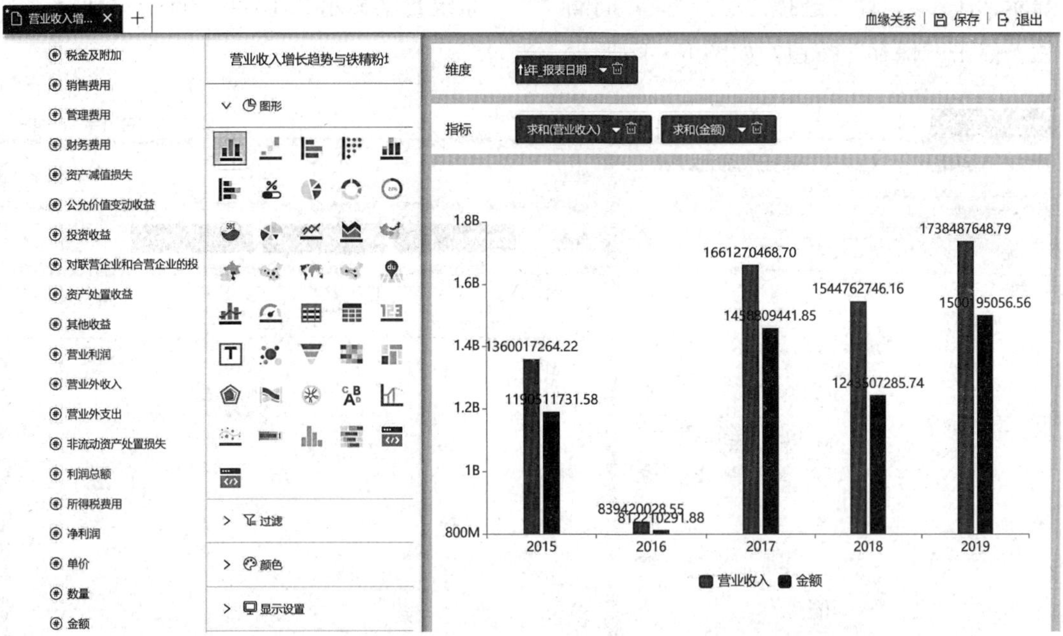

图 6-47　营业收入增长趋势与铁精粉增长趋势对比柱状图

三、铁精粉收入增长因素分析

1. 打开故事板

点击“分析设计—我的故事板—客户维度分析故事板”。

2. 铁精粉收入增长因素分析可视化

（1）进入产品维度分析故事板以后，需要新建可视化视图，点击“可视化—新建”。

（2）选择数据集，点击“数据集—我的数据”，选择营业收入与铁精粉关联数据集，点击“确定”按钮。

（3）修改可视化名称为“铁精粉收入增长因素分析”，将左侧的单价指标选中以后拖拽到右上方的指标行，点击单价下方的“高级计算-同比/环比”，系统弹出“同比/环比设置”对话框，日期字段选择“日期”“年”，对比类型选择“同比”，所选日期“2”，系统自动显示2019年，计算选择“增长率”，间隔“1”，系统自动显示2018年，点击“确定”按钮。将左侧的数量指标选中以后拖拽到右上方的指标行，点击数量下方的“高级计算-同比/环比”，系统弹出“同比/环比设置”对话框，日期字段选择“日期”“年”，对比类型选择“同比”，所选日期“2”，系统自动显示2019年，计算选择“增长率”，间隔“1”，系统自动显示2018年，点击“确定”按钮。将左侧的金额指标选中以后拖拽到右上方的指标行，点击金额下方的“高级计算-同比/环比”，系统弹出“同比/环比设置”对话框，日期字段选择“日期”“年”，对比类型选择“同比”，所选日期“2”，系统自动显示2019年，计算选择“增长率”，间隔“1”，系统自动显示2018年，点击“确定”按钮。点击“保存”按钮，如图6-48所示。

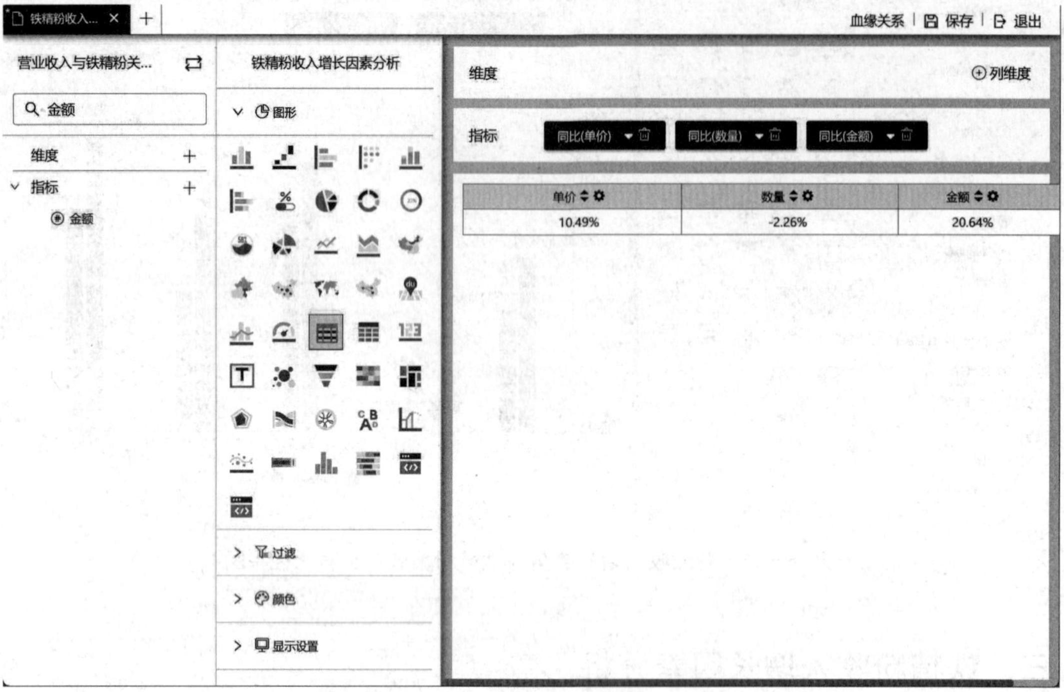

图6-48 铁精粉收入增长因素分析图表

（4）点击“退出”按钮，系统返回到故事板界面。

铁精粉的销售收入的影响因素为销售单价和销售数量，所以可以通过各因素的增长率来分析总收入的增长情况。

四、产品毛利率

1. 产品毛利率可视化

（1）进入产品维度分析故事板以后，需要新建可视化视图，点击“可视化—新建”，新建“产品毛利率”可视化。

（2）选择数据集，点击“数据集—财务大数据—销售分析”，选择产品毛利表，点击“确定”按钮。

（3）修改可视化名称为“产品毛利率”，需要新建毛利率字段，点击指标右侧的“+”号，系统弹出“添加字段”对话框，名称输入“毛利率”，字段类型为“数字”，表达式为“（avg（不含税售价ˣ）-avg（制造成本ˣ））/avg（不含税售价ˣ）”，点击“确定”按钮，如图6-49所示。

（4）将新增的毛利率字段拖拽到指标行，将左侧的产品名称维度选中以后拖拽到右上方的维度行，点击“过滤—设置”，系统弹出“添加过滤条件”对话框，点击按条件添

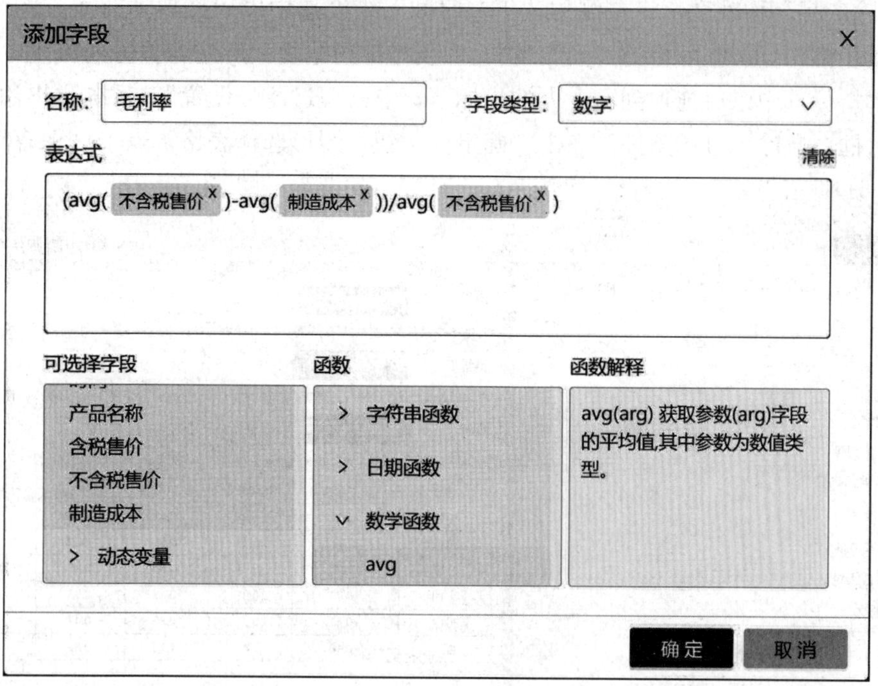

图 6-49 设置毛利率字段

加，依次选择“年_时间”“等于”“2019”，点击“确定”按钮，图形选择柱状图，点击“保存”按钮，如图 6-50 所示。

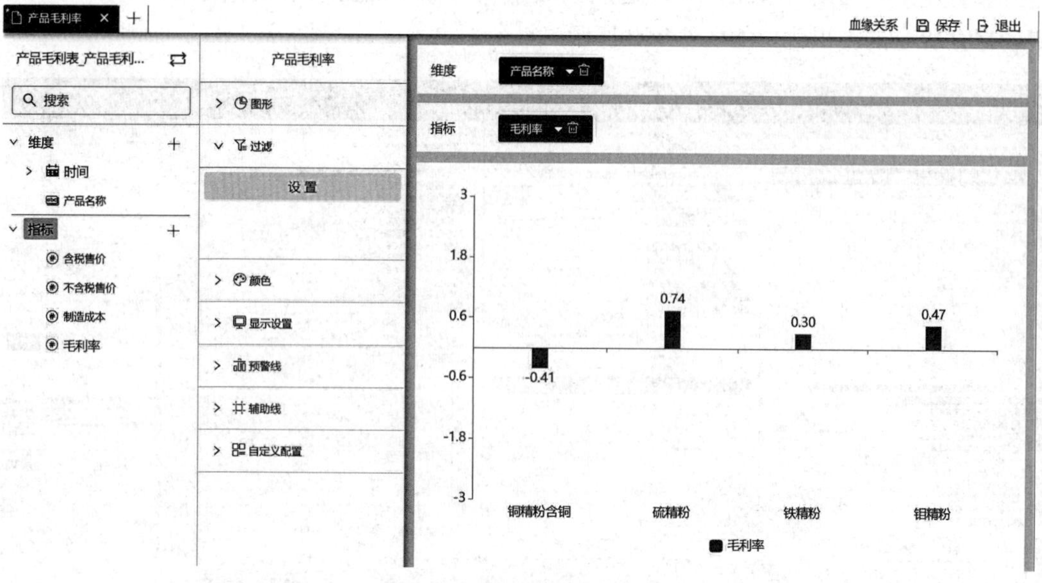

图 6-50 产品毛利率柱状图

（5）点击“退出”按钮，系统返回到故事板界面。

2. 产品毛利增长趋势可视化

（1）复制产品毛利率可视化，点击“编辑”，修改可视化名称为“产品毛利增长趋势”，删除产品名称维度，将左侧的“年_时间”维度选中以后拖拽到右上方的维度行，图形选择表格，点击维度行的“列维度”，系统增加列维度，产品名称为列维度，将左侧的毛利率指标选中以后拖拽到右上方的指标行，点击“过滤—设置”，系统弹出添加过滤条件对话框，删除该过滤条件，点击“确定”按钮，图形选择表格，点击“保存”按钮，如图 6-51 所示。

图 6-51　产品毛利增长趋势图表

(2) 点击“退出”按钮。系统返回到故事板界面。点击故事板左上方的“保存”按钮，保存所有的可视化，如图 6-52 所示。

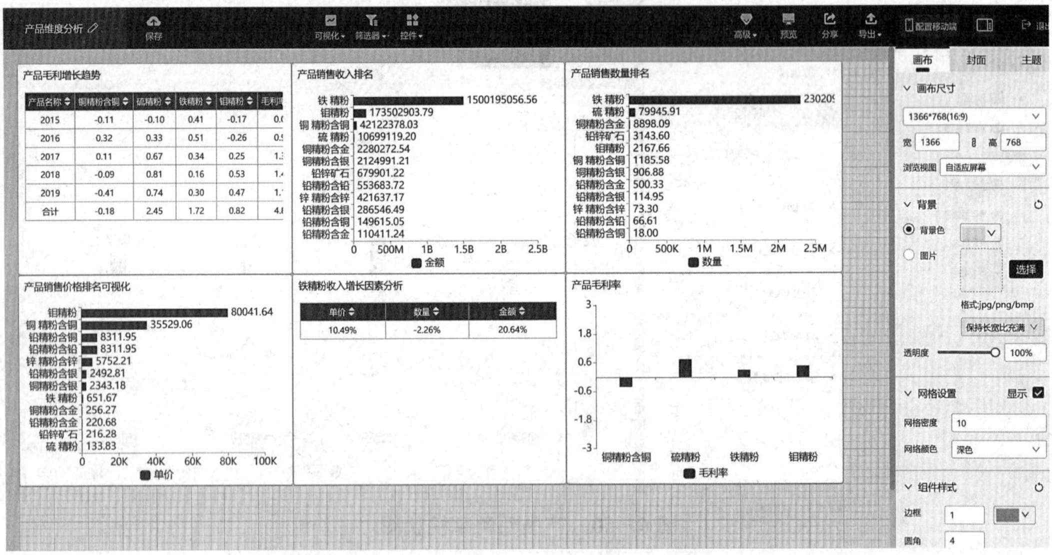

图 6-52　产品维度分析可视化

任务四
销售收入—价格维度分析

任务导入

财务大数据分析师对 AJHXJL 公司进行销售收入—价格维度的分析。

知识精讲

一、价格弹性

价格弹性是指价格变动引起的市场需求量的变化程度。它是企业决定产品提价或降价的主要依据。一般地说，在需求曲线具有弹性的情况下，企业可以采取降价策略；反之，则可以采取提价策略，以保证企业收益不断增加。

二、价格影响因素

1. 成本

对产品价格而言，成本是一个关键因素。产品售价以成本为最低界限，只有价格高于成本，企业才能获得一定的利润。

2. 供需关系

产品价格受供给与需求相互关系的影响。当市场需求大于供给时，价格会上涨；当市场需求小于供给时，价格会下跌。

3. 市场竞争

市场竞争也是影响价格制定的重要因素，根据竞争程度不同，企业定价策略会有所不同。一般来讲，产品的价格与竞争成反比例关系。竞争越激烈，价格越低；反之，越缺乏竞争，价格越高。

任务要求

（1）现金牛产品的销售价格历史趋势。

（2）明星产品的销售价格历史趋势。

（3）现金牛产品的市场价格历史趋势。

（4）明星产品的市场价格历史趋势。

任务实施

一、现金牛产品的销售价格历史趋势

1. 现金牛产品销售价格历史趋势故事板

（1）点击“开始任务”，进入用友分析云，选择左侧“分析设计”，点击“新建”下方的“新建故事板”，新建“现金牛产品销售价格历史趋势”故事板。

（2）故事板名称输入“产品市场价格分析”，存放在“我的故事板”下方，点击“确认”按钮，进入产品市场价格分析故事板，如图 6－53 所示。

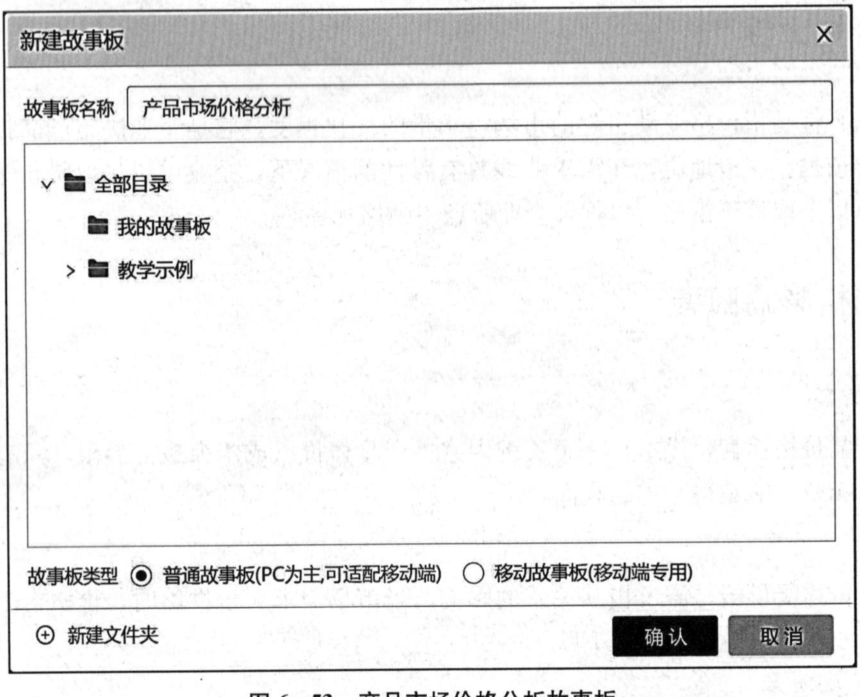

图 6－53　产品市场价格分析故事板

2. 现金牛产品销售价格历史趋势可视化

（1）进入图 6－53 产品市场价格分析故事板以后，需要新建可视化视图，点击“可视化—新建”，新建“现金牛产品销售价格历史趋势”可视化。

（2）选择数据集，点击“数据集—财务大数据—销售分析”，选择铁精粉市场价格，点击“确定”按钮。

（3）修改可视化名称为“现金牛产品销售价格历史趋势”，点击维度右侧的“+”

号，点击“层级”，系统弹出“钻取层级”对话框，层级名称输入“层级”，钻取路径勾选“年 _ 日期”“月 _ 日期”，点击“>”，点击“确定”按钮。如图 6－54 所示。

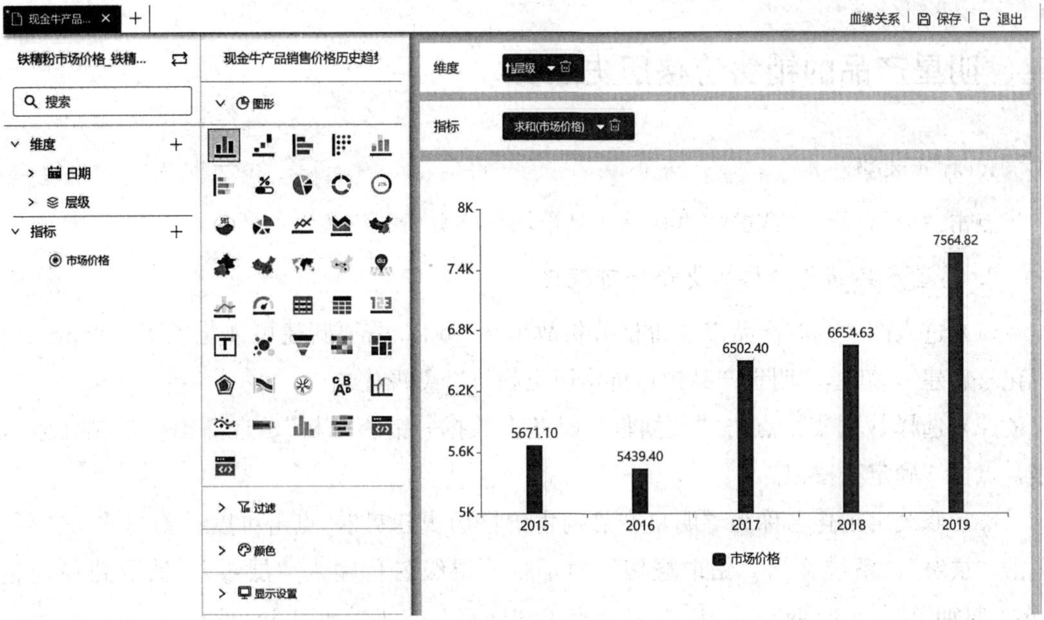

图 6－54　设置层级

（4）将左侧的市场单价指标选中以后拖拽到右上方的指标行，将左侧的层级维度选中以后拖拽到右上方的维度行，层级按照“升序-年 _ 日期”排列，点击某一年，系统出现该年份每个月的单价，点击“层级”下方的下拉三角箭头，选择“升序-月 _ 日期”排列，点击“保存”按钮，图形选择柱状图，如图 6－55 所示。

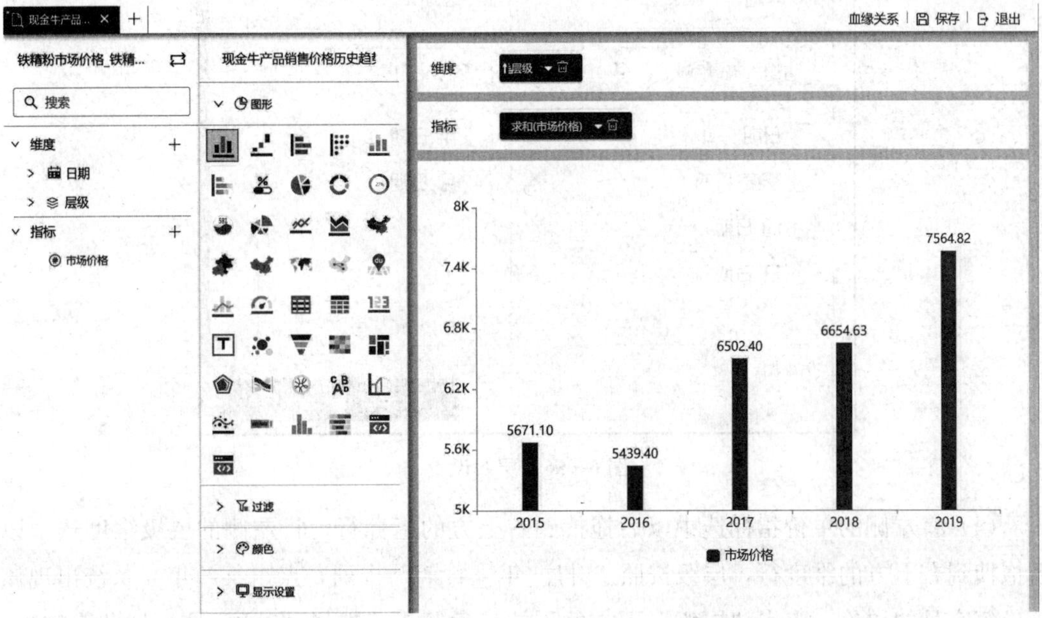

图 6－55　现金牛产品销售价格柱状图

通过可视化图表可以看出，现金牛产品近几年的销售价格呈上升趋势，2019 年较 2018 年增长幅度较大，增长率为 13.68%。

二、明星产品的销售价格历史趋势

1. 打开故事板

点击“分析设计—我的故事板—产品市场价格分析故事板”。

2. 明星产品销售价格历史趋势可视化

（1）进入图 6-53 产品市场价格分析故事板以后，需要新建可视化视图，点击“可视化—新建”，新建“明星产品销售价格历史趋势”可视化。

（2）选择数据集，点击“数据集—财务大数据—销售分析”，选择钼精粉销售收入表，点击“确定”按钮。

（3）修改可视化名称为“明星产品销售价格历史趋势”，点击维度右侧的“+”号，点击“层级”，系统弹出“钻取层级”对话框，层级名称输入“层级”，钻取路径勾选“年_日期”“月_日期”，点击“>”，点击“确定”按钮。如图 6-56 所示。

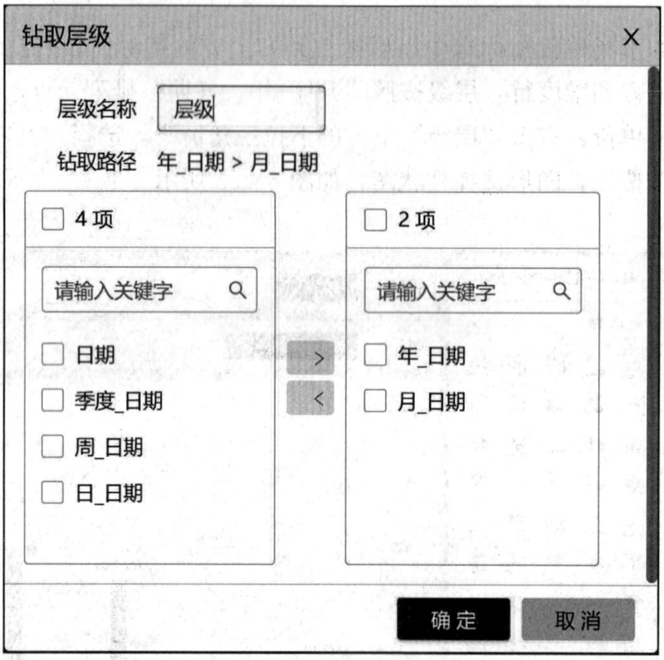

图 6-56 层级设置

（4）将左侧的单价指标选中以后拖拽到右上方的指标行，将左侧的层级维度选中以后拖拽到右上方的维度行，层级按照“升序-年_日期”排列，点击某一年，系统出现该年份每个月的单价，点击“层级”下方的下拉三角箭头，选择“升序-月_日期”排列，点击“保存”按钮，图形选择柱状图，如图 6－57 所示。

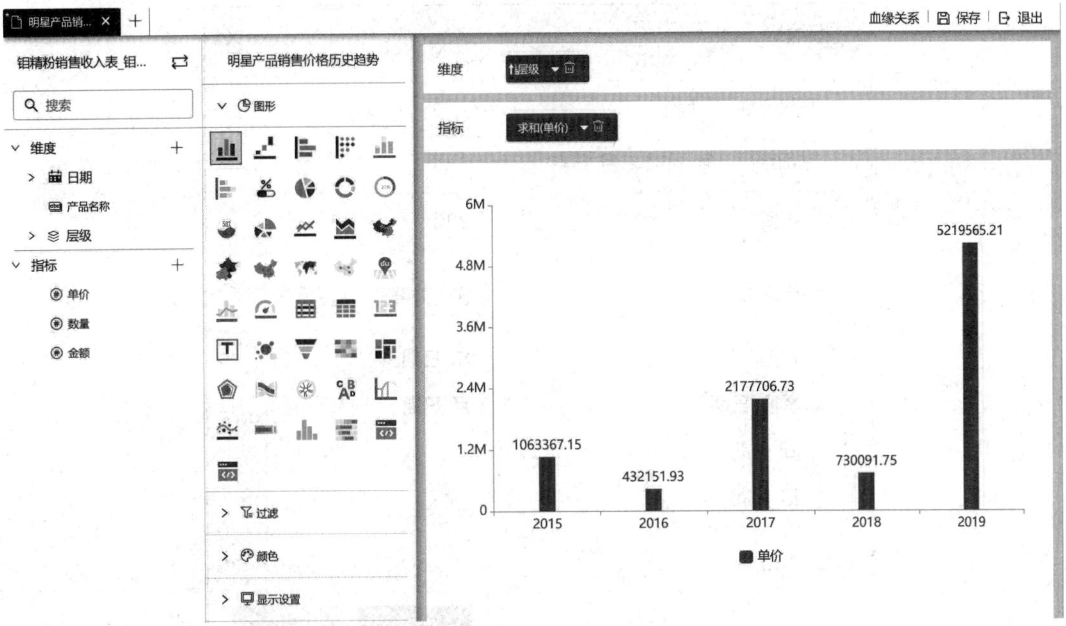

图 6－57　明星产品销售价格柱状图

（5）点击“退出”按钮，系统返回到故事板界面。

通过可视化图表可以看出，明星产品近五年销售价格有明显波动。2019 年较 2018 年有巨大幅度提升，增长率为 614.92%。

三、现金牛产品的市场价格历史趋势

1. 打开故事板

点击“分析设计—我的故事板—产品市场价格分析故事板”。

2. 现金牛产品市场价格趋势可视化

（1）进入图 6－53 产品市场价格分析故事板以后，需要新建可视化视图，点击“可视化—新建”，新建“现金牛产品市场价格趋势”可视化。

（2）选择数据集，点击“数据集—财务大数据—销售分析”，选择铁精粉市场价格，点击“确定”按钮。

（3）修改可视化名称为“现金牛产品市场价格趋势”，点击维度右侧的“＋”号，点击“层级”，系统弹出“钻取层级”对话框，层级名称输入“层级”，钻取路径勾选“年 _ 日期”“月 _ 日期”，点击“>”，点击“确定”按钮。如图 6－58 所示。

（4）将左侧的市场价格指标选中以后拖拽到右上方的指标行，将左侧的层级维度选中以后拖拽到右上方的维度行，层级按照“升序-年 _ 日期”排列，点击某一年，系统出现该年份每个月的市场价格，点击“层级”下方的下拉三角箭头，选择“升序-月 _ 日期”排列，点击“保存”按钮，图形选择柱状图，如图 6－59 所示。

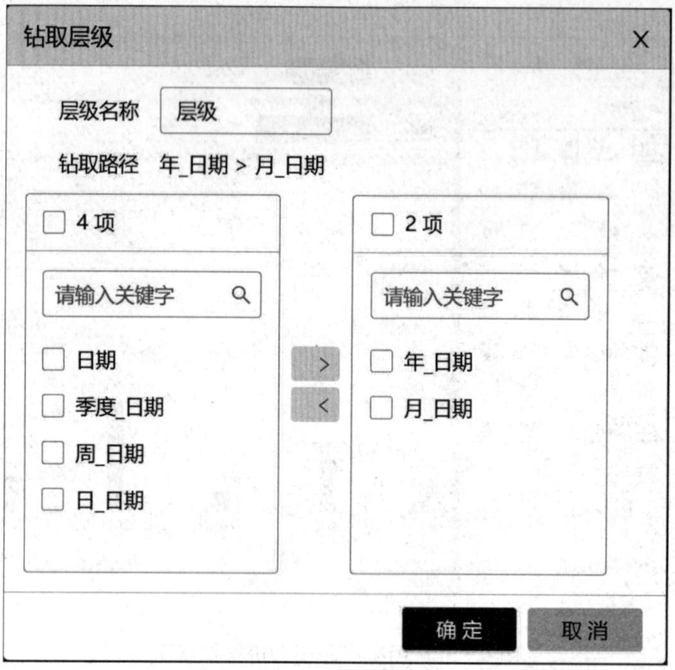

图 6－58　层级设置

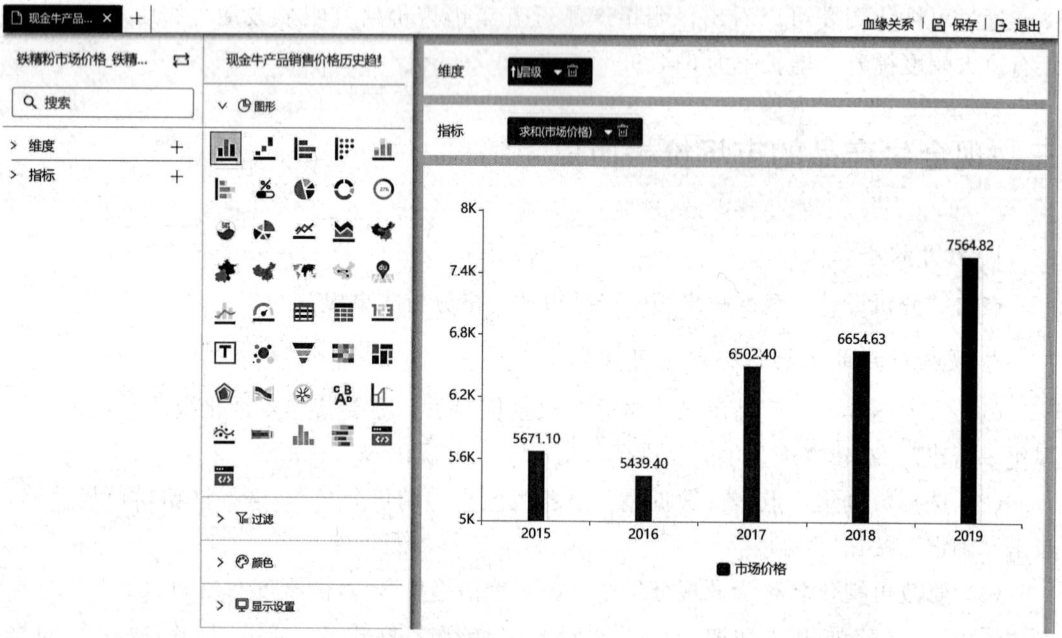

图 6－59　现金牛产品市场价格柱状图

（5）点击“退出”按钮，系统返回到故事板界面。

四、明星产品的市场价格历史趋势

1. 打开故事板

点击“分析设计—我的故事板—产品市场价格分析故事板”。

2. 明星产品市场价格趋势可视化

(1) 进入图 6-53 产品市场价格分析故事板以后，需要新建可视化视图，点击“可视化—新建”，新建“明星产品市场价格趋势”可视化。

(2) 选择数据集，点击“数据集—财务大数据—销售分析”，选择钼精粉市场价格，点击“确定”按钮。

(3) 修改可视化名称为“明星产品市场价格趋势”，点击维度右侧的“+”号，点击“层级”，系统弹出“钻取层级”对话框，层级名称输入“层级”，钻取路径勾选“年_日期”“月_日期”，点击“>”，点击“确定”按钮。

(4) 将左侧的市场价格指标选中以后拖拽到右上方的指标行，将左侧的层级维度选中以后拖拽到右上方的维度行，层级按照“升序-年_日期”排列，点击某一年，系统出现该年份每个月的市场价格，点击“层级”下方的下拉三角箭头，选择“升序-月_日期”排列，点击“保存”，图形选择柱状图，如图 6-60 所示。

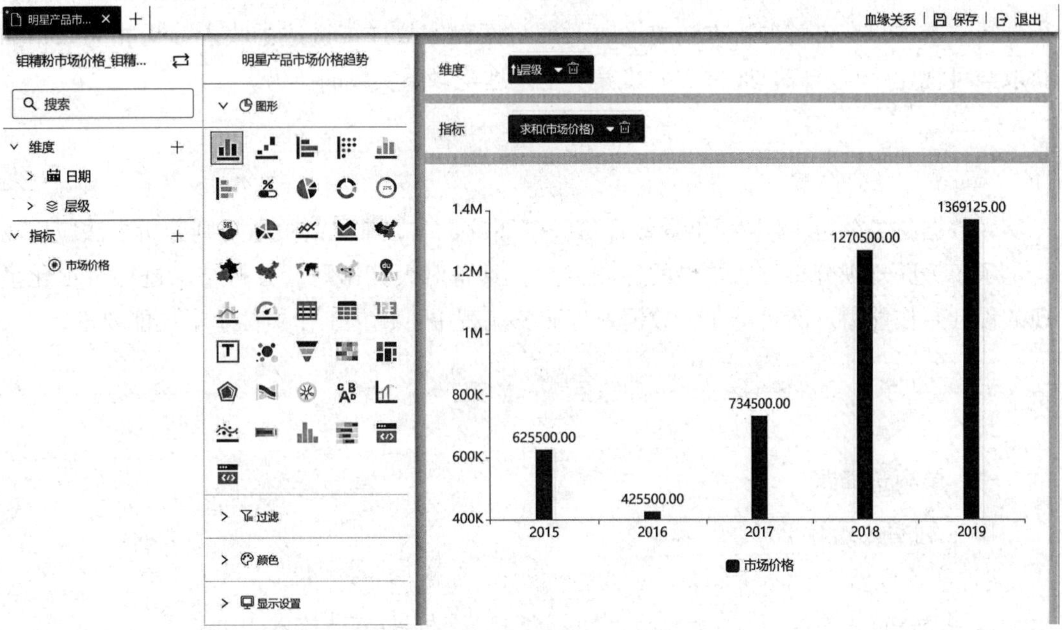

图 6-60　明星产品市场价格柱状图

(5) 点击“退出”按钮，系统返回到故事板界面。点击故事板左上方的“保存”，保存所有的可视化，如图 6-61 所示。

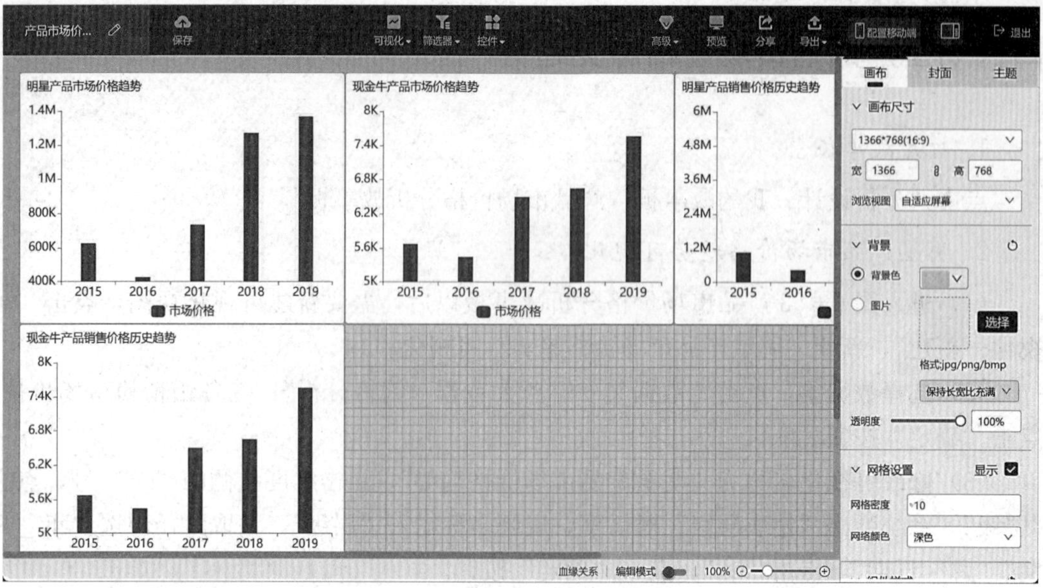

图 6－61　产品市场价格可视化

项目小结

本项目主要介绍了如何从整体上以及客户、产品、价格维度上对企业的销售收入进行分析。本项目在讲解分析方法的同时又通过案例实战详细讲述了收入分析相关数据的获取与可视化呈现步骤，通过实战培养了学生理论联系实践的能力。

课证融通

大数据财务分析 1＋X 证书等级评价标准明确：掌握常见的关联规则分析方法应用场景，了解关联规则分析方法结果的评测方法；具备对大数据财务分析结果进行可视化呈现的设计制作能力，满足企业大数据处理业务流程中可视化工作岗位基本技能要求。

同步练习

一、单项选择题

1. 毛利率公式等于（　　）。

A. 净利润/平均所有者权益　　B. 负债/资产

C. 毛利/销售收入　　D. 净利润/销售收入

2. 衡量一个公司能否留住老客户的指标有（　　）。

A. 客户续约率　　B. 客单价　　C. 平均资产　　D. 客户总数

3. 客单价的公式等于（　　）。

A. 销售金额/客户数量　　B. 营业利润/营业收入

C. 利润总额/成本费用总额　　D.（销售收入－销售成本）/销售收入

4. 对于（　　）来说，处在这个领域中的产品产生大量的现金，但未来的增长是有限的。

A. 明星产品　　B. 现金牛产品　　C. 瘦狗产品　　D. 问题产品

5.（　　）是由问题型业务继续投资发展起来的，可以视为高速成长市场中的领导者，它将成为公司未来的现金牛型业务。

A. 明星型业务　　B. 现金牛型业务　　C. 瘦狗型业务　　D. 问题型业务

二、多项选择题

1. 影响产品价格的因素有（　　）。

A. 成本　　B. 市场竞争　　C. 政策　　D. 经济

2. 瘦狗型业务的特点有（　　）。

A. 低增长　　B. 低市场份额　　C. 高增长　　D. 高市场份额

3. 分析一个公司的销售收入，可以从哪几个部分分析？（　　）

A. 整体销售情况　　B. 客户维度　　C. 产品维度　　D. 价格维度

4. 问题型业务的特点有（　　）。

A. 低增长　　B. 低市场份额　　C. 高增长　　D. 高市场份额

5. 明星型业务的特点有（　　）。

A. 低增长　　B. 低市场份额　　C. 高增长　　D. 高市场份额

技能训练

1. 财务大数据分析师对产品价格影响因素表进行数据清洗，清洗要求：将空值用平均值填补。

2. 财务大数据分析师根据收集的最新资料信息运用机器学习的多元回归方法对下期销售价格进行预测。

项目七

大数据+费用分析

【知识目标】

1. 了解费用分析的主要内容及指标。
2. 掌握管理费用、财务费用和销售费用的核算范围。
3. 掌握费用的相关分析方法。

【技能目标】

1. 能熟练运用相关操作反映企业的费用构成。
2. 能通过操作获取费用的分析数据并进行可视化呈现。
3. 会利用相关指标的可视化呈现进行费用分析。

【素质目标】

1. 培养学生善于发现问题、分析问题、解决问题的能力。
2. 引导学生把大数据思维运用到生活中处理事务。
3. 提高学生自主学习的能力，培养学生敢于挑战困难并勇于创新的精神。

【知识图谱】

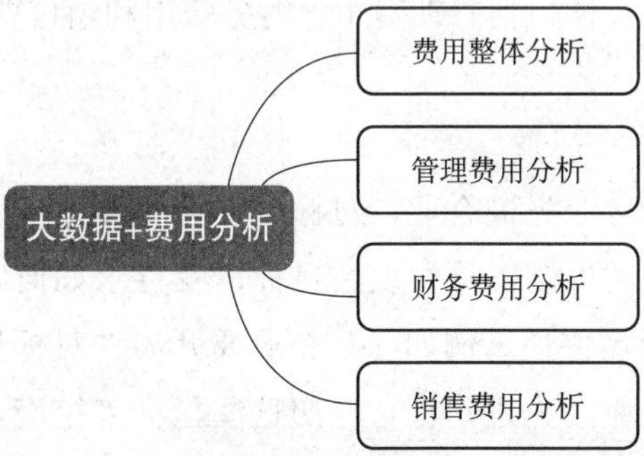

任务一 费用整体分析

任务导入

财务大数据分析师对 AJHXJL 公司本期的费用进行分析。

知识精讲

一、费用及相关概念

（一）费用

费用是指企业在日常活动中发生的、会导致所有者权益减少的、与向所有者分配利润无关的经济利益的总流出。广义的费用主要由生产费用和期间费用构成，指企业为取得营业收入进行产品销售等营业活动所发生的营业成本、税金及附加和期间费用。这里所说的费用为狭义的费用，也就是期间费用。

（二）期间费用

期间费用是指企业日常活动发生的不能计入特定核算对象的成本，而应计入发生当期损益的费用。期间费用具体包括管理费用、财务费用和销售费用。

（三）对标企业

对标企业是指国内同行业先进企业，对标企业为企业提供了一种可行、可信的奋斗目标，以及追求不断改进的思路，是发现新目标以及寻求如何实现这一目标的一种手段和工具，具有合理性和可操作性。例如，某企业要开展“对标挖潜”活动，一般地，就要找出国内同行业先进企业的先进指标，对照这些指标来挖潜，这些国内同行业先进企业就是对标企业。

二、费用的分析方法

（一）结构分析

通过结构分析反映出期间费用各组成项目的分布情况和相对重要性。结构分析的基本方法是确定各项目数据占总体数据的比重，即通过计算各项目数据的比重来分析各项目数据在企业经营中的重要性。一般来说，项目数据所占比重越大，说明其重要程度越高。

（二）对比分析

将费用整体和各子项目与另外的相关资料进行比较，以评价费用与对比数据之间的变化程度。可将本企业本期与以前时期的数据进行对比，也可将本期本企业与对标企业的数据进行对比，还可将实际与计划、期末与期初数据进行对比。

（三）比率分析

找到与费用相关但又不同的项目，比如收入，进行对比，通过所得比率反映各项费用与收入间的关系，以便评价企业的费用水平。

1. 费用收入比

费用收入比的计算公式为：

费用收入比＝费用/主营业务收入×100%

＝（管理费用＋销售费用＋财务费用）/主营业务收入×100%

2. 管理费用率

管理费用率的计算公式为：

管理费用率＝管理费用/主营业务收入×100%

管理费用是影响企业盈利能力的重要因素，反映了企业经营管理水平。如果管理费用率高，说明企业的利润被组织、管理性的费用消耗得太多，必须加强管理费用的控制才能提高盈利水平。

在进行管理费用率分析时，应注意以下两点：

(1) 因为管理费用中绝大部分属于不变成本，所以随着销售额的增长，管理费用率应呈现下降趋势。

(2) 一般情况下，管理费用率会因为行业不同而存在较大差异。例如，零售行业一般较低，金融行业一般较高。

3. 销售费用率

销售费用率的计算公式为：

销售费用率＝销售费用/主营业务收入×100%

它体现企业为取得单位收入所花费的单位销售费用，或者销售费用占据了营业收入的多大比例。

4. 财务费用率

财务费用率的计算公式为：

财务费用率＝财务费用/主营业务收入×100%

目前我国企业财务费用负担往往较重，是企业的一个沉重包袱。企业应通过这个指标的计算，分析企业的财务负担，调整筹资渠道，改善资金结构，提高盈利水平。

任务要求

（1）分析本期费用结构。

（2）对比标杆企业的费用结构。

（3）对费用构成进行同比分析。

（4）对标杆企业的费用构成进行同比分析。

任务实施

一、本期费用结构

数据表：利润表- AJHXJL。

可视化设置步骤：

1. 新建故事板

（1）点击“开始任务”，进入用友分析云，开始任务如图 7－1 所示。

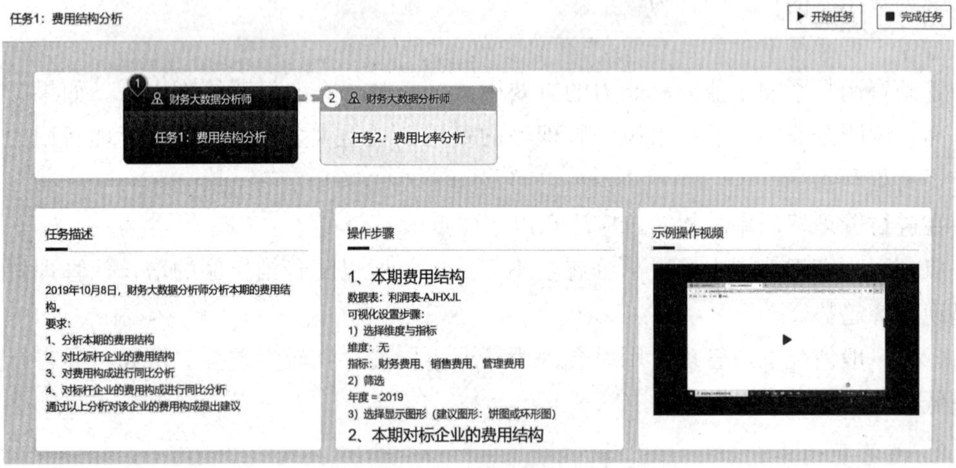

图 7－1　开始任务

（2）点击“分析设计”，点击“新建”，新建故事板，故事板命名：费用结构分析。新建故事板如图 7－2 所示。

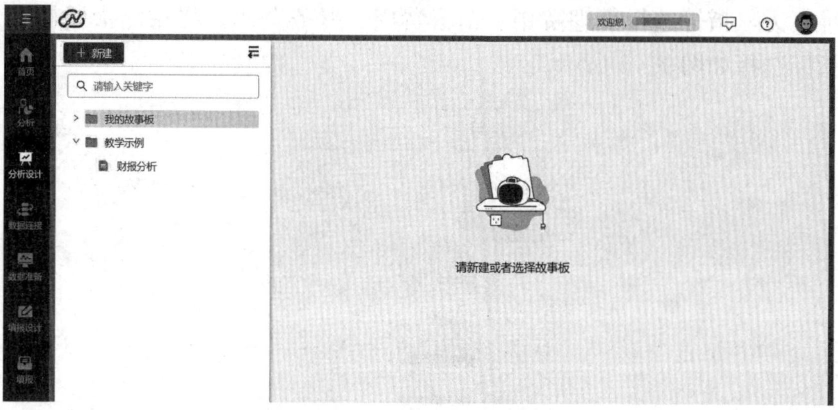

图 7-2　新建故事板

2. 新建可视化

（1）点击“可视化”，点击“新建”，新建可视化如图 7-3 所示。

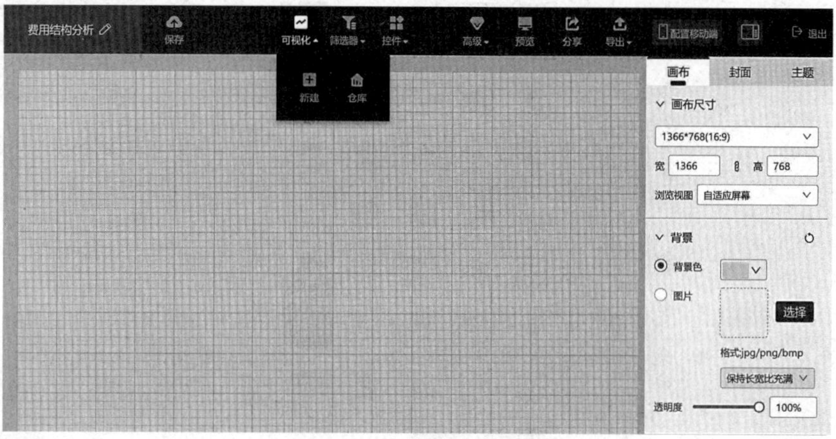

图 7-3　新建可视化

（2）数据集选择 AJHXJL 利润表，点击“确定”，数据集选择如图 7-4 所示。

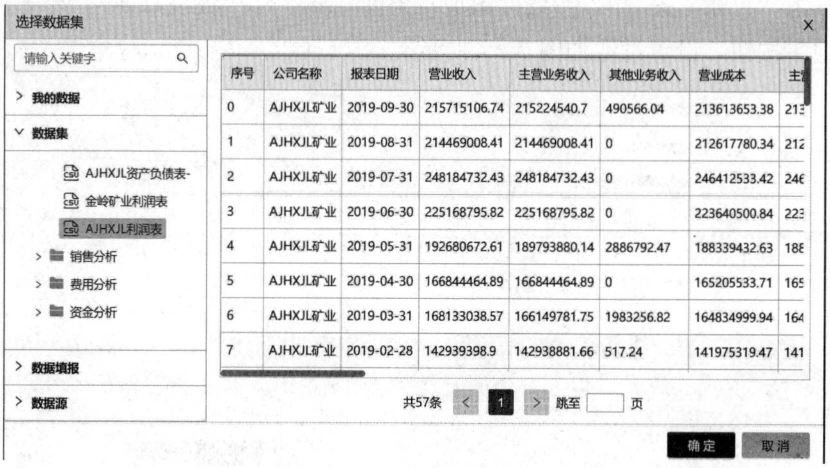

图 7-4　数据集选择

（3）维度无，指标选择管理费用、销售费用、财务费用。将左侧指标拖拽到右上方指标处，指标选择如图 7－5 所示。

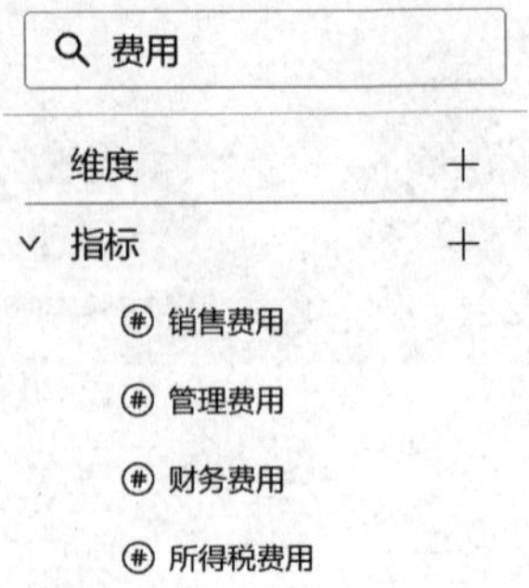

图 7－5 指标选择

（4）选择图形，图形建议选择饼图，如图 7－6 所示。

图 7－6 选择图形

（5）点击“过滤—设置”，按条件添加，条件选择“年 _ 报表日期”“等于”“2019”，点击“确定”按钮，设置过滤如图 7－7 所示。

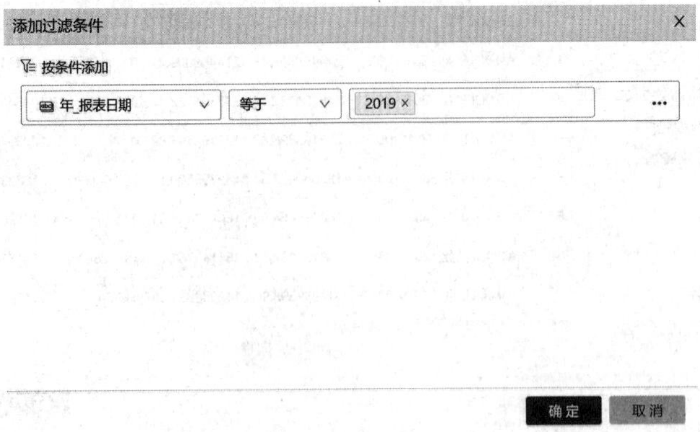

图 7－7 设置过滤

（6）修改可视化名称为：本期费用结构。点击“保存”按钮，保存此可视化。点击“退出”按钮回到故事板界面，点击“保存”按钮，保存故事板，本期费用结构饼图如图7-8所示。

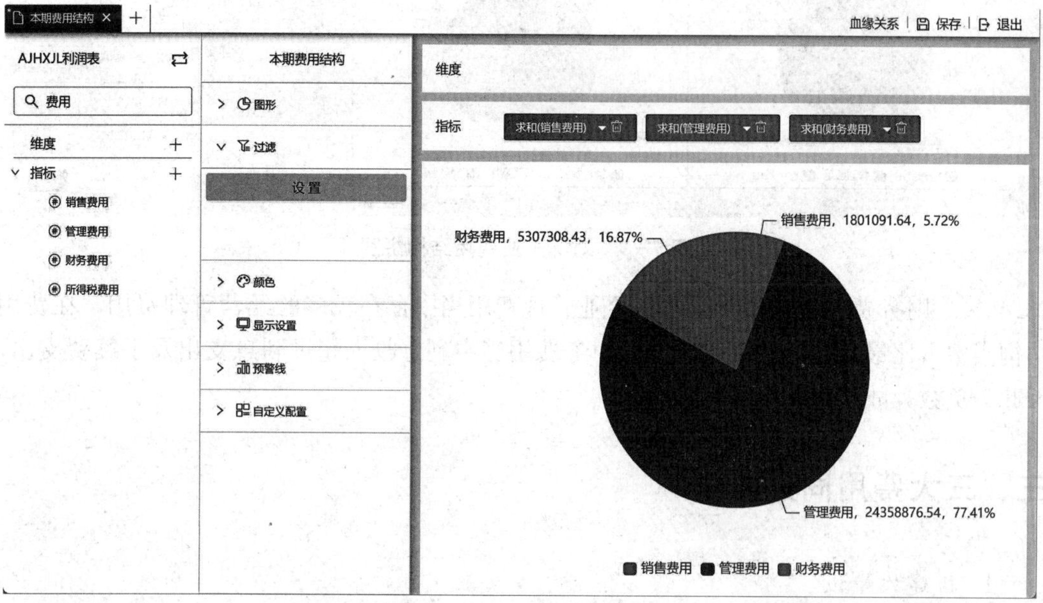

图7-8　本期费用结构饼图

通过可视化图表可以看出，企业的管理费用占比较多，高达77.41%；财务费用次之，占比16.87%；销售费用占比5.72%。可进一步参考对标企业的费用结构。

二、本期对标企业的费用结构

数据表：利润表-金岭矿业。

1. 打开故事板

点击“分析设计—我的故事板—费用结构分析”。

2. 新建可视化

（1）点击“可视化”，点击“新建”，数据集选择金岭矿业利润表。

（2）点击“确定”按钮。维度无，指标选择管理费用、销售费用、财务费用。

（3）选择图形，图形建议选择饼图。

（4）点击“过滤—设置”，按条件添加，条件选择“年_报表日期”“等于”“2019”，点击“确定”按钮。修改可视化名称为：对标企业费用结构。点击“保存”按钮，保存此可视化。

（5）点击“退出”按钮回到故事板界面，点击“保存”，保存故事板。对标企业费用结构饼图如图7-9所示。

通过可视化图表可以看出，对标企业的管理费用占比92.87%，销售费用占比

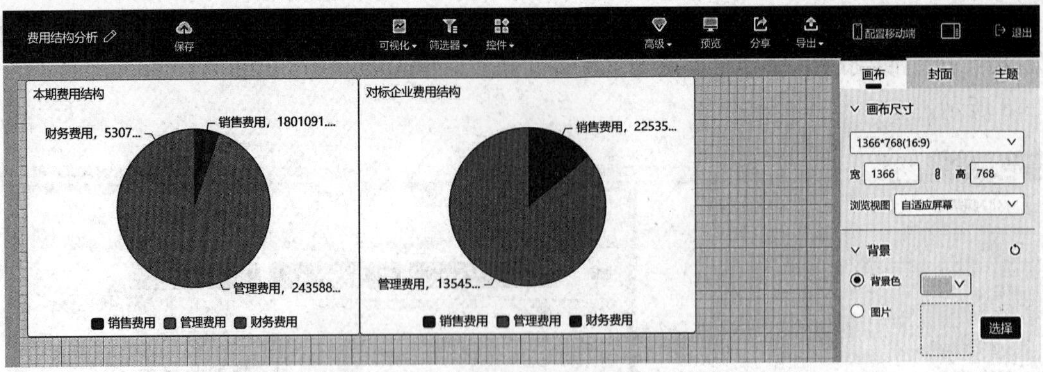

图 7-9　对标企业费用结构饼图

13.40%，财务费用占比-6.27%。企业管理费用当中存在较多的经营管理费用，在费用结构当中占比最大，销售费用次之，财务费用当中利息收入超过利息支出及手续费支出，因此为负数，故财务费用占比为负数。

三、三大费用同比分析

1. 新建故事板

点击“分析设计—我的故事板—费用结构分析”。

2. 新建可视化

（1）点击“可视化”，点击“新建”，新建可视化。

（2）数据集选择 AJHXJL 利润表，点击“确定”按钮。

（3）维度无，指标选择销售费用、管理费用、财务费用。

（4）点击销售费用指标下拉箭头，选择“高级计算-同比/环比”，设置同比/环比如图 7-10 所示。

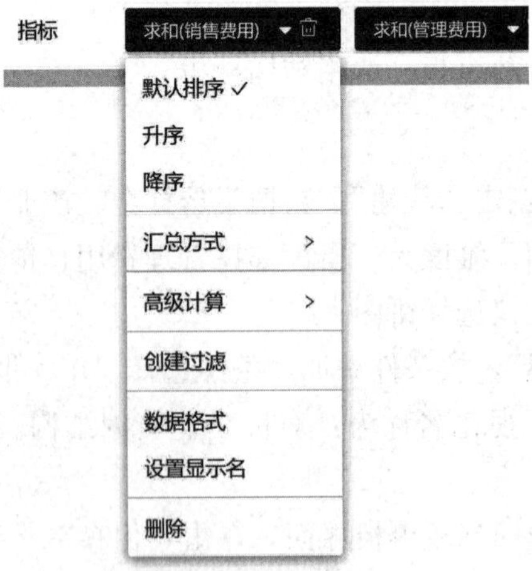

图 7-10　设置同比/环比

（5）日期字段选择报表日期，维度选择年。对比类型选择同比，所选日期调整到2019年，计算选择增长率，间隔1年。同比/环比设置如图7－11所示。

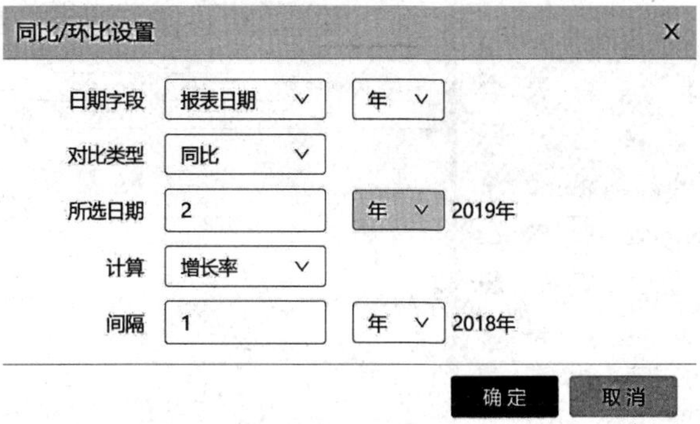

图7－11　同比/环比设置

（6）按照同样的操作方式设置管理费用、财务费用的高级计算。（对于图形选择，建议选择表格。）图形选择如图7－12所示。

图7－12　图形选择

（7）修改可视化名称为三大费用同比分析，点击“保存”按钮，点击“退出”按钮，回到故事板界面。三大费用同比分析表格如图7－13所示。

通过可视化图表可以看出，企业销售费用同比持平，究其原因是上年为零，可进一步通过审阅资料查找问题；管理费用同比减少22.38%；财务费用同比减少92.58%。

四、对标企业三大费用同比分析

1. 打开故事板

点击“分析设计—我的故事板—费用结构分析”。

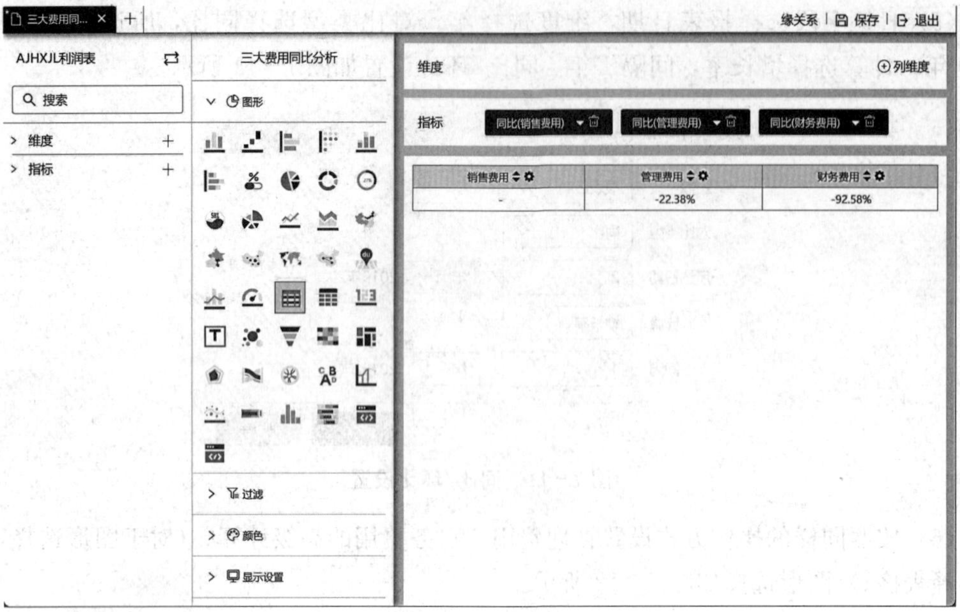

图 7-13　三大费用同比分析表格

2. 新建可视化

(1) 点击“可视化”，点击“新建”，数据集选择金岭矿业利润表。点击“确定”按钮。

(2) 维度无，指标选择销售费用、管理费用、财务费用。

(3) 点击销售费用指标下拉箭头，选择“高级计算-同比/环比”。

(4) 日期字段选择报表日期，维度选择年。对比类型选择同比，所选日期调整到2019年，计算选择增长率，间隔1年。

(5) 按照同样的操作方式设置管理费用、财务费用的高级计算。

(6) 图形选择，建议选择表格。

(7) 修改可视化名称为对标企业三大费用同比分析，点击“保存”按钮，点击“退出”，回到故事板界面。

(8) 点击“保存”，保存故事板，费用结构分析故事板如图7-14所示。

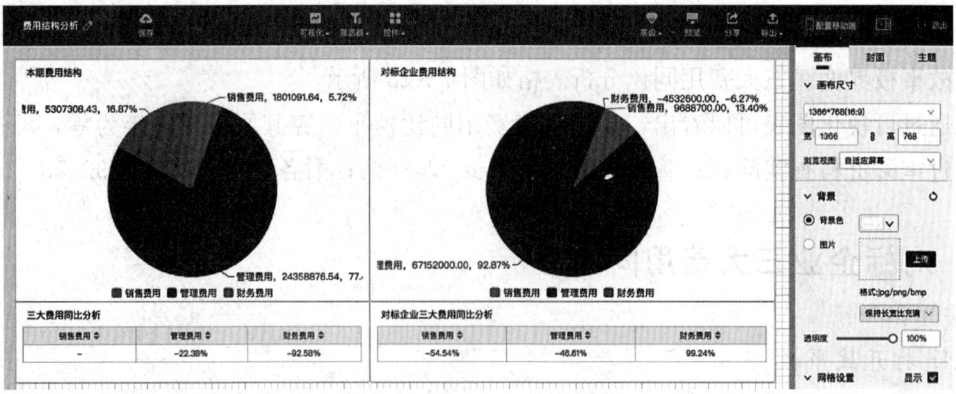

图 7-14　费用结构分析故事板

通过可视化图表可以看出，对标企业三大费用同比分析，销售费用同比减少54.54%，管理费用同比减少46.61%，财务费用同比增加99.24%。

任务二
管理费用分析

任务导入

财务大数据分析师对AJHXJL公司的管理费用进行分析。

知识精讲

一、管理费用的概念

管理费用是指企业为组织和管理生产经营发生的各种费用。

二、管理费用的核算范围

（1）企业管理人员的基本工资、工资性补贴、职工福利费。

（2）企业办公费。指企业办公用文具、纸张、账表、印刷、邮电、书报、会议、水、电、燃煤（气）等费用。

（3）差旅交通费。指企业管理人员差旅费、探亲路费、劳动力招募费、离退休职工一次性路费及交通工具油料费、燃料费、牌照费和养路费等。

（4）固定资产使用费。指企业管理用的房屋、设备、仪器等固定资产的折旧费和维修费等。

（5）其他。如职工教育经费、业务招待费、税金、技术转让费、无形资产摊销、咨询费、诉讼费、开办费摊销、上缴上级管理费、劳动保险费、待业保险费、董事会会费、财务报告审计费、筹建期间发生的开办费等。

三、管理费用的分析方法

（一）趋势分析

根据分析企业连续若干会计期间的数据，比较管理费用的变动情况和发展趋势，从而进一步了解企业管理费用的发展历程和趋势。为了排除偶然性或意外因素的影响，应将分析期延长至三期及三期以上。

（二）结构分析

通过结构分析反映出管理费用各组成项目的分布情况和相对重要性。通过计算各项目数据的比重来分析各项目数据在企业经营中的重要性。

（三）同比分析

运用对比分析法，将管理费用整体和各子项目与历史数据进行比较，通过分析来找出增长或下降的异常值。

（四）数据洞察

找出增长或下降的异常值后，对对应的该费用的子项目进一步分析原因，了解费用发生的真实性和合理性。

任务要求

（1）分析管理费用的历年金额。

（2）分析管理费用的各子项构成。

（3）对各子项进行同比分析，找出同比增减最突出的项目。

（4）对增减最突出的子项“中介机构费用”进行趋势分析。

（5）分析“中介机构费用”的明细构成。

（6）分析明细费用中“咨询费”暴增的原因。

（7）中介机构费用-咨询费费用去向分析。

任务实施

一、管理费用历年走势

1. 新建故事板

（1）点击“开始任务”，进入用友分析云。

（2）点击“分析设计”，点击“新建”，新建故事板。故事板命名为：管理费用分析。

2. 新建可视化

（1）点击“可视化”，点击“新建”，数据集选择 AJHXJL 利润表。点击“确定”按钮。

（2）修改可视化名称为管理费用历年走势。

（3）维度选择报表日期下的年_报表日期。

（4）指标选择管理费用。

（5）图形选择，建议选择折线图。

（6）点击维度年_报表日期处的下拉箭头，选择升序，按年_报表日期进行升序排列。管理费用历年走势折线图如图7-15所示。

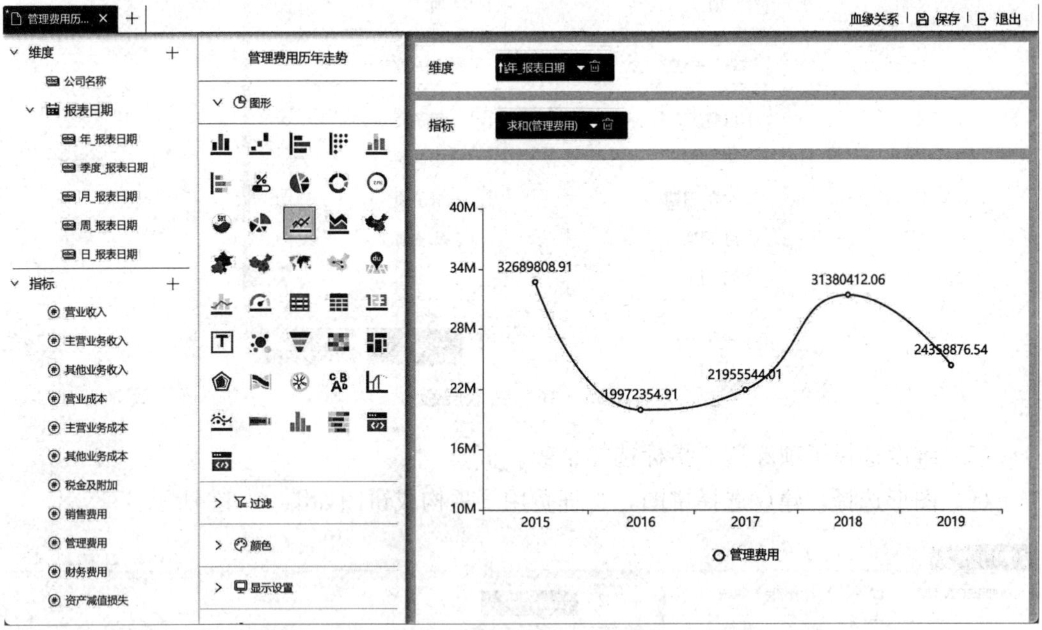

图7-15　管理费用历年走势折线图

（7）点击“保存”按钮，保存可视化。点击“退出”按钮回到故事板。点击“保存”按钮，保存故事板。

通过可视化图表可以看出，管理费用近五年的波动幅度相对较大，今年较去年有大幅度减少，可进一步分析管理费用的构成。

二、管理费用子项构成

1. 打开故事板

点击“分析设计—我的故事板—管理费用分析”。

2. 新建可视化

（1）点击“可视化”，点击“新建”，数据集选择财务大数据—费用分析—管理费用统计表，点击“确定”按钮。

（2）修改可视化名称为管理费用子项构成。

（3）点击维度右侧的“+”号，选择层级。

（4）层级名称为“子项穿透”，选中一级子项、二级子项、三级子项、四级子项，点击“>”按钮，选中到右侧，点击“确定”按钮，钻取层级如图 7－16 所示。

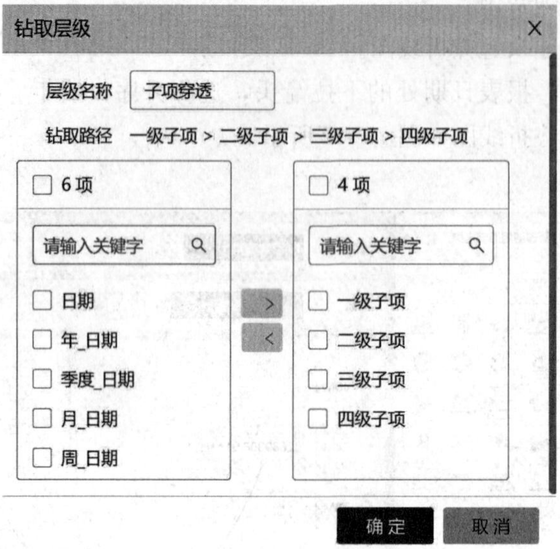

图 7－16 钻取层级

（5）维度选择子项穿透，指标选择金额。

（6）图形选择，建议选择饼图，管理费用子项构成饼图如图 7－17 所示。

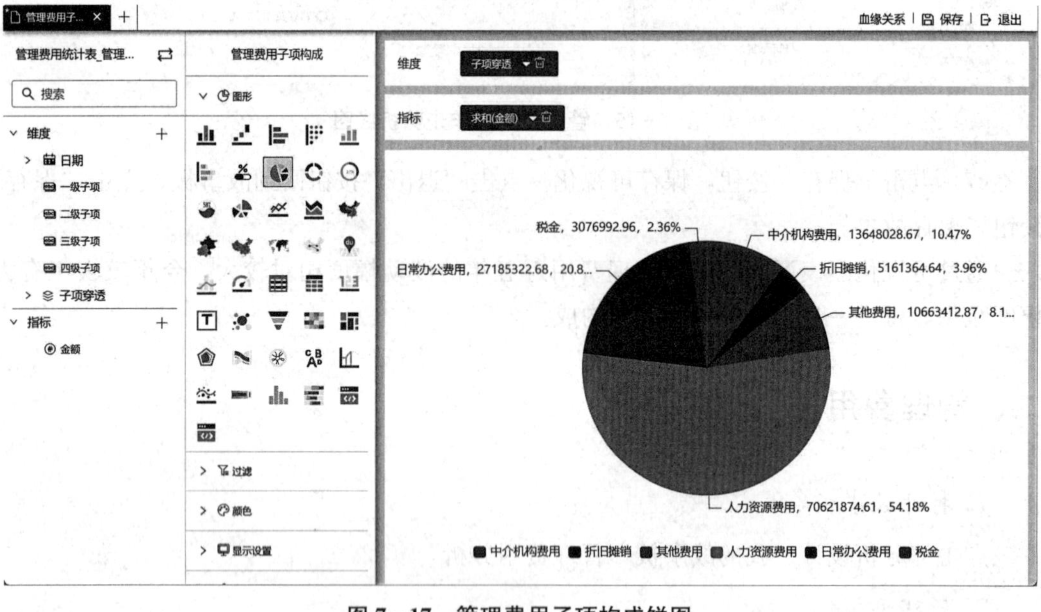

图 7－17 管理费用子项构成饼图

（7）单击选择日常办公费用，可钻取到二级子项，展示日常办公费用的组成及占比，管理费用子项日常办公费用饼图如图 7－18 所示。

通过可视化图表可以看出，本期管理费用中排在前三的为：业务招待费，占比 32.44%；办公车费用，占比 18.10%；差旅费，占比 16.60%。此三项之和占据管理费用总额的 2/3 以上。

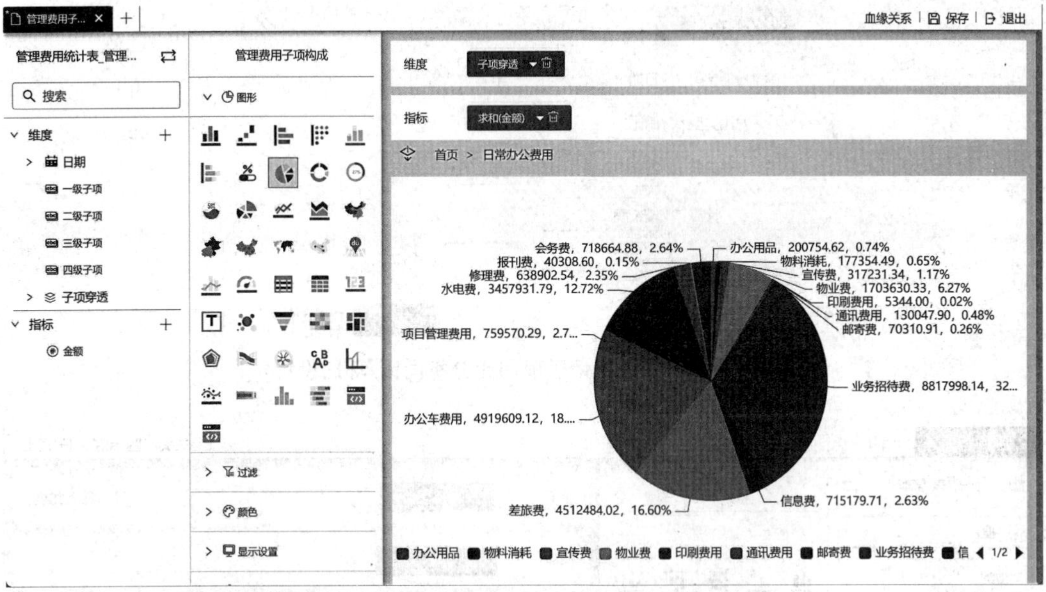

图 7-18　管理费用子项日常办公费用饼图

三、管理费用子项同比分析

1. 打开故事板

点击“分析设计—我的故事板—管理费用分析”。

2. 新建可视化

（1）点击“可视化”，点击“新建”，数据集选择财务大数据—费用分析—管理费用统计表，点击“确定”按钮。

（2）修改可视化名称为管理费用子项同比分析。

（3）维度选择一级子项，指标选择金额。

（4）点击指标金额处的下拉箭头，选择“高级计算-同比/环比”。

（5）日期字段选择日期，类型选择年。

（6）对比类型选择同比。

（7）所选日期选择最新年份。

（8）计算选择增长率：间隔 1 年。点击“确定”按钮，管理费用子项同比分析同比/环比设置如图 7-19 所示。

（9）选择显示图形，建议选择表格，管理费用子项同比分析表格如图 7-20 所示。

（10）点击“保存”按钮，保存可视化。点击“退出”按钮，回到故事板界面，点击“保存”按钮。

通过可视化图表可以看出，在 2019 年总管理费用较去年减少的情况下，各子项构成多为减少，只有一项中介机构费用呈上升趋势，故而需要作为最突出子项进一步进行分析。

图 7-19 管理费用子项同比分析同比/环比设置

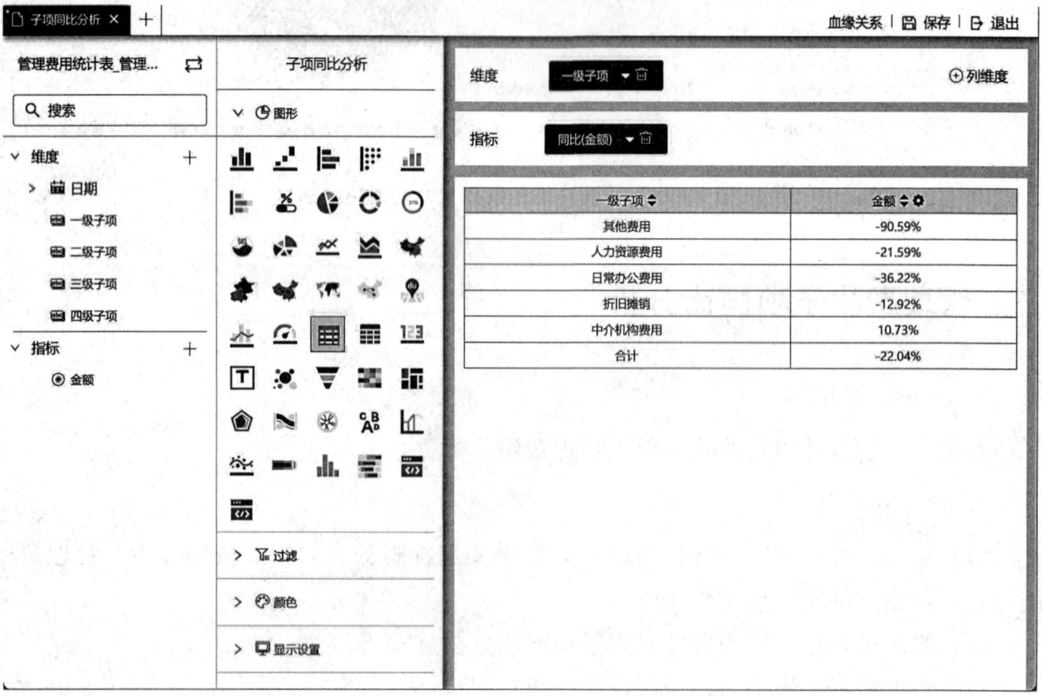

图 7-20 管理费用子项同比分析表格

四、中介机构费用趋势

1. 打开故事板

点击“分析设计—我的故事板—管理费用分析”。

2. 新建可视化

（1）点击“可视化”，点击“新建”，数据集选择财务大数据—费用分析—管理费用统计表。点击“确定”按钮。

（2）修改可视化名称为近五年中介机构费用趋势。

（3）维度选择日期下的年 _ 日期，指标选择金额。

（4）显示图形，建议选择折线图。

（5）点击维度年 _ 日期处的下拉箭头，选择升序，排序按照年 _ 日期。

（6）过滤条件设置，按条件添加，一级子项等于中介机构费用，点击“确定”按钮，设置过滤条件如图 7-21 所示。

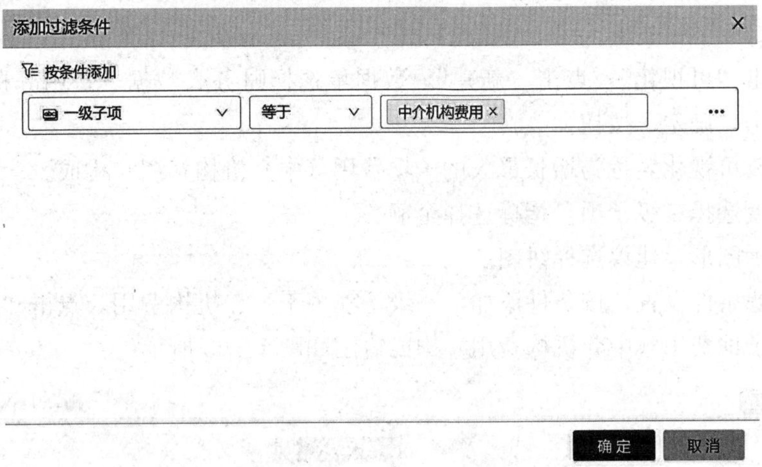

图 7-21　设置过滤条件

（7）点击“保存”按钮，保存可视化，点击“退出”按钮。回到故事板界面，保存故事板。中介机构费用趋势折线图如图 7-22 所示。

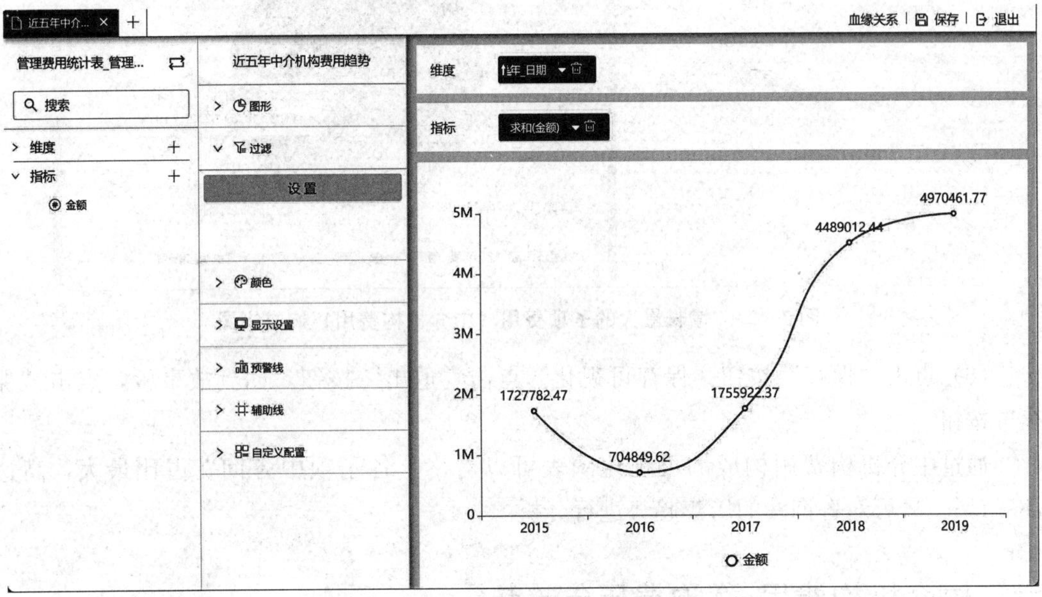

图 7-22　中介机构费用趋势折线图

通过可视化图表可以看出，近五年管理费用中的中介机构费用整体呈现上升趋势，可进一步分析其费用具体构成。

五、中介机构费用构成

1. 打开故事板

点击“分析设计—我的故事板—管理费用分析”。

2. 新建可视化

（1）点击“可视化”，点击“新建”，数据集选择财务大数据—费用分析—管理费用统计表，点击“确定”按钮。

（2）修改可视化名称为增长最大的子项费用（中介机构费用）构成。

（3）维度选择二级子项，指标选择金额。

（4）显示图形，建议选择饼图。

（5）过滤条件设置，按条件添加，一级子项等于中介机构费用，点击“确定”按钮。增长最大的子项费用（中介机构费用）构成饼图如图 7－23 所示。

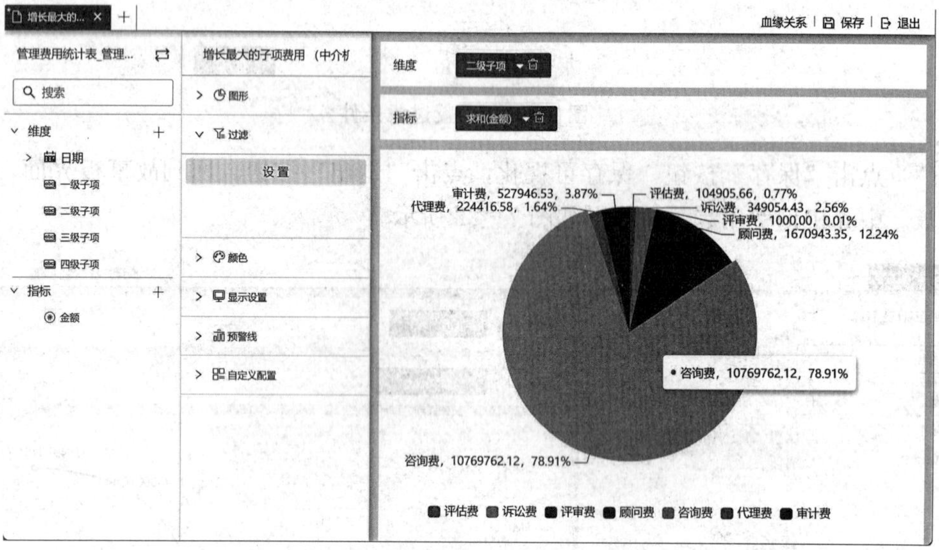

图 7－23　增长最大的子项费用（中介机构费用）构成饼图

（6）点击“保存”按钮，保存可视化。点击“退出”按钮，回到故事板，点击“保存”按钮。

通过中介机构费用构成的可视化图表可以看出，各子项中咨询费占比最大，高达 78.91％，故可对咨询费的历年趋势进行分析。

六、中介机构费用-咨询费历年趋势

1. 新建故事板

点击“分析设计—我的故事板—管理费用分析”。

2. 新建可视化

(1) 点击“可视化”，点击“新建”，数据集选择财务大数据—费用分析—管理费用统计表。点击“确定”按钮。

(2) 修改可视化名称为中介机构费用-咨询费历年趋势。

(3) 维度选择日期下的年 _ 日期，指标选择金额。

(4) 显示图形，建议选择折线图。

(5) 点击维度年 _ 日期处的下拉箭头，选择升序，排序按照年 _ 日期。

(6) 过滤条件设置，按条件添加，一级子项等于中介机构费用，继续点击按条件添加，二级子项等于咨询费，点击“确定”按钮。中介机构费用-咨询费历年趋势折线图如图 7 - 24 所示。

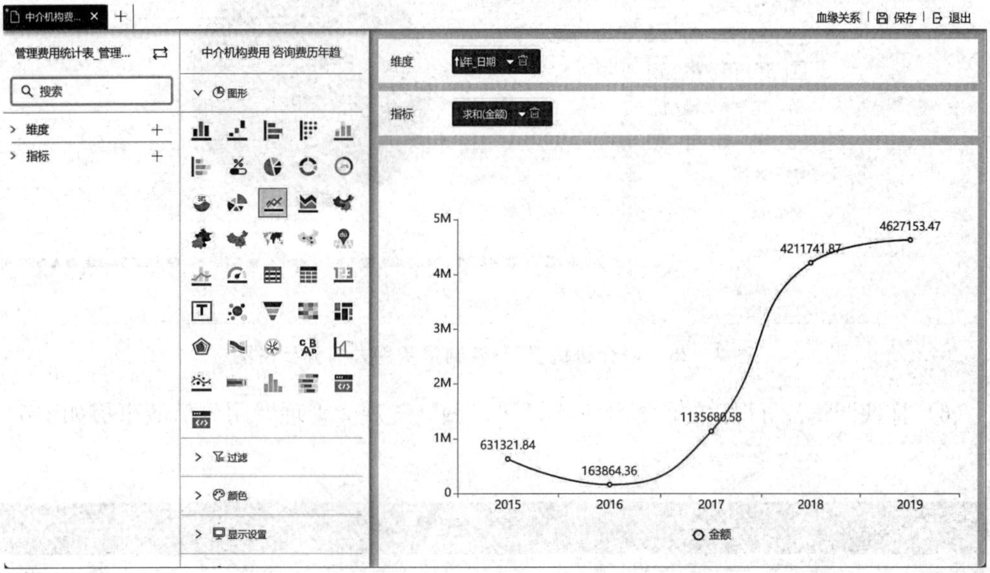

图 7 - 24 中介机构费用-咨询费历年趋势折线图

通过中介机构费用-咨询费历年趋势的可视化图表可以看出，近五年的中介机构费用-咨询费整体呈现上升趋势，且近两年上升幅度较大，因此可对中介机构费用-咨询费费用的去向进行进一步分析。

七、中介机构费用-咨询费费用去向分析

1. 打开故事板

点击“分析设计—我的故事板—管理费用分析”。

2. 新建可视化

(1) 点击“可视化”，点击“新建”，数据集选择财务大数据—费用分析—咨询费明细表（2018—2019）。点击“确定”按钮。

（2）修改可视化名称为中介机构费用-咨询费费用去向分析。

（3）维度选择咨询费支付单位，指标选择金额。

（4）显示图形，建议选择饼图。

（5）点击“保存”按钮，保存可视化，点击“退出”按钮回到故事板界面，点击“保存”，保存故事板。中介机构费用-咨询费费用去向分析饼图如图 7－25 所示。

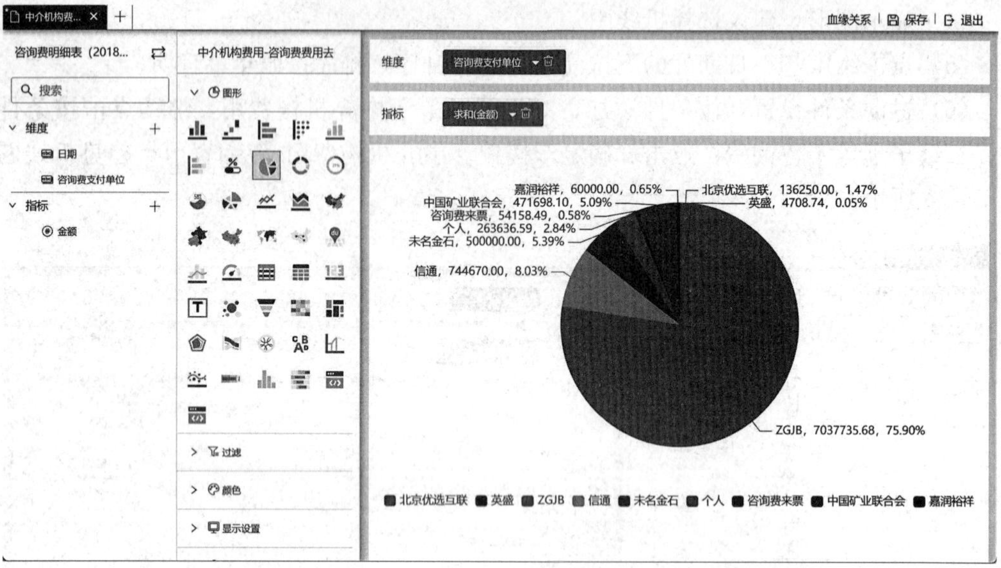

图 7－25 中介机构费用-咨询费费用去向分析饼图

（6）拖拽调整各可视化的位置及大小，尽量做到美观。管理费用分析故事板如图 7－26 所示。

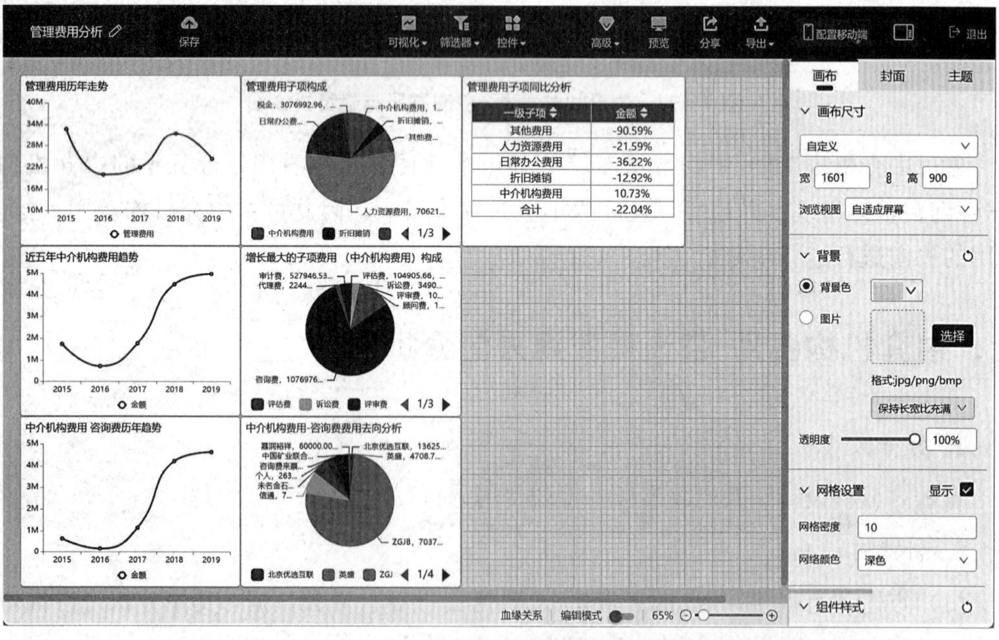

图 7－26 管理费用分析故事板

通过对中介机构费用-咨询费费用去向的分析可以发现，咨询费用中有 75.90%都流向了 ZGJB 公司，故而可查阅相关资料对近两年咨询费骤增的原因进行探究和溯源。

任务三
财务费用分析

任务导入

财务大数据分析师对 AJHXJL 公司的财务费用进行分析。

知识精讲

一、财务费用的概念

财务费用是指企业为筹集生产经营所需资金等而发生的筹资费用。

二、财务费用的核算范围

（1）利息收支。包括长短期贷款利息、票据贴现利息和存款利息收入等。
（2）汇兑损益。指汇兑业务产生的损失和收益。
（3）银行等相关手续费。
（4）现金折扣等。

三、财务费用的分析方法

（一）趋势分析

根据分析企业连续若干会计期间（至少三期）的数据，比较财务费用的变动情况和发展趋势，从而进一步了解企业财务费用的发展历程和趋势。

（二）结构分析

通过结构分析反映出财务费用各组成项目的分布情况和相对重要性，了解财务费用的主要去向。

（三）同比分析

运用对比分析法，将财务费用整体和各子项目与历史数据进行比较，通过分析变动率来找出增长或下降的异常值。

（四）数据洞察

找出增长或下降的异常值后，对对应的该费用的子项目进一步分析原因，也可以对重要的子项目的构成进行重点分析，了解费用发生的真实性和合理性。

任务要求

（1）分析财务费用的历年趋势。

（2）分析财务费用的各子项构成。

（3）分析财务费用的子项的同比增减。

（4）分析财务费用收入和支出项的结构。

任务实施

一、财务费用历年趋势分析

1. 新建故事板

（1）点击“开始任务”，进入用友分析云。

（2）点击“分析设计”，点击“新建”，新建故事板，故事板命名为：财务费用分析。

2. 新建可视化

（1）点击“可视化”，点击“新建”，数据集选择 AJHXJL 利润表。点击“确定”按钮。

（2）修改可视化名称为财务费用历年走势。

（3）维度选择报表日期下的年 _ 报表日期。

（4）指标选择财务费用。

（5）图形选择，建议选择折线图。

（6）点击维度年 _ 报表日期处的下拉箭头，选择升序，按年 _ 报表日期进行升序排列，财务费用历年走势折线图如图 7 - 27 所示。

通过可视化图表可以看出，公司近五年的财务费用呈下降趋势，说明近期企业的流动资金充裕，可进一步分析其子项构成。

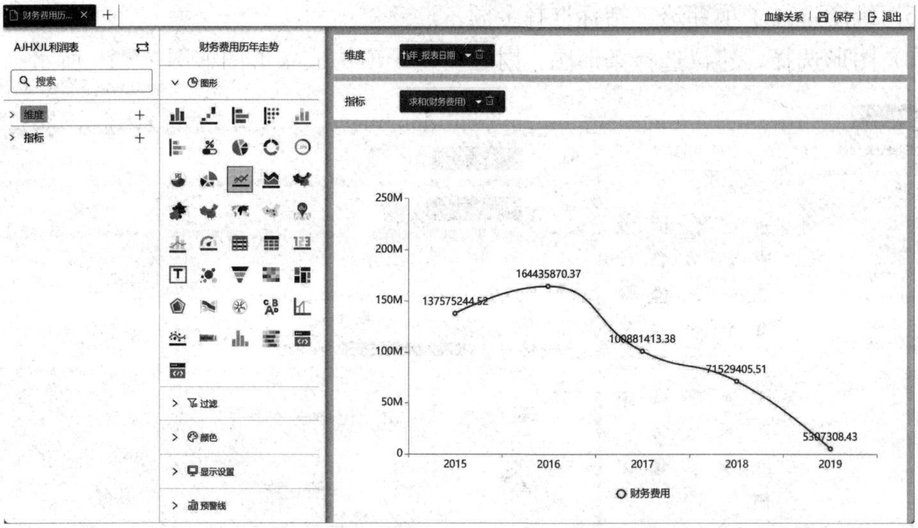

图 7-27 财务费用历年走势折线图

二、财务费用子项构成

1. 打开故事板

点击“分析设计—我的故事板—财务费用分析”。

2. 新建可视化

(1) 点击“可视化”，点击“新建”，数据集选择财务大数据—费用分析—财务费用统计表。点击“确定”按钮。

(2) 修改可视化名称为财务费用子项构成。

(3) 点击维度右侧的“+”号，选择层级。

(4) 层级名称为“子项穿透”，选中一级子项、二级子项，点击“>”按钮，选中到右侧，点击“确定”按钮。财务费用子项构成钻取层级如图 7-28 所示。

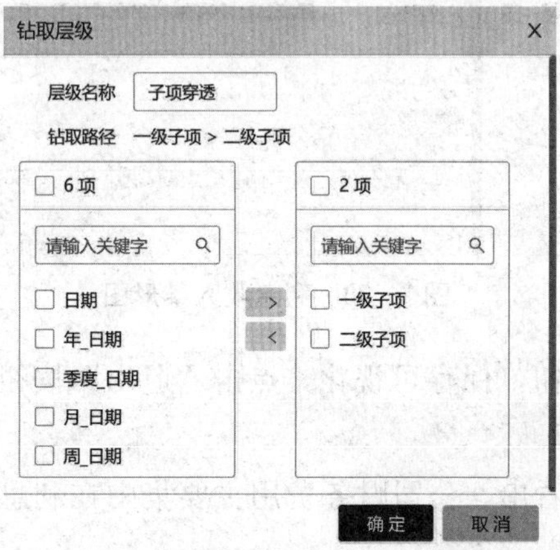

图 7-28 财务费用子项构成钻取层级

（5）维度选择子项穿透，指标选择金额。

（6）图形选择，建议选择条形图，财务费用子项构成条形图如图7－29所示。

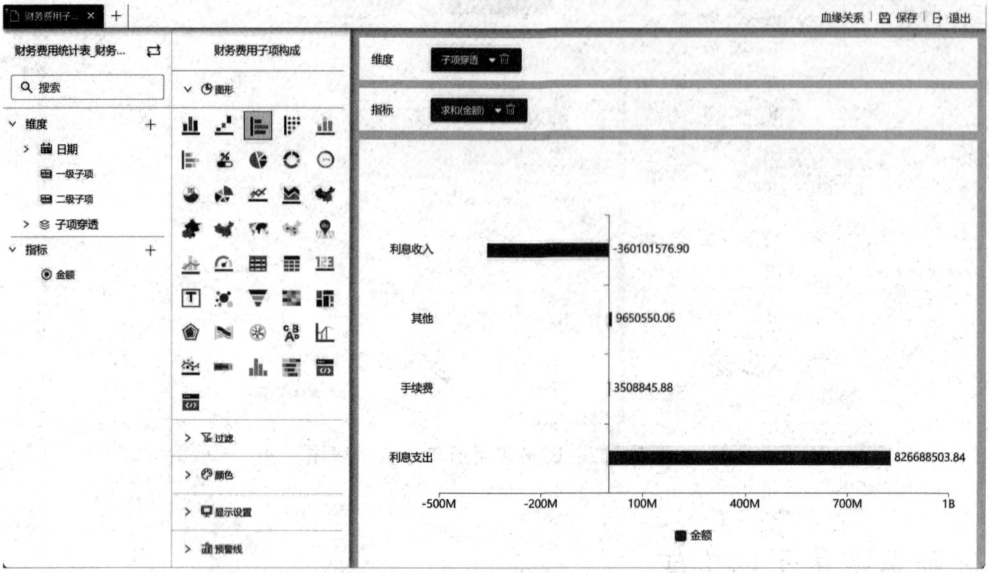

图7－29　财务费用子项构成条形图

（7）点击利息收入一级子项，可下钻显示利息收入下的二级子项，利息收入条形图如图7－30所示。

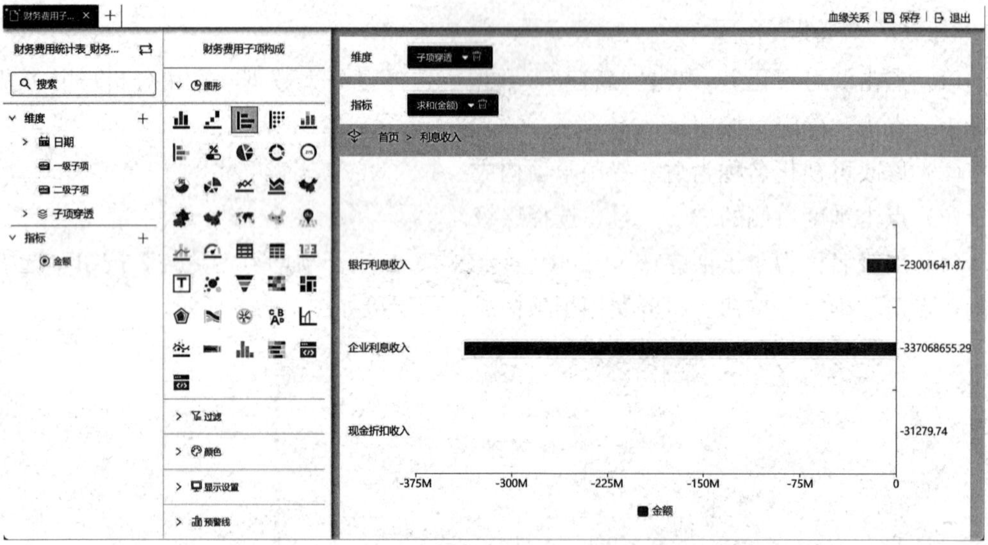

图7－30　利息收入条形图

（8）点击“保存”按钮，保存可视化，点击“退出”按钮，回到故事板界面，点击“保存”按钮，保存故事板。

通过可视化图表可以看出，公司财务费用主要集中在利息支出上，另外还有大部分利息收入相抵。

三、财务费用各子项同比增减

1. 打开故事板

点击“分析设计—我的故事板—财务费用分析”。

2. 新建可视化

（1）点击“可视化”，点击“新建”，数据集选择财务大数据—费用分析—财务费用统计表。点击“确定”按钮。

（2）修改可视化名称为财务费用各子项同比增减。

（3）维度选择一级子项，指标选择金额。

（4）点击指标金额处的下拉箭头，选择“高级计算-同比/环比”。

（5）日期字段选择日期，类型选择年。

（6）对比类型选择同比。

（7）所选日期选择最新年份。

（8）计算选择增长率：间隔 1 年。点击“确定”按钮。

（9）图形选择，建议选择表格，财务费用各子项同比增减表格如图 7－31 所示。

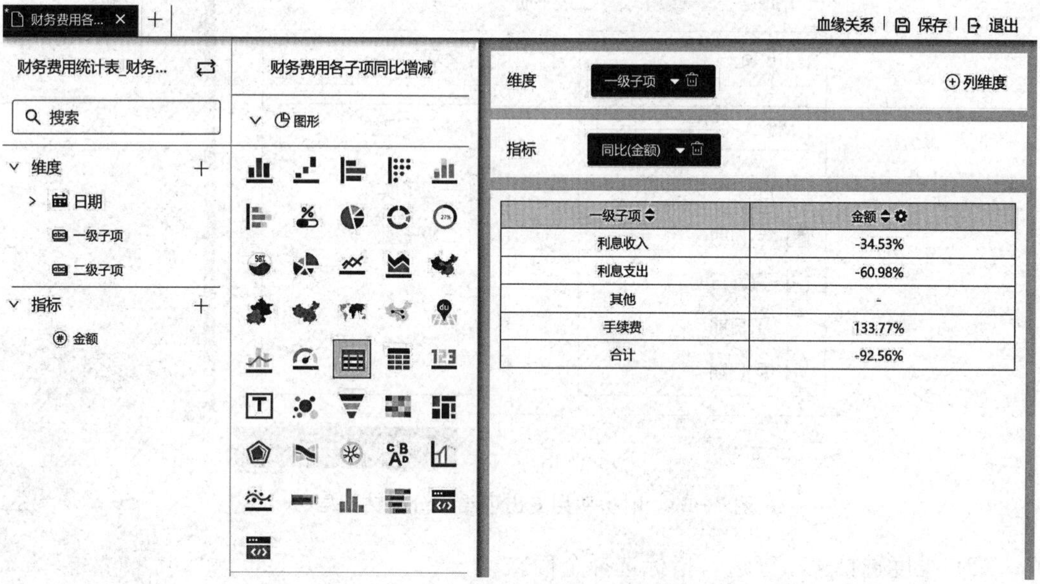

图 7－31　财务费用各子项同比增减表格

通过可视化图表可以看出，在 2019 年总财务费用较去年减少的情况下，各子项中手续费呈高比例增长趋势，故可作为最突出子项进一步进行分析，方法可参考前一任务。当然考虑到财务费用既有收入项又有支出项的特殊性，我们还可将支出项和收入项分别进行分析。

四、财务费用支出项结构分析

1. 打开故事板

点击“分析设计—我的故事板—财务费用分析”。

2. 新建可视化

（1）点击“可视化”，点击“新建”，数据集选择财务大数据—费用分析—财务费用统计表。点击“确定”按钮。

（2）修改可视化名称为财务费用支出项结构分析。

（3）点击维度右侧的“+”号，选择层级。

（4）层级名称为“子项穿透”，选中一级子项、二级子项，点击“>”按钮，选中到右侧，点击“确定”按钮。财务费用支出项结构分析钻取层级如图 7－32 所示。

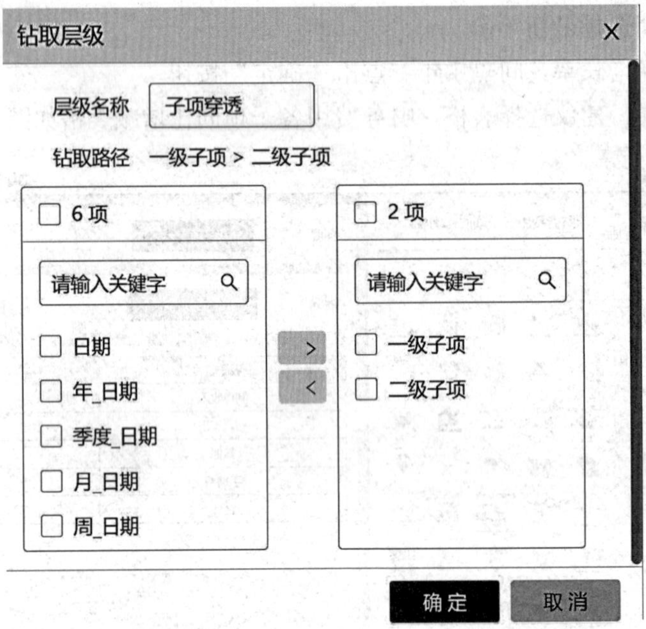

图 7－32 财务费用支出项结构分析钻取层级

（5）维度选择子项穿透，指标选择金额。

（6）图形选择，建议选择饼图，财务费用支出项结构分析饼图如图 7－33 所示。

（7）点击“过滤—设置”，添加过滤条件，金额大于 0，点击“确定”按钮，设置过滤如图 7－34 所示。

通过可视化图表可以看出，财务费用支出项由利息支出、手续费和其他支出三部分构成，其中利息支出占比高达 98.33%，为主要支出。

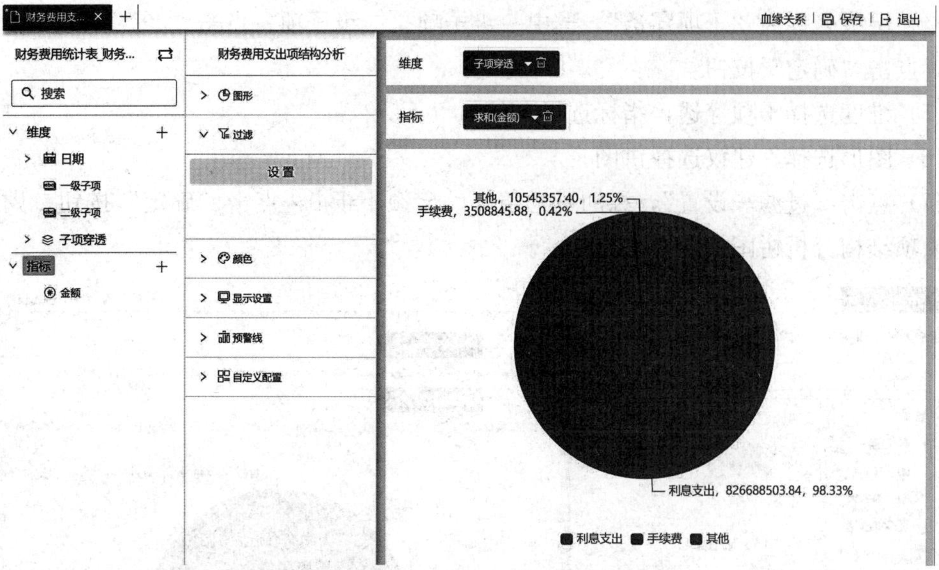

图 7-33　财务费用支出项结构分析饼图

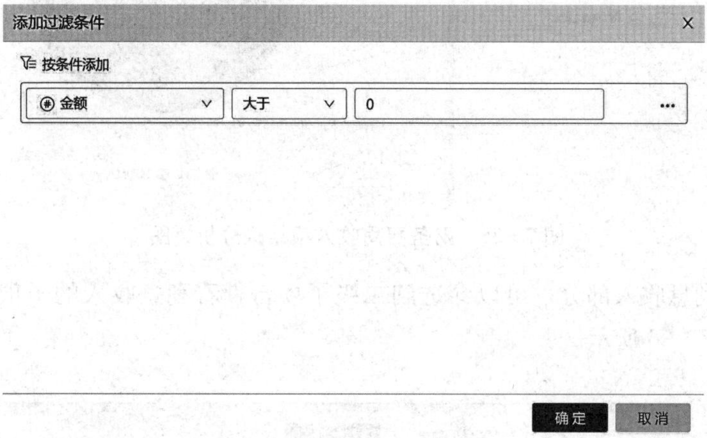

图 7-34　设置过滤

五、财务费用收入项结构分析

1. 打开故事板

点击“分析设计—我的故事板—财务费用分析”。

2. 新建可视化

（1）点击“可视化”，点击“新建”，数据集选择财务大数据—费用分析—财务费用统计表。点击“确定”按钮。

（2）修改可视化名称为财务费用收入项结构分析。

（3）点击维度右侧的“+”号，选择层级。

（4）层级名称为“子项穿透”，选中一级子项、二级子项，点击“＞”按钮，选中到右侧，点击“确定”按钮。

（5）维度选择子项穿透，指标选择金额。

（6）图形选择，建议选择饼图。

（7）点击“过滤—设置”，添加过滤条件，金额小于0，点击“确定”按钮。财务费用收入项结构分析饼图如图7-35所示。

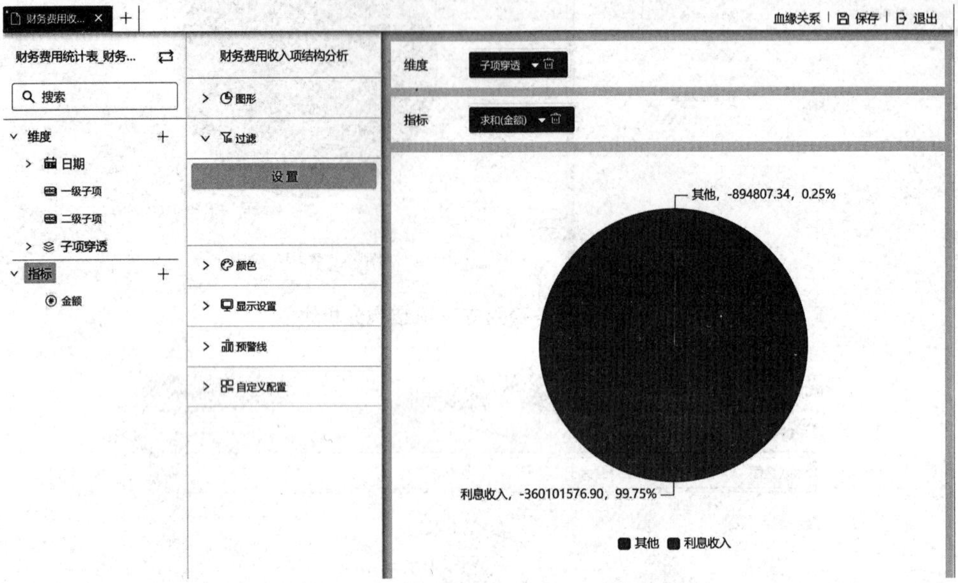

图7-35　财务费用收入项结构分析饼图

（8）点击利息收入部分，可以穿透到二级子项，查看利息收入的子项构成，设置利息收入，如图7-36所示。

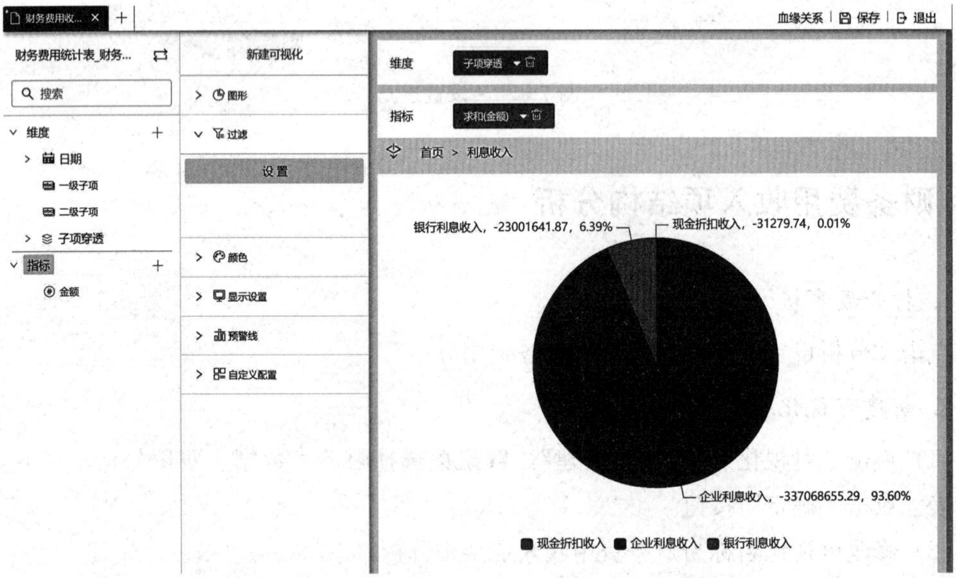

图7-36　设置利息收入

通过可视化图表可以看出，收入项中有93.60%为企业利息收入，所以需要进一步分析利息收入的分布。

六、企业利息收入分布

1. 打开故事板

点击“分析设计—我的故事板—财务费用分析”。

2. 新建可视化

（1）点击“可视化”，点击“新建”，数据集选择财务大数据—费用分析—财务费用利息收入明细表。点击“确定”按钮。

（2）修改可视化名称为企业利息收入分布。

（3）维度选择客户档案名称，指标选择金额。

（4）图形选择，建议选择条形图，企业利息收入分布条形图如图7-37所示。

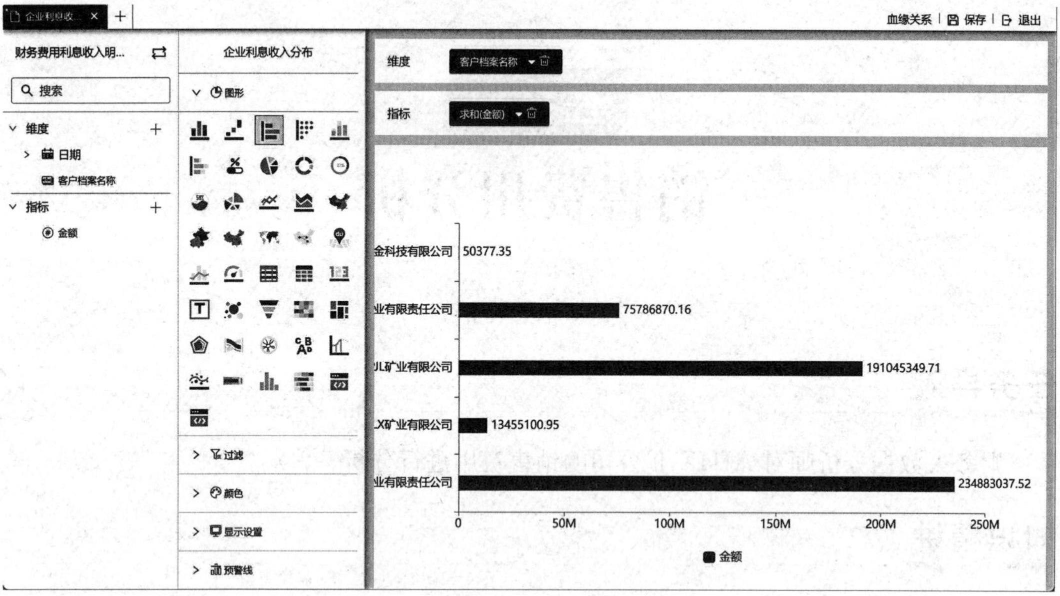

图7-37 企业利息收入分布条形图

（5）点击“保存”按钮，保存可视化，点击“退出”按钮回到故事板界面。

（6）拖拽调整可视化的位置及大小，使其显示美观，财务费用分析故事板如图7-38所示。

通过对企业利息收入分布的分析可以发现，主要集中在ABJD矿业有限责任公司和LPJL矿业有限责任公司，故而可查阅相关资料对其原因进行探究和溯源。

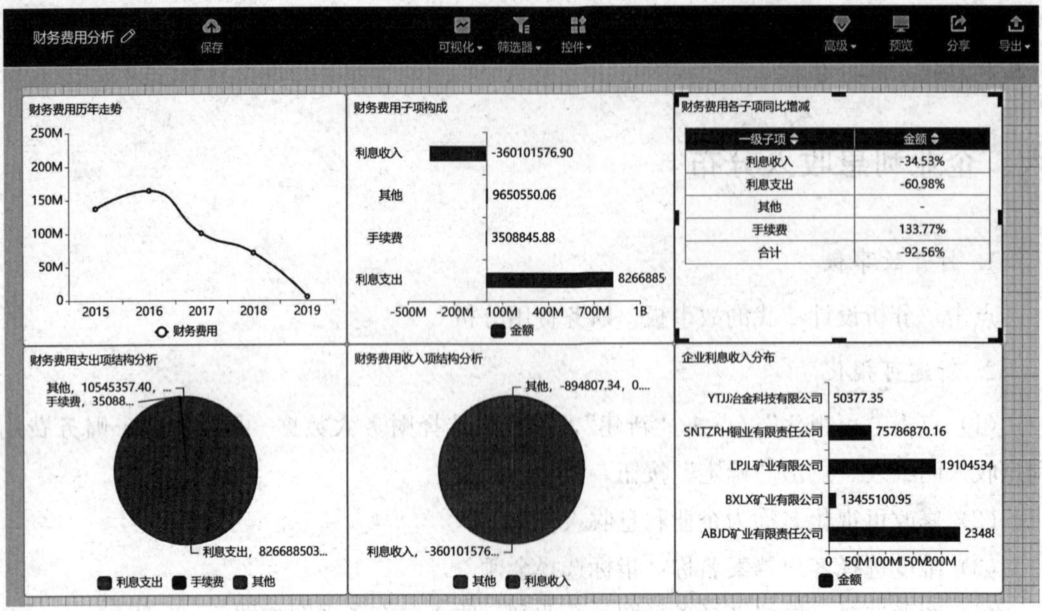

图 7－38　财务费用分析故事板

任务四

销售费用分析

任务导入

财务大数据分析师对 AJHXJL 公司的销售费用进行分析。

知识精讲

一、销售费用的概念

销售费用是指企业销售商品和材料、提供服务的过程中发生的各种费用以及为销售本企业商品而专设的销售机构（含销售网点、售后服务网点等）的经营费用。

二、销售费用的核算范围

（1）销售商品过程中发生的保险费、包装费、展览费和广告费、商品维修费、预计产品质量保证损失、运输费、装卸费等。

(2) 为销售本企业商品而专设的销售机构（含销售网点、售后服务网点等）的职工薪酬、业务费、折旧费等经营费用。

(3) 企业发生的与专设销售机构相关的固定资产修理费用等后续支出。

三、销售费用的分析方法

(一) 趋势分析

根据分析企业连续若干会计期间（至少三期）的数据，比较销售费用的变动情况和发展趋势，从而进一步了解企业销售费用的发展历程和趋势。

(二) 结构分析

通过结构分析反映出销售费用各组成项目的分布情况和相对重要性，了解销售费用的主要构成。

(三) 同比分析

运用对比分析法，将销售费用整体和各子项目与历史数据进行比较，通过分析变动率来找出增长或下降的异常值。

(四) 数据洞察

找出增长或下降的异常值后，对对应的该费用的子项目进一步分析原因，了解费用发生的真实性和合理性。

任务要求

(1) 分析销售费用的历年金额。

(2) 分析销售费用的各子项构成。

任务实施

一、销售费用历年走势

1. 新建故事板

(1) 点击“开始任务”，进入用友分析云。

（2）点击“分析设计”，点击“新建”，新建故事板，故事板命名为：销售费用分析。

2. 新建可视化

（1）点击“可视化”，点击“新建”，数据集选择 AJHXJL 利润表。点击“确定”按钮。

（2）修改可视化名称为销售费用历年走势。

（3）维度选择报表日期下的年_报表日期。

（4）指标选择销售费用。

（5）图形选择，建议选择折线图。

（6）点击维度年_报表日期处的下拉箭头，选择升序，按年_报表日期进行升序排列，销售费用历年走势折线图如图 7－39 所示。

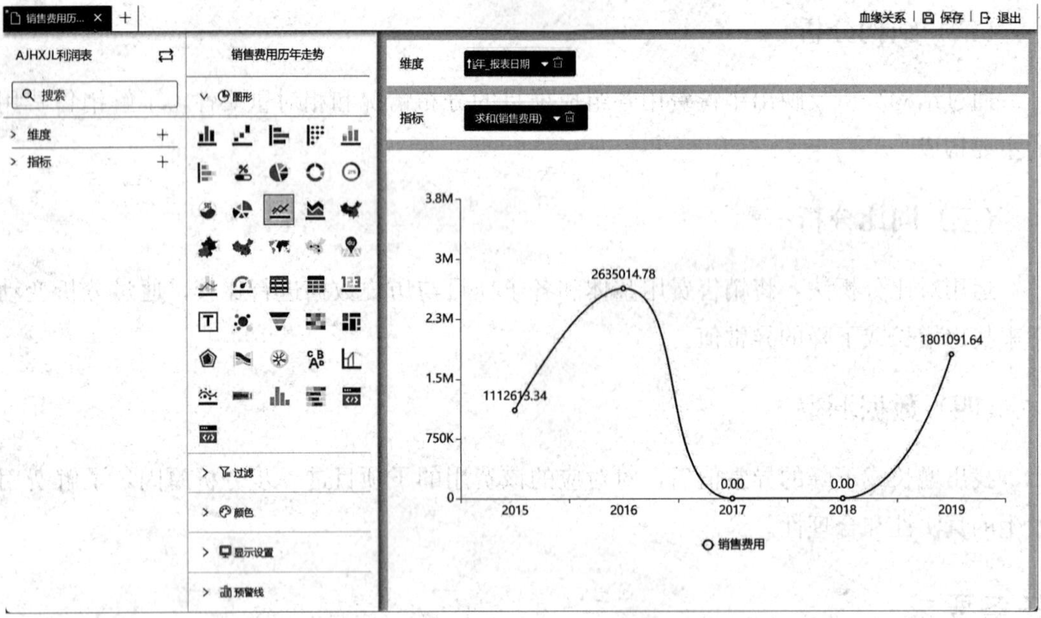

图 7－39 销售费用历年走势折线图

通过可视化图表可以看出，销售费用在上两年金额为 0，故可参考收入等指标，或者查阅会计资料等进一步查找并分析原因。如果排除停产或记账错误等原因导致，则可进一步分析本年销售费用的子项构成。

二、分析销售费用的各子项构成

1. 打开故事板

点击“分析设计—我的故事板—销售费用分析”。

2. 新建可视化

(1) 点击“可视化”，点击“新建”，数据集选择财务大数据—费用分析—销售费用明细表。点击“确定”按钮。

(2) 修改可视化名称为销售费用的各子项构成。

(3) 维度选择项目。

(4) 指标选择金额。

(5) 图形选择，建议选择环形图。销售费用的各子项构成环形图如图 7-40 所示。

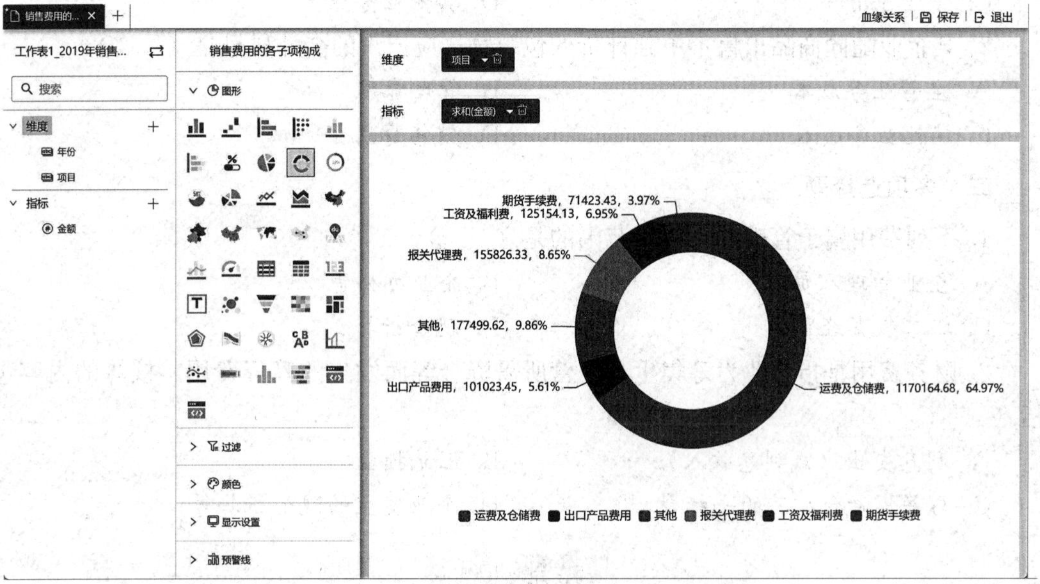

图 7-40　销售费用的各子项构成环形图

通过可视化图表可以看出，企业的销售费用中运费及仓储费占据了较大比重，高达 64.97%，是由产品的特殊性决定的。其他明细项目金额分布较均匀，费用构成比例较为合理。

项目小结

本项目首先介绍了费用分析的主要内容及指标和费用的分析方法，进一步阐述了管理费用、财务费用和销售费用的核算范围，然后采用案例实战方式详细讲述了三大费用的分析数据获取和可视化呈现方法，最后利用相关指标的可视化呈现进行费用的分析，在引导学生把大数据思维运用到生活中处理事务的同时培养学生敢于挑战困难并勇于创新的精神。

课证融通

大数据财务分析 1+X 证书等级评价标准明确：具备大数据思维；掌握常见的决策树

分析方法应用场景，了解决策树分析方法结果的评测方法；具备财务与业务应用场景辨识的能力，满足企业大数据处理业务流程中可视化工作的技能要求。

同步练习

一、单项选择题

1. 下列各项中，企业发生的产品广告费借记的会计科目是（　　）。

A. 销售费用　　B. 主营业务成本

C. 管理费用　　D. 其他业务成本

2. 某企业随同商品出售不单独计价的包装物，应记入的会计科目是（　　）。

A. 主营业务成本　　B. 管理费用

C. 其他业务成本　　D. 销售费用

二、多项选择题

1. 下列费用属于管理费用核算范围的是（　　）。

A. 企业管理人员　　B. 企业办公费

C. 职工教育经费　　D. 现金折扣

2. 财务费用是指企业为筹集生产经营所需资金等而发生的筹资费用。核算的内容包括（　　）。

A. 利息支出（减利息收入）　　B. 汇兑损益

C. 与筹集资金相关的手续费　　D. 企业发生的现金折扣等

技能训练

1. 假如你是 AJHXJL 公司的财务大数据分析师，请运用比率分析法按照以下要求对本期的费用进行分析：

（1）计算下列指标：费用收入比、管理费用率、销售费用率、财务费用率。

（2）对费用收入比进行纵向分析与横向对比。

2. 假设你是 AJHXJL 公司的财务大数据分析师，请按照以下要求对差旅费用进行分析：

（1）分析各部门本期产生的差旅费。

（2）对差旅费发生最高的部门进行数据洞察，按人员进一步分析费用发生的合理性。

3. 分析管理费用中日常办公费用的子项构成，并对日常办公费用各子项进行同比分析，找出同比增减最突出的项目。

参考文献

[1] 黑马程序员 . Python 快速编程入门 . 2 版 . 北京：人民邮电出版社，2021.

[2] David M. Kroenke，David J. Auer. 数据库原理 . 5 版 . 赵艳铎，葛萌萌，译 . 北京：清华大学出版社，2011.

[3] 陆兴凤 . 财务报表分析 . 北京：高等教育出版社，2018.

[4] 张俊清，郭红秋 . 财务报表分析 . 北京：中国人民大学出版社，2021.

[5] 李曼，李志 . 财务分析 . 北京：高等教育出版社，2019.

[6] 中国注册会计师协会 . 公司战略与风险管理 . 北京：中国财政经济出版社，2020.

图书在版编目（CIP）数据

财务大数据分析/姚培荣，刘晔主编．--北京：中国人民大学出版社，2022.3

新编21世纪高等职业教育精品教材．财务会计类

ISBN 978-7-300-30439-7

Ⅰ.①财… Ⅱ.①姚… ②刘… Ⅲ.①财务管理-数据处理-高等职业教育-教材 Ⅳ.①F275

中国版本图书馆CIP数据核字（2022）第046687号

校企“双元”合作开发教材

新编21世纪高等职业教育精品教材·财务会计类

财务大数据分析

主　编　姚培荣　刘　晔

副主编　王　健　法　宁　付　勇　张昭君　王兴国　徐启超

主　审　陈强兵

Caiwu Dashuju Fenxi

出版发行	中国人民大学出版社		
社　　址	北京中关村大街31号	**邮政编码**	100080
电　　话	010－62511242（总编室）		010－62511770（质管部）
	010－82501766（邮购部）		010－62514148（门市部）
	010－62515195（发行公司）		010－62515275（盗版举报）
网　　址	http://www.crup.com.cn		
经　　销	新华书店		
印　　刷	北京市鑫霸印务有限公司		
规　　格	185 mm×260 mm　16开本	**版　　次**	2022年3月第1版
印　　张	18.25 插页1	**印　　次**	2022年3月第1次印刷
字　　数	396 000	**定　　价**	40.00元
